I0593037

Alfonso Reyes y los estudios latinoamericanos

Adela Pineda Franco e Ignacio M. Sánchez Prado, eds.

ISBN: 1-930744-21-8

Colaboraron en la preparación de este libro:

Diseño de portada: Randy Oest
Composición y diseño gráfico: Erika Braga
Correctores: Antonio Gómez y Alicia Ortega

Alfonso Reyes y los estudios latinoamericanos

Introducción

Adela Pineda Franco
Boston University

Ignacio Sánchez Prado
University of Pittsburgh

> Por su olvido de sí, por la ascesis que implica la elaboración de una obra que es representación de una obra en persona, Reyes habla a nombre de la especie crítica.
> Adolfo Castañón. *Alfonso Reyes: el caballero de la voz errante.* (32)

En el marco del neoliberalismo, frente a la emergencia de producciones culturales fronterizas, ante los discursos de la subalternidad y la violencia, y en el momento en que los estudios culturales y poscoloniales han adquirido carta de ciudadanía intelectual al interior del campo latinoamericanista, el estudio de un intelectual helenista, hispanista, defensor del carácter específico de la literatura y articulador de un discurso utópico suena casi anacrónico. Diplomático y humanista, Alfonso Reyes, el fundador del Ateneo de la Juventud en México, compartió con sus coetáneos latinoamericanos Pedro Henríquez Ureña y José Vasconcelos, pero también con los europeos Erich Auerbach, Ernst Gombrich y José Ortega y Gasset, esa fe en que la "alta" cultura habría de subsanar las grietas de la historia y así enmendar sus torcidas rutas: el fascismo, el exilio y la represión política. Con una visión del arte y la cultura que no descarta la unión de la ética y la estética, Reyes le asignó a su obra una misión redentora tanto a nivel colectivo como personal. Dentro del marco de los estudios culturales y de la negatividad del discurso posmoderno en torno a cualquier argumentación basada en orígenes y certezas, esta visión es ya impensable.

Sin embargo, no se puede negar que el latinoamericanismo, tal y como fue asumido durante el siglo xx, tiene en Reyes una figura fundacional. Sin exageración, es válido afirmar que en el pensamiento de Reyes se condensan los ideales que enmarcaron los movimientos literarios y las causas sociales de nuestro continente: la búsqueda de una unidad continental frente a los embates del imperialismo, el eurocentrismo y el neocolonialismo; el énfasis en la constitución de una cultura propia que tuviera carta de ciudadanía en la cultura mundial, el equilibrio entre el quehacer específicamente hispanoamericano y mexicano, y la necesidad de tener interlocutores culturales en otras latitudes. En su ensayo "La concepción de Hispanoamérica de Alfonso Reyes (1889-1959)", Rafael Gutiérrez Girardot sintetiza el programa del regiomontano, el de "la imagen utópica de América", en dos conceptos: "unidad continental y democracia" (20). No es casual entonces que Jorge Luis Borges fuera lector profundo de Reyes, ni que Roberto Fernández Retamar invocara la noción de "ciudadanía universal" para la cultura como antecedente importante de las aspiraciones de la Revolución Cubana (*Calibán*, 116-8).

La obra monumental de Reyes, agrupada en más de ciento cincuenta libros y compuesta en diversos registros (literario, filosófico, histórico) y bajo diversos géneros (la poesía, el cuento, la prosa poética, el ensayo), ha resultado inabarcable para la crítica literaria y cultural. De esta obra, los textos más abordados son los ensayos. En general, el pensamiento de Reyes ha sido inscrito en el campo del americanismo aunque también en el del cosmopolitismo: se trata de la visión del viajero trotamundos, ciudadano "universal" que recoge lo propio desde la mirada ajena y lo ajeno como si fuera propio. Ejemplos de esta obra ensayística son *Última Tule, Visión de Anáhuac, Cartones de Madrid* y *Simpatías y diferencias*. A partir de estos ensayos Reyes ha sido reivindicado por haber revalorado el imaginario precolombino desde un ángulo desprovisto de nacionalismos deterministas. En textos como *Visión de Anáhuac* asume con lucidez, anticipando perspectivas venideras, que no hay retorno sin mediaciones culturales. Dentro de la ensayística de Reyes, la crítica también ha vislumbrado un pensamiento latinoamericano con dimensión política y no únicamente estética, así como la intención de hacer de la producción cultural del continente el objeto primordial de reflexión, precisamente en el momento del llamado internacionalista. La obra de Fernández Retamar y Gutiérrez Girardot ha sido ejemplar en este tema. Por último, Reyes fue visto como un precursor del interés por el papel de la cultura popular en relación a la "alta" cultura. En las crónicas de España o en ensayos como "Marsyas o de la cultura popular" tiene la sagaz intuición de que la división entre ambas esferas es artificial. Dentro de este tema, destaca el estudio de los textos de Reyes en torno al cine, llevado a cabo por Héctor Perea.

Al recuperar a Góngora y, en sus *Capítulos de literatura española,* a los coetáneos del poeta español ubicados a ambas orillas del Atlántico, Reyes rompió las jerarquías que entre el Siglo de Oro y el barroco americano establecían las historias literarias. Con ello, retomó la problemática relación España-Hispanoamérica y cuestionó las visiones decimonónicas que tendían a hacer énfasis en la calidad imperial de este referente, o las perspectivas modernistas que asociaban el legado castizo con el rezago cultural de América Latina. Reyes, entonces, abrió camino a relecturas amplias del período barroco llevadas a cabo en el siglo XX, como la de Mariano Picón Salas en *De la conquista a la independencia* (1944). Los estudios de Reyes en torno a la cultura y la literatura españolas fueron precursores en establecer el intercambio cultural trasatlántico que tendría un amplio desarrollo durante el exilio español de la posguerra en América. Reyes mantuvo a lo largo de su vida correspondencia con figuras centrales del pensamiento español, como José Gaos, Azorín y Luis Cernuda.

Sin embargo, Reyes tiene aún un número reducido de lectores y despierta relativo interés en la academia contemporánea. Si bien en los últimos años se han publicado monografías, ensayos críticos y homenajes relevantes sobre su obra, la repercusión de su pensamiento en debates actuales sigue siendo limitada. Se puede decir sin reservas que Reyes es un autor demasiado homenajeado y poco estudiado. Con frecuencia, se trata de las instituciones ligadas a su trayectoria intelectual (el Colegio de México y la Universidad Nacional), o a su estado de origen (Nuevo León), las que, en homenajes y congresos, replantean la importancia del escritor. Hay quienes relacionan esta ausencia de lectores a la organización y distribución de sus obras completas. Arturo Dávila, por ejemplo, se pregunta con José Joaquín Blanco y con Hugo Hiriart en el texto incluido en este volumen, si la disposición en que éstas fueron publicadas sea acaso poco eficaz. Tal vez constituyen un conjunto de extensión desmesurada, armado con la edificante intención de situar al escritor mexicano dentro de un circuito cultural institucional. No obstante, dicha disposición aparatosa es poco atractiva a los lectores, ya que sus mejores páginas se pierden de vista.

Por ello, el trabajo precursor de los mencionados Gutiérrez Girardot y Fernández Retamar es digno de citar. Estos críticos revaloraron al mexicano en el contexto de la Revolución Cubana, de los exilios latinoamericanos en Europa y Estados Unidos, y de la emergencia del latinoamericanismo académico transnacional. Gutiérrez Girardot, merecedor del Premio Alfonso Reyes en 2002, es responsable de diversos trabajos, entre los que destacan: un homenaje a los cincuenta años de labor intelectual del mexicano (1955), la antología *Última tule y otros ensayos* (Biblioteca Ayacucho 1978) y un ensayo publicado en el reciente volumen *El intelectual y la historia* (2001). En estos textos, Gutiérrez Girardot lee a Reyes en dos direcciones. Por un lado, lo caracteriza como el arquitecto de un proyecto cultural americanista, emancipador, puesto que rompió la dependencia cultural latinoamericana con respecto a las metrópolis. Por otro, coloca a Reyes en diálogo con figuras centrales del pensamiento occidental, particularmente alemán, con el objeto de hacer del mexicano un precursor de ciertas perspectivas filosóficas, como la "agonía de la razón", no vislumbradas por sus contemporáneos europeos Adorno y Horkheimer ("La concepción" 13-14). Por su parte, Fernández Retamar, quien ya en 1953 había publicado un ensayo sobre Reyes en la revista *Orígenes*, ha sido uno de los más importantes estudiosos del mexicano. En *Para una teoría de la literatura hispanoamericana* (1975), el crítico cubano realiza la que a la fecha sigue siendo la lectura más importante de una de las obras magnas de Reyes: *El deslinde*. En el post scriptum a este volumen, Fernández Retamar sugiere que el ignorar la obra de Reyes en nuestros días "es señal de la mediocridad de estos tiempos que nos ha tocado vivir". Más allá de compartir o no esta aseveración, este desinterés es señal de la reticencia del latinoamericanismo actual a buscar, en la genealogía latinoamericana, las herramientas para abordar las problemáticas actuales, ésas que a veces sólo parecen debatirse en términos de la "urgencia de la hora", para citar una frase que el mismo Reyes usaba con cautela.

Estos esfuerzos, sin embargo, no lograron abarcar la totalidad de la obra de Reyes y muchos textos de suma importancia han sido dejados de lado consistentemente. Valga citar ensayos tempranos incluidos en volúmenes como *El cazador* o *El suicida*, donde un Reyes anterior a los problemas de la inteligencia americana realiza reflexiones profundas sobre pensadores europeos y latinoamericanos, y trabaja con modelos ensayísticos franceses y británicos que rompen con la imagen de un autor de textos pedagógicos. Un ejemplo destacado, recuperado particularmente por algunos artículos de esta antología, es "La sonrisa", un texto de 1917, donde Reyes evalúa, desde nociones heredadas de pensadores como Henri Bergson, el problema de la dialéctica hegeliana del amo y el esclavo. Si se considera que tal dialéctica sigue ocupando un lugar central en los debates contemporáneos, se infiere la importancia de revitalizar la lectura heterodoxa que hace Reyes del pensador alemán.

La poesía, el teatro y la ficción han sido particularmente desatendidos por la crítica. Reyes incursionó en la ficción con cuentos de raigambre fantástica (*El plano oblicuo*), con prosas poéticas (*Árbol de pólvora*) y con toda suerte de híbridos inclasificables. Como poeta, privilegió el mallarmeano gusto por la forma pulida y la idea pura, aunque también haya abogado por una poesía dúctil, expresiva y lúdica. El hecho de que la crítica se haya detenido particularmente en los ensayos de tema americanista e hispanista provocó una imagen parcial del proyecto intelectual de Reyes, que descartó la importancia de la obra de creación. Si Reyes consideraba la necesidad de ejercer la cultura y no sólo velar por el pasado, es necesario entonces recuperar la manera en que el propio Reyes complementaba su proyecto ensayístico con la creación literaria.

Pese al desinterés académico por su obra, a partir de los años noventa, han aparecido lecturas importantes de la misma. Libros como el de Robert Conn, *The Politics of Philology* (2002) y el de Amelia Barili, *Jorge Luis Borges y Alfonso Reyes* (1999) constituyen intentos concretos de reinsertar a Reyes en la formación de las tradiciones intelectuales latinoamericanas. De cada uno de éstos reproducimos un capítulo. Otra reciente contribución es la de Eugenia Houvenaghel. En *Alfonso Reyes y la historia de América* (2003), esta crítica analiza las conexiones entre la retórica y la ideología americanista del escritor mexicano. Asimismo, Adolfo Castañón, uno de los contados expertos en torno a Reyes, ha publicado *Alfonso Reyes, caballero de la voz errante* (1991), un conjunto de ensayos sobre la relevancia del pensador en la literatura mexicana; en la actualidad, prepara la edición de sus textos sobre México para la colección Archivos. Estos nuevos esfuerzos se agregan a los de otros autores que, con sus aportes, han contribuido a la relectura de Reyes: James Willis Robb, Alicia Reyes, Marcela del Río Reyes, Fred P. Ellison, Héctor Perea, Pauline Patout y Alfonso Rangel Guerra, entre otros.

Este volumen coincide con estos esfuerzos por revitalizar la lectura en torno a la obra de Reyes. No se trata, sin embargo, de re-edificar su figura como padre fundador de tradiciones filosóficas y literarias; tampoco de establecer una crono-bibliografía que sirva de dirección a la lectura de tan monumental obra. El fin de esta antología es más específico: mostrar, mediante la apreciación de algunos críticos contemporáneos, la actualidad del pensamiento de Reyes, situarlo dentro de los debates sobre el latinoamericanismo y reivindicar su papel dentro del campo de reflexión latinoamericano. La selección de autores es representativa en varios sentidos: lecturas provenientes tanto del mexicanismo como del latinoamericanismo; de críticos pertenecientes a las academias de América Latina, Estados Unidos y Europa; textos de autores especializados en la obra de Reyes y de no especialistas que reflexionan sobre su papel en campos de investigación afines; estudios de esta obra desde la teoría literaria, los estudios culturales, el poscolonialismo y los estudios trasatlánticos. Las lecturas aquí compiladas contextualizan al escritor mexicano desde una perspectiva transnacional y bajo un horizonte histórico amplio, en diálogo con otros pensadores, como Ortega y Gasset, Hegel y Kant; así lo hace Sebastiaan Faber, quien desarrolla su apreciación de Reyes en el marco del humanismo occidental. Tal dinámica comparatista también aparece en los ensayos de Santiago Castro Gómez y Gutiérrez Girardot; el eje de argumentación del primero es el de la filosofía clásica alemana; el del segundo, la generación española del 27. Robert Conn ofrece una reflexión sobre la importancia de las relaciones de Reyes con la generación española del 98, y de su incursión en la filología comparativa como herramienta metodológica.

Ubicar a Reyes en un marco amplio, occidental, no significa negar su importancia dentro del pensamiento latinoamericano del siglo XX. De hecho, algunos de estos ensayos insisten en la diferencia que distingue a Reyes del orbe europeo con el propósito de resaltar la tradición crítica y teórica producida *desde* América Latina. La necesidad de postular la identidad cultural latinoamericana en términos de esta diferencia fue un rasgo característico no sólo del campo de reflexión latinoamericano, sino también del latinoamericanismo. Frente a las ideologías de la identidad, articuladas bajo conceptos tales como *transculturación, heterogeneidad* o *hibridez*, se precisa la aportación de Reyes con su propia terminología: *inteligencia americana, homonoia* y *síntesis*. Amelia Barili, por ejemplo, retoma el concepto de *inteligencia americana* y muestra la manera en que Reyes transpone las fórmulas europeas a una escritura americana valorativa de las coordenadas históricas propias y desde una "emoción" personal; con dicha escritura, Reyes también es capaz de generar una lectura crítica e histórica del propio pensamiento occidental. Con el análisis de un término menos conocido, el de *homonoia,* y bajo el horizonte histórico del México posrevolucionario y del latinoamericanismo de los años treinta y cuarenta, Evodio Escalante hace una lectura compatible con la de Barili; percibe, en la vocación universalista de Reyes, no sólo la intención de fundar una utopía desde América, sino la necesidad de llevar a cabo una exégesis crítica, basada en la confrontación de las promesas y los fracasos del universalismo europeo. Pese a su humanismo, Reyes fue capaz de articular una visión de la historia americana como conflicto. Lecturas afines surgen del análisis del concepto de *síntesis.* A la luz de interpretaciones recientes sobre raza y nación, la *síntesis* de Reyes pareciera ser una prolongación de las teorías racistas decimonónicas en torno al mestizaje. No obstante, Rose Corral infiere en su lectura de "Los dos augures" otro sentido menos armónico del mestizaje: el que también contiene "desajuste, dolor y contradicción". Joshua Lund, por su parte, contrapone la *síntesis* a la *protesta,* insinuando la necesidad de entender el proyecto americano como el de una integración sin síntesis.

A partir de una lectura de *Visión de Anáhuac,* Elizabeth Monasterios también insiste en leer a Reyes como un pensador crítico y complejo, ya que su discurso se torna irreducible cuando discute el papel que jugaron las culturas indígenas en el proyecto nacional. Atrapado como el boliviano Tamayo en el paternalismo de su generación, pero al mismo tiempo exento del terror letrado que caracterizaba el pensamiento americanista de Alcides Arguedas, Reyes sugiere en *Visión de Anáhuac* que los aztecas, esos expulsados del proyecto nacional, o bien incluidos únicamente como exclusión al decir de Lund, también merecían "desahogo" y eran la clave para consolidar una modernidad peculiar: no la que incorporaba a América al proyecto de las burguesías europeas, sino la que sospechaba de dicho proceso modernizador. Margo Glantz también retoma este texto canónico y llega a conclusiones similares a las de Barili en cuanto al americanismo de Reyes; reitera que las re-escrituras del archivo europeo se definen como actos de lectura crítica. La conciencia de lo nacional se traduce en un deseo poético de descentrar el criterio esencialista de "lo natural" y mostrar su composición heterogénea, hecha de la superposición de conocimientos adquiridos; como ejemplo, Glantz concluye que se trata de la mirada voraz del extranjero que Reyes retoma con igual avidez.

Para estos ensayistas la singularidad de Reyes estriba entonces en las ambivalencias y contradicciones generadas por su propio pensamiento en torno a cuestiones de integración cultural, racial o lingüística. Por otra parte, buscar la diferencia que hace de Reyes un precursor de nuestros propios parámetros ideológicos, no implica relegarlo, junto con el corpus discursivo producido en Latinoamérica, a una posición secundaria que le niegue el privilegio de incursionar en el discurso teórico. Sebastiaan Faber, por ejemplo, reivindica el americanismo de Reyes como uno que se erige en relación de igualdad con las metrópolis. Ignacio Sánchez Prado, por su parte, rompe con las subordinaciones centro-periferia, señalando que la exégesis de Reyes se erige bajo los propios términos de la cultura occidental; elabora entonces un balance de su aporte a la teoría con una relectura del concepto de *ancilaridad* desarrollado en *El deslinde*. A partir de estas reflexiones en torno a Reyes, estos ensayistas también asumen una postura crítica al plantearse un reto más amplio: el de resistir el paradigma utilitario de la academia norteamericana sin defender el privilegio epistemológico de la "alta cultura" como lo hizo la generación de humanistas a la que perteneció Reyes. Otros, sin embargo, no se detienen a polemizar al respecto; simplemente muestran con diversos enfoques y metodologías, que hay muchas formas y muchos foros para releer a Reyes.

Si muchos de estos críticos parten de textos conocidos como *Visión de Anáhuac*, otros tienen la intención de releer aquellos que han sido poco estudiados; tal es el caso de Marcela del Río, quien hace un análisis estilístico de *El Canto del Halibut* con el fin de resaltar la importancia de este poema como precursor de la vanguardia. Hay quienes estudian el pensamiento americanista de Reyes en publicaciones de difícil acceso; así lo hace Adolfo Castañón en su lectura de la revista argentina *Libra* (1929). Aspectos poco conocidos de la labor intelectual de Reyes son tema de varios ensayos, como su interés por el cine, abordado por Arturo Dávila. Este crítico resalta la actitud precursora del mexicano al apostar por el séptimo arte en un momento en que era rechazado por modernistas y ateneístas al asociarlo con la "barbarie" de la cultura popular. Asimismo, Carlos Montemayor retoma el helenismo de Reyes y reflexiona sobre la necesidad de revalorar este legado, declarado anacrónico desde perspectivas culturalistas y poscoloniales.

Replantear el humanismo de Reyes no implica adoptar una postura conservadora en términos culturales y políticos. Por el contrario, en su libro póstumo *Humanism and Democratic Criticism* (2004), un crítico de raigambre poscolonial, Edward Said, erige una defensa del humanismo en aras de una reflexión histórica y razonada, como único baluarte de una sociedad que ha perdido el sentido de la densidad histórica y de la necesidad de interdependencia humana. Said aboga por un humanismo cosmopolita y comprometido con la textualidad, pero que fundamentalmente se mantenga en consonancia con el nomadismo y el desarraigo de las emergentes voces y tendencias de nuestros atribulados tiempos (11). Desde este ángulo, volver a Reyes implica abogar por un proyecto similar en el campo del latinoamericanismo.

Agradecimientos

La edición de este volumen no hubiera sido posible sin el apoyo y la generosidad de varias personas. En primer lugar, hacemos público nuestro agradecimiento a Mabel Moraña, mentora entusiasta, quien apoyó el proyecto desde el momento de su gestación como tal, hasta su versión final en forma de libro. En lo concerniente al trabajo editorial, tuvimos el valioso apoyo del Instituto Internacional de Literatura Iberoamericana. Erika Braga merece una mención especial por su dedicación al trabajo de este libro. También queremos agradecer a Alex Braden, así como a los traductores Claudia Muñoz y Juan Manuel Labarthe. La lectura detenida de Alicia Ortega y Antonio Gómez ayudó a la corrección de este libro. Convocar a las personas que colaboraron en este volumen implicó un trabajo de comunicación complejo, por ello agradecemos a aquellos que nos apoyaron en el proceso: Amelia Barili, Rafael Olea Franco, Álvaro Cavadid, Carmen Ruiz Barrionuevo, Juliana Varela, John Beverley y Marcela del Río Reyes. Finalmente, valga un sincero agradecimiento a todos y cada uno de los colaboradores que, con su trabajo, hicieron posible el volumen presente.

Referencias

NB. Incluimos aquí sólo las citas de textos que no refieren directamente a Reyes.

Adorno, Theodor W. y Max Horkheimer. *Dialéctica de la Ilustración*. Traducción de H. A. Murena. Buenos Aires: Sudamericana, 1969.

Fernández Retamar, Roberto. *Calibán. Apuntes sobre la cultura de nuestra América*. Buenos Aires: La Pléyade, 1984.

Picón Salas, Mariano. *De la Conquista a la Independencia. Tres siglos de historia cultural hispanoamericana*. México: FCE, 1944.

Said, Edward W. *Humanism and Democratic Criticism*. Nueva York: Columbia University Press, 2004.

Don Alfonso o la fuerza del sino: Reyes, la cultura latinoamericana y la defensa de la distinción

Sebastiaan Faber
Oberlin College

> La herencia universal es mía por derecho de amor y por afán de estudio y trabajo, únicos títulos auténticos. (Reyes, *Parentalia* 17)

> [P]or el solo hecho de estudiar y leer, está [usted] ayudando a salvar, para sí mismo y para sus hijos, el hacha de la civilización que nos permitirá, otra vez, desde nuestra América, reedificar la morada humana y defendernos contra las fieras que se han desatado por el mundo. (Reyes, VIII: 279)[1]

Alfonso Reyes pertenecía a una especie ya extinta: la de los auténticos humanistas liberales. Fue contemporáneo y correligionario de figuras como Erich Auerbach, Walter Benjamin, Américo Castro, Enrique Díez-Canedo, Ernst Gombrich, Salvador de Madariaga, José Ortega y Gasset, Leo Spitzer y Stefan Zweig. Nacidos entre 1885 y 1910, eran intelectuales que vivían plenamente dedicados al desarrollo y estudio de la alta cultura, considerada por ellos como la única defensa sólida contra el caos y la barbarie –barbarie que, en los años veinte y treinta, casi todos veían encarnada en el fascismo, aunque algunos la identificaban con el comunismo, otros con el capitalismo y muchos con la política partidista en general. Estos eruditos, desde luego, concebían la alta cultura en términos amplios e ingenuamente eurocéntricos como lo mejor que había producido la cultura occidental en la ciencia, la filosofía, la literatura y el arte. No se trataba, además, de una herencia que se traspasara de forma automática, sino de un legado que cada uno debía adquirir para sí mediante el trabajo asiduo y el estudio constante. Y aunque creían que la base de este proceso la constituían el rigor y la disciplina, eran también de acendrada vocación generalista: políglotas, lectores omnívoros, e interdisciplinarios *avant la lettre*, veían la excesiva especialización como un mal. Más importante, solían asociar la base ética de su humanismo con lo *estético,* concebido en términos generales como una fuerza desinteresada, civilizadora, humanizadora y, por ende, redentora. De ahí que su actitud ante la cultura popular fuera ambivalente. No es que la desdeñaran (aunque varios hesitarían en clasificarla como "cultura" propiamente dicha), pero su interés por ella, de raíces románticas, estaba mediado por la filología. Es decir que, aunque no estaban exentos de cierto populismo romántico, este se encontraba domado y filtrado por el positivismo decimonónico. Por tanto, concebían al *Volk* como una fuente o inspiración importante de la alta cultura –una mina de materia prima– pero también como entidad inconsciente, estudiable y educable, aunque desprovista de voluntad propia y, por tanto, de dimensión política (la obvia excepción en este sentido es Benjamin, de todos quizá el más cercano al marxismo).[2]

Su noción de la cultura, en fin, era decididamente "culta", no antropológica, y estaba muy vinculada con el concepto alemán de *Bildung:* el lento proceso mediante el cual el individuo, desde su particularidad, llega a realizar la promesa de su humanidad concebida en términos universales: "rising up to humanity through culture" o bien "the properly human way of developing one's natural talents and capacities" (Gadamer 10). La cultura, en este sentido, equivale a la constante automejora a nivel personal y colectivo. Es a la vez un *imperativo* (una tarea impuesta al ser humano que le permite distinguirse del animal), un *proceso* (que nunca termina) y, a nivel comunitario, el *resultado* cumulativo de ese proceso a través de las generaciones: el legado de la alta cultura incluida en los cánones y museos nacionales.

Como se sabe, la función redentora y legitimadora de lo estético –entendido a su vez como valor fundacional de la cultura humanística, representada por excelencia por el intelectual– también ha constituido un importante punto de contestación en los debates recientes sobre los estudios culturales y "subalternos" latinoamericanos. ¿Hasta qué punto, en el contexto de Latinoamérica, es todavía –o quizá de nuevo– legítimo y necesario defender los principios del humanismo? ¿Todavía cabe postular el estatus privilegiado del Arte, de la Literatura y del Pensamiento en sus concepciones tradicionales y canónicas? ¿Cómo resistir la abrumadora hegemonía actual del paradigma utilitario, economista y neoliberal *sin* defender el privilegio epistemológico y ético de la alta cultura –o al menos una noción de la cultura concebida como un fenómeno trascendente que provea la distancia indispensable para toda posición verdaderamente crítica? ¿Cómo apreciar la cultura popular y reconocer la validez de los gustos de las "masas" consumidoras sin ceder el terreno a la todapoderosa industria mediática? ¿Cómo mantener la fe en la democracia sin aferrarse a la noción de un espacio público privilegiado que esté a salvo del comercio y la demagogia, en que rijan las reglas habermasianas de la razón y el diálogo? ¿Cuál es, en fin, la legitimidad de la labor intelectual en torno a Latinoamérica?[3]

No es casual que, en el campo de los estudios latinoamericanos, la discrepancia de opiniones al respecto coincida *grosso modo* con la división lingüística entre los críticos que escriben en inglés y los que prefieren hacerlo en español (categorías que, como bien señala Moreiras, no cabe igualar sin más con lo "metropolitano" y lo "periférico", *Exhaustion* 17). Mientras que alguien como John Beverley rechaza toda noción tradicional de alta literatura y estética como un paradigma inevitablemente excluyente y represor porque priva al subalterno de "autoridad hermenéutica" reservándola exclusivamente para los intelectuales (18-9), Beatriz Sarlo y Mabel Moraña, entre otros, han criticado esta posición de Beverley por demasiado radical y, en última instancia, contraproducente. Sin dejar de reconocer el potencial represor de cierta concepción tradicional de lo estético, estos críticos latinoamericanos no están dispuestos a renunciar a la idea de que el humanismo, basado en la idea de que el arte y la literatura constituyen una forma peculiar y privilegiada de comprender el mundo, sigue teniendo un potencial pedagógico y emancipador (Sarlo, "Cultural" 119). Beverley identifica y denuncia esta postura como una forma de "neo-arielismo" incapaz de reconocer la importancia de nuevos movimientos sociales (18). Así también para Alberto Moreiras es tarde para regresar a cualquier versión del discurso latinoamericanista tradicional (*Exhaustion* 4). Según los supuestos "neoarieliastas," en cambio, la actitud de Beverley y Moreiras se vincula –a pesar de su aparente radicalismo– con cierta tendencia neoimperial de la academia norteamericana, que, al deslegitimar a los intelectuales autóctonos por demasiado tradicionales, sólo contribuye a relegar a Latinoamérica a una posición secundaria –espacio productor de materias culturales primas, analizables como objetos sociológicos– mientras que la metrópoli se reserva el doble privilegio de ser el único origen del discurso científico y la única fuente de productos estéticos *no* reducibles a sus dimensiones sociológicas.[4]

En lo que sigue, espero contribuir a este debate mediante un detallado análisis de la forma en que Alfonso Reyes asume casi sin tapujos la función civilizadora de la alta cultura –originada en Europa pero definida, guardada y practicada por una minoría intelectual ilustrada no necesariamente europea– para legitimar su propia carrera y producción intelectual y, al mismo tiempo, defender a Latinoamérica como productor cultural *primario*, en una relación de igualdad con la metrópoli: "No somos una curiosidad para aficionados", decía en 1941, "sino una porción integrante y necesaria del pensamiento universal [...] No nos sentimos inferiores a nadie, sino hombres en pleno disfrute de capacidades equivalentes a las que se cotizan en plaza" (XI: 134).[5] Con este fin, repasaré sus escritos de los años treinta y cuarenta, en particular los ensayos de *Ultima Tule* (1942), para dilucidar el significado y la función en el discurso de Reyes de conceptos claves como "cultura", "inteligencia", "servicio" y "vocación". En este marco, me detendré en la evolución del pensamiento de Reyes con respecto al papel social o la "misión" del intelectual y, más concretamente, la relación ambivalente del intelectual poscolonial con la militancia política (el "servicio" al que con más frecuencia ha sido llamado). En la sección final de este ensayo, me concentraré de forma particular en los paralelos y divergencias entre Reyes y quien fuera su máximo mentor español: José Ortega y Gasset. Argüiré, en primer lugar, que la defensa que formula Reyes de la cultura latinoamericana debe mucho a la "filosofía de la circunstancia" de Ortega. Además, veremos que la imagen ideal del intelectual que subyace a la obra de Reyes es muy similar a la de Ortega: un ser esencialmente apolítico, dedicado desinteresadamente al desarrollo de la alta cultura, con lo cual realiza su propia vocación personal al mismo tiempo que rinde un servicio esencial a su país y, así, a la cultura universal. Irónicamente, sin embargo, veremos que Reyes supo encarnar o *vivir* ese ideal orteguiano de forma más perfecta y consistente que el propio Ortega. Es más: si, por una parte, Reyes fundamenta su reivindicación del valor y de la "madurez" de la cultura de Latinoamérica en una noción orteguiana de la circunstancia, es, por otra parte, esta misma circunstancia latinoamericana la que, en cierto modo, acaba por salvar al propio Reyes de las debilidades y defectos que empañaron la obra y reputación de Ortega –a saber, su elitismo, su eurocentrismo, su nostalgia imperial, y su trágica incapacidad de estar "a la altura de las circunstancias" en momentos tan decisivos como la Guerra Civil Española (1936-39).

¿Tiene sentido hablar de Alfonso Reyes en el marco de los *cultural studies*? Reyes era devoto de la alta cultura, amante del orden, "enamorado de la mesura y la proporción" (Paz 227), admirador de Europa, más hispanista que indigenista y, aunque se consideraba de izquierdas, todo menos radical. Es obvia, pues, la distancia sideral que separa al "mexicano universal" de las preocupaciones y objetivos de los estudios culturales. Estos, al fin y al cabo, se niegan a distinguir entre alta y baja cultura, considerando no sólo que *toda* expresión cultural es digna de análisis sino, además, que *todas* las formas de producción cultural tienen una dimensión política –considerándose, en palabras de Sarlo, como "the ultimate epistemological break in the field of the humanities, being that break so deep as to have banished the very word humanities" ("New"). Por otro lado, sin embargo, cabe recordar que fue Reyes uno de los primeros en defender de forma consistente y convincente el postulado "independentista" de que Latinoamérica, en términos culturales, ya no *era* marginal –una postura altamente política y combativa, muy a pesar del propio Reyes, a quien toda política causaba "pavor" y que prefería rehuir cualquier conflicto (Perry 59).

Los humanistas y la política

> [A] la hora de los naufragios, también el capitán presta mano al timón, las bombas y las cuerdas. (Reyes, XI: 69)

La tribu de humanistas eruditos de la cual Reyes era un destacado miembro no era precisamente nómada. Su hábitat natural lo constituían la biblioteca, el despacho y el salón de clases; su actitud común era la sedentaria; su medio natural, el lenguaje escrito. De oradores tenían poco, y la mayoría se mantenía lejos del mundo de la política activa. Los acontecimientos de los años treinta, sin embargo, en particular el ascenso del fascismo, les obligaron a abandonar, siquiera temporalmente, la compañía relativamente protectora de sus libros, para salir en defensa de esa cultura humanística de la cual se consideraban los paladines. Aliándose con la generación intelectual más joven y radicalizada, se veían impulsados a pronunciar discursos políticos en eventos tan públicos

19

como el Congreso Internacional de Escritores para la Defensa de la Cultura, celebrado en 1935 en París. En ello les movía, claro está, un sentido de obligación pública; pero también había un obvio elemento de autointerés. Al fin y al cabo, el fascismo se había declarado enemigo de todo lo que estos humanistas representaban: bastaba ver el gusto con que los jóvenes camisas negras y grises quemaban libros.

El éxito del fascismo entre amplias capas sociales en Italia y Alemania, además de la creciente fascinación entre las generaciones intelectuales más jóvenes con el comunismo soviético, también planteaba, o replanteaba, la cuestión del papel social del intelectual. ¿Cuál era, o debía ser, la relación del intelectual con la política, el bien común, la nación, los principios internacionales del derecho y de la justicia? ¿Qué responsabilidad tenían los intelectuales de lo que estaba pasando en Occidente desde los horrores de la Primera Guerra Mundial? Recordemos que en 1927 Julien Benda –ya rozando los sesenta años– publica *La trahison des clercs*, en que vitupera a sus colegas intelectuales por haberse dejado poner al servicio de las pasiones "realistas", particularistas, del nacionalismo y del sentimiento de clases, en vez de cumplir su verdadera función social como "clero": cuidar desinteresadamente de lo "espiritual" e "ideal" –es decir, de lo universalmente humano, de lo que transciende el realismo vulgar de las masas "laicas". Pero incluso Benda apareció en el Congreso de 1935, aunque su ponencia suscitó alguna polémica al postular una diferencia "esencial" entre las formas comunista y occidental de entender la literatura.

Si el asunto era complejo en Francia, sin embargo, lo era aún más en naciones periféricas como España y México. En Madrid, José Ortega y Gasset constituía el ejemplo vivo del dilema hamletiano a que se enfrentaba el intelectual nacido en una sociedad "subdesarrollada", o al menos carente de una burguesía fuerte y una infraestructura cultural adecuada (Gray 26). Por un lado, creía Ortega, como Benda, que la verdadera actividad intelectual era incompatible con la política, ya que esta suele cegar "las fuentes de creación espiritual": "La intelectualidad … no tolera ser puesta al servicio de nada …" (Ortega, *OC* XI: 12). Por otro, sin embargo, le era obvio que las "minorías intelectuales" tenían una "misión política" que desempeñar, y que sólo intelectuales como él mismo serían capaces de sacar a España de su marasmo y convertirla en una nación moderna, europea (I: 301). La trayectoria de Ortega, por tanto, fue un constante vaivén entre el compromiso político o incluso la militancia, y el repliegue hacia un espacio intelectual "puro", despolitizado (Gray 19, 173-4). En 1931 hasta llegó a diputado en la joven Segunda República, aunque pronto volvió a desentenderse de la actuación pública. Desde el estallido de la Guerra Civil Española hasta su muerte en 1955 se abstuvo casi completamente de cualquier actividad política, agarrándose ya definitivamente a una noción del intelectual como una especie de anacoreta, una *"vox clamantis in deserto"* (Gray 290).[6]

La postura abstencionista de Ortega a partir de 1936 era harto excepcional ya que, como se sabe, ningún evento logró movilizar políticamente a la inteligencia occidental como la Guerra Civil Española. Pero en realidad ya hacía varios años que los acontecimientos políticos se habían venido imponiendo sobre el debate teórico en torno al papel social del intelectual. A partir de 1933 cada vez más humanistas europeos se veían hostigados, internados en campos de concentración o impulsados hacia alguna forma de exilio –refugiándose primero en París, Amsterdam, Copenhague o Valencia, para luego pasar a Londres (Gombrich, Madariaga), EE.UU. (Spitzer, Castro), México (Díez-Canedo), Estambul (Auerbach) o, trágicamente, al suicidio (Benjamin, Zweig). En este momento, sin embargo, la trayectoria de Alfonso Reyes se aparta marcadamente de las de sus desafortunados correligionarios europeos. Precisamente cuando casi todos éstos se ven desplazados y perseguidos, Reyes, después de más de un cuarto de siglo en el extranjero –ausencia que bien podría calificarse de exilio[7]– *vuelve* a casa. Justo cuando sus colegas europeos se ven separados de sus manuscritos y bibliotecas, aunque intentan, desesperadamente, salvar y llevarse lo que puedan, Reyes se *reencuentra* con sus libros. Cuando en septiembre de 1940, Walter Benjamin –tan humanista, erudito y bibliófilo como Reyes, tan enamorado de su biblioteca– se dispone a suicidarse, refugiado en los Pirineos camino de España, llevándose un solo maletín con papeles, Reyes acaba de instalarse cómodamente en la ciudad de México en su casa-biblioteca diseñada por él mismo, iniciando su "inacabable luna de miel" con sus queridos, incontables y ordenadísimos volúmenes (XXIV: 337). (Para ser justos hay que agregar que aun así, como veremos, la vuelta no fue fácil.)

Esta buena fortuna de Alfonso Reyes, desde luego, no constituía ningún milagro. Se debía, sencillamente, a que era latinoamericano. Por primera vez en la historia occidental, esta condición, que por tanto tiempo había sido un estigma y fuente de vergüenza (XI: 88-

90), se presentaba como una enorme ventaja. A Reyes, por otra parte, ya le había tocado su ración de miserias exílicas. Había salido precipitadamente de México en julio de 1913, a los veinticuatro años, tres después de la fundación del Ateneo de la Juventud, del que había sido un destacado miembro, y dos años después de la revolución maderista. Seguir en México le era imposible: su padre, antiguo gobernador porfirista de Nuevo León, había sido matado en un fallido golpe de Estado en febrero. Esto colocaba al joven Reyes, anti-porfirista pero no necesariamente revolucionario, en una posición difícil. Cuando Huerta usurpó el poder, Reyes, en protesta, abandonó el cargo que ocupaba como secretario de altos estudios (su hermano Rodolfo, en cambio, aceptó ser ministro de justicia en el gobierno huertista). Huerta, en un intento de atraer al joven Alfonso, le ofreció el puesto de secretario personal. Cuando Reyes se negó, Huerta le sugirió que se diera "un paseíto" por el extranjero, proporcionándole una posición en la legación mexicana de París (Perry 60). Reyes, por su parte, estaba harto de México y de la política, psicológicamente "mutilado" por el trauma de la muerte del querido padre –a quien sus amigos políticos seguían criticando aun después de muerto– y ya sólo deseaba seguir su vocación de escritor (Barili 132-33; Perry 58, 146).[8] Su propósito era librarse cuanto antes de su empleo diplomático y "vivir de su pluma" (Perry 60, 146). Quería emanciparse de la familia, de la política y, hasta cierto punto, incluso de su mexicanidad: "Procura emanciparte por completo", le escribe Pedro Henríquez Ureña en 1914 (*Correspondencia* 336); "me desmexicanizaré" le promete Reyes dos años más tarde (10 de junio 1916, cit. en Perry 46).

Despedido en octubre de 1914 de la embajada, y con Francia precipitándose hacia la Primera Guerra Mundial, Reyes decidió mudarse a Madrid, donde pasó seis años difíciles, trabajando de periodista y de investigador en el Centro de Estudios Históricos dirigido por Ramón Menéndez Pidal, hasta que en 1920 volvió a ingresar al servicio exterior, ya de forma más digna y estable. Después de cuatro años como diplomático en Madrid fue Ministro Plenipotenciario en París (1925-27), además de embajador en Buenos Aires (1927-30; 1936-37) y Brasil (1932-36; 1938). En 1939, por fin, ya vuelto a México, el ex desterrado Reyes –con muchas obras importantes publicadas y un gran prestigio internacional– se convierte a su vez en padrino y benefactor de exiliados: el presidente Cárdenas lo nombra director de la Casa de España en México, creada para dar cobijo a humanistas españoles desplazados a raíz de la

Guerra Civil. La Casa se convierte pronto en El Colegio de México, presidido por Reyes hasta su muerte en 1959.

Reyes americanista

Reyes, pues, era consciente de las dificultades a que tenían que enfrentarse los exiliados europeos (de hecho, si fuera por él, la Casa de España se hubiera abierto a refugiados intelectuales de toda Europa). Por tanto, también se daba plena cuenta de los enormes privilegios que de repente le confería su condición de latinoamericano. Es más, los acontecimientos de los años treinta acabaron por despertar en Reyes una auténtica conciencia americanista. La crisis europea le permitía argüir que al continente americano le tocaba desempeñar un papel crucial, incluso salvador, para la humanidad entera. "Hoy, ante los desastres del Antiguo Mundo", decía en 1942, "América cobra el valor de una esperanza: se ofrece a Europa como una reserva de humanidad. ... La declinación de nuestra América es segura como la de un astro. Empezó siendo un ideal y sigue siendo un ideal. América es una Utopía" (XI: 60-2).

Desde luego, Reyes no era el único en descubrir América por estos años. El americanismo estaba de moda, tanto al norte como al sur del Río Grande. En 1925 José Vasconcelos había representado a Latinoamérica como la cuna de la "raza cósmica". El norteamericano Waldo Frank, en *América Hispana* (1931), se había revelado como un panamericanista cuasi místico, abogando por una especie de matrimonio entre las dos Américas, a través del cual el continente cumpliría su promesa de ser un mundo nuevo, superior (346-7). Sin embargo, como apunta Conn, es importante distinguir el americanismo de Reyes de los discursos exaltados de sus amigos Vasconcelos y Frank (*Politics* 146-50). Mientras que éstos definen el destino salvador de las Américas en términos esencialistas, raciales o providenciales, Reyes rechaza estas posturas idealistas, como tampoco cree que el nuevo mundo será otra cosa que la realización de un sueño de Europa, con cuya civilización está orgánicamente vinculado (*Diario* 294; XI: 85-86). Los argumentos en que Reyes fundamenta su americanismo quieren ser concretos, históricos y políticamente liberales, desprovistos del acento reaccionario implícito en los misticismos de Frank y Vasconcelos. Así, en el largo ensayo sobre "El presagio de América" que encabeza *Última Tule*, Reyes arguye que si América es el continente utópico por excelencia, esto obedece a una lógica histórica:

> Su mismo origen colonial, que la obligaba a buscar fuera de sí mismo las razones de su acción y de su cultura, la ha dotado precozmente de un sentido internacional, de una elasticidad envidiable para concebir el vasto panorama humano en especia de unidad y conjunto. La cultura americana es la única que podrá ignorar, en principio, las murallas nacionales y étnicas. (XI: 61-62)

Si a América le toca ser "continuadora de civilizaciones", es gracias a esta afortunada genealogía política y cultural. En vista de la parálisis de la madre Europa, le incumbe ahora "recoger la herencia de una cultura y transportarla definitivamente a nuestros cauces; para así, salvando la herencia, salvarnos de paso a nosotros mismos". Reyes admite que es una gran responsabilidad para un continente joven: "En cierto modo, la catástrofe europea ha venido a ser un aviso providencial que nos despierta de la infancia". Sin embargo, América ya está lista para forjarse su propio destino:

> Hijos de la cultura europea, nuestros países, a través de sacudimientos, han ido revelándose a sí propios su autenticidad histórica, y hoy por hoy podemos ya decir que nuestra América no quiere imitar, sino que aplica las técnicas adquiridas de Europa a la investigación de los fenómenos propios, lo cual, al mismo tiempo, le va revelando la posibilidad de nuevas técnicas americanas. (XI: 114-15)

Sin negar que América nace de Europa, pues, Reyes también afirma que el continente ya tiene una personalidad propia. Es más, también tiene un *tempo* propio: la llegada tardía de Hispanoamérica al "banquete de la civilización occidental" le permitirá un desarrollo más rápido y eficaz que el de Europa, saltándose aquellas etapas que, *a posteriori*, hayan resultado "meras contingencias históricas": "Después de todo, la historia de América ha sido una serie de carreras por atajos, para ponernos al día en menos tiempo" (XI: 123-24).

Ahora bien, ¿dónde radica esa identidad, "el matiz" de América? No en su "civilización", concepto que Reyes asocia con las grandes civilizaciones indígenas, para él ya definitivamente extintas.[9] Tampoco cabe hablar de una "cultura" propiamente americana, ya que para Reyes el concepto de cultura se vincula únicamente con Europa.[10] De lo que sí cabe hablar, en cambio, es de "la *inteligencia* americana, su visión de la vida y su acción en la vida" (XI: 82, énfasis mío). Sin –todavía– constituir una civilización o cultura diferente de la europea, pues, los americanos se distinguen por su *forma de ver el mundo*. Esta inteligencia americana tiene para Reyes tres características fundamentales: el internacionalismo, el pacifismo y el izquierdismo o utopismo.

> [N]uestra mentalidad [dice] a la vez que tan arraigada en nuestras tierras … es naturalmente internacionalista [...]: hemos tenido que ir a buscar nuestros instrumentos culturales en los grandes centros europeos, acostumbrándonos así a manejar las nociones extranjeras como si fueran cosa propia. En tanto que el europeo no ha necesitado de asomarse a América para construir su sistema del mundo, el americano estudia, conoce y practica a Europa desde la escuela primaria [Por lo tanto] estamos en postura de hacer síntesis y de sacar saldos, sin sentirnos limitados por estrechos orbes culturales como otros pueblos de mayor abolengo. (XI: 123)

Gracias a su "internacionalismo connatural", la tendencia innata de ver la humanidad en sus totalidad sin dejarse cegar por las fronteras de la propia nación, hay "en la inteligencia [latino]americana una innegable inclinación pacifista" (XI: 109). Finalmente la América hispana es irremediablemente utopista –"debe vivir como si se preparase siempre a realizar el sueño que su descubrimiento provocó entre los pensadores de Europa: el sueño de la utopía, de la república feliz…" (XI: 87)– y, por tanto, izquierdista: "Esta manera de apoyarse en la esperanza ¿no descubre un cierto paralelismo entre la actitud de los que he llamado 'padrinos europeos' [de América] y los que hoy llamamos 'hombres de izquierda'?" (XI: 81).

Sin embargo, el término "inteligencia americana" es ambiguo: se refiere a una "forma de entender" pero también a un sector social determinado: la *intelligentsia*.[11] Es significativo que a Reyes no le importe esta ambigüedad: en última instancia, su argumento sobre la identidad americana se *reduce* a los intelectuales latinoamericanos. Son éstos los que, para Reyes, encarnan la verdadera identidad cultural del continente: su "espíritu" en un sentido hegeliano (Conn 149, 197n).

25

Impurezas afortunadas

En varios textos escritos entre 1932 y 1943, Reyes identifica otro rasgo en la intelectualidad americana que, dada la situación internacional, resulta altamente positivo: su grado relativamente bajo de "pureza". Con ello se refiere al hecho de que, por razones sociales, culturales y económicas, los intelectuales latinoamericanos, por regla general, aún no se han desvinculado por completo de la vida pública. "El escritor tiene aquí mayor vinculación social", dice en 1936, "… raro es que logre ser un escritor puro, es casi siempre un escritor 'más' otra cosa u otras cosas".[12] El inconveniente de esta impureza es que, "[e]storbada por las continuas urgencias, la producción intelectual es esporádica, la mente anda distraída". Dada la crisis, sin embargo, el hecho de que la intelectualidad latinoamericana esté "más avezada al aire de la calle" es una auténtica bendición. Es más: permite corregir la tendencia excesivamente purista de los intelectuales europeos: "admite también una síntesis, un equilibrio que se resuelve en una peculiar manera de entender el trabajo intelectual como servicio público y como deber civilizador" (XI: 85-86).

En 1932, al dirigirse a la Asociación Brasileña de Educación, Reyes ya había propuesto este argumento, especificando con más detalle cómo concebía del papel del intelectual. Siguiendo en parte a Benda, afirma que lo propio del intelectual son "los intereses supremos del hombre", por encima de "los intereses de clases, de partidos y de países" (XI: 68). Al mismo tiempo, señala que no por ello debe el intelectual apartarse de la vida pública. Al contrario, Reyes rechaza la idea de que haya un "antagonismo entre dos humanidades: la una que viviría conforme al espíritu y alejada de todo negocio como planta estéril, y la otra que viviría conforme al instinto, erigiendo arbitrariamente en doctrinas los apetitos más groseros". Si, en "los países agotados por viejas civilizaciones", es posible construir "torres de marfil y teorías estrafalarias conforme a las cuales el hombre de pensamiento que participe en la vida de su siglo viene a ser un 'clérigo traidor'", en Latinoamérica, por fortuna, "los sabios tienen todavía que ser hombres públicos" (XI: 69). Y esto, que "pudo sernos desfavorable en otro momento de la historia (y sin duda lo es en el orden puro del espíritu)" ahora ofrece una enorme ventaja:

el que los hombres de disciplina espiritual, de cultura y de técnica –desde el filósofo hasta el artesano– los que se han ca[s]tigado a sí mismos para adquirir un conocimiento o un adiestramiento verdaderos, los que han dado en consecuencia sus pruebas morales suficientes, empuñen algún día decidamente las riendas de la sociedad ... (XI: 69)[13]

Reyes vuelve a subrayar que, en circunstancias normales, "[l]o mejor para el intelectual absoluto, lo mejor para la inteligencia es conservarse en un término moderado respecto a la acción, y sólo participar en ella lo indispensable, reservándose un sitio de orientación y consejo".[14] Pero, añade, "a la hora de los naufragios, también el capitán presta mano al timón, las bombas y las cuerdas" (XI: 69). Dada la crisis, habrá "una o varias generaciones de intelectuales sacrificados en el servicio de la nueva sociedad". Aunque Reyes espera que "se conceda a unos cuantos el privilegio –privilegio precioso a la humanidad– de aislarse un poco y conservar el tesoro de la cultura adquirida, salvándose íntegro para las generaciones de mañana", a los demás no les queda otro remedio que echarse "a media calle": "que se abracen decididamente con la inquietud social de su época, y aporten sus luces y su voluntad, su teoría y también su práctica". Es hora, pues, de que la inteligencia "reclame su sitio en la primera trinchera" (XI: 69-70).

El argumento parece algo forzado. Bien mirado, la reivindicación de la *intelligentsia* latinoamericana realizada por Reyes se fundamenta en dos anormalidades: primero, la "impureza" del intelectual en Latinoamérica y, segundo, la crisis mundial. Sin embargo, el basar su defensa del intelectual "comprometido" en estas dos circunstancias extraordinarias le permite a Reyes abogar porque los intelectuales participen en la política, sin renunciar a la idea de Benda de que, en última instancia, la participación política *daña* al intelectual como tal. Así Reyes, por así decir, pretende nadar sin mojarse la ropa: al mismo tiempo que manda a los intelectuales hacia afuera, no abandona la idea de que la calle ensucia, o que lo público contamina. Concebir el trabajo intelectual como un servicio público, agrega una vez más, "[n]aturalmente ... no anula, por fortuna, las posibilidades del paréntesis, del lujo del ocio literario puro, fuente en la que hay que volver a *bañarse* con una saludable frecuencia" (XI: 85-86; énfasis mío).

El argumento también resulta forzado porque el llamado que hace Reyes en 1932 a que los intelectuales "salgan a media calle" y se sacrifiquen "echando mano al timón" no corresponde en lo más mínimo a su propia trayectoria hasta ese momento. Al contrario, desde su salida de México en 1913, había concentrado todos sus esfuerzos en mantenerse "puro", alejado en lo posible de la vida pública de su país. Incluso su "servicio" diplomático lo cumplía más que nada por necesidad económica; si pudiera, habría vivido de su pluma, como se había propuesto al llegar a París. Así también, en 1916 expresaba la esperanza de que Ortega y Gasset, a pesar de sus ambiciones en la vida pública, se "salvara", sabiendo "apartarse a tiempo" de las "contiendas de orden menos espiritual" que son la "furia política" (IV: 260).[15] De la misma manera, en 1936 le escribe a Francisco Romero que "Contra los que abren tienda para suministrar las verdades en inyecciones, hay los que enseñan con el ejemplo las condiciones del verdadero trabajo filosófico: disciplina, asimilación y superación" (XI: 79). La "normalidad filosófica", dice Reyes, está en "mantenerse dentro de los cuadros de la pura investigación" (XI: 80). Unos años más tarde afirma, en cambio, que "Ya ha llegado la hora de que los hombres de ciencia fuercen la puerta de los gobernantes y se hagan oír. Al fin y al cabo ellos no piden prebendas ni disputan puestos, sólo reclaman la función de consejeros que por derecho les corresponde…" (XI: 108): "los especialistas de las ciencias sociales deben, hoy por hoy, mezclar las Teórica y la Poética; estudiar y obrar, abandonar el reposo de las ideas puras, y salir con ellas a media calle. Sólo así podremos salvarnos" (XI: 125).

Exilio, sacrificio, vocación de servicio

[V]ivo por y para el servicio de mi tierra hasta donde alcanzan mis alientos.   (VIII: 430)

[E]n el mediocre panorama del mundo, sólo queda hoy un principio ileso: ocuparse cada uno, con la mayor devoción posible, de lo que le dio la naturaleza.   (VIII: 56)

[T]he first and most important duty of intellectuals is, of course, to write the best they can. In other words, to be loyal, and loyal most of all to their writing.

(Paz, en Lévy 243)

El exilio —el voluntario sobre todo— es
magnífico. Eres dueño de ti mismo …

(Aub 125-26)

Es notable, pues, la vacilación en Reyes en cuanto al papel social del intelectual: aunque le parece bueno y hasta necesario que se meta de lleno en la vida pública, lo ideal sería que no lo hiciera, porque en el fondo la actividad pública va en detrimento del desarrollo verdaderamente intelectual. Esta profunda ambivalencia de Reyes en cuanto a su propio papel cabe vincularla con la evolución que se produce en su pensamiento en torno a nociones claves como servicio, sacrificio, disciplina y vocación, conceptos que también invoca con frecuencia para defender su exilio y su particular relación con México.

Afirma Edward Said en su trabajo seminal sobre el tema que la integridad del intelectual se basa en un fundamental *non serviam*: el verdadero intelectual no se deja cooptar por intereses que puedan embargar su independencia crítica (*Representations* 16). Al mismo tiempo, sin embargo, Said concibe la vocación intelectual precisamente como servicio y sacrificio: el intelectual sacrifica las ambiciones personales que pueda tener para ponerse al servicio de la verdad y, más concretamente, de la causa de los oprimidos. Señala Said también que para los intelectuales es fuerte el llamado a la solidaridad con "la propia gente," la propia nación, sobre todo si se trata de una comunidad marginada (como, en su caso, los palestinos). No se trata, pues, de nunca servir a nadie, sino de saber cuándo servir a quién, y de buscar el equilibrio entre el servicio a sí mismo en cuanto intelectual independiente, la lealtad tribal, la lucha de parte de los grupos reprimidos, y la dedicación a valores más universales como la verdad, la justicia y la libertad. Para Said, la vocación del intelectual se reduce en realidad a esta última opción -"The purpose of the intellectual's activity", dice, "is to advance human freedom and knowledge" (17)- con tal de que se traduzca, en cada momento histórico, en una solidaridad concreta con luchas concretas y una actitud crítica frente al poder. "At bottom", dice, "the intellectual … is … someone whose whole being is staked on a critical sense" (23). Hay que hablar por los oprimidos, sí, pero dejar de hacerlo en cuanto éstos se conviertan en opresores (41-4). El compromiso o servicio del intelectual es, pues, siempre particular y concreto, pero sólo es *constante* en un nivel abstracto o universal.

Ahora bien, la trayectoria vital y profesional de Reyes puede verse como una serie de intentos por resolver este dilema, como una continua búsqueda de equilibrio entre servir lo concreto, lo propio o lo particular –en cuanto individuo y en cuanto mexicano– y servir lo universal. Lo que, en última instancia, le permite armonizar lo uno con lo otro, al menos conceptualmente, es el liberalismo. Para el liberal, a fin de cuentas, no hay contradicción entre el interés particular y el colectivo: servirse a sí mismo es la mejor forma de servir a los demás. A Reyes, esto le permite afirmar que la mejor forma de realizarse como mexicano es realizarse a sí mismo; que la mejor forma de ser mexicano es intentar ser universal; y que, en fin, la mejor forma de *servir* a México –es decir, cumplir con su deber patriótico, tribal– es seguir lo más fielmente posible la propia vocación personal.[16]

El argumento tiene un inconfundible aire orteguiano. Recordemos que, para Ortega, la vida era un "quehacer", una "faena" o "empresa" que consistía en realizar, de la forma más completa y auténtica posible, la vocación individual impuesta por las circunstancias (Rodríguez Huéscar 137-9, 146, 150*)*. Una idea muy parecida la reencontramos en *A vuelta de correo* (1932), el texto en que Reyes refuta la acusasión de lesa mexicanidad lanzada por Héctor Pérez Martínez. Entre otras cosas, alega Reyes en su propia defensa que el cosmopolitismo no se opone de ninguna manera al patriotismo, sino que es más bien su manifestación suprema:

> ¡No me hagan pensar, exclama, en el que creía que leer libros franceses, cuando se nació hablando español, es un rasgo de vanidad y un síntoma de suficiencia! ¿De modo que por ser mexicano tengo que desentenderme de lo demás? ... No y mil veces no: ... La única manera de ser provechosamente nacional consiste en ser generosamente universal, pues nunca la parte se entendió sin el todo. (VIII: 436, 438-39)

Formulando el argumento que después adoptará con más éxito Borges (Barili 128), Reyes presenta una concepción de la literatura nacional que no le impone ninguna traba a la libertad artística o al desarrollo personal del intelectual. La literatura mexicana no se define para Reyes por su temática o tono, sino que simplemente queda constituida por "la suma de las obras de los literatos mexicanos" (VIII: 440). Siendo mexicano y escritor, no se puede por menos que producir textos mexicanos: "Lo que yo haga pertenece a mi tierra en el mismo grado en que yo le pertenezco" (VIII: 442). En otras palabras: realizarse a sí mismo, obedecer al propio destino es contribuir a la literatura mexicana; para el escritor, ser fiel a sí mismo es, de forma simultánea, una expresión nacional y un servicio patrio.[17]

Ahora bien, al asociar su labor escritural de forma automática o fatal con las nociones de representación y servicio nacionales, en realidad Reyes cumple dos objetivos. Al mismo tiempo que defiende su mexicanidad, logra construir una autoimagen armónica, libre de conflictos, ya que identifica su vocación "privada" de escritor con la "pública" de diplomático: a fin de cuentas, ¿qué hace un embajador sino *servir* a su nación *representándola*? Y, en efecto, provocado a defender su amor patrio, Reyes no deja de destacar los méritos de su labor profesional. El servicio que rinde como diplomático, afirma, es un "servicio indiscutible y primario que considera la nación como un todo intocable, y que cuida la línea de flotación sin intervenir en lo que pasa dentro del barco por aquello de que lo primero es vivir" (VIII: 428).

Como se ve, Reyes aprovecha la ocasión para explicar su falta de acción política en el marco doméstico de México: como diplomático, se ocupa del bien de la nación integral, sin dejarse distraer por las luchas políticas internas. Curiosamente, si aquí presenta esta posición *au- dessus de la mêlée* como un honor, en otros pasajes del mismo texto se lamenta de que las reglas de la diplomacia, donde "cualquier palabra imprudente parece caer sobre un país entero" (VIII: 429), le hayan impedido una actuación pública más libre: "mi situación no es la más conveniente para andar en polémicas, a riesgo de saltar las vallas de un reglamento que me ataja" (VII: 431). En 1943, en una serie de cartas apologéticas a Pablo Neruda, que al parecer le había expresado su disgusto por la poca actividad política de Reyes, éste le escribe: "*Antes*, sí se me podía tachar de escritor aristocrático … El pegote de la diplomacia me hacía callar muchas cosas, y me desahogaba yo en la pura literatura literaria". Sin embargo, agrega, "Ante la crisis del mundo, que por fortuna coincidió con mi salida de la dichosa 'carrera,' mi labor ha evolucionado constantemente hacia los intereses sociales". También alega que, en una reciente reunión internacional de escritores, logró "que se adoptara un manifiesto condenando el abstencionismo como impropio de la misión del escritor" (5 de julio, Perry 126). No obstante, en otra carta escrita el día anterior, Reyes le confiesa a Neruda que su trabajo "es privado": "Es asunto de temperamento … Voy construyéndome por dentro hasta donde puedo, en la certeza de que así ayudaremos a construirse a otros; y ... cedo el puesto público y visible a los más dotados para ocuparlo" (4 de julio, Perry 124-25). Tres días después, afirma, refiriéndose a su presidencia del Colegio de México, que su vida está ahora dedicada a "la lenta edificación y educación de hombres aptos para conducir nuestra sociedad conforme a los mejores ideales" y que por tanto se desentiende "de mítines, resoplidos y 'pálpitos' biológicos, con los cuales seguramente no se edifica un mundo mejor" (7 de julio, Perry 128).

A pesar de la aparente resolución entre cosmopolitismo y expresión nacional, entre la obra personal y el servicio público, el tono forzado y contradictorio de estas apologías hacen intuir que las vacilaciones de Reyes con respecto a la actividad política del intelectual responden a una ambivalencia más fundamental, todo menos resuelta (Olguín 67-9). Es además probable que esta ambivalencia se viera reforzada por un complejo de culpa típico del exiliado: el miedo de que su salida se explique como un abandono, una traición, o un escurrirse de los compromisos familiares o patrióticos. Si Reyes inicia su carrera bajo la influencia de cierta vocación pública (por ejemplo, ayuda a fundar la Universidad Popular), se desengaña pronto de ella, exiliándose a Europa, como hemos visto, con el firme propósito de dedicarse a su vocación personal y librarse de cualquier compromiso colectivo, sea familiar o nacional. Claro que él mismo, en ese momento, no ve su salida como abandono sino como un paso necesario, si bien algo desesperado, para conseguir su independencia y desarrollarse "libremente" —lugar común, por otra parte, entre los literatos de la época (Said, *The World* 19). Se desprende una actitud muy similar del poema autobiográfico *Ifigenia cruel*, publicado por Reyes en 1924, en el cual Ifigenia se desentiende de su identidad nacional y elige la libertad del destierro, diciendo "*no* al destino, a la familia y al origen, a la ley del suelo y de la sangre" (Paz 229). "Alta señora cruel y pura", canta el coro, "... / acaríciate sola, inmaculada; / ... / escoge el nombre que te guste / y llámate a ti misma como quieras: / ya abriste pausa en los destinos, donde / brinca la fuente de tu libertad" (X: 349).

Para el joven Reyes, así como para Ifigenia, el exilio llega a ser una redención: le permite sustraerse a las intrigas revolucionarias y, sobre todo, a la obligación familiar de la venganza; significa emanciparse de la comunidad y de los compromisos engorrosos que ésta le impone; le hace posible negarse a servir en las filas políticas. En el macrorrelato autobiográfico construido por el propio Reyes hacia el final de su vida, el exilio lo presenta como una salvación: le permitió demostrar "que, en efecto, mi vida tenía otro destino, propio, y no el que le querían imponer las pasiones políticas del país" (Poniatowska 14).[18] Es más, Reyes implica que su exilio le permitió servir a la nación *mejor* que si se hubiera quedado en México. Le permitió poner su joven talento a salvo para que se desarrollara libremente y rindiera mejores frutos. El exilio, para Reyes, fue entonces un momento de *Bildung,* un episodio de disciplina, dedicación y sacrificio, de maduración crucial, durante el cual pudo "bañarse" en la cultura metropolitana y convertirse en el "mexicano universal" que, una vez formado y vuelto, podría rendirle servicios indispensables a su patria.[19] En última instancia, esta interpretación del destierro refleja nítidamente el ideal del intelectual de Reyes: un individuo de cierta vocación espiritual que se aparta de la sociedad con el fin de dedicarse de lleno, con disciplina y sacrificio, a esa vocación, para sólo después volver a la tribu y prestarle, en un papel de consejero o mentor, los servicios de su "inteligencia".

En 1930, Reyes le confiesa a Guzmán, en una carta que no se envió, que "hace tiempo vengo soñando con emanciparme de las obligaciones oficiales y volver, en Europa, a mi vida libre de escritor. Después de todo, ya cumplí mi servicio obligatorio con el país" (17 de mayo, Perry 134). Al final de la década, no obstante, Reyes no sólo vuelve a México sino que se intensifica su deseo de servir a su país y de demostrarse buen patriota. Sin embargo, para su gran frustración se topa con que el país se ha acostumbrado a su ausencia y ya no parece necesitarlo. En marzo de 1938, le escribe a Federico de Onís:

> Me encontré con que se me recibía enmedio de la mayor cordialidad en lo público y en lo privado, pero con que ya la gente intelectual tiene sus caminos o mejor dicho sus angustiosas veredas, bien trazadas, … y todos [están] hechos ya a un ambiente del cual yo he faltado por muchos años, por lo que, aunque se me agobia llamándome maestro, nadie siente la verdadera necesidad de contar conmigo ni de ponerme a contribución para la cultura nacional. (Carta)

A pesar de esta resistencia, sin embargo, Reyes decide quedarse y "ponerse a contribución" aceptando, primero, la dirección de la Casa de España en México/El Colegio de México y, seis años después, ayudando a fundar el Colegio Nacional. Pero aún así, sigue sin resolverse la tensión entre el llamado del servicio público y el de la vocación privada. El símbolo más ilustrativo de esta continua ambivalencia quizá sea la misma Casa-Biblioteca que Reyes hace construir a su regreso, "paradójica, impresionante síntesis de biblioteca como para servicio del gran público y de recámara como para vida más privada" (Gaos 215).[20] Es un espacio tan híbrido como su dueño: vivienda y despacho, lugar de estudio y tertulia, depósito privado de libros que Reyes no obstante concibe como monumento nacional. "Y, por favor", cuenta Alicia Reyes que le dijo Alfonso poco antes de morir,

> … Cuida … de mi biblioteca para que mis libros y mis manuscritos no se dispersen. Mi voluntad es dejar todo esto a mi México querido, al mundo …y saber que lo que he construido con amoroso esfuerzo no se pierda ni quede envuelto en indiferencia, telarañas y polvo… (Alicia Reyes 305-6)

Se puede suponer que Reyes concebía en los mismo términos sus *Obras completas*, que ya había empezado a editar con esmero durante los últimos años de su vida: una construcción privada, hecha a base de disciplina y sacrificio individual, que, póstumamente, se convirtiera en un espacio público nacional.

En términos políticos, la ambivalencia de Reyes ante su propio papel –y su incapacidad por resolverla– está íntimamente conectada con su liberalismo: su asunción de un izquierdismo moderado, institucional y antirrevolucionario que, aunque cree en la justicia social, cree tanto o más en el orden. Este liberalismo, que era igual de antifascista que anticomunista, lo compartía Reyes con intelectuales españoles como Madariaga, Ortega y Gregorio Marañón, aunque hubo diferencias cruciales. Primero, si a éstos su anticomunismo les motivaba a ocupar una posición dudosamente neutral durante la Guerra Civil Española, Reyes se declaró partidario de la República. Segundo, Ortega, Madariaga y Marañón se encontraron en 1939 con una España franquista, cuya vida intelectual y cultural estaba prácticamente destruida y que era aún menos hospitalaria para los liberales de viejo cuño que lo que lo había sido la España de la guerra. Reyes, en cambio, tiene la enorme suerte de que, en México, se le abre un espacio en la familia "revolucionaria", ya domada e institucionalizada por un régimen que acaba de abandonar el radicalismo de Cárdenas para apostar, precisamente, por el liberalismo y la iniciativa privada.

No es casual, por tanto, que Reyes vuelva cuando se acaba el sexenio de Cárdenas, y que ocupe una posición cada vez más prestigiosa en el México de Ávila Camacho, Alemán y Ruiz Cortines (Miller 86, 217-18). En retrospectiva, se puede decir que ya durante los años anteriores a su regreso había estado preparando su nuevo papel en el México desarrollista del PRI. Como señala Conn, a partir de los treinta Reyes se empeña en representar a América, y a sí mismo en cuanto intelectual americano, como paladines del liberalismo y humanismo, de un progresismo utópico pero no revolucionario (*Politics* 136-67). En *Última Tule* Reyes incluso reescribe la historia del mismo descubrimiento como un triunfo de la iniciativa privada ante la inercia ideológica y empresarial del Estado español.[21] De la misma manera, si Reyes, al exiliarse, privilegia su destino como individuo sobre su destino como mexicano, es porque cree que la realización de la vocación individual –la "iniciativa privada" intelectual– es el motor de la *Bildung* y, por tanto, del progreso. Reyes, como Ortega, siempre se consideró una especie de empresario, un *self-made man* de la cultura, proclamando con orgullo que debía su ingente capital cultural a su esfuerzo y dedicación personales, su "afán de estudio y trabajo" (*Parentalia* 17).

Como hemos visto, Reyes también invoca el individualismo liberal para refutar la idea de que el intelectual latinoamericano sólo puede servir a su país desde dentro y a través de la política. Aprovecha el hecho de que los conceptos de "servicio" y "sacrificio" siempre pueden entenderse de dos maneras: o bien el intelectual "se sacrifica" al dedicarse a la política a expensas de su trabajo "verdaderamente" intelectual; o bien, el intelectual "se sacrifica" dedicándose enteramente a lo "puramente intelectual", ya que "resiste la tentación" de la actividad política y "renuncia" a las glorias más inmediatas del poder político. Para Reyes, todo esto se vincula directamente con su exilio, que prefiere ver como sacrificio, mientras que sus enemigos lo ven como escape. Al igualar el cosmopolitismo con el patriotismo, y el individualismo con el bien común, Reyes puede argüir que su larga estancia fuera del país no significa que haya dejado de ser mexicano, o que no haya sido buen patriota. Para Reyes, entonces, el exilio es, por un lado, una huida o desafío de su destino –de su destino en cuanto hijo del general porfirista Bernardo Reyes, y en cuanto intelectual mexicano, destinado a "perderse" en la política doméstica– y, por otro, un *obedecer* a su destino en cuanto intelectual y escritor ("por muy cándidas que sean las intenciones", dice, "sólo ha de resultar escritor el que de veras lo sea" [VIII: 447]). Si en Reyes parece haber un conflicto fundamental entre su vocación y sus circunstancias –para decirlo en términos orteguianos– el mexicano se pasará la vida "salvando sus circunstancias", intentando demostrar la inexistencia de tal conflicto.[22]

Reyes y Ortega: Los dilemas del intelectual periférico

> Para nosotros, la nación es todavía un hecho patético, y por eso nos debemos todos a ella. En el vasto deber humano, nos ha incumbido una porción que todavía va a darnos mucho quehacer.　　　　　　　　　　(VIII: 449)

> Dichoso país aquel donde la lectura es un hábito general y supera, por abundante, a la facultad adquisitiva de libros.　(VIII: 239)

Reyes, se ha dicho, fue el Ortega y Gasset de México; y, en efecto, son muchos los paralelos entre los dos (Robb 17). Sus obras y carreras pueden verse como sendos intentos por asumir la discrepancia fundamental entre su ambición intelectual personal –formar parte de la vanguardia intelectual de su época– y el hecho fatal (es decir, arbitrario) de haber nacido en una cultura periférica. Ambos se empeñaron en "salvar su circunstancia" y convertir esta discrepancia en un proyecto al mismo tiempo personal y colectivo: sacar a la propia nación de su posición cultural subordinada y, simultáneamente, solicitar ellos mismos entrada a los círculos privilegiados de la alta cultura metropolitana. Es más: ambos se aprovecharon de su posición periférica para formular legitimaciones filosóficas que, sin cuestionar la jerarquía entre "alta" y "baja" cultura, sí acabaron por socavar la jerarquía entre centro y periferia culturales, e incluso postular cierta superioridad para ésta. Si fue Ortega quien desarrolló la noción del "proyecto vital" concebido como un destino personal, realizado mediante la asunción/salvación de los límites y las posibilidades impuestos por las circunstancias (Ortega *OC* I: 322), Reyes dedicó su vida a la salvación de su circunstancia latinoamericana, arguyendo que el haber nacido en Latinoamérica en realidad constituía un privilegio.

Aun así, las carreras de Reyes y Ortega también tienen cierto aire de fracaso, de ambición malograda y esfuerzo malgastado. Aunque ambos habrían querido poder dedicarse de lleno a su desarrollo intelectual personal, lo que veían como los defectos o imperfecciones de su entorno les imponía un deber, una misión patriótica, que sentían al mismo tiempo como una distracción y una tarea honorífica. Habrían querido disfrutar del lujo metropolitano de retraerse al estudio personal en el desván del edificio cultural, pero dándose cuenta de que éste, en su propio país, apenas tenía el primer piso construido, no tenían otro remedio que hacer de masón o carpintero, para pronto descubrir que también esa labor era satisfactoria, que incluso tenían cierta vocación para ella, aunque no por eso dejaban de ver estas obligadas faenas constructoras, organizadoras –políticas y pedagógicas, en fin– como un servicio y un sacrificio.

Desde luego, también hay importantes diferencias entre Ortega y Reyes, diferencias que van más allá del irónico contraste, ya mencionado, entre sus respectivas fortunas después de la Guerra Civil Española: entre la caída de Ortega, que después de varios tristes años en el destierro, es ninguneado y silenciado en un Madrid franquista, y el ascenso de Reyes, que en el México postcardenista no para de acumular laureles. Para Ortega, el reto principal de su vida fue el de conciliar su ambición de filósofo "de los grandes" con la circunstancia de su españolidad –que, entre otras cosas, le imponía la necesidad de expresarse en un idioma (el castellano) y en un medio (el periódico) que no parecían "hechos" para la filosofía (Gray 14, 27). Pero si Ortega se sabía ubicado al margen del centro, no se olvidaba tampoco de que pertenecía a una nación imperial. Reyes, nacido en una antigua colonia de ese ex imperio, era doblemente periférico. Esta doble "subalternidad" significaba que Reyes tenía que bregar no sólo con la arrogancia colonial de la metrópoli europea, sino también con el paternalismo de los españoles hacia sus "hijas" latinoamericanas. El propio Ortega, eurocéntrico hasta la médula, sufría patentemente de un complejo de superioridad inspirado por una nostalgia imperial que le impedía ver a Latinoamérica como otra cosa que un continente aún perdidamente inmaduro (Gray 176-9; Ortega *OC* II: 348).

Reyes, a pesar de la admiración que sentía por Ortega, estaba también muy consciente de sus debilidades y cegueras. Y aunque le entristecía la incomprensión americana del español, con quien, por lo demás, sentía una gran afinidad, nunca dejó de verlo con cierta distancia irónica[23] –distancia a que Ortega correspondía con una altivez y sensibilidad casi pueriles (Aponte 91-121). Y si Ortega adolecía de un eurocentrismo irreflexivo –evidente, por ejemplo, en la segunda parte de *La rebelión de las masas* (231-44)–, Reyes tenía la conciencia antiimperialista de todo buen latinoamericano (Barili 135; Alicia Reyes 129). De manera similar, como hemos visto, la postura abstencionista de Ortega ante la Guerra Civil Española contrasta con la actitud de Reyes, que no duda en apoyar a la República, por más que lo horroricen los extremismos políticos de derechas e izquierdas.

Esta divergencia que se produce entre Reyes y Ortega en los años treinta también tiene que ver con sus diferentes concepciones de la "cultura". Como se sabe, fue en el siglo xix que la cultura empezó a entenderse como categoría de distinción social, que permitía distinguir no sólo a los sectores sociales "refinados" de la plebe "inculta", sino también, a un nivel internacional, a los pueblos "civilizados" de las colonias (Williams 92; Sieburth 4-5). En los años treinta del siglo xx, en pleno ascenso del fascismo y del frentepopulismo, ocurre una modificación sutil pero importante en esta concepción de la cultura. No es que se deje de usar como categoría de distinción, pero en vez de distinguir entre clases sociales, empieza a entenderse como distinción de carácter *político*: para el intelectual frentepopulista, la "defensa de cultura" –que ya incluye, hasta cierto punto, la cultura popular y periférica– llega a identificarse plenamente con el antifascismo (Faber 82-6).

Pues bien, Ortega no asume este cambio. Para él, la cultura sigue siendo un instrumento de distinción clasista e imperialista: como indica claramente en *La rebelión de las masas,* la mera idea de que haya algo superior, culturalmente, a las creaciones de las clases educadas europeas le resulta no sólo ridícula sino peligrosa (240-1). Para el Reyes de los años treinta, en cambio, es no sólo evidente que la cultura se produce fuera de Europa, sino también que es, ya, una categoría de distinción política, un signo de progresismo. Esto no podía por menos de comprenderlo Reyes: bien mirado, para los ateneístas en los años diez la promoción de la cultura humanística ya había sido parte esencial de la lucha política contra la hegemonía de la tecnocracia porfirista. Tiene razón Monsiváis, por tanto, cuando señala que la defensa ateneísta de "la aristocracia intelectual" en el México de Porfirio Díaz, no era necesariamente un "signo de elitismo desdeñoso" sino que constituía "la defensa del espacio desde donde se resiste al anti-intelectualismo que domina la vida nacional" ("Las utopías" 117).

Reyes, pues, combina desde el inicio de su carrera una fe en la jerarquía intelectual con una actitud progresista que, hasta cierto punto, lo protege contra las tendencias elitistas y reaccionarias de Ortega. Aun así, en ocasiones se percibe en Reyes, detrás de la defensa de la alta cultura, una desconfianza orteguiana hacia las "masas". Esta desconfianza, que en Reyes suele disfrazarse de paternalismo, parece motivada por la fuerte convicción, también orteguiana, de que la única manera de sacar adelante a un país como México es una "dirección de los mejores". Pero si Ortega era un liberal sin nunca llegar a ser demócrata (Gray 155), el caso de Reyes es menos claro. Al igual que Rodó, su fe en la democracia está moderada por su creencia en la jerarquía cultural como un elemento indispensable de progreso y emancipación, aunque sólo fuera por razones pedagógicas. Como escribe en su "Discurso por Virgilio", le parece "pueril" "pretender que el pueblo abandone las urgencias vitales para inventar por su cuenta la cultura" o "soñar que las grandes orientaciones nacionales hayan de caer solas sobre la muchedumbre … sin la obra de investigadores que consagren a buscarlas y a interrogarlas sus estudios, sus vigilias, su vida toda" (XI: 160).[24] Reyes, pues, creía en la *distinción* entre alta y baja cultura, entre líderes y seguidores culturales. Creía en un orden cultural basado en una jerarquía de valores. Curiosamente, estas mismas nociones de distinción y jerarquía han resultado de importancia central en el debate en torno al papel de los estudios culturales en Latinoamérica.

Conclusión: legitimidad, distinción y estudios culturales

> Quiero el latín para las izquierdas ...
> (XI: 160)

> It is our duty to claim the right to the "theory of art", to its methods of analysis.
> (Sarlo, "Cultural" 123)

El problema de Reyes y Ortega fue, esencialmente, un problema de legitimidad. Querían que se les tomara en serio no sólo como intelectuales sino como intelectuales periféricos. Y por ello, sin disputar la autoridad de la cultura metropolitana (norte)europea, sí disputaban el *monopolio* metropolitano sobre la producción de esa cultura. "Muy pronto", vaticina Reyes en 1936 con una confianza admirable ante sus colegas europeos, "os habituaréis a contar con nosotros" (XI: 90). Como bien demuestran Conn y Gray, gran parte de las carreras y producción de Reyes y Ortega puede verse como una serie de estrategias, siempre cambiantes, de autolegitimación: una lucha constante por borrar el estigma del origen, o convertirlo en un signo de honor.

El debate en torno a los estudios culturales y subalternos dentro del latinoamericanismo actual sugiere que la preocupación del intelectual latinoamericano sigue siendo, en gran parte, la misma. Moraña, Sarlo y Achugar eligen legitimarse –es decir, abogar porque se les tome en serio– invocando principios humanísticos muy parecidos a los invocados por Reyes: defienden, desde un lugar de enunciación conscientemente periférica, la superioridad de lo estético –el privilegio discursivo y epistemológico de una inteligencia crítica arraigada en una tradición intelectual al mismo tiempo local y cosmopolita– como armas políticas y pedagógicas indispensables ante la crisis a que se enfrenta Latinoamérica. Con ello, se distancian del discurso en boga en la academia metropolitana (es decir, norteamericana), para la cual, en cierto sentido, la pureza política o filosófica es más importante que la lucha inmediata.

En un ensayo seminal de 1997, Beatriz Sarlo defiende precisamente la necesidad de la *distinción* ante el efecto nivelador (o "ultra-relativista") de los estudios culturales. Lamenta que la visión sociológica y "políticamente correcta" que los informa no sea capaz de establecer ningún tipo de discriminación entre las diferentes formas de producción cultural que estudian:

> If we cannot see the difference between Silvina Ocampo and Laura Esquivel, we will be mistaken: … Silvina Ocampo is different from Laura Esquivel even if one admits that Esquivel's ideas about women are "politically correct". They are different because there is an "extra" in Ocampo that is totally absent in Esquivel. Art is about this something extra. ("Cultural" 123)

Así, Sarlo pretende reintroducir en el debate el tema de los *valores* y, aunque no emplea el término, de la jerarquía. Enfatizando que no se trata de una jerarquía social –"Equality between peoples is a necessary assumption"– afirma que sí es menester hacer distinciones cualitativas entre los textos: "Assuming equality between texts is equivalent to suppressing the qualities that make them valuable"

(119). Para Sarlo, este tipo de distinción es crucial para cualquier proyecto pedagógico colectivo y, por tanto, para cualquier proyecto progresista y emancipador. Le parece un error sacrificar la discriminación estética al culto de la probidad ideológica. Si no aceptamos la existencia de las "grandes obras", pregunta,

> are we willing to renounce our rights to appropriate a cultural tradition and above all to renounce the rights of others to whom we will not pass on this tradition in schools and universities because we believe that this tradition is not sufficiently correct from an ideological point of view? (121)

Se puede decir que muchos representantes de la vanguardia latinoamericanista norteamericana aspiran a un purismo político (Beverley) o filosófico (Moreiras) que a intelectuales latinoamericanos como Sarlo les parece peligroso por ineficaz. Esta voluntad purista no deja de ser explicable: responde a una serie de ansiedades de parte de los académicos metropolitanos que, a su vez, nacen de lo que se considera como los errores y derrotas (políticos y teóricos) de los últimos cuarenta años. Entre estas ansiedades saltan a la vista el miedo a estar "pasado de moda" y, por tanto, ser irrelevante;[25] el temor al elitismo y a la ocupación de una posición discursiva hegemónica que, al "hablar por" el subalterno, lo silencia; y el miedo a que su discurso teórico pueda cooptarse, o ya esté cooptado, por las máquinas del capitalismo globalizado. Sarlo advierte, sin embargo, que este tipo de purismo acaba por destruir no sólo la autoridad epistemológica, política y social del intelectual metropolitano, sino aún más la del intelectual periférico –y ello precisamente en un momento histórico en que esa autoridad se necesita más que nunca (Mato 22). Lo que presta especial fuerza al argumento de Sarlo es su observación de que el efecto nivelador de los estudios culturales tiende a afectar de forma mucho más radical a los productos culturales de la periferia que a los del centro –de la misma manera, digamos, que el FMI impone a Latinoamérica un neoliberalismo puro y duro que nunca ha sido adoptado por la propia metrópoli. Así, dice Sarlo, la base aparentemente igualitaria de los estudios culturales tiende a confirmar y perpetuar la jerarquía entre la metrópoli y el mundo poscolonial:

> Everything seems to indicate that as Latin Americans we should produce objects suited to cultural analysis, whilst others (basically

Europeans) have the right to produce objects suited to art criticism. ... This is a racist perspective even when it is adopted by those on the international Left. (123)

Sin embargo, agrega, "this racism is not something that can only be attributed to them. We are also guilty of it. It is our duty to claim the right to the 'theory of art', to its methods of analysis". Aquí, desde luego, no es difícil reconocer el argumento propuesto por Reyes en los años treinta y cuarenta: "No somos una curiosidad para aficionados, sino una porción integrante y necesaria del pensamiento universal [...] No nos sentimos inferiores a nadie, sino hombres en pleno disfrute de capacidades equivalentes a las que se cotizan en plaza" (XI: 134). Frente a los purismos políticos y teóricos del latinoamericanismo norteamericano, pues, Sarlo opone la necesidad pragmática de la pedagogía, puesta al *servicio* de la defensa y (re)construcción de las sociedades latinoamericanas –el mismo servicio "impuro" celebrado con tanta ambigüedad por Reyes.

El interés que nos puede ofrecer la obra de Reyes hoy, en suma, más allá de sus muchas y obvias ambivalencias y limitaciones, radica en sus estrategias de legitimación para un discurso intelectual latinoamericano autóctono y autónomo que sea, sin embargo, de relevancia internacional. La vigencia de estas estrategias parece todo menos agotada. Como hemos visto, Reyes enfatizaba la superioridad de la "alta cultura", reconociendo sus orígenes metropolitanos sin, por ello, renunciar a la idea de que la periferia podía, ya, ser uno de sus espacios productores. Como indican Monsiváis ("Notas" 117) y Conn ("Official" 99), hay que ver esta defensa de la alta cultura en su contexto histórico: Reyes defendía un espacio *contrahegemónico*, no sólo ante el anti-intelectualismo imperante en México, sino también ante el eurocentrismo de Ortega. Como tal, su postura era más disidente de lo que hoy pueda aparentar. Si Reyes decía que quería "el latín para las izquierdas" y "las Humanidades como vehículo natural para todo lo autóctono" (XI: 160-61), Sarlo reclama, para las mismas izquierdas, el legado del humanismo; el discurso de los valores y de la distinción cualitativa; y las categorías de la tradición y del canon: "Values are at stake", dice, "and we should not allow conservatives to have a monopoly on this claim" (120). Para Sarlo, los axiomas de los estudios culturales y subalternos, con su alergia a toda distinción cualitativa, su negación a la selección, socavan desde el principio la autoridad intelectual, y por tanto la agencia política, del latinoamericanismo. Está por ver, en otras palabras, si una versión actualizada del culturalismo de Reyes –un culturalismo militante, proteico y progresista– no puede servir *mejor*, desde una perspectiva pedagógica –es decir, pragmática y política– como base de la lucha contra la abrumadora hegemonía del antiintelectualismo del siglo veintiuno: el economismo neoliberal.

NOTAS

[1] La mayoría de las citas de Reyes provienen de sus *Obras completas* (1956), que referiré en adelante con número del volumen y de la página.

[2] El propio Reyes concebía el folklore como "la materia prima de la imaginación" (55); la "fibra" que el escritor "cosecha" para su "telar literario" ("Sobre folklore" *OC* VIII: 56).

[3] Como pregunta Moraña, "¿Cómo re-establecer el papel del intelectual, su mesianismo irrenunciable, su mediación privilegiada, desde una crítica de la nación, del centralismo estatal y metropolitano, de la escritura, como violencia de las élites?" (51). O bien, como pregunta Moreiras: "what is it that the former area-studies intellectual, who I think is better called today the regionalist intellectual, can do so that our immaterial labor, our production of knowledge, is not either directly or indirectly placed at the service of neo-imperial, neoliberal world hermeneutics?" ("Regional").

[4] Moraña habla de un "neoexotismo crítico que mantiene a América Latina en el lugar del otro, un lugar preteórico, calibanesco y marginal, con respecto a los discursos metropolitanos" (50). Nelly Richard, a su vez, admite que "resentimos a menudo los Estudios Culturales como un *meta-discurso globalizador* avalado por un circuito de garantías metropolitanas que reinstitucionaliza, por conducto académico, nuevas formas de dominio internacional" (346). Ver también Achugar, 381 y Ramos, 243.

[5] Conn analiza la obra de Reyes precisamente como una serie de intentos de autolegitimación, caracterizadas por varios cambios tácticos relativamente bruscos (*Politics* 14-6).

[6] "La inteligencia no debe aspirar a mandar, ni siquiera a influir y salvar a los hombres ...", afirmaba Ortega en 1944, "No es ésta la forma en que puede ser más provechosa sobre el planeta. No es adelantándose al primer rango de la sociedad a la mandera del político ... como cumplirá mejor su destino, sino al revés, recatándose, oscureciéndose, retirándose a líneas sociales más modestas" (*OC* IV: 490).

[7] En 1932 escribió: "Pronto hará veinte años que salí del país, y de entonces acá mis vacaciones en México se habrán reducido a un total de ocho meses" (VIII: 428).

[8] "La 'revolución moral' de los ateneístas", escribe Carlos Monsiváis, "se organiza en derredor de una idea abstracta: el heroísmo. ... La tarea del hombre de letras ... es también heroica ... El heroísmo es el hallazgo de la vocación y la vocación es descender a lo profundo del yo ... El heroísmo es la vivencia obsesiva del arte ..." ("Notas" 975).

43

⁹ Así como a Borges, a Reyes le parece ridículo ver las antiguas culturas indígenas como algo más que un lejano recuerdo, más ajeno que propio. Como escribe Borges: "En cuanto a las culturas indígenas, imaginar que las continuamos es una afectación arbitraria o un alarde romántico" (60-1).
¹⁰ "Hablar de civilización americana ... nos conduciría hacia las regiones arqueológicas que caen fuera de nuestro asunto. Hablar de cultura americana sería algo equívoco: ello nos haría pensar solamente en una rama del árbol de Europa trasplantada al suelo americano" (XI: 82). Por otra parte, para Reyes, la población indígena es "[g]ente sencilla, virgen todavía de cultura" (Poniatowska 17).
¹¹ En otros pasajes de las mismas "Notas sobre la inteligencia" usa el término expresamente en ese sentido. Curiosamente, en un ensayo de 1932 Reyes usa el término en otra acepción diferente: "Sin duda os habéis acordado de que llevo muchos años combatiendo como el último soldado en los empeños de la inteligencia americana. Y entiendo aquí por inteligencia el mutuo conocimiento, base única de toda concordia" (XI: 63).
¹² En 1941 repite: "Nuestra organización social deficiente obliga al literato a ser, ante todo, un hombre como los demás, en lucha con los contratiempos, y sólo escritor a ratos perdidos. No hay alojamiento reservado para él; vive a la intemperie, sin poder especializarse del todo" (XI: 132).
¹³ En 1922, había escrito Ortega que el "imperativo de intelectualidad" significaba someterse "a una esforzada disciplina interior, que se exija creciente perfección, amplitud, precisión" (*OC* XI: 13).
¹⁴ En 1942 escribía: "Acaso la misión directa de la Inteligencia no sea gobernar. ... Pero la Inteligencia no debe abdicar jamás de su misión y su deber de consejo, ni el Gobierno debiera vedárselos jamás" (IX: 261).
¹⁵ La misma idea de la actuación pública como "desgaste" o "derroche" de la potencia intelectual seguía informando, en los años treinta, su interpretación de la politización de las universidades latinoamericanas: "Vivimos una era política; la política se insinúa hasta los *templa serena* de la enseñanza, agita el espíritu de las juventudes y las arrastra muchas veces a servir de instrumento a pasiones ajenas a sus propios fines. En varios centros universitarios de América, estos últimos tiempos, hemos visto a las juventudes lanzarse apresuradamente a una campaña pública, y sacrificarse en ella de un modo inútil. ... Y el primer deber de los hombres de cultura en nuestra América, que viven todos más o menos uncidos al carro universitario, sería tomar acuerdos comunes que formen como una muralla moral, para evitar por una parte que esas criaturas en vía de desarrollo desperdicien atrozmente la frescura de que, en bien de la sociedad, son depositarias, y para corregir por otra parte la forma en que se ha procurado reprimir esas explosiones que, como quiera, fueron muchas veces el estallido de ideales justos y legítimos" (XI: 65-66). Sin embargo, el hecho de que la inteligencia madura se incline hacia la política es menos alarmante, ya que, si los jóvenes pretenden "apoderarse de la realidad antes de conocerla" (XI: 66), en el caso de los mayores "el conocimiento

habrá precedido al acto" y "será la comunicación puramente espiritual la que provoque ... efectos políticos" (XI: 67).

[16] "[C]ada uno debe buscar a América dentro de su corazón con una sinceridad severa ... América no será mejor mientras los americanos no sean mejores" (XI: 142). "La única manera de llegar a la fraternidad entre los hombres es que cada uno procure levantar su nivel propio. Desconfiemos del que nos predica la salvación sin esfuerzos ..." (VIII: 56).

[17] Como escribe Monsiváis, para Reyes y los demás ateneístas, "el fundamento de la moral es la libertad cuyos cimientos ... se hallan en la cultura autónoma, exenta de imposiciones políticas ... Se impone la separación de la cultura y el Estado ... La sinceridad (independiente) del escritor es el porvenir de la Patria" –aunque no deja de apuntar que, de esta forma, "el plan de regeneración moral termina en la demanda de un trato deferencial para los intelectuales" ("Notas" 976).

[18] Ya en 1924, al pronunciar un discurso ante el P.E.N. Club Mexicano, Reyes hace referencia a las penurias económicas de los primeros años de su exilio, para concluir: "todo eso ¿qué importa? ¡Si ... pude salvar la continuidad de mi trabajo preferido, la lealtad a mi vocación!" (IV: 434). Esta continuidad del exilio la contrasta Reyes con las "rudas pruebas" a que vivieron sometidos sus colegas que se quedaron en México: "La continuidad –base única de la cultura–, la continuidad de vuestros trabajos era interrumpida todos los días por el sobresalto y la violencia. ... Lo peor es sentirse asido por la vorágine de las cosas exteriores. ¡Qué pocos se salvan!" (IV: 433). En 1924, dice Reyes, los amigos que le festejan "saludáis y celebráis en mí, más que nada, ese espectáculo de la continuidad que para vosotros hubiérais deseado y tan justamente merecíais" (IV: 434). En unas páginas autobiográficas inéditas, escritas en tercera persona en 1925, Reyes afirma que después de algunos años en España, entendió que "su vocación a las letras no le había engañado. Y realizó su sueño de hombre libre, y demostró que, si no había querido cartas en la política, era porque, realmente, no estaba destinado a vivir de los azares políticos de su familia, sino de su propio trabajo independiente" (Perry 146).

[19] Es significativo lo que le escribe en 1930 a Martín Luis Guzmán: "he descubierto que en el servicio diplomático, mis trabajos pueden prestar cierta utilidad a mi país. Hablo de trabajos de mexicano, y no de trabajos de 'partidario', que nunca he hecho". Habiendo dejado México precisamente al inicio de su revolución, escribe, "me agarré como de un clavo ardiente de este último recurso que se me ofrecía –la diplomacia– para no pasar por la vida haciendo la figura de descastado o de mal mexicano" (Perry 63). Y sigue: "al ver que servía yo de algo en la Diplomacia, he llegado a concebir mi situación como una relación abstracta y pura entre mi buena intención y mis esfuerzos por una parte, y por otra, la Idea Mexicana, platónicamente emancipada de todo accidente presidencial o político. ... Yo no voy a vivir mil vidas, ni voy a tener otra ocasión de servir a mi país fuera de mi vida actual; tampoco voy a poder transformar al país

como cosa mejor que lo que es … Yo sólo puedo hacer algo por mi país en la actividad que ejerzo. Mis visitas últimas a la tierra me han convencido de que, para otras cosas, me he alejado ya demasiado …" (64).

[20] De la misma manera, Reyes caracterizaba su revista personal *Monterrey* como "una casa privada, abierta a mis amigos pero siempre privada, que yo había de amueblar a mi gusto" (VIII: 436).

[21] "Y el Descubrimiento, como todas las grandes cosas ibéricas, resulta en gran parte una obra de la iniciativa privada. [...] La iniciativa privada contribuyó poderosamente en la Reconquista contra los moros, cuyo héroe simbólico es el Cid Campeador … [...] Por un instante, con los Reyes Católicos … parece que la iniciativa privada sube al trono … Pero Fernando e Isabel son desgraciados en su descendencia, y la monarquías exóticas que se suceden, o distraen un tanto el rumbo de la vida española … o no aciertan con los puntos de conexión entre España y lo demás de Europa. [...] En el Descubrimiento, Pinzones, la iniciativa privada ha sido vuestra. En la Conquista, de Hernán Cortés … Y los adelantados ¿qué fueron sino unos empresarios privados, a quienes la monarquía sancionaba después del éxito …? Cuando la guerra napoleónica, otra vez la iniciativa privada se echa a la calle, para salvar la nacionalidad, aun a despecho de los monarcas sumisos. … Hasta cierto punto … seguimos [i.e., sigo] creyendo que, en esencia, aquel Imperio [español] no se mantiene tanto por obra de la administración siempre desajustada, ni de un poder marítimo que en rigor nunca fue absoluto, sino por la índole española, por la manera de ser de un pueblo que tiende naturalmente a trascender las instituciones con un desborde de energía personal. … Obra de colonización deficiente, media España se traslada a América y empieza a vivir según su leal saber y entender. De aquí nuestras repúblicas; de aquí que el orbe hispano desborde con mucho los límites del Estado peninsular. Tal es el sentido profundo de la creación ibérica, creación del pueblo, creación del soldado desconocido que se llama, lisa y llanamente, Juan español" (XI: 49-51).

[22] Como dice Paz: "Para Reyes la forma no era una envoltura ni una medida abstracta sino el instante de reconciliación en el que la discordia se transforma en armonía. El verdadero nombre de esta armonía es libertad: la fatalidad deja de ser una imposición exterior para convertirse en aceptación íntima y voluntaria" (228).

[23] Esta ironía es patente en textos como "Anecdotario de José Ortega y Gasset", en que Reyes se burla, entre otras cosas, del narcisismo del filósofo español y del orgullo adolescente que siente después de haber seducido a una dama argentina (XXIII: 396-99).

[24] En 1938, le escribía a Onís que en México hacía falta "crear … las necesidades de la alta cultura orientadora, sin las cuales pronto se habrán perdido los mejores jugos vitales del espíritu mexicano" (Carta).

[25] Según Moreiras, "repensar" al latinoamericanismo no está exento de peligro, pero no hacerlo es aún más peligroso: "preferring to continue within intellectual and academic practices that no longer satisfy even

ourselves, is gambling even more strongly for a greater danger: the danger of absolute redundancy" (*Exhaustion* 23).

Bibliografía

Achugar, Hugo. "Leones, cazadores e historiadores: a propósito de las políticas de la memoria y del conocimiento". *Revista Iberoamericana* 63/180 (1997): 379-87.

Aponte, Bárbara. *Alfonso Reyes and Spain; his Dialogue with Unamuno, Valle-Inclán, Ortega y Gasset, Jiménez, and Gómez de la Serna*. Austin: University of Texas Press, 1972.

Aub, Max. *La gallina ciega. Diario Español*. Manuel Aznar Soler, ed. Barcelona: Alba, 1995.

Avelar, Idelber. "Toward a Genealogy of Latin Americanism". *Dispositio/n* 49 (1997 [2000]): 121-33.

Barili, Amelia. *Jorge Luis Borges y Alfonso Reyes: la cuestión de la identidad del escritor latinoamericano*. México: Fondo de Cultura Económica, 1999.

Beverley, John. *Subalternity and Representation: Arguments in Cultural Theory*. Durham: Duke University Press, 1999.

Borges, Jorge Luis. "Alfonso Reyes". *Jorge Luis Borges en Sur (1931-1980)*. Barcelona: Emecé, 1999. 60-2.

Conn, Robert T. *The Politics of Philology: Alfonso Reyes and the Invention of the Latin American Literary Tradition*. Lewisburg: Bucknell University Press, 2002.

_____ "Official Nationalism in Mexico: Alfonso Reyes and the Hispanization of High Culture at the Turn of the Century". *Anales de Literatura Española Contemporánea* 23 (1998): 99-115.

Faber, Sebastiaan. *Exile and Cultural Hegemony: Spanish Intellectuals in Mexico, 1939-1975*. Nashville: Vanderbilt University Press, 2002.

Frank, Waldo. *America Hispana: A Portrait and a Prospect*. New York: Charles Scribner's Sons, 1931.

Gadamer, Hans-Georg. *Truth and Method*. New York: Crossroad, 1982.

Gaos, José y Alfonso Reyes. *Itinerarios filosóficos. Correspondencia José Gaos/Alfonso Reyes, 1939-1959 y textos de José Gaos sobre Alfonso Reyes, 1942-1968*. Comp. Alberto Enríquez Perea. México: Colegio de México, 1999.

Gray, Rockwell. *The Imperative of Modernity: and Intellectual Biography of José Ortega y Gasset*. Berkeley: University of California Press, 1989.

Lévy, Bernard-Henri, ed. *What Good Are Intellectuals? 44 Writers Share Their Thoughts*. New York: Algora, 2000.

Mato, Daniel. "Estudios y otras prácticas intelectuales latinoamericanas en cultura y poder". *Estudios y otras prácticas intelectuales en cultura y poder*. Daniel Mato, ed. Caracas: CLASCO y CEAP, FACES, Universidad Central de Venezuela, 2002. 21-46.

Miller, Nicola. *In the Shadow of the State: Intellectuals and the Quest for National Identity in Twentieth-Century Spanish America*. London: Verso, 1999.

Monsiváis, Carlos. "Notas sobre la cultura mexicana en el siglo xx". *Historia general de México*. México: El Colegio de México, Centro de Estudios Históricos, 2000. 959-1076.

_____ "Las utopías de Alfonso Reyes". *Asedio a Alfonso Reyes 1889-1989*. México: IMSS/UAM, 1989.

Moraña, Mabel. "El boom del subalterno". *Revista de crítica cultural* 15 (1997): 48-53.

Moreiras, Alberto. *The Exhaustion of Difference: The Politics of Latin American Cultural Studies*. Durham: Duke University Press,.2001.

_____ "Regional Intellectuals: The Stain in their Eye". En línea. 20 de enero de 2003. <http://www.art.man.ac.uk/Lacs/seminars_events/newlatam/papers/ moreiras.htm>

Olguín, Manuel. *Alfonso Reyes, ensayista. Vida y obra*. México: Studium, 1956.

Ortega y Gasset, José. *Obras completas*. 12 v. Madrid: Alianza, 1983.

_____ *La rebelión de las masas*. Thomas Mermall, ed. Madrid: Castalia, 1998.

_____ *Historical Reason*. Philip W. Silver, trad. New York: Norton, 1984.

Paz, Octavio. "El jinete del aire: Alfonso Reyes". *Obras completas* 4 México: FCE, 1994. 226-33.

Perry, Robert Charles. "The Mexicanismo of Alfonso Reyes". Tesis doctoral. Univ. of Colorado, 1982.

Poniatowska, Elena. *Palabras cruzadas*. México: Era, 1961.

Ramos, Julio. "Hemispheric domains: 1898 and the origins of Latin Americanism". *Journal of Latin American Cultural Studies* 10/3 (2001): 237-51.

Reyes, Alfonso. *Obras completas*. 26 v. Mexico: FCE, 1956-94.

____ *Diario*. Pról. Alicia Reyes. Guanajuato: Universidad de Guanajuato, 1969.

____ y Pedro Henríquez Ureña. *Correspondencia*. José Luis Martínez, ed. México: FCE, 1986.

____ Carta a Federico de Onís. 25 marzo 1938. *Correspondencia de Alfonso Reyes*. Microfilm. Rollo 7. Monterrey: Capilla Alfonsina, UANL, Depto. de Microfilmación, 1983.

____ *Parentalia*. México: Tezontle, 1954.

Reyes, Alicia. *Genio y figura de Alfonso Reyes*. Buenos Aires: Editorial Universitaria de Buenos Aires, 1976.

Richard, Nelly. "Intersectando Latinoamérica con el latinoamericanismo: saberes académicos, práctica teórica y crítica cultural". *Revista Iberoamericana* 63/180 (1997): 345-61.

Robb, James Willis. *Patterns of Image and Structure in the Essays of Alfonso Reyes*. Washington: Catholic University of America Press, 1958.

Rodríguez Huéscar, Antonio. *José Ortega y Gasset's Metaphysical Innovation: A Critique and Overcoming of Idealism*. Jorge García-Gómez, trad. y ed. Albany: SUNY Press, 1995.

Said, Edward W. *Representations of the Intellectual: The 1993 Reith Lectures*. New York : Vintage, 1996.

____ *The World, the Text, and the Critic*. Cambridge: Harvard University Press, 1983.

Sarlo, Beatriz. "Cultural Studies and Literary Criticism at the Crossroads of Values". *Journal of Latin American Cultural Studies* 8/1 (1999): 115-24.

____ "The New Latin Americanism: Cultural Studies". En línea. 22 de agosto de 2002. http://www.art.man.ac.uk/Lacs/seminars_events/newlatam/ papers/sarlo.htm

Sieburth, Stephanie A. *Inventing High and Low: Literature, Mass Culture, and Uneven Modernity in Spain*. Durham: Duke University Press, 1994.

Williams, Raymond. *Keywords: a Vocabulary of Culture and Society*. London: Fontana, 1983.

América Latina y la nueva mitología de la razón: el proyecto americanista de Alfonso Reyes[1]

Santiago Castro-Gómez
Universidad Javeriana
Instituto Pensar

En "La imagen de América en Alfonso Reyes", Rafael Gutiérrez Girardot señalaba en 1962 la presencia de algunos motivos del romanticismo alemán en la obra del ilustre pensador mexicano. Al hacerse la pregunta por el "ser de América" –muy en boga por aquellos días–, Reyes, según cuenta Girardot, echa mano de una larguísima tradición intelectual que comienza con Platón y pasa por el barroco novohispano y la literatura española del siglo de oro, atraviesa la estética de Kant, Goethe, Schiller y Novalis, hasta llegar al vitalismo de Ortega y el arielismo de Rodó (32). La tesis de Reyes según la cual América fue una invención de los poetas antes que un descubrimiento de los científicos, apela no sólo al postulado kantiano de que la ciencia se funda en un saber *a priori* independiente de la experiencia también afirma lo que ya reconocían escritores alemanes como Novalis desde finales del siglo XVIII: la imaginación poética es el *a priori* fundador de la realidad. "La poesía es lo absoluta y auténticamente real" (34). Si América fue imaginada y soñada antes que descubierta, entonces Reyes se encuentra abrigado a la sombra de la filosofía clásica alemana, confirmando así, de acuerdo a Girardot, el *diktum* heideggeriano de que el ser se nos revela plenamente en la palabra poética (35).

En este trabajo exploraré algo más de cerca la relación entre la filosofía clásica alemana y el proyecto americanista de Alfonso Reyes. Para ello echaré mano del *Primer programa de un sistema del idealismo alemán*, texto inicialmente atribuido al joven Hegel, pero cuya autoría continúa siendo objeto de disputa, para extraer de allí algunos conceptos que me parecen útiles a la hora de examinar esta relación. Mi propósito es mostrar que algunos elementos del programa romántico alemán reaparecen un siglo después en el programa mexicano del Ateneo de la Juventud, marcando de forma clara la "imagen de América" dibujada por Alfonso Reyes.

El programa alemán

Escrito en medio del entusiasmo revolucionario de la época (1796-97), el *Primer programa de un sistema del idealismo alemán* ha sido calificado acertadamente por Dietrich Heinrich como un "programa de agitación". De hecho, el contenido revela que el autor o los autores compartían una visión radicalmente libertaria y esteticista de la sociedad. El Estado es señalado allí como algo "mecánico", es decir como una maquinaria al interior de la cual el hombre no puede ser libre. Esta crítica del Estado-máquina es tomada directamente de Kant, como lo deja en claro el primer parágrafo del texto: "ni el Estado ni la máquina pueden ser *ideas* porque, de acuerdo a los presupuestos de la filosofía kantiana, lo que caracteriza a una idea es la *finalidad*" (219). Recordemos que Kant ilustra su concepto de los juicios teleológicos con la imagen del organismo. Un organismo es una finalidad en sí mismo, un fin de la naturaleza. A su vez, las partes del organismo no existen por sí mismas, sino que están ordenadas a un fin último (*telos*), que es la conservación de la totalidad orgánica de la que forman parte. Una máquina se distingue de un organismo en que sus partes no disponen de información sobre el todo, sino que funcionan con independencia. En cambio, las partes de un organismo se encuentran ordenadas al todo, de tal manera que la lógica del todo se hace presente en cada una de las partes. Kant afirma en su primera *Crítica* que mientras que la causalidad es conocida por el entendimiento (*Verstand*), la finalidad es conocida por la razón (*Vernunft*). La finalidad en la naturaleza o en la moral son *ideas de la razón*, postulados normativos que no provienen de la experiencia. El hombre como agente moral es libre, lo cual significa que trasciende por completo las leyes de la causalidad mecánica y debe ser considerado por la razón como un *fin en sí mismo*.

Lo que el autor del *Primer programa* quiere mostrar es que la sociedad debe fundarse en la razón y no en el entendimiento, ya que este sólo conoce el mundo desde el punto de vista de la racionalidad analítica. Una *sociedad mecánica* es aquella en donde la ley (del Estado o del mercado) se convierte en fin en sí misma y el hombre se convierte en "individuo" que *compite* contra otros individuos; una *sociedad orgánica*, en cambio, es aquella en la que todos sus miembros se ordenan teleológicamente para servir los intereses de la totalidad, es decir que interactúan para realizar comunitariamente la idea de libertad. En la sociedad mecánica el Estado se sostiene únicamente sobre el poder de su propia *legalidad*, mas no por el libre consentimiento de la población. En la sociedad orgánica, en cambio, el Estado ya no se sostiene sobre la base de la ley positiva, sino sobre la *legitimidad* que tenga en el seno de la comunidad. De ahí la siguiente frase, de cuya radicalidad el propio Kant se hallaría horrorizado: "¡Tenemos que ir más allá del Estado!" (219) En la sociedad orgánica no es el Estado sino la comunidad de hombres libres el eje de la vida social.

¿Cuál es, entonces, la propuesta del *Primer programa*? Si no es el Estado, ni las instituciones sociales, ni la razón analítica, ¿cuál es el criterio normativo que puede legitimar una sociedad orgánica? La respuesta de los jóvenes románticos es idéntica a la que diera Schiller por aquella misma época: la racionalidad estética. "Estoy convencido de que el acto supremo de la razón, al abarcar todas las ideas, es un acto estético, y que la verdad y la bondad se ven hermanadas sólo en la belleza" (222). Esto nos remite de nuevo a Kant, pero al Kant de la tercera *Crítica*. Las obras de arte son producto de la libertad absoluta, del desinterés puro, de la facultad teleológica del juicio. Por eso el autor del Primer programa termina postulando, como Schiller, una *estetización de la sociedad* en donde la poesía ocupará un lugar fundamental. "La poesía recibe así una dignidad superior y será al fin lo que era en el comienzo: la maestra de la humanidad". La poesía reemplazará a la religión en su función integradora de la sociedad y será por ello, garante de la formación de la voluntad general. La utopía de los jóvenes románticos alemanes es un mundo donde la poesía pueda cerrar la brecha entre las leyes positivas (del Estado o el mercado) y la comunidad, de tal modo que aquellas sean producto de la voluntad soberana de éste. Una sociedad en donde los hombres sean regidos por los dictados autónomos de su voluntad y no por la coerción de imperativos que se les imponen desde afuera. Será entonces la razón –con su *a priori* teleológico– la que devolverá la organicidad a la sociedad, pero será una razón interiorizada por el *ethos* de la comunidad (*Sittlichkeit*), de tal manera que todos puedan identificarse autónomamente con los fines superiores de la totalidad. Lo que se busca es hacer racional la sociedad, pero transformando primero los corazones de los hombres antes que las estructuras sociales y económicas. En este sentido el autor del *Primer programa* habla de una "nueva mitología de la razón": un sistema orgánico de creencias firmemente asentado en el *ethos* cultural, capaz de vincular a los individuos y dar sentido a la acción colectiva.

El programa mexicano

Los ideales del romanticismo literario tuvieron particular incidencia en México, en el seno del así llamado Ateneo de la Juventud, una institución cultural que funcionó en la capital mexicana entre 1906 y 1914 y cuya vida coincidió con la caída de Porfirio Díaz y el estallido de la revolución mexicana. Entre sus miembros figuraban los filósofos Antonio Caso y José Vasconcelos, el escritor Alfonso Reyes, el crítico Pedro Henríquez Ureña, el compositor Manuel María Ponce y el pintor Diego Rivera. Los ateneístas creían que con ellos se abría una nueva etapa del pensamiento en México. Al igual que los románticos alemanes un siglo antes, estaban convencidos de que el comienzo del siglo xx traería un renacimiento de los ideales humanistas y los valores estéticos del mundo clásico. Pensaban, como los liberales y positivistas de las generaciones pasadas, que la reforma social de México debía comenzar por una reforma de la mente. Pero a diferencia de ellos, planteaban que lo que debía reformarse no eran los valores heredados de la cultura hispano-católica, sino los que habían querido ser introducidos artificialmente en el *ethos* mexicano por los positivistas de las décadas anteriores. Sus críticas se dirigen concretamente hacia la concepción mecanicista de la educación, la política y el Estado diseñada por los "científicos" de Porfirio Díaz.

En concordancia con la "nueva mitología de la razón", los ateneístas pensaban que los códigos fundamentales de la cultura mexicana contenían ya esa primacía de la belleza sobre la ciencia señalada por los románticos alemanes, haciendo de aquélla el pilar para la emancipación mental que requería México. Con ello no sólo atacaban el corazón mismo de la "política positiva" que había impuesto el régimen de Díaz, sino que alteraban sustancialmente la interpretación que el positivismo había realizado de la cultura mexicana. Recordemos que para autores como Gabino Barreda y Justo Sierra, la herencia hispano-católica era una de las causas del atraso cultural y tecnológico de México. Por estar animada del "espíritu teológico" (Barreda) y por ser ajena a las virtudes del *homo oeconomicus* (Sierra), la cultura heredada de España debía ser reemplazada por el "espíritu positivo", al cual México se estaría dirigiendo de manera inevitable. Los ateneístas, en cambio, hicieron una valoración muy diferente de la *Sittlichkeit* hispanoamericana. España ya no aparece como el signo de barbarie que debía quedar sepultada, sino como un instrumento civilizatorio en la historia de

México. Pues fue a través de España que México recibió la benéfica influencia del humanismo latino y no del materialismo anglosajón, tal como lo habían planteado autores de mucha influencia en el Ateneo como el uruguayo José Enrique Rodó.[2] Cuando España se cierra en el siglo XVII a las influencias culturales del mundo anglosajón no se está colocando de "espaldas del futuro", como pretendía el positivismo, sino que estaba conservando los valores superiores heredados del mundo greco-latino, que son precisamente la base de una futura sociedad orgánica. La función de los ateneístas es entonces reestablecer la continuidad histórica interrumpida por el positivismo en México, rechazando el mecanicismo extranjerizante de su política cultural. Ello implicaba potenciar los valores humanistas anclados en su propio *ethos* cultural y mostrar que, en tanto depositaria de esos valores, América Latina tiene un mensaje nuevo e inédito que transmitir al mundo. América Latina tiene algo que decir que el occidente anglosajón todavía no ha dicho.

En su lectura de América, Alfonso Reyes hará suyo este proyecto civilizatorio del Ateneo de la Juventud. Comencemos examinando el artículo "Ciencia social y deber social" escrito por Reyes en 1940 e incluido en el tomo XI de las *Obras completas*, para identificar el modo en que se articula su crítica al positivismo. Es importante tener en cuenta la fecha en que éste y otros trabajos de Reyes sobre el mundo americano fueron redactados: entre 1920 y 1942, es decir justo en el período en que Europa había fracasado en asegurar la paz mundial y amenazaba con caer en manos del fascismo. En no pocos círculos intelectuales latinoamericanos se hablaba ya de la "fatiga espiritual" de Europa y se discutían las ideas de Spengler sobre la "decadencia de Occidente". Por esta causa, el artículo de Reyes pretende responder a dos preguntas complementarias: ¿cómo es posible que la civilización occidental haya llegado al estado en que se encuentra?, y ¿cuál es el papel de los países hispanoamericanos frente a esta situación? En su respuesta a la primera pregunta, Reyes responsabiliza al positivismo por la crisis que actualmente vive la cultura occidental. Haciendo uso de la racionalidad analítica – aquella que según los románticos alemanes, solo mira las cosas desde el punto de vista de su causalidad externa–, el positivismo favoreció la separación entre política y moral, haciendo que el conocimiento quedase disociado de las necesidades espirituales del hombre.[3] Reyes se refiere sobre todo a la "ciencia social", que Barreda y Sierra habían identificado como el instrumento privilegiado para un análisis de la sociedad. El conocimiento científico solamente puede mostrar una imagen fragmentada y mecánica del mundo, siendo incapaz de captar la dimensión *estética y moral* de la vida humana. Esta solo puede ser aprehendida por un tipo de conocimiento que ve al mundo como totalidad orgánica: el arte, la literatura y, sobre todo, la poesía.

La crítica de Reyes no está lejos de la crítica esbozada por el *Primer programa* alemán y reforzada por los escritos de autores latinoamericanos como Rodó. La modernidad anglosajona ha propiciado un desgarramiento interior en el hombre, generando la violenta separación (*Entzweiung*) de sus facultades cognoscitivas. Si comparamos la modernidad con la cultura de la edad media, nos dice Reyes, "cada pieza nos aparece mucho mejor trabajada en sí misma que los ladrillos, algo toscos, de la época anterior. Pero ya las piezas no encajan fácilmente en el rompecabezas, por falta de un plan de conjunto" ("Ciencia social" 107). La organicidad de la cultura medieval cristiana se ha deshecho y la modernidad nos ha sumido en una "cultura de expertos" en la que el hombre se ha *unidimensionalizado* y perdido el sentido de totalidad. En contra de lo que anunciaba Comte, el positivismo ha destruido la unidad que todavía conservaba la sociedad medieval europea, favoreciendo la aparición de lo que los románticos alemanes llamaran "sociedad fragmentada": un ente artificial y sin vida, donde la ciencia ha reemplazado a la literatura en su tarea de vincular el entendimiento y la razón. La tragedia de la segunda guerra mundial y el avance del fascismo es una prueba palpable, según Reyes, de que en Europa el hombre ya no es visto como un fin en sí mismo, sino tan solo como un medio.

En vista de esto, y respondiendo a la segunda pregunta, Reyes afirma que mientras "Europa vacila y pierde el juicio" ("Ciencia social" 109), "nuestra América es el último reducto de lo humano" ("Ciencia social" 111). Esto significa que en América Latina el positivismo no logró, como en Europa, una mecanización completa de la sociedad, sino que la organicidad de la vida se encuentra todavía presente. Para fundamentar esta opinión, Reyes presenta dos argumentos, ambos desarrollados en su artículo *Notas sobre la inteligencia americana*. El primero hace referencia al "internacionalismo connatural" de la cultura latinoamericana. Con esto quiere decir que, a diferencia de lo que ocurre en Europa, la "inteligencia americana" posee una orientación decididamente *orgánica y cosmopolita*, lo cual determina una inquebrantable inclinación hacia la paz. ("Notas sobre la inteligencia americana" 87) Mientras que los intelectuales europeos han crecido en una cultura autosuficiente y no han necesitado, por ello, mirar hacia otras culturas para tomar lo mejor de ellas, los intelectuales latinoamericanos siempre han tenido que asomarse hacia Europa desde la escuela primaria. Después de la independencia, la intelectualidad local tuvo que buscar en Europa modelos civilizatorios, sin renunciar por ello a su raíz hispánica, lo cual supone un cosmopolitismo sin precedentes: por primera vez en la historia, una élite intelectual hace suya toda la herencia cultural del mundo ("Posición de América" 264). Acostumbrada a manejar nociones extranjeras como si fueran cosa propia, la intelectualidad latinoamericana posee una vocación internacionalista. Es una intelectualidad que no aborda el mundo con el entendimiento (*Verstand*) sino con la razón (*Vernunft*). Es por eso que, utilizando la famosa expresión de Kant, Reyes afirma que la inteligencia americana ha alcanzado ya su "mayoría de edad" ("Notas" 90).

La conclusión de todo esto es que, dadas las condiciones actuales de decadencia espiritual en Europa, únicamente en América Latina es posible realizar la *idea* de libertad, porque sólo allí se dan las condiciones raciales y culturales para ello. América es un conjunto de sociedades orgánicas porque se hallan en postura de realizar procesos de "síntesis". Y los procesos de síntesis no son mecánicos, pues demandan, como bien lo mostrara Hegel, la *creación* de algo nuevo. Reyes compara la síntesis cultural latinoamericana con los procesos orgánicos que forman el agua: la fórmula H_2O no es simplemente la reunión mecánica de dos elementos dispersos, sino la formación de un elemento nuevo que contiene en sí a los dos anteriores ("Notas" 88). La pregunta que se hace Reyes es, entonces, la siguiente: aunque las condiciones *culturales* están dadas para que América Latina tome el relevo de Europa en la vanguardia de la cultura occidental, ¿estamos *políticamente* preparados para ello? Ciertamente, América Latina ha sido convocada en un duro momento para realizar su misión, pero deberá realizarla aunque no haya logrado configurar todavía un *lenguaje político* que le permita sacar ventajas de su privilegiada situación cultural ("Ciencia social" 118).

América Latina: el reino de los fines

¿Qué es necesario hacer para que América Latina encuentre ese lenguaje político que la civilización occidental necesita para sobrevivir a la barbarie? Reyes opina que es preciso y urgente desarrollar una labor educativa a gran escala comandada por las minorías intelectuales. Al igual que Schiller y Rodó, Reyes está convencido de que el sentimiento de lo bello es atributo de una minoría que lo custodia. Sin embargo, también está convencido de que estas minorías tienen una misión educadora en el seno de la sociedad. El *Leitmotiv* que debe animar esta misión lo veíamos ya delineado en el *Primer programa*: la *prioridad de la belleza sobre la ciencia*. En opinión de Reyes, la "inteligencia americana" nunca ha tenido una vocación científica sino literaria. La prueba de ello es que no han sido cientistas sociales sino escritores y poetas quienes han llevado la bandera del conocimiento sobre la propia realidad americana. Por eso, en América Latina no se ha dado nunca una disociación entre conocimiento y moral como ocurrió en Europa. Para que América Latina encuentre su verdadero lenguaje político, no deben ser los científicos, como proclamaba el positivismo, sino los poetas y escritores quienes asuman la jefatura espiritual de las naciones:

> A las minorías directoras, a los profetas, a los maestros y escritores, toca orientar la voluntad de América hacia la toma de posición en la cultura, puesto que de ellos nacen los movimientos culturales [...]. Su acción deberá ejercerse sobre las juventudes, para quien todo es nuevo, lo nuevo y lo viejo, y que con igual facilidad orgullosa asimilan lo uno y lo otro a la hora de desembocar en la vida. A la juventud americana de ese cercano y heroico porvenir consagremos todo nuestro desvelo. Un día, el mundo habrá de agradecerlo. ("Posición" 269-70)

Pero la pregunta continúa siendo: ¿cuál es el lenguaje político propio de Latinoamérica? Alfonso Reyes parece no tener dudas de que ese lenguaje no es otro que el de la *utopía*. Si América quiere cumplir su misión histórica, entonces tiene que desarrollar una política que tenga en cuenta lo que el continente siempre fue: el lugar de las utopías. En esto radicó precisamente la falacia del positivismo: en no entender que, por su formación cultural, las sociedades latinoamericanas se encontraban reñidas con los programas de educación basados en la ciencia. Pues no es a la ciencia que América Latina debe su *sentido* como entidad histórica, sino a la imaginación y la poesía. Antes de ser descubierta, América fue imaginada por los poetas. Esta es la tesis desarrollada por Reyes en su famoso ensayo *La última Tule*.

En efecto, fueron los griegos, el pueblo a quien Schiller atribuía el vivir en un acto simultáneo la verdad y la belleza, quienes primero inventaron América. Ya en sus diálogos *Timeo* y *Critias* Platón hablaba de la Atlántida como una isla ubicada "más allá de las columnas de Hércules", culturalmente superior a la polis ateniense y favorecida por el clima y la vegetación, donde los hombres vivían en paz y rebosaban de sabiduría ("Presagio de América" 28). Aunque Reyes menciona otros antecedentes de la "invención de América", destaca especialmente el relato platónico de la Atlántida por la influencia que tuvo en el humanismo cristiano del renacimiento. Los humanistas que tradujeron a Platón empezaron también a soñar con él y se pusieron en movimiento para buscar la isla perdida. A su vez, de acuerdo a la narrativa de Reyes, los humanistas influyeron en los cartógrafos y los marineros, "que ejecutaban lo que escribían los otros, y venían así a constituir un verdadero humanismo militante [...]. La acción se había puesto al servicio de la inteligencia en el más profundo y armonioso sentido" ("Presagio" 29). Pero el relato de Platón fue todavía más lejos. Animó también el proyecto exploratorio de Colón, quien no solo quería encontrar una nueva ruta hacia el oriente, sino, por encima de todo, encontrar la nueva tierra imaginada por Platón, la Antilia de las narraciones fabulosas:

> Colón llega a ellos animado ya por el espíritu humanístico del Mediterráneo, por el ansia de descubrir y de propagar lo que se descubre; de fundar en el descubrimiento geográfico, no sólo un posible medro privado, sino un ensanche de las generales relaciones humanas. ("Presagio" 41)

El sueño de los poetas antiguos, rescatado ahora por los humanistas, se había convertido en *vox populi*, en el sueño de los aventureros. La *mitología de la razón* se encontraba viva, pues antes de ser realidad, América ya estaba en la imaginación de los hombres.

Una vez descubierta, América se perfila ante el mundo como el lugar donde será posible realizar una sociedad orgánica en donde el hombre realice plenamente la idea de libertad ("Presagio" 58). Según Reyes, ninguno de los grandes intelectuales del renacimiento pudo escapar a este sueño: Erasmo, Moro, Rabelais, Montaigne, Bacon, Tasso, Campanella. Todos los inconformes y los reformadores sociales europeos procuraron realizar la utopía de la libertad en América. Y ni siquiera la violencia de la conquista y colonización españolas pudieron apagar el fuego ideal encendido por los poetas.

Socialistas, comunistas y anarquistas, todos ellos miraron hacia América como un lugar de promisión; como el espacio donde sería posible realizar las empresas políticas y religiosas que ya no cabían en los límites de la vieja Europa ("Presagio" 60-61). Reyes termina su ensayo con las siguientes palabras: "América aparece como el teatro para todos los intentos de la felicidad humana, para todas las aventuras del bien. Y hoy, ante los desastres del Antiguo Mundo, América cobra el valor de una esperanza" ("Presagio" 61).

El nuevo *mito latinoamericano de la razón* se encuentra, entonces, preparado. Si la historia tiene un sentido, entonces es el de la completa unificación de la especie humana y la realización plena de su libertad esencial. Y la historia misma ha preparado a América para que sea el escenario de la reconciliación universal. Antes que realidad, América fue y debe seguir siendo una *idea regulativa de la razón*. América, nos dice Reyes, es como aquella *Ur-Pflanze* de la que hablaban Goethe, Schiller y los románticos alemanes: es el lugar donde todos los contrarios se unifican ("El capricho de América" 78). Y para la realización de esta idea, México ocupa un lugar fundamental. En efecto, México debe sentirse satisfecho de haber sido la cuna más antigua de la utopía americana, pues fue allí donde, por primera vez en la historia, se quiso hacer realidad el sueño platónico de Tomás Moro. Vasco de Quiroga, obispo de Michoacán, transportó el sueño de Moro a México para fundar los célebres "hospitales" a comienzos del siglo XVI. Se trataba de poblaciones agrícolas bajo la tutoría de los frailes que, a semejanza de las misiones jesuitas en el Paraguay, buscaban evitar que los españoles trajeran al nuevo mundo los "males" que afectaban a Europa ("Utopías americanas" 99). Era el intento de construir una sociedad orgánica e igualitaria, en donde los hombres pudieran vivir en armonía con la naturaleza mediante el trabajo agrícola, y en armonía consigo mismos mediante la abolición de la esclavitud y la propiedad privada. Una sociedad no regida por el entendimiento sino por la razón, en donde el hombre era visto como un fin (*telos*) en sí mismo.

La historia social más reciente de México, la revolución mexicana, es una prueba más de que el país ocupa un lugar privilegiado en el concierto de las naciones hispanoamericanas. Según Reyes, el alumbramiento de la utopía de América tendrá que venir de México ("Ciencia social" 115). Por eso México debe prepararse para asumir ésta misión vanguardista y crear una verdadera "conciencia nacional" ("Ciencia social" 122). Una conciencia que le permita guarecerse de dos peligros inminentes: el autoctonismo parroquial y el extranjerismo. Ambos representan una mutilación de la cultura mexicana. El autoctonismo implicaría cerrarse a las influencias que vienen de afuera, negando así la vocación internacionalista de la "inteligencia americana"; éste fue el error cometido por los conservadores mexicanos del siglo xix. Por su parte, el extranjerismo implicaría una ceguera histórica, una negación del pasado hispánico de México; éste fue el error cometido por el positivismo. México debe buscar entonces un punto de equilibrio entre estos dos elementos, convirtiéndose así en el anticipo de la gran "síntesis vital" que habrá de producirse en todo el continente. Tal es la responsabilidad de México frente a sus hermanos de Hispanoamérica.

Sin embargo, la historia del siglo xx no favoreció demasiado las esperanzas de Reyes. El PRI, partido que asumió la conducción de México después de la revolución, convirtió al Estado en lo que el *Primer programa* calificaba como una "maquinaria". Tampoco fue la "inteligencia americana", con su vocación humanista, la encargada de asumir la jefatura espiritual de las naciones hispanoamericanas, sino un grupo de tecnócratas y economistas al servicio del capital internacional. Los estudios culturales y poscoloniales han señalado además que el rol protagónico que Reyes otorgaba a la estética burguesa refleja una postura elitista y aristocrática, pues además de reforzar la hegemonía de la cultura alta sobre la popular, sirvió para legitimar el imaginario criollista, patriarcal y eurocéntrico de nuestras élites. No es extraño entonces que, antes que ser un modelo civilizatorio para occidente, América Latina se encuentre todavía devastada por la pobreza, el autoritarismo político y los conflictos sociales. Como consecuencia, las naciones latinoamericanas distan mucho de parecerse a una "sociedad orgánica" de hombres libres, pues lo que predomina es una visión mecánica en donde los individuos compiten entre sí bajo la mirada complaciente del Estado. Y ni siquiera el humanismo es recuperable ni deseable, porque la tecnología se ha incorporado tanto en nuestra forma de ver y percibir el mundo, que ya difícilmente podemos llamarnos "hombres" en el sentido clásico del término (*humanitas*). Con todo, si hay algo recuperable y deseable en el proyecto de Reyes es su idea básica de América como utopía y totalidad social. Pero el planteamiento de este problema rebasa ya con mucho los límites de este trabajo.

Pittsburgh, abril de 2003

[1] Todas las citas de Alfonso Reyes en este texto provienen del tomo citado en la bibliografía. Especificamos en la cita parentética el texto de procedencia, puesto que es relevante la distinción para los argumentos del artículo. (N. de los E.)

[2] Vale la pena señalar que el joven Alfonso Reyes logró que su padre, el general Bernardo Reyes, costeara la primera edición de *Ariel* en México, con un tiraje de quinientos ejemplares. En ese libro, Rodó planteaba que la cultura anglosajona se caracteriza por el predominio de lo técnico sobre lo estético, es decir de lo mecánico sobre lo orgánico. La cultura hispanoamericana, en cambio, valora por encima de todo la contemplación artística y el sentimiento de solidaridad. De este modo, Rodó convierte en virtud lo que el positivismo veía como defecto: el desinterés hispánico por la racionalidad científico-técnica y por las promesas redentoras del industrialismo.

[3] "Y hoy por hoy ¡qué es esta crisis que padecemos, sino un disparate de la especialización que ha perdido el norte de la ética? En vano el inventor sueco quiere demostrarnos que la dinamita se fraguó para servir a la industria, al bienestar de los hombres... El especialista sin universo usa la dinamita para matar hombres. ¡Triste destino el de nuestros descubridores contemporáneos!" ("Ciencia social" 107).

Bibliografía

Barreda, Gaino. *Oración cívica*. México: Universidad Nacional Autónoma de México, 1979.

Hegel, G. W. F. "Primer programa de un sistema del idealismo alemán". *Escritos de juventud*. México: Fondo de Cultura Económica, 1978.

Gutiérrez Girardot, Rafael. "La imagen de América en Alfonso Reyes". *Vocación de América: Antología de Alfonso Reyes*. Víctor Díaz Arciniega, ed. México: Fondo de Cultura Económica, 1989.

Reyes, Alfonso. *Obras completas XI. Última Tule. Tentativas y orientaciones. No hay tal lugar*. México: Fondo de Cultura Económica, 1997.

Sierra, Justo. *Evolución política del pueblo mexicano*. México: Universidad Nacional Autónoma de México, 1948.

Las reencarnaciones del centauro: *El deslinde* después de los estudios culturales

Ignacio M. Sánchez Prado
University of Pittsburgh

> No renunciaremos –oh Keats– a ningún objeto de belleza, engendrador de eternos goces.
> Alfonso Reyes. *Visión de Anáhuac* (34)

> La caída de Troya, como lo sospecharon los hijos de Homero, dio fin a esa primigenia edad heroica donde vida y poesía eran un solo elemento. Pero muertos los héroes quedaron los retóricos. Esa fue la confirmación que Reyes, a la mitad de su vida, fue a buscar al Hades, profecía que le señaló que iba por buen camino en la construcción de la gran ciudad de la retórica [...]. Pero dejemos en paz a los muertos. Abandonemos la gruta y demos una mirada arqueológica a la ciudad que construyó nuestro Eneas.
> Christopher Domínguez Michael. *Tiros en el concierto.*

1. Hacia Reyes: por una nueva conceptualización de la "experiencia literaria"

La huella de Alfonso Reyes y su pensamiento es un rastro del hispanoamericanismo que se ha ido borrando por el camino. Su carácter fundacional, su naturaleza precursora de muchos debates posteriores ha sido paradójicamente motivo de su memoria y causa de su olvido. El pensamiento de Alfonso Reyes, sin el cual obras como la de Octavio Paz, Jorge Luis Borges o Roberto Fernández Retamar resultan difíciles de imaginar, preconizó quizá sus propios límites al plantear una multiplicidad de caminos que se agotaban entre sí. El recurso a la tradición hispánica y grecolatina se disuelve en el ingreso al "banquete de la civilización", el discurso de la literatura en pureza se rompe con las tareas de la inteligencia americana. El propósito de este ensayo es una intervención en esta paradoja, un intento de recuperar los pasos perdidos de Reyes y encontrar nuevos caminos en su quehacer teórico sobre la literatura. Por este motivo, el centro de este trabajo de relectura es uno de los libros más complejos, ricos y poco leídos de Reyes: *El deslinde*.

El deslinde es una suerte de anomalía en el contexto tanto de la literatura mexicana como de la latinoamericana. Pese a que existen algunos textos de teorización de la literatura antes de él, como el trabajo de Roberto Brenes Mesén, ningún otro texto es ni de la envergadura ni del alcance del libro de Reyes. Incluso, después de su publicación, tomó alrededor de veinte años la aparición de trabajos análogos, como *La estructura de la obra literaria* de Félix Martínez Bonati. El nivel de densidad del libro de Reyes, no obstante, se mantiene inigualado.

El deslinde es también uno de los puntos culminantes de varios procesos intelectuales de la primera mitad del siglo xx hispanoamericano. Alfonso Reyes pertenece a una generación que, siguiendo el argumento de Julio Ramos,[1] comienza un proceso de institucionalización de la cultura en México y América Latina a través de la consolidación de una actividad intelectual humanística en el marco de una institución educativa. Durante los primeros años de su trayectoria, Reyes, como miembro del Ateneo de la Juventud y discípulo de Justo Sierra, estuvo presente en el agitado ambiente intelectual de la Escuela Nacional Preparatoria y comenzó a trabajar en el proyecto de refundación intelectual de México que corrió paralelo a los años de la Revolución Mexicana. Como observa Anne T. Doremus, Reyes, junto a figuras como Vasconcelos o Antonio Caso,

> enfatizó la urgencia de adquirir una auto-conciencia como medio de contrarrestar las invasiones externas a la cultura mexicana. Su preocupación era entonces no tanto fomentar la unidad nacional a través de una idealización de las masas [...], sino más bien la construcción de un carácter nacional que pudiera resistir el imperialismo cultural. (25, mi traducción)

A esta circunstancia, se añade el problema de la legitimación de los estudios humanísticos en la constitución de una nueva política cultural latinoamericana. Esta legitimidad se perdió cuando las letras dejaron de ocupar un lugar central en los contextos universitarios hacia finales del siglo XIX.[3] La herencia del positivismo, que tuvo una presencia particularmente intensa en la conformación del campo cultural mexicano, provocó la necesidad de constituir una "ciencia de la ·literatura", que a lo largo del siglo XX latinoamericano se manifestó en diversos textos y corrientes, fuertemente informados por la filosofía alemana. Brenes Mesén, a inicios de la década del treinta, afirmaba:

> En vista de las obras literarias de todas las épocas crear una teoría del arte que dé cuenta de la estructura interna de todas ellas –con todo cuanto esto implica- es labor que aguarda su Humboldt, su Darwin, su Spencer. Habría que encararla sin pre-doctrinas ni pre-conceptos literarios de ninguna especie. (citado en Portuondo, "Alfonso Reyes" 587)[4]

En otras palabras, es claro que tanto las necesidades institucionales como los debates teóricos de la época apuntaban a la necesidad de un texto que sistematizara "científicamente" el hecho literario como condición fundacional de una ciencia literaria hispanoamericana.

Esta posición privilegiada de Alfonso Reyes, que le permitió la escritura de *El deslinde*, es más significativa si se considera que el texto es una de las obras de madurez de Reyes, en una época en que su trabajo contaba con una audiencia considerable en el contexto hispanoamericano. Tanto por su extensa labor diplomática[5] como por los diversos contactos que estableció a lo largo de su vida por el continente, la publicación del libro de Reyes es respondida por una considerable cantidad de reseñas y notas en América Latina, Estados Unidos y Europa,[6] lo cual quiere decir que tuvo una lectura amplia. Pese a esto, pareciera que la lectura detenida del texto, debido quizá a su extensión y densidad, nunca se ha dado de manera sistemática, ya que los textos, cuando no hacen sólo una salutación del libro, se limitan a un resumen de sus tesis o a un debate sobre alguno de los puntos. Sin embargo, especialmente en los últimos veinte o veinticinco años, especialmente después de la profunda lectura llevada a cabo por Roberto Fernández Retamar en *Para una teoría de la literatura hispanoamericana*, que discutiré en detalle más adelante, *El deslinde* es un texto que no ha merecido una lectura o una recuperación crítica en el contexto de la teoría literaria latinoamericana.

La operación del deslinde es uno de los puntos fundacionales del quehacer teórico-literario en América Latina, puesto que representó la posibilidad, en palabras de Pedro Ángel Palou, "de dotar a la exegética de un apoyo objetivo para el juicio literario" (51), así como la constitución de una teoría escrita "en Hispanoamérica y no sobre Hispanoamérica" (82). Guillermo Mariaca, por su parte, ha caracterizado el rol de la obra de Reyes en América Latina como "la fundación de la teoría" (30). Estas tres funciones son puntos de partida indispensables para un regreso a Reyes. Primero, desde la obra de Reyes se plantea la necesidad de enraizar la actividad crítica en una discursividad teórica que la fundamente. En otras palabras, la crítica literaria no puede ser un acto de simple empirismo, sino que necesita una definición clara de la naturaleza de sus objetos, para poder ejercer su trabajo. Por eso, en los apuntes sueltos en torno a la teoría literaria, Alfonso Reyes apunta la importancia de varios movimientos teóricos: "de lo subjetivo a lo objetivo" y, sobre todo, "de la impresión a la crítica" (XIV: 324-28).[7] Ya en "Aristarco o la anatomía de la crítica", Reyes define tres grados de la crítica: la impresión, la exegética y el juicio (XIV: 109). El último grado es una combinación de los dos primeros, un todo más allá de las suma de las partes, que para Reyes es "acto del genio" (XIV: 113). Más allá de la abstracción y aparente superficialidad de esa afirmación, la noción de juicio es fundamental para mi propósito, porque define un nivel de crítica que necesita ser ponderado en la recuperación de Alfonso Reyes: el juicio es el entrecruzamiento de la impresión (la visión personal del crítico), la exegética (el método) y un más allá en el que la crítica "[a]dquiere trascendencia ética y opera como dimensión del espíritu".

La segunda dimensión descrita por Palou (hacer teoría desde Hispanoamérica y sobre Hispanoamérica) es la base de uno de los axiomas del presente ensayo. Una relectura de *El deslinde*, como argumentaré a lo largo de este trabajo, plantea una apertura de la concepción de la literatura como objeto cultural igual a los otros discursos sociales. Especialmente, se debe tener presente la búsqueda de una noción de "lo latinoamericano" más allá de su definición y praxis como "una comunidad discursiva transnacional con un mercado significativo de investigación y ventas en las capitales industriales del campo" (Campa 1, mi traducción). El desplazamiento de Hispanoamérica de objeto de estudio a *locus* de la enunciación teórica (Castro Gómez y Mendieta; Dussel; Mignolo) está lejos de ser un debate nuevo en torno de la articulación de América Latina y la academia en términos de lo que Nelly Richard plantea como

> las relaciones entre el poder metropolitano occidental y formaciones periféricas; las dinámicas de resistencia cultural que oponen las identidades no hegemónicas a códigos sociales dominantes; la reconversión de lo popular y de lo nacional bajo el efecto globalizador de las comunicaciones de masas; el pensamiento de lo híbrido (fronteras, impureza, alteridad) que atraviesa pertenencias no homogéneas a registros comunitarios fragmentados, etcétera. (245)

Más bien, ese planteamiento encuentra en Reyes un punto de partida fundamental y poco explorado, puesto que, a pesar de fundarse en la ansiedad cultural de integrarse al "banquete de la civilización", es un ejercicio en la práctica de la teorización desde la periferia, una verdadera intervención crítica y no sólo un debate sobre la posibilidad de la existencia de una teoría "específicamente americana".[8] La superación de estos escollos se observa en Reyes no a través del planteamiento de su existencia sino de un trabajo teórico caracterizado, en palabras de Mariaca, por su "capacidad de hablar al mundo europeo en sus mismos términos, de asumir al colonizador hasta ser su contemporáneo" (35). En otras palabras, la teoría de Reyes es una afirmación de la autonomía cultural americana en función de no rendirse a la inevitabilidad de la relación entre colonizador y colonizado, sino de hacer intervenciones directas en esa oposición binaria para cancelarla en la práctica crítica. Por intervención, en este contexto, entiendo el hecho de que Reyes participa directamente en la cultura occidental sin que dicha participación acarree una metarreflexión sobre el rol periférico, marginal o colonizado de dicha participación. Esto conlleva la idea de que la dialéctica colonizador/colonizado se supera en Reyes en la práctica misma de la teoría al evitar aceptar una inscripción automática en dicha lógica y, por ende, implica una superación de ese orden de relaciones culturales a través del gesto de su negación implícita.

Esto lleva a una segunda idea que discutiré en torno a la función de la teoría literaria y de la literatura misma: la necesidad de pensar(nos) más allá de los determinismos geográficos y las coyunturas históricas. La operación del deslinde es una afirmación de que el camino para superar la condición colonial radica en la capacidad de intervenir activamente en ámbitos más allá de nuestra pertenencia, puesto que en esas intervenciones se encuentran claves fundamentales para comprender "Nuestra América". Mabel Moraña, en los años ochenta, observaba:

> la apertura hacia la cultura mexicana, hacia las letras clásicas y hacia los nuevos métodos críticos y filosóficos, implica dentro de una *Weltanschauung* de tradición liberal, un rescate del sujeto como totalizador de la experiencia, que treinta años de autoritarismo habían reducido considerablemente. (71)

Uno de los ejemplos más claros de esta recuperación es la considerable obra de Reyes sobre temas grecolatinos, obra en que destacan, por mencionar sólo dos, *La crítica en la edad ateniense* y *La antigua retórica*. El grecolatinismo en Reyes tiene diversas lecturas. Para Margo Glantz, el paradigma grecolatino es una recuperación de una noción humanista como metáfora de una posible praxis intelectual: "el humanista no es ni puede ser un ente pasivo, es un *agonista*, un combatiente; su agonía será válida si logra producir la *catarsis* y a través de ella detenerse en la *sofrosine* o serenidad" (71). Rafael Gutiérrez Girardot, por su parte, considera:

> Reyes actualiza valores griegos, pero sin ánimo nostálgico. Su Grecia no es como la del "neohumanismo" alemán, una Grecia idealizada y refugio del presente, con la que se mide negativamente el mundo actual. Su Grecia es ejemplar porque no sólo creó la idea del hombre, sino porque padeció problemas que también conoce el mundo contemporáneo. En una conferencia de 1952 sobre "Las agonías de la razón", por ejemplo, Reyes puso de manifiesto el peligro de los excesos de la razón que en Grecia habían llevado precisamente a su "agonía". Tal era también, según Reyes, el peligro que amenazaba a la razón en nuestros días. La observación de Reyes era, como todo lo suyo, concisa y elegantemente discreta, a diferencia del ensayo estilísticamente engolado de Max Horkheimer y Theodor W. Adorno, *Dialéctica de la Ilustración* (1947), sobre el mismo problema. (*Cuestiones* 13-14)

Todas estas lecturas nos llevan a visualizar la complejidad de la obra de Reyes. Reyes no era un simple erudito que desplegaba las alas de su archivo mental para construirse una torre de marfil. Su recurso a la tradición grecolatina era siempre un trabajo de pensamiento *alegórico*, puesto que su objeto de estudio (los clásicos) era un pretexto para la reflexión de otras materias. En otras palabras, Reyes efectúa constantemente un desplazamiento de las cuestiones filosóficas y literarias de las distintas tradiciones que estudia hacia una lectura de la problemática que le concierne, es decir, la constitución de una "inteligencia americana".

El hecho de que estas operaciones estén en la base de la "fundación de la teoría" en América Latina es profundamente significativo. Para Mabel Moraña, los recursos intelectuales de Reyes tienen dos finalidades: "un esfuerzo de totalización de la experiencia cultural y [...] la reconsideración del sujeto como centro gravitacional –productor/receptor– de la misma" (72). La búsqueda de Reyes opera en la tensión entre los dos elementos: el derecho de reclamar para América Latina una ciudadanía cultural en el mundo ("Y ahora yo digo ante el tribunal de pensadores internacionales que me escucha: reconocemos el derecho a la ciudadanía universal que ya hemos conquistado" (XI: 90) y el que los individuos puedan ejercer esa ciudadanía desde la cultura humanista ("El espíritu internacional, la educación internacional, han podido prosperar con relativo éxito donde las fronteras aparecen como convenciones políticas, sobre las cuales el hombre lanza una mirada familiar al otro territorio" (XI: 110). Por lo tanto, la "fundación de la teoría" está contextualizada en un proyecto intelectual americano. Hacer énfasis en esta aparente obviedad es fundamental para romper con uno de los prejuicios establecidos por la tradición intelectual latinoamericana: la idea de que la noción de literatura "en pureza" de Reyes es ahistórica. Reyes siempre entiende a la literatura en función del proyecto intelectual americano y como resultado de determinadas condiciones de la producción cultural de ese proyecto.

Antes de proseguir esta discusión, cabe hacer un paréntesis para hablar un poco de la función del intelectual en este esquema. La reflexión de Reyes sobre el intelectual y la forma en que su obra funda una concepción humanista del pensamiento americano se mueven siempre en la tirantez que existe en la relación entre la necesidad del intelectual continental de intervenir en situaciones históricas coyunturales y la importancia del establecimiento y salvaguarda de una tradición cultural. Para Reyes, la responsabilidad fundamental del intelectual es la adquisición del conocimiento cultural antes de ejercer su función pública. Aunque esta idea implica el carácter redentor de la cultura humanista que Reyes esgrime durante toda su obra y que ha sido objeto de tantos reproches, en realidad su preocupación es realizar una crítica a los intelectuales "sobre la marcha" que armaron los proyectos nacionales del siglo XIX. Por ello, Reyes es muy claro sobre la necesidad de que el intelectual asuma una conciencia americana, puesto que "sólo hay responsabilidad plena donde hay plena conciencia" (XI: 69). La adquisición de la cultura y el ejercicio de funciones *culturales* son indispensables para la constitución de la inteligencia y la autonomía cultural de América. Esto proviene precisamente de algo que mencionábamos al inicio de este texto, el proceso de institucionalización de la cultura llevada a cabo por un campo de producción cultural que había alcanzado cierto nivel de autonomía en la generación anterior.[9]

Aun cuando Reyes reconoce la existencia de momentos históricos que define como "la hora de los naufragios", donde el intelectual debe sacrificarse "en el servicio de la nueva sociedad", la condición del intelectual debe ser más reflexiva: "Lo mejor para el intelectual absoluto, lo mejor para la inteligencia es conservarse en un término moderado respecto a la acción, y sólo participar en ella lo indispensable, reservándose un sitio para la orientación y el consejo" (XI: 69). Estas funciones tienen base en la coherencia de los proyectos intelectuales con la autonomía cultural de América: "El mejor tributo que podemos ofrecer a la memoria de Bolívar, de San Martín, de Hidalgo, de todos lo creadores de la independencia americana, es *pensar* con seriedad en el porvenir de nuestros pueblos" (XI: 70, énfasis mío). En esa operación del pensar radica la política profunda de la obra de Reyes, una política que escapa de las praxis fáciles y de las falsas creencias del intelectual como redentor absoluto de las problemáticas de los marginados o como constructor de utopías inmediatas (Reyes modera su propio discurso: "Entendámonos: un optimismo candoroso no pasa de ser una cobardía" (XI: 69) y establece una responsabilidad histórica, la verdadera "fundación de la teoría": la responsabilidad irrenunciable de pensar en nuestra tradición más allá de autoctonismos, que no son más que manifestaciones últimas de nuestros complejos de inferioridad.

Es en este marco que debemos insertar la problemática de la literatura. Para Reyes el contenido de la literatura es "la pura experiencia, no la experiencia de determinado orden de conocimientos. La experiencia contenida en la literatura –como por lo demás toda experiencia, salvo tipos excepcionales– aspira a ser comunicada" (XIV: 83-84). Esta dimensión de comunicabilidad de la experiencia es la base del planteamiento de la operación del deslinde y sugiere una relectura de Reyes después de los estudios culturales. El entendimiento de la literatura como la comunicación de la experiencia pura puede ser leído en relación con la discusión de la necesidad de establecer la especificidad de la literatura dentro del universo de discursos culturales. Si la función de la crítica literaria es el discernimiento de esa experiencia y sus estrategias de comunicación, a través de la operación crítica del juicio, el deslinde *disciplinario* entre los estudios literarios y los estudios culturales radica en el planteamiento de las características propias de la literatura en el funcionamiento de ambos fenómenos. Sin embargo, esta abstracción no debe hacernos olvidar que esta operación del pensamiento se hace dentro de un marco *político* e *ideológico* que, pese a sus planteamientos de pureza, Reyes nunca deja de lado. Todo está inscrito en la problemática más amplia que abarca las funciones y precariedades del discurso latinoamericanista y, sobre todo, la forma de inscribirse, a través de la intervención, en ese "banquete de la civilización" del que nos excluimos también nosotros mismos.

A primera vista, la teorización de Reyes se aproximaría a las problemáticas de la relación estudios literarios-estudios culturales por medio de la sección más comentada del libro: la función ancilar. La lectura más canónica de este concepto corresponde al crítico cubano Roberto Fernández Retamar en su libro *Para una teoría de la literatura hispanoamericana*, que nos ofrece una buena puerta de entrada para la presente discusión. El concepto de "función ancilar" es disperso y se encuentra construido a partir de la taxonomía que Reyes hace de él. En un primer momento, Reyes concibe la literatura ancilar como un conjunto de "sistemas dispersos" entremezclados con la literatura (XV: 45). Estos sistemas son una manifestación de la función ancilar, que se entiende como "cualquier servicio temático o noemático, sea poético, sea semántico, entre las distintas disciplinas del espíritu" (XV: 46). En otras palabras, la ancilaridad, entendida como función, es la forma en que los discursos disciplinares se contaminan entre sí, no a través de la simple intercalación o entretejimiento de elementos de otros órdenes discursivos en un discurso dado (la intertextualidad), sino a través de la adopción de funciones discursivas de un discurso disciplinar que sirven a otro discurso para la comunicación de cierta idea. En el caso de la literatura, la función ancilar podría entenderse como las funciones discursivas no literarias de las que se sirve el discurso literario (llamados por Reyes empréstitos) y las funciones discursivas literarias que utilizan los discursos no literarios para hacer más efectiva su comunicación (préstamos) (XV: 45-46). Estos empréstitos y préstamos se dan tanto en el nivel poético o formal como semántico, y pueden ser tanto parciales como totales, lo cual le permite a Reyes desarrollar un "cuadro ancilar" que le permite distinguir ocho manifestaciones discursivas, cuatro préstamos y cuatro empréstitos.

La función del cuadro de lo ancilar es la caracterización específica y rigurosa de las distintas instancias de intercambio entre lo literario y lo no literario y ver en cuáles instancias textuales se puede hablar de discurso literario y en cuáles no. De tal manera, todo el capítulo consagrado a la función ancilar, que hace las veces de la primera etapa de las siete en las que consiste para Reyes la operación del deslinde, busca una forma de aproximarse a las características discursivas de lo específicamente literario pese a sus entrecruzamientos con otras instancias discursivas. Esta operación es una de las bases fundamentales de la teorización de Reyes: la necesidad de sacudir al discurso literario de sus instancias coyunturales y de entender su complejidad más allá de sus articulaciones contingentes:

> La literatura puede ser citada como testigo ante el tribunal de la historia o del derecho, como testimonio del filósofo, como cuerpo de experimentación del sabio. Cuando parecen haberse agotado sus documentos más externos, todavía puede dar indicios sobre la conciencia profunda, sobre el estado mental de un hombre, sus asociaciones metafóricas, sus "constelaciones" y "complejos"[...]. Tales son los usos ancilares de la literatura. Aunque ellos sazonan el placer literario, también puede acontecer que lo desvíen. Cuando aquel sabio comprobó su indiferencia ante la lectura de Homero, porque no encontraba en ella argumentos para la teoría de la evolución, se confesó con melancolía que su naturaleza no debía de ser muy generosa [...] La crítica debe defenderse de semejantes peligros. Ya advierte Aristóteles que la verdad poética no debe confundirse con la verdad científica o la moral, y que en poesía es preferible un imposible que convenza que un posible que no convence. (XV: 74)

Cuando Roberto Fernández Retamar hace una relectura de Alfonso Reyes en términos de una teoría específica de la literatura hispanoamericana, lo hace partiendo de un axioma que, en principio, implica desavenencias con el trabajo del crítico mexicano: "tenemos que proclamar la simple y necesaria verdad de que *una teoría de la literatura es la teoría de una literatura*" (82). Esta propuesta de Fernández Retamar, pese a sus afinidades con Reyes en la necesidad de plantear un quehacer intelectual autónomo en América Latina,[10] representa una profunda desactivación de la valencia ideológica de la intervención que Reyes lleva a cabo en *El deslinde*. Si, como discutía anteriormente, el hecho de escribir una teoría literaria desde Hispanoamérica y no sobre Hispanoamérica era una forma de superación en la praxis de la distinción colonizador-colonizado, la teorización de la especificidad sería para Fernández Retamar la precedencia necesaria de toda teorización de la literatura en su conjunto. De esta manera, la obra de Alfonso Reyes (que cuenta con el constante reconocimiento de Fernández Retamar a lo largo de sus escritos)[11] tiene para Fernández Retamar un límite: su insistencia en la literatura en pureza, puesto que este término implica una concepción de lo universal. Esta limitación se desdobla en dos declaraciones de Fernández Retamar que lo llevan a inscribirse en cierta postura frente al concepto de literatura en pureza y que, a la vez, permiten hacer una contralectura de sus operaciones alrededor de Reyes.

La primera declaración es un giro discursivo que permite a Fernández Retamar plantear un distanciamiento con respecto a la idea de literatura en pureza de Reyes. De acuerdo con el crítico cubano, aunque el deslinde planteado por Reyes es "más minucioso y demorado", en realidad está emparentado con otros trabajos análogos de distinción de la literatura, como el que lleva a cabo Roman Jakobson al hablar de la literariedad. Fernández Retamar critica a Jakobson y, por extensión a Reyes, al decir que la idea de literariedad no es más que "un corolario tardío de la decimonónica teoría del 'arte por el arte'". A partir de aquí, el crítico cubano se dispone a discutir la noción de "hecho literario" de Tinianov (105-107).[12] Por ende, el deslinde de Reyes, aunque más armado que la teorización de Jakobson, en realidad sería una reinvención de las tesis del artepurismo. Sin embargo, esta extensión parecería más bien resultado de la postura ideológica de Fernández Retamar de distanciarse completamente de la noción de literatura en pureza, puesto que la concepción de Reyes no necesariamente corresponde al artepurismo decimonónico. Observa Reyes:

> Hemos hablado de literatura en pureza y de literatura ancilar. La literatura en pureza no debe confundirse con la tan traída y llevada noción de "poesía pura". Ante todo, porque la poesía sólo es una parte de la literatura; en seguida, porque la poesía pura sólo es una parte de la poesía: una cumbre si se quiere, pero no toda la montaña. [...].
> Subrepticiamente, los teóricos de la poesía pura parecen suavemente empujados hacia un propósito preceptivo. Quien los lea de prisa, se figurará que intentan imponer una norma sobre lo que debe ser la poesía, puesto que dibujan la forma poética que consideran como la más excelsa. [...] La sola cautela ante cualquiera invasión preceptiva bastaría para precavernos aquí contra un concepto de la pureza que no acepta la literatura tal como es, sino como algunos suponen que debe ser. Pues aquí no hacemos preceptiva, sino teoría.
> Por otra parte, si nuestro análisis se limitara a la poesía pura, nos quedaría en la probeta una sola gotita de agua, diáfana y radiosa, pero insuficiente para las abundantes manipulaciones a que hemos de entregarnos. Tenemos, pues, que explicar nuestra noción, nada comprometedora, de la literatura en pureza. Esto nos conduce a una visión de lo literario más extensa todavía que la misma literatura. (XV: 42-43)

La segunda operación es crucial, puesto que es el centro del trabajo de Fernández Retamar en el libro en cuestión y su rol en los inicios de la discusión estudios literarios-estudios culturales. Después de declarar los límites del discurso de la literariedad en Reyes, el crítico cubano retoma la noción de "función instrumental" de José Antonio Portuondo para desmontar la noción de literatura en pureza. Fernández Retamar plantea: "Sucede, sin embargo, que la línea central de nuestra literatura parece ser la amulatada, la híbrida, la 'ancilar'; y la línea marginal vendría a ser la purista, la estrictamente (estrechamente) literaria" (109). El ejemplo con el que Fernández Retamar refuerza su argumento es la figura de Martí, ya que, de acuerdo con el crítico cubano, "aquel carácter 'ancilar' no fue el obstáculo sino la condición para que se alzara la grandeza concreta de Martí, expresión fiel y arquetípica de la literatura de Nuestra América" (110). En otras palabras, la "función ancilar" para Roberto Fernández Retamar es la condición que permitió la emergencia de una función social de la literatura latinoamericana, ya que la sujeta a la constitución de un discurso anticolonial. De esta manera, la función ancilar en la literatura latinoamericana permite al discurso literario constituirse como una instancia de resistencia en el proceso de emancipación intelectual hispanoamericano, proceso en el que se busca inscribir la obra de Fernández Retamar en la estela de la Revolución Cubana.

Puesta en estos términos, la polémica que plantea Fernández Retamar radica en la naturaleza de la postura que el discurso cultural hispanoamericano debe tomar frente a su situación colonial. Mientras que Reyes, como mencionábamos anteriormente, se enfrenta a esta problemática a través de la intervención en la cultura occidental en los propios términos de ésta, superando *de facto* cualquier marginalidad en la enunciación del discurso, la tesis de Roberto Fernández Retamar implica una ruptura radical con el discurso literario occidental, a partir de la "contaminación" del discurso literario con una función ancilar que lo reviste tanto de especificidad como de un carácter resistente. Es esta interpretación la que habilita algunas de las operaciones críticas de Fernández Retamar. Basta recordar un texto tan representativo como *Calibán*, su idea de utilizar el idioma de Próspero para maldecirlo y la subsecuente enumeración de toda una tradición de figuras calibanescas en la cultura latinoamericana (que va desde Túpac Amaru hasta Fanon) (45 y ss.) para darse cuenta de que el entendimiento del lugar del discurso literario en la retórica anticolonial es muy diferente al proyecto americanista de Reyes. Sin embargo, toda esta polémica parece por momentos resultado de toda una política cultural articulada a un momento histórico intenso de América Latina y no una puesta en juego de los conceptos de Reyes. En otras palabras, considerar el gesto crítico de Roberto Fernández Retamar como una superación sin más de las tesis de *El deslinde* sería sumamente problemático, puesto que se trata más bien de una lectura de esas tesis desde una coyuntura histórico-ideológica específica (la Revolución Cubana y la necesidad de legitimar todo en función de su politización; no hay que olvidar que la base del pensamiento de Fernández Retamar en cierto sentido tiene en cuenta la idea de "dentro de la Revolución todo, fuera de la Revolución nada"). Por ello, se plantea una necesidad de releer a Reyes más allá de esta lectura de "lo ancilar", ya que, si bien es innegable el lugar fundamental que ocupa la teorización de Fernández Retamar en el contexto latinoamericano, su aproximación a Reyes resulta insuficiente en un momento como el actual, donde las preguntas sobre la función de la literatura en

América Latina son en algunas instancias radicalmente distintas. De esta manera, surge la necesidad de problematizar esta polémica a partir de una relectura de dos cuestiones: el planteamiento de lo ancilar en el texto de Reyes para llevarlo más allá de esta interpretación y un cuestionamiento de las motivaciones ideológicas detrás del ejemplo de Martí para comprender mejor el contexto de esta polémica.

En el primer caso, hay que regresar al cuadro ancilar. Las tesis de Fernández Retamar presuponen por momentos una oposición entre la literatura "ancilar" y la "estética". Un análisis del capítulo de la función ancilar nos hace ver que en ningún momento Reyes considera pertinente esta distinción. Por el contrario, los ocho tipos que plantea son instancias textuales en las que lo ancilar y lo literario funcionan siempre en relación.[13] En este sentido, los empréstitos (de lo no literario a lo literario) en el nivel semántico, sean parciales o sociales, son literatura, puesto que "el sustento de la obra literaria está en la poética". Esto desactiva en parte el ejemplo de Martí, puesto que el que su poesía, por ejemplo, se ocupe de temas sociales no tiene relación con su capacidad poética. En el caso de los empréstitos poéticos, Reyes reconoce que los parciales no implican la salida de lo literario, ya que cuestiones como los prosaísmos o el discurso técnico son recursos posibles para la literatura. En cuanto al empréstito poético total, esta categoría es imposible para Reyes, sería la "no-literatura", "puesto que la expresión literaria agota en sí misma su objeto, no puede haber obra literaria hecha toda ella en expresión no literaria" (51). Hasta aquí, el planteamiento de Fernández Retamar sigue manteniendo cierta consistencia, puesto que en teoría la categoría de los préstamos se referiría a los discursos no literarios. Sin embargo, hay que llamar la atención hacia la categoría "préstamo poético total", definida por Reyes como la "literatura aplicada". Para Reyes, la "literatura aplicada" no es una obra literaria *in stricto sensu*, aunque reconoce, a través de una cita de Menéndez Pelayo que estos textos merecen ser considerados una obra artística. Además, sobra enfatizar que Reyes le está concediendo a estos discursos el nombre de literatura. Así, los textos como las crónicas de la conquista o los discursos de Martí entran al ámbito literario por su utilización sostenida de la forma literaria que, en cuanto caduca su carácter coyuntural, se mantienen como obras literarias. Fuera del ámbito de lo literario quedarían los préstamos poéticos parciales (discursos no literarios que utilizan, por ejemplo, figuras retóricas) y los préstamos semánticos (que se ocupan de cuestiones literarias con una forma no literaria) (XV: 48-74).

El ejemplo de Martí, además, no está libre de cierto determinismo político. Rafael Rojas, en su libro *Un banquete canónico*, observa que privilegiar la centralidad política de Martí frente a su centralidad estética es una forma de sujetar la literatura cubana a la legitimación de un metarrelato y una teleología políticos (54-5).[14] De esta manera, la operación de leer a Reyes más allá de lo ancilar radica en la historización de las motivaciones ideológicas de la polémica planteada por Fernández Retamar. Así como las limitaciones del discurso de Reyes, a las que me referiré en el próximo apartado, nacen de su inscripción histórica a la ideología utopista del Ateneo, las de Fernández Retamar vienen del sentido de urgencia generado por la Revolución Cubana, que en el fondo es también una ideología utopista. La operación del deslinde requiere que la pensemos más allá de las limitaciones de Reyes y por caminos distintos al agotado por Fernández Retamar. Esto no quiere decir que el camino trazado por el crítico cubano carezca de valor. Por el contrario, sus teorizaciones siguen siendo fundamentales para el pensamiento de la literatura y la cultura latinoamericana. Sin embargo, el desmarcaje de *El deslinde* de sus lecturas desde la oposición entre lo ancilar y lo literario es una de las puertas disponibles para el replanteamiento de los estudios literarios latinoamericanos.

2. Reyes más allá de lo ancilar: notas hacia una nueva "fenomenografía del ente fluido"

Para plantear un deslinde en la literatura latinoamericana actual, es necesario un replanteamiento teórico de la especificidad de lo literario en el mapa de los estudios culturales actuales. Esta, por supuesto, es una discusión en curso. El ejemplo más claro y uno de los más interesantes es el artículo "Los estudios culturales y la crítica literaria en la encrucijada valorativa" de Beatriz Sarlo. En este texto, Sarlo hace una contralectura del rechazo de la literatura por parte de ciertos sectores de los estudios culturales. Para Sarlo, el desplazamiento de los estudios literarios a los estudios culturales da inicio "a la redención social de la crítica literaria por el análisis cultural" (35). En otras palabras, los estudios culturales son una discursividad cuya intención es subsanar la insuficiencia de la literatura, insuficiencia que provendría de pedirle a la literatura una adscripción a funciones sociales que no necesariamente le corresponden. Sarlo prosigue al observar que existen tres preguntas fundamentales de los estudios literarios como disciplina que los estudios culturales no contestan: "la relación de la literatura y la dimensión simbólica del mundo social", "las cualidades específicas del discurso literario" y "el diálogo entre los textos literarios y los textos sociales". Hasta este momento, el proyecto de Sarlo parece claro y consistente. Sin embargo, cuando busca hacer una definición de la especificidad del discurso literario por medio del valor es cuando su proyecto parece tambalearse: "Algo siempre queda cuando explicamos socialmente a los textos literarios y ese algo es crucial. No se trata de una esencia inexpresable, sino de una resistencia, la fuerza de un sentido que permanece y varía a lo largo del tiempo" (36).

La conceptualización de las especificidades del discurso literario en términos de un "algo" es una situación muy problemática. Siendo justos, hay que considerar que Sarlo lo hace en el marco de un artículo de postura y no en el de un trabajo teórico estructurado. Sin embargo, los problemas de definir ese "algo" son el escollo fundamental a superar para el replanteamiento de los estudios literarios. La noción de "algo", considerada con detenimiento, acarrea dos cuestiones que contribuyen a la obstaculización del planteamiento de las especificidades del discurso literario. La primera de ellas, la más evidente, es la falta de rigor conceptual. Esta situación resulta muy grave si se considera que la discusión se da en un contexto de saberes académicos donde la precisión es parte de la legitimidad del discurso. Reyes, en su crítica de la "poesía pura", tiene también su opinión sobre esto:

> Sus teóricos [de la poesía pura] casi acaban por decirnos que es como una forma neumática, como un choque eléctrico tan intenso como vacío. Tales descripciones recuerdan singularmente aquel callejón sin salida de los tratadistas de otro siglo: el hermoso "no sé qué" de Feijoo. (XV: 43)

La noción de "algo" también acarrea otro problema fundamental, a saber, la necesidad de una definición positivista, concreta, material, de las especificidades del discurso literario. Esta noción lleva a pensar en las fenomenologías alemanas de la literatura, encabezadas por *La obra de arte literaria* de Roman Ingarden, que planteaban en sendos libros descripciones excesivamente abstractas de la constitución de lo literario. Estas descripciones fenomenológicas del "algo" son también superadas por Reyes. Al colocar la experiencia literaria como centro de su teorización (recordemos que para él el tema de la literatura es la experiencia pura), la "cosidad" del objeto literario pasa a segundo plano. No es casual que Félix Martínez Bonati, varios años después de Reyes, proclame en un libro de teoría literaria llamado *La estructura de la obra literaria* los límites de la teorización de Ingarden al afirmar que su constitución de lo literario es válida sólo como la descripción estructural de un orden óntico, pero que esa descripción no da cuenta de las manifestaciones específicas de la experiencia estética (34-35).

La salida de Reyes a todo esto es el planteamiento de una "fenomenografía del ente fluido". Esta noción, que aparentemente acarrea un abstracto excesivo y una tendencia hacia las descripciones positivas de la Otredad (apariencia proveniente quizá de la utilización del término "ente"), en realidad plantea una salida muy productiva a los escollos de la teorización tanto de Sarlo como de Ingarden. Aún cuando todo *El deslinde* está pensado en términos de este concepto, es en "Apolo o de la literatura" donde Reyes plantea:

> Es innegable que entre la expresión del creador literario y la comunicación que él nos trasmite no hay una ecuación matemática, una relación fija. La representación del mundo, las implicaciones psicológicas, las sugestiones verbales, son distintas para cada uno y determinan el ser personal del hombre. Por eso, el estudio del fenómeno literario es una fenomenografía del ente fluido. No sé si el Quijote que yo veo y percibo es exactamente igual al tuyo, ni si uno y otro se ajustan del todo dentro del Quijote que sentía, expresaba y comunicaba Cervantes. De aquí que cada ente literario esté condenado a una vida eterna, siempre nueva y siempre naciente, mientras está viva la humanidad (84-85).[15]

En la consideración de lo que dice este párrafo se encuentra la salida de lo que Reyes puede ofrecer para un deslinde actual. Primero, el objeto de estudio específico, la obra literaria, es un "ente fluido" y no un ente en sí. Esto es una superación definitiva de la teorización de Ingarden, porque implica, como sugiere el párrafo citado, que la adquisición del texto en sí es imposible e indeseable ya que desconsidera a la experiencia como centro de la teorización. Esto también deshabilita la posibilidad de hablar de un "algo" implícito a la obra en sí, de una distinción, puesto que este "algo" sólo proviene de la interacción cultural. Reyes de esta manera resuelve una cuestión fundamental que está presente a lo largo de *El deslinde*: la historicidad del texto literario y su inscripción a patrones sociales no se contradice con la existencia de la experiencia literaria. Más aún, Reyes se adelanta de cierto modo a las ideas de Hans-Robert Jauss y la escuela de Constanza, puesto que en cierto sentido está planteando la crítica literaria en términos de la consideración del horizonte de recepción, el de producción y sus desencuentros necesarios. Por esto, la postura de Sarlo, pese a coincidir en principio con la autonomía de lo literario, tiene una trampa. Si estamos hablando de un ente fluido, la especificidad del discurso literario es contingente, móvil y, por ende, sólo alcanzable por un deslinde, es decir, por una operación que no llega a conclusiones definitivas de lo literario sino a una constante separación de discursos que, en la práctica, están irremediablemente entrecruzados.

La salida de Reyes, como observa Rafael Gutiérrez Girardot, tiene una ventaja de principio frente a la de Ingarden: "A su aparato conceptual subyace su conocimiento vasto de los géneros de varias literaturas de varias épocas, que él comprende mejor porque ese conocimiento es sustancia de su praxis literaria" ("Prólogo" XLI). En otras palabras, la distinción fundamental de Alfonso Reyes es que su teoría no es, como la de Ingarden, el acomodo del discurso literario a un paradigma filosófico (la hermenéutica), sino una reflexión proveniente de un acto intelectual concreto. Por este motivo, Reyes adopta el término "fenomenografía" sobre "fenomenología" en la edición definitiva del *El deslinde,* puesto que buscaba desmarcarse de la conexión del segundo término con las tesis de Husserl.[16] En estos mismos términos es que se plantea la objeción de Martínez Bonati a Ingarden. Por ello, es necesario enfatizar que la teoría literaria opera en Reyes no como una abstracción de una categoría esencial sino como un intento de interpretar una actividad intelectual en constante movimiento. Renato Prada Oropeza, en su libro de teoría literaria *Literatura y realidad* comprende esta idea, al observar en su introducción que la distinción absoluta entre teoría y praxis crítica es "un fantasma proyectado como cortina de humo por el crítico mediocre y frívolo" (7). Por ello, el acto de teoría literaria sólo puede constituirse en el marco de los estudios culturales demostrando constantemente su potencial crítico y no escribiendo diatribas que se olvidan de la práctica crítica. Una de las aporías más fuertes de los estudios literarios a lo largo de su historia es quizá el sobrecultivo de una cultura del diagnóstico que desactiva a la teoría literaria como intervención.[17]

La propuesta de Reyes responde cabalmente a las tres interrogantes planteadas por Sarlo. "La relación entre la literatura y la dimensión simbólica de lo social" se da en el concepto de experiencia literaria, pues este da cuenta precisamente de la forma en que un individuo se inscribe en una "representación del mundo" y sus "implicaciones psicológicas" y "sugestiones verbales", que no son más que "la dimensión simbólica de lo social" en la que la literatura se articula. Aquí habría que decir que la teorización de Reyes es tan rica que incluso plantea la problemática de la cultura popular y los medios en relación con la literatura. Me refiero a un texto denominado "Marsyas o del tema popular", incluido en *La experiencia literaria*. Esta inclusión por sí sola ya habla de la necesidad de Reyes de plantear lo popular en lo literario y de no quedarse en el facilismo de la literatura como discurso de élite, arma favorita de muchos detractores de la literatura. Para Reyes el tema popular en literatura se entiende como "toda forma lingüística, derivada o no de formas cultas y artísticas anteriores, que ha entrado en el anonimato del pueblo, en el acervo común" (XIV: 54). En otras palabras, el tema popular es todo aquello que, proveniente o no de la esfera culta, es parte de la "dimensión simbólica de lo social" en el sentido amplio del término. Por otro lado, Reyes habla de la tradición oral en estos términos: "...esta se relaciona con el aura estética. Hay una estética de la memoria: un cierto despojo, una necesidad de trabazón y una tendencia a los esquemas que facilitan la retentiva" (XIV: 61). Sin embargo, Reyes no califica de literatura a toda producción popular, lo que sería caer en un populismo fácil que desmentiría toda su teorización, puesto que los discursos populares que entran al reino de la literatura (y el texto abunda en ejemplos) son aquellos que cumplen con la misma aduana que los otros discursos literarios "las expresiones lingüísticas que agotan en sí mismas su utilidad" (XIV: 54).[18]

Segundo, es evidente que Reyes se preocupa por "las cualidades específicas del discurso literario" sin caer en la trampa de la literatura como mónada y sin caer en la limitación de la perspectiva institucional de la que habla Sarlo. Esta es precisamente la naturaleza de la operación del deslinde, encontrar esas especificidades, pero con el reconocimiento de que no son inamovibles. Por supuesto, en términos de Reyes el árbitro de las especifidades no es la institución, que implicaría una fijación, sino la experiencia literaria entendida como contingente y en movimiento. Esto implica dos puntos fundamentales que hay que tener en consideración en un deslinde actual. Primero, precisamente para no caer en la trampa institucional hay que reconocer abiertamente algo que debiera parecer obvio: la necesidad de que la crítica académica dialogue con otras instancias del discurso literario. Libros como *El concepto de ficción* de Juan José Saer, productos de la reflexión del escritor sobre la literatura, no son sólo documentos para entender la poética del autor, sino reflexiones que salen de las limitaciones de la academia al situarse en *loci* de enunciación distintos y plantear prácticas críticas diferentes. Esto significaría salir de lo que Carlos Pereda llama "la razón arrogante", donde cada instancia del estudio crítico de la literatura se plantea como poseedora de toda la legitimidad y excluye a otras producciones. En segundo lugar, la crítica literaria, al basarse en la experiencia, solamente puede considerarse una puesta en juego de los textos literarios, un testimonio de su continua movilidad. Por esto, la crítica debe privilegiar el acto de lectura sobre el de objetivación. De esta manera, el acto crítico se mantiene como intervención y evita que se ahogue en las pretensiones de su propia contingencia.

Tercero, la relación de la literatura y los otros textos sociales es una constante en la obra de Reyes. Esto se da principalmente en dos hechos fundamentales. En un nivel disciplinario, *El deslinde* se preocupa por la relación de la literatura con otras esferas del conocimiento. Por ello, dedica centenares de páginas a los entrecruzamientos y separación de lo literario frente a la historia, la ciencia e incluso la matemática y la teología. Reyes comprende que el discurso literario está articulado a una serie de producciones sociales. Estas articulaciones y las "confusiones" emanadas de ellas son las que generan la necesidad de un deslinde. Sin embargo, el movimiento del deslinde implica el entendimiento de que estos discursos están relacionados mas no son uno mismo. En este entendimiento radica la relación entre lo literario y lo social. Reyes, sin embargo, trasciende las fronteras de la disciplina. Acusar lo de "por momentos ahistorifica[r] la materia estudiada" (Moraña 72) puede estar sugerido por una lectura de *El deslinde* como metodología, pero deja de lado el hecho de que el texto está concebido en el marco de un proyecto intelectual, donde declarar lo específico de la literatura no significa sacarla sin más de su contexto, sino entender estos contextos más allá de sus manifestaciones superficiales. La relación de lo literario (entendido, recordemos una vez más, como experiencia literaria) con lo social se da en su movimiento, en lo pragmático y en la forma en que interviene directamente en la cultura. Para Reyes, como discutía anteriormente al hablar del grecolatinismo, la cultura no es un archivo inmóvil e ideal, sino un punto de constante influencia en nuestra vida y nuestra identidad.

Esto lleva al último reclamo de Sarlo, a saber, la necesidad de entender la literatura no cono una "esencia inexplicable", sino como "una resistencia, la fuerza de un sentido que permanece y varía a lo largo del tiempo" (36). El reclamo de Sarlo ha sido articulado en otros términos por otros autores. Harold Bloom observa que el canon no es una fuente de certezas culturales, sino de ansiedad alcanzada (526), lo cual, acompañado por su resistencia a la utilización de la literatura como pedagogía ideológica plantea también una idea de resistencia desde lo estético.[19] Judith Butler, por su parte, observa que si el referente literario supera sus condiciones de producción, la politización de la literatura no puede tener éxito si se plantea en términos de la reflexión o refracción de esas condiciones, sino bajo el entendido de que refigura sus condiciones de producción proyectándolas a un futuro que no ha llegado (98). Esta lectura, que recuerda el concepto adorniano de utopía, tiene en el fondo la idea de que lo literario sólo es concebible cuando se entiende en su movimiento y no cuando se le fija en condiciones dadas. Sobra decir que esto es análogo al ejemplo que Reyes planteaba con el *Quijote*. Este carácter resistente de la literatura plantea una necesidad de la operación del deslinde, presente en Reyes pero que implica ir más allá de él: el deslinde es una operación rigurosa, pero contingente. Si entendemos que la literatura es la experiencia literaria y que esa experiencia varía con el tiempo, entonces el deslinde solo puede tener validez siendo contingente (es decir, planteando que sus distinciones no son absolutas) y continuo (puesto que las especificidades emergentes requieren estrategias específicas). Sin embargo, como el deslinde es una operación de intervención es necesario que vaya acompañado de una inscripción continua a proyectos intelectuales. No se trata entonces de una imitación vacía de Reyes ni de un reclamo de su ideología de la Utopía de América. Se trata de recobrar instancias del quehacer intelectual de la literatura perdidas por los excesos coyunturalistas de ciertos estudios culturales contra los que escriben autores como Sarlo o Bloom.

Hoy, en plena institucionalización de los estudios culturales y en pleno resurgimiento de lo literario es necesario reclamar la teoría literaria como intervención. La huella imborrable de los estudios culturales nos deja la constante memoria de la irresponsabilidad de encerrarse en la autonomía de la literatura, pero también es un recordatorio continuo de que la labor del crítico es mantener la experiencia literaria como parte del juego disciplinario y cultural. Por ello, *El deslinde* es un regreso a la individualidad del crítico y a su capacidad de intervenir políticamente desde esa individualidad en el campo de la cultura, pero no la construcción de una disciplina idealizante del discurso literario. No se necesitan críticos capaces de prescribir donde está lo bello, sino de mantener la resistencia cultural de la literatura en su especificidad. Por ello, no debemos cerrarnos tampoco en la individualidad absoluta ni en el placer del texto como centro único de la literatura, lo que nos llevaría de nuevo al agotamiento de los estudios literarios tradicionales. La crítica literaria debe tener en mente la declaración de Sergio González Rodríguez "la literatura comienza donde acaba el deseo" (159). Esto es porque la literatura es el ámbito de la experiencia.

NOTAS

[1] Ramos plantea la idea de que el modernismo significó el inicio de la autonomización del intelectual hispanoamericano, pero en esa época carecía de las bases institucionales para ejercer esa autonomía. Es la generación de Reyes, en este esquema, la que estaría encargada de la construcción de estas instituciones.

[2] Para un panorama más amplio sobre la formación y trayectoria intelectual de Reyes, véanse Pacheco; Rodríguez Chicharro; Monsiváis.

[3] Esto también es parte del argumento de Julio Ramos.

[4] En el mismo artículo de donde extraigo esta cita, José Antonio Portuondo hace un amplio recorrido por los debates europeos sobre la constitución de una ciencia de la literatura en Europa durante el período 1920-1945. Este debate es una de las fuentes principales del libro de Reyes, pero no lo abordaremos con detalle al salir esta discusión de nuestro propósito.

[5] Para ejemplos de esto, véanse Ellison; Robledo Rincón.

[6] Para una lista detallada de las reseñas más importantes, así como de las cartas cruzadas entre Reyes y sus amigos a propósito de *El Deslinde*, véase el prólogo de Mejía Sánchez al tomo XV de las obras completas.

[7] Todas las referencias a las obras de Reyes provienen de sus obras completas. Cito el volumen y la página en todos los casos.

[8] Para una discusión de esta problemática en el ámbito de la filosofía, véase, por ejemplo, Cerutti Goldberg.

[9] Este es el tema de una amplia tradición de discusiones sobre el modernismo. En este caso, me refiero a la lectura de Julio Ramos citada anteriormente.

¹⁰ Mariaca caracteriza así la labor crítica de Fernández Retamar: "La concepción de cultura como 'hija de la Revolución': es la concepción de la dialéctica de apropiación del centro por el margen y resulta en una operación del margen 'colonizado' que subvierte el silencio canónico sobre los mecanismos de exclusión y omisión de la modernidad colonizadora" (62).

¹¹ Es necesario dejar muy claro que la revisión que Fernández Retamar hace de Reyes no implica en lo absoluto un descarte.

¹² Aquí se puede sugerir a modo de paréntesis que la noción de experiencia literaria tiene fuertes afinidades con los conceptos del formalismo ruso. Este trabajo de elaboración conceptual es posterior a los propósitos de este ensayo, por lo cual no profundizaré en esta idea.

¹³ A estas ocho textualidades habría que agregar lo que Reyes llama el "tipo obvio", en el cual el hecho de que un autor se refiera a objetos (una mesa) o actividades específicas (ir al médico) que impliquen referencia con la realidad no es una función ancilar ni implica la salida de la literatura en pureza. Nótese que el "tipo obvio" es una reflexión sobre la autonomía del texto frente al referente. Esto lleva a que la función ancilar es un entrecruzamiento *discursivo* y no una relación entre literatura y realidad objetiva.

¹⁴ Para una discusión sobre la polémica de Rojas con Fernández Retamar véase Sánchez Prado 239-59.

¹⁵ Nótese que esta afirmación se lleva a cabo años antes de que ideas similares fueran planteadas y canonizadas por filósofos y teóricos como Gadamer, Iser o Jauss. La noción de Reyes, entonces, también tiene afinidades fuertes con la línea hermenéutica de la teoría de la recepción, que podrían explorarse en un trabajo futuro.

¹⁶ Este dato lo menciona Ernesto Mejía Sánchez en su prólogo al tomo XV de la obras completas de Reyes.

¹⁷ Esta idea acarrea una serie de consecuencias que salen del ámbito de este ensayo. Sin embargo, para ejemplificarla, se puede citar a Imre Saluzinszky quien, en la introducción a su célebre libro de entrevistas *Criticism in Society* observa: "La crítica literaria, si es una disciplina, seguramente es aquella disciplina que se ha ocupado casi exclusivamente de la cuestión de su propia función" (1, mi traducción). Si bien es cierto que esta aserción puede parecer exagerada, también es cierto que toda generación crítica reflexiona ampliamente sobre la función o el estado de la crítica, muchas veces privilegiando estas reflexiones sobre la crítica en sí.

¹⁸ Una elaboración conceptual más profunda del concepto de experiencia literaria requiere, como parece sugerir este ejemplo, una reconciliación de la noción hermenéutica de experiencia con la noción formalista de la lengua que agota en sí misma su utilidad. Lo interesante en la teorización de Reyes es que ambas no sólo son mutuamente incluyentes, sino que una es la precondición de la otra: sólo las expresiones lingüísticas que agotan en sí mismas su utilidad (es decir, sólo aquellas en las cuales el lenguaje tiene una función poética preeminente en el sentido jakobsoniano) son capaces

de producir una experiencia estética. En otras palabras, puede afirmarse, de manera preliminar a una discusión conceptual más profunda, que en la teorización de Reyes confluyen de manera coherente enfoques teóricos que a lo largo del siglo XX se contrapusieron entre sí.
[19] Llama la atención que Eugene Goodheart observa que para Bloom el valor estético es una experiencia y no una teoría (24), lo cual implicaría a la vez una afinidad y un alejamiento con respecto a Reyes. La afinidad radica, evidentemente, en la cuestión de la experiencia literaria, pero para Reyes la comunicabilidad es indispensable, algo que Bloom no plantea en su obra.

Bibliografía

Bloom, Harold. *The Western Canon. The Books and School of the Ages.* Nueva York: Harcourt Brace, 1994.

Brenes Mesén, Roberto. *Las categorías literarias.* San José de Costa Rica. Sin pie de imprenta.

Butler, Judith. "Literary Futures". *The Future of Literary Studies/L'avenir des études littéraires.* Hans Ulrich Gumbrecht y Walter Moser, eds. Edmonton: Library of the Canadian Review of Comparative Literature, 2001. 97-98.

Campa, Román de la. *Latin Americanism.* Minneapolis: University of Minnesota Press, 1999.

Castro Gómez, Santiago y Eduardo Mendieta, coords. *Teorías sin disciplina. Latinoamericanismo, poscolonialidad y globalización en debate.* México: Miguel Ángel Porrúa/University of San Francisco, 1998.

Cerutti Goldberg, Horacio. *Filosofar desde nuestra América. Ensayo problematizador de su modus operandi.* México: Miguel Ángel Porrúa/UNAM, 2000.

Díaz Arciniega, Víctor, ed. *Voces para un retrato. Ensayos sobre Alfonso Reyes.* México: UAM/FCE, 1990.

Domínguez Michael, Christopher. *Tiros en el concierto. Literatura mexicana del siglo V.* México: Era, 1997.

Doremus, Anne T. *Culture, Politics and National Identity in Mexican Literature and Film, 1929-1952.* Nueva York: Peter Lang, 2000.

Dussel, Enrique. *Filosofía de la liberación.* Bogotá: Nueva América, 1996.

Ellison, Fred P. *Alfonso Reyes y el Brasil.* México: Consejo Nacional para la Cultura y las Artes, 2000.

Fernández Retamar, Roberto. *Calibán. Apuntes sobre la cultura de Nuestra América.* Buenos Aires: La Pléyade, 1984.

_____ *Para una teoría de la literatura hispanoamericana*. Bogotá: Instituto Caro y Cuervo, 1995.

Glantz, Margo. *Esguince de cintura*. México: Consejo Nacional para la Cultura y las Artes, 1994.

González Rodríguez, Sergio. *El centauro en el paisaje*. Barcelona: Anagrama, 1992.

Goodheart, Eugene. *Does Literary Studies Have a Future?* Madison: The University of Wisconsin Press, 1999.

Gutiérrez Girardot, Rafael. "Prólogo". *Ultima Tule y otros ensayos* de Alfonso Reyes. Caracas: Ayacucho, 1991. IX-XLIII.

_____ *Cuestiones*. México: FCE, 1994.

_____ *El intelectual y la historia*. Bogotá: Fondo Editorial La Nave Va, 2001.

Ingarden, Roman. *La obra de arte literaria*. México: Taurus/ Universidad Iberoamericana, 1999.

Jakobson, Roman. *Ensayos de poética*. México: FCE, 1984.

Jauss, Hans Robert. *Towards an Aesthetics of Reception*. Timothy Bahti, ed. Minneapolis: University of Minnesota Press, 1983.

Mariaca Iturri, Guillermo. *El poder de la palabra*. La Habana: Casa de las Américas, 1993.

Martínez Bonati, Félix. *La estructura de la obra literaria*. Santiago: Ediciones de la Universidad de Chile, 1960.

Mignolo, Walter D. *Darker Side of Renaissance*. Ann Arbor: University of Michigan Press, 1995.

_____ *Local Histories/Global Designs. Coloniality, Subaltern Knowledges and Border Thinking*. Princeton: Princeton University Press, 2000.

Monsiváis, Carlos. "Las utopías de Alfonso Reyes". *Asedio a Alfonso Reyes 1889-1989*. México: Instituto Mexicano del Seguro Social/ UAM, 1989.

Moraña, Mabel. *Literatura y cultura nacional en Hispanoamérica (1910-1940)*. Minneapolis: Institute for the Study of Ideologies and Literature, 1984.

Pacheco, Carlos, ed. *Alfonso Reyes: La vida de la literatura*. Alicante: Instituto de Cultura Juan Gil-Albert, 1992.

Palou, Pedro Ángel. *La ciudad crítica*. Medellín: Universidad Pontificia Bolivariana, 1997.

Pereda, Carlos. *Crítica de la razón arrogante*. México: Taurus, 1999.

Portuondo, José Antonio. *Concepto de la poesía*. La Habana: Instituto Cubano del Libro, 1972.

_____ "Alfonso Reyes y la teoría literaria". *Páginas sobre Alfonso Reyes* 2/1. Alfonso Rangel Guerra, comp. México: El Colegio Nacional, 1996.

Prada Oropeza, Renato. *Literatura y realidad*. México: FCE, 1999.

Rall, Dieter, ed. *En busca del texto. Teoría de la recepción literaria*. México: UNAM, 1993.

Rama, Ángel. *La ciudad letrada*. Hanover: Ediciones del Norte, 1984.

Ramos, Julio. *Desencuentros de la modernidad en América Latina*. México: Fondo de Cultura Económica, 1989.

Rangel Guerra, Alfonso. *Las ideas literarias de Alfonso Reyes*. México: El Colegio de México, 1989.

Reyes, Alfonso. *Obras completas XI. Ultima Tule. Tentativas y orientaciones. No hay tal lugar*. México: FCE, 1997.

_____ *Obras completas XIII. La crítica de la edad ateniense. La antigua retórica*. México: FCE, 1997.

_____ *Obras completas XIV. La experiencia literaria. Tres puntos de exegética literaria. Páginas adicionales*. México: FCE, 1997.

_____ *Obras completas XV. El deslinde. Apuntes para la teoría literaria*. México: FCE, 1997.

_____ *México en una nuez y otras nueces*. México: FCE, 1999.

Richard, Nelly. "Intersectando Latinoamérica con el latinoamericanismo: discurso académico y crítica cultural". Castro Gómez y Mendieta 245-270.

Robledo Rincón, Eduardo. *Alfonso Reyes en Argentina*. Buenos Aires: Eudeba/ Embajada de México en Argentina, 1998.

Rodríguez Chicharro, César. *Alfonso Reyes y la generación del centenario*. México: UAM, 1998.

Rojas, Rafael. *Un banquete canónico*. México: FCE, 2000.

Saer, Juan José. *El concepto de ficción. Textos polémicos contra los prejuicios literarios*. México: Planeta, 1999.

Salusinszky, Imre. *Criticism in Society*. Nueva York: Methuen, 1987.

Sánchez Prado, Ignacio. *El canon y sus formas: la reinvención de Harold Bloom y sus lecturas hispanoamericanas*. Puebla: Secretaría de Cultura/Gobierno del Estado de Puebla, 2002.

Sarlo, Beatriz. "Los estudios culturales y la crítica literaria en la encrucijada valorativa". *Revista de Crítica Cultural* 15 (1997): 32-38.

Alfonso Reyes y la España del 27

Rafael Gutiérrez Girardot
Universidad de Bonn

Aunque Alfonso Reyes abandonó España en 1924, los diez años que vivió en Madrid fueron años de integración en la vida cultural de la capital española, años en los que el mexicano fue testigo distante y a la vez partícipe de ese período de rica agitación de la vida intelectual española. Testigo distante, porque en España profundizó sus raíces nativas, es decir, su conciencia de sí mismo y, con ello, la soberanía para compartir objetivamente los impulsos, inquietudes y logros con quienes posibilitaron y generaron el llamado Grupo del 27. A Reyes lo precedía la reivindicación de Góngora, guía del Grupo, que había fundamentado en su ensayo "Sobre la estética de Góngora" recogido en su precoz libro *Cuestiones estéticas* (1911). En esa obra dedicó un ensayo, "Sobre el procedimiento ideológico de Stephane Mallarmé", a otro de los suscitadores del Grupo del 27. Se suele pasar por alto el hecho de que estos dos ensayos insinuaban el eje poetológico del Grupo del 27, esto es, la culminación del barroco concebido como expresión del supremo ideal de la belleza desrealizadora y la culminación del simbolismo francés concebido como intento de llegar a través de la belleza a la explicación del mundo. Reyes difundió en España la obra de los dos y en notas como "De Góngora y de Mallarmé" recogida en *Cuestiones gongorinas* (1927) apuntó cómo en 1903 el conocimiento y comprensión de Góngora en España era precario y cómo sólo Francis de Miomandre y Remy de Gourmont habían acercado a Góngora y Mallármé. A Reyes le satisficieron las tesis de Miomandre y de Gourmont porque corroboraban detalladamente lo que él había sugerido en su primer libro, pero la satisfacción era una manera cortés de poner de presente su primicia y su contribución a esa floreciente época renovadora de la cultura española. De sus comienzos en la aurora del siglo xx dio cuenta Rubén Darío en sus artículos para *La Nación* de Buenos Aires, que compiló en su libro *España Contemporánea* (1901). Darío examina con sentimiento filial a la España arteramente vencida en 1898, registra la vital agonía de la generación de la Pardo Bazán y Campoamor y manifiesta su gozo de que algunos jóvenes fueran convencidos por la poética del modernismo. Entre esos jóvenes se destacaban Antonio Machado y Juan Ramón Jiménez. Los dos, fieles al modernismo dariano, supieron, por eso, reconfigurarlo prístinamente, como Juan Ramón Jiménez, y ahondar y problematizar su fundamento subjetivista, como Antonio Machado. Juan Ramón Jiménez fue el eslabón entre el modernismo y el Grupo del 27, es decir, entre el hispanoamericano Rubén y la fructificación de la renovación de la poesía española. Ese fue el primer capítulo de lo que Max Henríquez Ureña documentó en su libro *El retorno de los galeones* (1930), esto es, el enriquecimiento de la cultura peninsular por hispanoamericanos como Andrés Bello, Juan Montalvo, José Enrique Rodó, Rubén Darío, José Martí. El segundo capítulo, más amplio y más fructífero, fue Alfonso Reyes.

El ensayo sobre Góngora era también una invitación a conocer directamente la historia y el paisaje literario y geográfico del poeta cordobés: España entera. Su acceso a ella fue el acercamiento de Góngora y Mallarmé, que además de sentar involuntariamente el fundamento poetológico del Grupo del 27, era eco de una situación socio-histórica del mundo de lengua española: la compleja relación entre tradición y modernidad. En México fue miembro fundador del legendario Ateneo de la Juventud que en el primer decenio del siglo XX había puesto en marcha una renovación y, consecuentemente, una modernización de la cultura como reacción a la ambigua coexistencia de progreso material y tradición del llamado Porfiriato. En España, la Institución Libre de Enseñanza orientada por los krausistas, el Centro de Estudios Históricos de Ramón Menéndez Pidal, la llamada Generación del 98, la tertulia de Ramón Gómez de la Serna, el Modernismo peninsular de Ramón del Valle-Inclán y los arriba citados Machado y Jiménez eran signos y esfuerzos de una modernización o "europeización" que discrepaba del antimodernismo de la poderosa Iglesia y de la resistencia de la sociedad tradicional a la transformación social. El acceso a la "Europa sui generis", como Reyes llamó a España, se nutrió de esta confluencia que en el testigo distante Reyes adquirió una expresión histórico-poética: la de *Visión de Anáhuac* (1917). En esta breve obra maestra de la prosa poética de lengua española revive Reyes el encuentro de los conquistadores españoles con la "región más transparente", es decir, sugiere el origen remoto de esa confluencia y recupera así la historia de su país natal –y, por extensión, de Latinoamérica– que había sido cuestionada por una consecuencia de la independencia: el antiespañolismo. Reyes no se propuso refutar esa condena de un pasado y fundamento de tal historia, ni tampoco pasar por alto el aspecto sangriento de la conquista. Recurrió a la memoria, madre de la historia, para dibujar con tersa pluma poética las primeras timas del perfil de la conciencia histórica del Nuevo Mundo.

Esta recuperación de la historia delata un método de acercamiento a las realidades que se le presentan: atenerse fielmente a ellas y convertir el impulso al tomarlas como pretexto en expresión gráfica. Con ese método, que pinta y da la palabra a las realidades, exploró Reyes la España que lo acogió y que dejó de ser refugio del exilio para pasar a ser su otra "región más transparente".

La España que fue asimilando Reyes no fue sólo la de la renovación cultural. Él construyó un mosaico que enmarca en la superposición de perennidad y temporalidad paisajes y anécdotas, ciudades y vida cotidiana, monumentos y veleidades, vanidades y trivialidades, es decir, él desveló la España histórica que en el siglo XIX había sido encubierta por el exotismo de viajeros europeos como Theophile Gautier o Edmundo de Amicis. La España que desveló Reyes no excluye el recurso a esa España pintoresca que redujo a la compleja España histórica a la gitanería andaluza y que cultivaron también escritores españoles como Pedro Antonio de Alarcón en *El sombrero de tres picos* (1874) si bien diferenciados por un patriotismo antimoderno. En sus crónicas periodísticas que recopiló en el libro *Aquellos días (1917-1920)* (1938), Reyes desveló el revés de la España pintoresca que, siguiendo a Azorín, llamó la España trágica. Era la España que en ese lapso experimentaba agudamente el tránsito de una sociedad tradicional decadente a una sociedad moderna y que se manifestaba en los conflictos sociales (la "cuestión social" se llamó a la exigencia de justicia social) y en la incapacidad de los políticos de orientar a su país, al que habían llevado a un callejón sin salida. Esas crónicas, publicadas en su mayoría en el diario *El Heraldo de México*, no fueron pensadas con intención profética, pero cuando ese callejón sin salida estalló con la guerra civil de 1936, los lectores de los diarios que informaban sobre ese volcán y que después tropezaron con este libro pudieron decir: *dejá vu*. El libro complementaba la colección de "estampas, memorias y viajes más o menos" que en forma de libro publicó un año antes: *Las vísperas de España. Las vísperas* abarcaban el lapso de 1915 a 1937, pero pese a la referencia a la guerra civil, en esas páginas no alude a la situación política y a los conflictos sociales. La España anterior a la contienda es pacífica, amable, hilarante y pictórica; es la que fue el escenario de su participación en la vida cultural que antecedió como fermento al Grupo del 27. Los dos aspectos de España contemplados "desde dentro" por Alfonso Reyes constituyeron el marco de íntima comprensión de la historia de España, cuyos hitos relacionó con la historia de la literatura: el *Poema del Cid*, pasando por Cervantes, Quevedo, Lope, Calderón, Góngora y Gracián, hasta Juan Ramón Jiménez, Gómez de la Serna, Valle-Inclán, Azorín y Ortega y Gasset.

Esta relación tácita entre historia y literatura, que le suscitó su experiencia española, la tematizó Reyes en su *Fragmento sobre la interpretación social de las letras iberoamericanas* (1951). Él parte de un hecho histórico-literario: la recepción negativa del *Quijote* por sus contemporáneos. La pregunta por la causa de ese rechazo sólo puede responderse cuando se acude a la historia. La historia es el fundamento adecuado para comprender el decurso de las letras hispanoamericanas. La circunstancia de que Hispanoamérica hubiera sido colonia conduce a inquirir por el papel que tuvo el escritor en las nuevas sociedades. En ellas, el escritor ocupó el primer plano que correspondía a quien interviene en la vida pública. En este fragmento, Reyes sugiere dos temas de la sociología de la literatura, a los que la historiografía literaria y la consideración social de cuño marxista de lengua española no supieron prestar interés: el rechazo del *Quijote* por los contemporáneos de Cervantes es ejemplo de un fenómeno de la historia literaria en general que el anglista Levin L. Schücking llamó "juicios literarios desacertados" y que consiste en "el hecho conocido de que muchos artistas después famosos en su primera presentación en la vida pública tuvieron que luchar con subestimación e indiferencia" (388). Los "juicios literarios desacertados" se fundan en el gusto individual de los contemporáneos y colectivo (del público lector). La mención del papel social del escritor en la colonia sugiere, además, el desarrollo de una sociología del escritor que tenga en cuenta las circunstancias que condicionan la formación y difusión del escritor, es decir, la institución social Literatura. Esta sociología se desarrolló en los años en que Reyes había concentrado su trabajo en teoría literaria y, principalmente, en la antigüedad clásica, a partir de los años cuarenta. Por eso, Reyes no pudo referirse a ningún trabajo sobre el fundamento empírico de la sociología de la literatura que esbozó en el prólogo a *Las vísperas de España* y que adquirió, desde una perspectiva ulterior, el valor de testimonio pre-científico. Efectivamente, en ese prólogo Reyes enumera los componentes de la institución Literatura de esos años: instituciones como el Ateneo de Madrid, el Centro de Estudios Históricos de Menéndez Pidal, la Residencia de Estudiantes y la Escuela Libre de Enseñanza; los grupos de escritores y las tertulias como el Café Pombo de Ramón Gómez de la Serna y los que se congregaron en torno a Juan Ramón Jiménez, el "ventanillo de Toledo" de algunos colaboradores del Centro de Estudios Históricos; las publicaciones y editoriales como *Índice* de Juan Ramón Jiménez, *El Sol* de José Ortega y Gasset, la editorial Calleja. Estos componentes representaban tendencias culturales y literarias como el krausismo, el modemismo, la vanguardia, los que formaron el Grupo del 27. El esbozo revive la dinámica de la vida cultural de aquellos años y da cuenta a la vez del horizonte de comunidad y diálogo en el que Reyes enriqueció y se enriqueció con esa vida cultural. En *Simpatías y diferencias* (1926), Reyes rozó más detalladamente el tema de las publicaciones y las editoriales en sus notas "Un paseo entre libros" y "Libros y libreros: necesidades artificiales" y, específicamente, en su cuaderno *Libros y libreros en la antigüedad* (Archivo de A.R., 1955), que, junto con el fragmento y el prólogo citados, son potenciación que impulsó su experiencia literaria en Madrid a su disposición reflexiva, que Reyes había hecho patente en su primer libro y en sus ensayos sobre Góngora, Goethe y Mallarmé. Esta consiste en la facultad de desentrañar en la experiencia con un objeto el enfoque de un planteamiento teórico.

Estos elementos de una sociología de la literatura satisficieron a Reyes porque trascendían los datos empíricos, es decir, exigían una clarificación de lo que había dado lugar a la constitución de la institución Literatura, de su presupuesto: la literatura misma. Reyes dedicó principalmente dos libros a esta clarificación: *La experiencia literaria* (1942) y *El deslinde; prolegómenos a la teoría literaria* (1944). Estos libros son los primeros en lengua española que elaboran una teoría literaria en años en los que no se conocía en esos países *La obra de arte literaria* (1931) de Roman Ingarden, comparable a *El deslinde* de Reyes. Reyes subrayó con el subtítulo que su obra era una preparación a la teoría literaria. Era pues una detallada propuesta de discutir con rigor experiencias y tácitas o vagas preguntas que surgen en la lectura atenta de las obras literarias canónicas de la tradición occidental y de la llamada gran literatura. De jando de lado la exposición breve del denso trabajo, cabe apuntar que la rigurosa elaboración conceptual, nutrida de la praxis de escritor y de su amplio conocimiento de la literatura occidental, reveló al filósofo Alfonso Reyes, quien por ello tropezó con la incomprensión de algunos filósofos radicados en México y que pesó más que el reconocimiento del filósofo José Gaos. La ambigua recepción de la obra privó al análisis e historiografía literarios latinoamericanos del fundamento para superar el formalismo escueto de la filología y dotarla de la sustancia filosófica y rigor conceptual propios de la ciencia creadora. El libro fue preparado a partir de 1940, un año después de su regreso definitivo a México. El caudal de saberes que había acumulado durante su participación en la España renovadora (historia europea y universal, geografía, cinematografía, literatura universal y española y la ciencia filológica) lo integró Reyes en su obra de teoría literaria. La guerra civil española borró las huellas de la contribución de Alfonso Reyes al florecimiento de ese primer cuarto del siglo XX. Años más tarde, Ramón Menéndez Pidal recordó su significación:

> ...los españoles, –escribió– no podemos pensar en el Alfonso Reyes de ahora ni en la espléndida actividad de sus últimos tiempos, sin anteponer el sentimiento afectivo que nos conduce a sus años madrileños. Él también llevaba esos años muy dentro de su corazón: las tertulias literarias, las redacciones de *El Sol* y la *Revista de Occidente*, el trato con Azorín y Juan Ramón Jiménez, con Ortega y Gasset. Yo lo veo en mi segundo hogar, en el Centro de Estudios Históricos. (3)

Pese a ello, los beneficiarios españoles de esa renovación crítica prefirieron corroborar el viejo complejo de inferioridad hispánico frente a Europa y profesaron catequísticamente la onda de la estilística, si bien despojada de los impulsos filosóficos que la habían sustentado. Leo Spitzer, diestro filólogo y destacado artesano de la estilística, "cliente –para decirlo con Borges– del diccionario, no de la fantasía", generó una ciencia literaria hispánica que favorecía una especie de emotiva demagogia: las famosas conferencias de Dámaso Alonso sobre poesía española de 1948, recogidas en el libro *Poesía española. Ensayos de métodos y límites estilísticos* (1950), sobresalían porque la descripción de los "procedimientos estilísticos" permitía apreciar la recitación de los ejemplos y excluía la comprensión de los poemas en su contexto histórico e intelectual. La renuncia a ese contexto se consideraba como signo y mandato de la cientificidad a que aspiraba la crítica literaria. El dogmatismo con que se impuso la estilística eclipsó la teoría y la historiografía literarias de Alfonso Reyes. Esta entroncaba con la tradición de la más exigente crítica literaria europea y con acento propio confirmó la caracterización que de esa tradición hizó Ernst Robert Curtius: "la crítica literaria es literatura sobre la literatura".

Literatura sobre literatura fueron los trabajos sobre Azorín, José Ortega y Gasset, Juan Ramón Jiménez y Ramón del Valle-Inclán, que recogió en la cuarta serie de *Simpatías y diferencias* (1923). Los "Apuntes sobre Azorín", escritos entre 1915 y 1922, son las notas de un lector y espectador de la escena en la que aparecen los libros de Azorín y que opina sobre su persona. Reyes conversa con él sobre los autores clásicos que juzga y recrea en sus libros, pone signos de interrogación, destaca su evolución desde un estilo "adjetivo" a uno "más sustantivo", dilucida positivamente la timidez que se le adjudica y el reproche que se le hace por su giro político de anarquista a conservador. Resalta su arte de lector ejemplar de los clásicos y, en suma, traza un perfil de Azorín que irradia la atmósfera de una tertulia. Más tarde, Reyes publicó parte de esta serie (las notas sobre Azorín, Ortega y Gasset, Juan Ramón Jiménez, Valle-Inclán) y otros ensayos sobre literatura hispánica bajo el título *Tertulia de Madrid* (1949) que pone de relieve la peculiaridad de esas "simpatías y diferencias". Las páginas de las cinco series, publicadas primero en periódicos y revistas de España y América, fueron escritas para procurar "los alimentos terrestres", pero sobrepasan las limitaciones del periodismo. Las que reunió en la *Tertulia de Madrid* además de comentar e informar, retratan a los autores. Para ello Reyes los considera como personas, cuya fisionomía moral e intelectual se desvela en la conversación, en la tertulia, que el retratista escenifica con la destreza de un dramaturgo. El "retrato literario" fue introducido y afamado en la crítica literaria por Sainte-Beuve y no es improbable que sus *Critiques et Portraits Litérraires* (1836-1839) y sus *Causeries du Lundi* (1851-1862) hayan suscitado los de Reyes. Con Sainte-Beuve, a quien cita con frecuencia, coincide Reyes en el propósito de buscar al hombre, su espíritu y su alma a través de los libros y sus autores. Para los dos, la literatura es vida, pero a diferencia de Sainte-Beuve, que prologaba con ello el principio positivista de "vida y obra", de la explicación biográfica de la obra, Reyes concibe esa ecuación como el fundamento hermenéutico de la tradición. La literatura como vida no es palabra muerta; sobre las fugacidades que la rebajan (los falsos juicios literarios, las modas, la anémica filología) ella (también la de las llamadas lenguas muertas) impone su testimonio inmediato de las "grandezas y miserias" del hombre, de su substancial y paradójicamente variable naturaleza, de su historia. Tal concepción de la literatura como vida requiere como presupuesto de la praxis crítica que ella determina, la actitud que Terencio caracterizó con la famosa frase: "homo sum, humani nil a me alienum puto". Es decir, la actitud del humanista-Reyes cimentó su humanismo con la erudición que para él no fue sólo acumulación de datos sino presencia permanente de la tradición. En las *Vísperas de España*, por ejemplo, la narración de un viaje a Valladolid da ocasión a Reyes para resucitar a Góngora y a Cervantes: de una anécdota o de una alusión emergen como si se asomaran a la calle por la que él va o al parque que contempla. Los ejemplos pueden multiplicarse para ilustrar el arte de la cita de Reyes. Este consiste en que no cita a los autores con el fin de invocar su autoridad o de alabarlos, sino como interlocutores de un diálogo sobre el hombre y su tradición.

Los "retratos literarios" y los artículos que Reyes recogió en las cinco series de *Simpatías y diferencias* (1921-1926) son sólo una parcela de la primera época del humanista Reyes que abarca desde 1908 hasta 1924 y que es significativa porque en su variedad temática se transluce su concepción del escritor y su método. En el ensayo "Los libros de notas" de *El cazador, ensayos y divagaciones (1910-1921)* (1921) invocó la opinión de Samuel Butler sobre el "verdadero escrito" que "anda en todas partes tomando notas, como el verdadero pintor en todas partes se pone a sacar díseños" (III: 154). El ensayo sugiere irónicamente las desventajas de ese hábito, pero en la ironía envuelve Reyes el problema de su actividad como escritor, esto es, el de que la actividad de anotar y consecuentemente la de clasificar las notas convertirá al escritor en "un verdadero Prometeo de la mente, acosado, a una, por los buitres de la derecha y por los buitres de la izquierda. El mundo se le desmenuzará en papelitos llenos de escritura abreviada" (155). Sin embargo, estos papelitos no fueron vanas virutas de ese desmenuzamiento sino aproximaciones a las realidades que a Reyes se le presentaron en su exploración de la humanidad. Estos papelitos fueron sus ensayos, ejemplares, pero para Reyes insatisfactorios. En su *Diario* apuntó el 23 de setiembre de 1931:

> Goethe no sólo me inspira, no sólo me ayuda a entender ciertos ideales míos, sino que me da el mejor retrato de mis defectos y el

cuadro de los peligros que me amenazan. Él se libró a fuerza de genio. Yo sólo puedo librarme con paciencia y con diligencia. He aquí a lo que quiero referirme particularmente: el tomar el arte como una parte de la vida, trabada en todas las cosas de la vida, despedaza la obra y la convierte en un montón de ensayos fragmentados...Yo me muero de notitas. Quisiera en un gran desperezo, organizar todo. (Citado en Rangel Guerra 50)

Aunque se atribuye este impulso al consejo de no dispersarse que le dio Pedro Henríquez Ureña, la comparación del escritor con un Prometeo de la mente que desmenuza al mundo contiene ya implícitamente ese impulso. La reflexión sobre sus breves y dispersos ensayos de la época madrileña le indicó el camino que habría de seguir a su regreso a México en 1939: la "afición de Grecia" y la teoría de la literatura, de las que son ejemplo *La crítica de la edad ateniense* (1941), *La antigua retórica* (1942), *La experiencia literaria* (1942) y *El Deslinde* (1944) respectivamente.

Paralelamente a esa reflexión sobre la literatura como aprehensión de la realidad, Reyes "practicó" la literatura como recreación y creación de realidades, como "poiesis". Esta "praxis poética" fue la sustancia de su afán de "organizar todo", que su amigo y fraternal maestro Pedro Henríquez Ureña había llamado "ansia de perfección". En la época de Madrid, Alfonso Reyes escribió *Visión de Anáhuac* (1917) e *Ifigenia cruel* (1924), dos obras magistrales de la literatura de lengua española, que no cabían en ninguna clasificación de la anacrónica poética normativa de entonces y que su inerte cola de hoy ha relegado al limbo de la atónita incomprensión. La *Visión de Anáhuac* está presidida por el lema "Viajero: has llegado a la región más transparente del aire". El viaje es el de los conquistadores españoles que despertaron la curiosidad y la sorpresa de los europeos. Reyes redibuja concisamente las estampas que engendró la fantasía de uno de ellos (Giovanni Battista Ramusio) entre las que se encuentra una descripción de "la vegetación de Anáhuac". La enumeración poética de las plantas fusiona descripción pictórica con realidad, y la mención de la tierra de Anáhuac, vecina de los lagos, tiende el puente a la historia. Esta se hace presente en el trabajo secular de los hombres que desecan las aguas y devastan los bosques. Reyes vuelve la mirada a la historia de la desecación del valle de México, del drama y sus actores, los "creadores del desierto" que provoca "el espanto social". Los siete primeros párrafos de la *Visión...* son una muestra de los elementos que configuran la obra: suscitación histórica, recreación poética que da realidad a la naturaleza contemplada, naturaleza e historia, en suma, poesía e historia. Pero así como la recreación poética de la estampa reaviva la naturaleza, así también la narración de la historia escenifica los acontecimientos y transforma el pasado que testimonia sus fuentes (Hernán Cortés, Bernal Díaz del Castillo) en un presente nutrido de serena y aleccionadora épica. La *Visión..* es un epos que se emparenta con la *Eneida* de Virgilio, especialmente con los dos primeros libros que narran la odisea de la flota de Eneas que va a dar a Cartago y la misión que le dan los dioses de fundar una nueva ciudad de la que nace Roma. Virgiliana es también la gozosa y detallada descripción de la vegetación, que lo entronca con *La agricultura de la zona tórrida* (1826) de Andrés Bello, inspirada por las *Geórgicas*. Pero esta inspiración virgiliana de Bello y la coincidencia de Reyes con Virgilio son manifestación de una misma aspiración: la de documentar poéticamente la génesis de una nueva época (Bello) o de un nuevo mundo (Reyes), es decir, la de sostener que lo Nuevo es ya historia, devenir. Esta evidencia fue puesta en duda por quienes en el siglo XIX disputaron efervescentemente el carácter histórico del Nuevo Mundo: los hispanizantes y los indigenistas. A esa disputa se refiere Reyes en las últimas líneas del líricamente intenso epos:

> Cualquiera que sea la doctrina histórica que se profese (y no soy de los que suenan en perpetuaciones absurdas de la tradición indígena, y ni siquiera fío demasiado en perpetuaciones de la española), nos une con la raza de ayer, sin hablar de sangres, la comunidad del esfuerzo por domeñar nuestra naturaleza brava y fragosa; esfuerzo que es la base bruta de la historia. Nos une también la comunidad, mucho más profunda, de la emoción cotidiana ante el mismo objeto natural. El choque de la sensibilidad con el mismo mundo labra, engendra un alma común. Pero cuando no se aceptara lo uno ni lo otro –ni la obra de la acción común, ni la obra de la contemplación común– convéngase en que la emoción histórica es parte de la vida actual, y, sin su fulgor, nuestros valles y nuestras montañas serían como un teatro sin luz. (II: 34)

La coincidencia de Reyes con Virgilio tuvo su germen en su interpretación de los *Poemas rústicos* de Manuel José Othón, del terso y sobrio poeta bucólico mexicano, su "amigo" perenne, y en su antecesor Andrés Bello. Pero ese germen se enmarcaba ya en la devoción por la cultura de la antigüedad clásica que se afirmó en el ensayo sobre las tres Electras del teatro ateniense de *Cuestiones estéticas*. Este ensayo provocó la elaboración de *Ifigenia cruel* (1923). El poema es una interpretación de la tragedia *Ifigenia en Áulide* de Eurípides, si bien ésta es el núcleo de un motivo de la literatura occidental: del "motivo Ifigenia", que enriquecieron Racine y Goethe principalmente. Reyes se inscribe concientemente en la tradición de este motivo pero a la vez disiente de ella. En la "Breve noticia" con la que expone su propósito y su realización, apuntó:

> A diferencia de cuantos trataron el tema desde Grecia hasta nuestros días, supongo aquí que Ifigenia, arrebatada en Áulide por la diosa Artemisa de las manos del sacrificador, ha olvidado ya su vida primera e ignora cómo ha venido a ser, en Táuride, sacerdotisa del culto bárbaro y cruel de su divina protectora. El conflicto trágico, que ninguno de los poetas anteriores interpretó así, consiste para mí, precisamente, en que Ifigenia reclama su herencia de recuerdos humanos y tiene miedo de sentirse huérfana de pasado y distinta de las demás criaturas; pero cuando, más tarde, vuelve a ella la memoria y se percata de que pertenece a una raza ensangrentada y perseguida por la maldición de los dioses, entonces siente asco de sí misma. Y, finalmente, ante la alternativa de reincorporarse en la tradición de su casa, en la *vendetta* de Micenas, o de seguir viviendo entre bárbaros una vida de carnicera y destazadora de víctimas sagradas, prefiere este último extremo, por abominable y duro que parezca, único medio cierto y práctico de eludir y romper las cadenas que la sujetan a la fatalidad de su raza. (X: 313)

El coro revela la tragedia de Ifigenia:

> Alta señora cruel y pura;
> Compénsate a ti misma, incomparable;
> Acaríciate sola, inmaculada;
> Llora por ti, estéril;
> Ruborízate y ámate, fructífera;
> Asústate de ti, músculo y daga;
> Escoge el nombre que te guste
> Y llámate a ti misma como quieras:
> Ya abriste pausa en los destinos, donde
> Brinca la fuente de tu libertad. (X: 359)

La descripción de la composición de la tragedia que hace al comienzo y los comentarios con los que explica los problemas que sorteó en la realización sobrepasan los fines inmediatos y constituyen una exposición de la creación poética en general y de la recreación de una obra clásica en particular, es decir, del acento que significa esta recreación: el del "poeta doctus". Entre las recreaciones de motivos clásicos de la literatura contemporánea (de la Antígona de Sófocles, por ejemplo) sobresalen en este sentido la *Ifigenia cruel* de Reyes y *La muerte de Virgilio* (1945) de Hermann Broch, obras de erudita preparación que no se reducen a la reconfiguración de los motivos sino que plantean problemas contemporáneos: Reyes, el de la libertad; Broch, el de las masas. Las dos se distinguen por la adaptación del lenguaje a los problemas que dilucidan: Reyes, el sobrio y seco; Broch, el jadeante. Aunque la renovación poética de Rubén Darío trajo consigo una renovación de la imagen de Grecia, a través del francés principalmente, la recreación del motivo de Ifigenia fue eclipsada por el entusiasmo con el que, dieciséis años después del ensayo reivindicativo sobre Góngora, se redescubrió al inspirador del Grupo del 27. La *Visión de Anáhuac* y la *Ifigenia cruel* constituyeron un significativo paréntesis en su contribución a la rica vida cultural española de aquellos años. Como obra de creación, los dos poemas no cabían en ninguna de las corrientes estéticas de entonces. La fusión de poesía e historia y la tragedia eran tan extrañas como la conquista española y el mundo griego. Sin embargo, los dos poemas –si se dejan de lado los lúdicos poemas con los que registró "burlas y veras" de su existencia madrileña– como creación de "poeta doctus" revelaron que el Alfonso Reyes redescubridor de Góngora y ensayista era modelo de lo que más tarde se elogió como característica de los poetas (algunos sólo) del Grupo del 27: la de ser "poetas profesores" (Pedro Salinas, Jorge Guillén, Dámaso Alonso y hasta el diletante Luis Cemuda). Reyes no ejerció la docencia en esos años, pero sus trabajos en el Centro de Estudios Históricos, que dirigía Ramón Menéndez Pidal, ya superaban anticipadamente, por su rigor y coherente exposición, las divagaciones emotivas de algunos de esos legendarios cantores académicos del Grupo del 27. Ellos –Salinas por ejemplo, principalmente– se satisfacían con la ordenación de las ocurrencias y glosas de lectura, destinadas a un público de la patriótica parroquia. En el prólogo a su edición del *Libro de buen amor* del Arcipreste de Hita (escrito en 1917 y recogido en sus *Capítulos de literatura española*, primera serie,1939), Reyes puso en claro que larga ha sido la preparación científica que nos precede, y huelga decir que las discusiones de la filología están agotadas. Con todo, de cuando en cuando conviene ofrecer al público las conclusiones actuales. El objeto de la erudición literaria es restaurar laboriosamente el pasado espiritual de un pueblo, no por inexcusable capricho, sino para reincorporarlo algún día en la vida común, enriqueciéndola así y depurándola con vacunas de la propia sangre. (VI: 13)

Reyes asigna dos tareas a la filología: la que cabe designar con el mandamiento de Hermann Cohen,"lo filológico siempre tiene que estar en orden" (es la "larga preparación científica...") y el permanente enriquecimiento, con la literatura, de "la vida común". Las charlas de exhibición literaria y autoexégesis de grupo no son, sin embargo, vanas. Son material anecdótico y ameno para una sociología del mercado literario.

La restauración del pasado espiritual de un pueblo no es sólo historia de la literatura, pero la historia de la literatura es la manifestación más inmediata de ese pasado. Reyes no sostiene expresamente esta afirmación, pero de sus "Ejercicios de historia literaria española" (publicados en la segunda serie de los *Capítulos de literatura española*, 1945) cabe deducir que para él esa inmediatez es un hecho.

Entre estudiantes de este género (más o menos van conformados por la vida), lo más frecuente es encontrar ya dos o tres ideas históricas en la cabeza, mezcladas con otros tantos recuerdos imprecisos, y revuelto todo ello en la sala de los sofismas sociales y universitarios. Todos, sin saberlo, llevamos en la cabeza una pequeña historia de la literatura española (VI: 257)

Estos "Ejercicios" se fundan en apuntes que Reyes utilizó en un curso de lengua y literatura españolas para profesores en el extranjero que en 1918 le encargó el Centro de Estudios Históricos de Madrid. La mezcla de ideas, recuerdos imprecisos, sofismas sociales y universitarios son componentes de esa inmediatez. Su valor no es sólo el de ser testimonio de la presencia de la literatura en la vida cotidiana como expresión prevalente de las sociedades, sino ineludible punto de partida para la restauración e incorporación enriquecedoras de ese "pasado inmediato". Con ello, Reyes se aproxima a la hermenéutica filosófica (Heidegger, Gadamer) que inicia todo proceso de comprensión con lo que se llama "pre-comprensión" o "pre-juicio". A diferencia de la hermenéutica filosófica, la "pre-comprensión" o "pre-juicio" no representa para Reyes la subjetividad o la constitución del "existir" (Heidegger), sino una exigencia:

> Este prejuicio podrá ser tan falso como se quiera; pero la primera obligación, el primer deber que tiene para consigo el hombre de estudio, es ponerlo en claro. Después de este examen de conciencia, y tras de algunas rectificaciones previas, ya se puede comenzar una revisión metódica de nuestra cultura literaria. (VI: 259)

La revisión del "pre-juicio" conduce a una comprensión histórica de la literatura, es decir, a una historia de la literatura que no es simplemente enumeración cronológica biobibliográfica, como solían ser los manuales de historia de la literatura hasta bien entrados los años cincuenta, sino apropiación e interpretación de la tradición literaria en sus contextos históricos y culturales.

Los *Capítulos de literatura española* son, como el título lo indica, fragmentos de una historia de la literatura española a la que subyace de manera tácita esa apropiación e interpretación de la tradición literaria. En ese marco, la edición adquiere la familiaridad de un diálogo elegante y cortés con los lectores. Reyes advierte en el prólogo a la primera serie de esos *Capítulos...* que publica los trabajos que en ellos reúne "en su forma original, a riesgo de parecer un poco atrasados de noticias en este o en otro punto" (VI: 259). Sin embargo, el atraso de noticias (no estar al día, como se dice) no afecta en modo alguno las interpretaciones cuyo valor descansa en el rigor intelectual y comprensión estética, en la transparente aprehensión del texto. El "Prólogo a Quevedo" y las "Tres siluetas de Ruiz de Alarcón" (publicados en Madrid en 1917 y 1918 respectivamente) por ejemplo, no sólo satisfacen el interés de la información didáctica –concisa y narrativa– sino que contienen la invitación a leer los textos con conciencia de los problemas que esos mismos textos guardan: la ambigüedad de Quevedo, la "mexicanidad" (alteridad en España) de Ruiz de Alarcón. Reyes trae a cuento los juicios más relevantes sobre los autores que interpreta, pero ni los refuta ni los rectifica o aprueba expresamente porque –como observó Pedro Henríquez Ureña– "en Alfonso Reyes todo es problema o puede serlo. Su inteligencia es dialéctica: le gusta volver del revés las ideas para descubrir si en el tejido hay engaño; le gusta cambiar de foco o punto de vista para comprobar relatividades" (298). Los signos de interrogación que pone Reyes a los autores y a sus exégetas inducen a los lectores a desarrollar la independencia de juicio, es decir, a no someter la crítica e historia literarias a modas concluyentes, cuya pretensión científica es, más bien, una necrología terminológica de la literatura. La "inteligencia dialéctica" predispone a la elaboración de una teoría de la literatura que Reyes realizó desde 1930 y que culminó en *El deslinde* (1944).

Esta predisposición teórica maduró cuando Reyes regresó a México en 1939. Tres años después de su salida de España publicó en Madrid las *Cuestiones gongorinas* que recogían sus trabajos sobre Góngora publicados en Madrid entre 1915 y 1923. Eran trabajos de erudición ("fárrago erudito") que fundamentaban con rigor histórico y filológico la revaloración del poeta cordobés. Colaborador de R. Foulché-Delbosc en la primera edición de las *Obras poéticas* (1921) de Góngora y autor de bibliografías complementarias sobre "su poeta", Reyes puso a disposición el material indispensable para la resurrección del inspirador del Grupo del 27. El libro que contenía esos trabajos apareció en 1927, tercer aniversario de la muerte de Góngora a quien rindieron homenaje en Madrid Pedro Salinas, Dámaso Alonso, Jorge Guillén, Federico García Lorca. La invitación que estos poetas hicieron a Reyes a participar de este homenaje era un reconocimiento a su trabajo de exploración renovadora de Góngora.

Reyes revisó, además, la imagen folclórica de España que habían difundido los viajeros, especialmente franceses del siglo XIX, que reducía la "Europa sui generis" a la Andalucía pintoresca; Reyes sólo publicó estampas de la vida cotidiana y reservó para su Archivo sus opiniones sobre la conflictiva situación política y social de los años 20 a 23. La España que retrató en sus *Cartones de Madrid* (1917) y *Calendario* (1924) deja apenas translucir esos conflictos. Sin embargo, algunos gestos y actitudes de los españoles que Reyes describe con afectuosa ironía permiten comprobar que no pasó por alto el problemático clima político y social de la España de esos años y que contrasta con el florecimiento cultural al que él contribuyó. El dibujo de esas estampas tiene no sólo valor histórico. Las observaciones de la vida cotidiana de las que parte se ordenan en un esbozo de análisis de las mentalidades que concuerda con su concepción de la historia según la cual la "tela de la historia" es la vida cotidiana (XI: 128). Reyes desarrolló esta concepción en los artículos que escribió entre 1919 y 1920 para la página de geografía e historia del diario *El Sol*, que dirigía Ortega y Gasset y que se publicaron en 1963 (tomo V de las *Obras completas*) bajo el título *Historia de un siglo*. Reyes no gustaba de resaltar sus anticipaciones científicas, pero no se puede pasar por alto el hecho de que la historiografía *in nuce* que él sugirió en esa *Historia de un siglo* coincidía con los principios que subyacían a la historiografía francesa desarrollada entre 1909 y 1929 y difundida en la revista *Annales. Economies-Sociétés-Civilisations* y que no se conocía en la España del 27. La historia social en que consiste esta historiografía se introdujo dos decenios más tarde en el mundo de lengua española, es decir, se omitió desarrollar las suscitaciones de Alfonso Reyes. Cuando de la mano de Jaime Vicéns Vives y de Ferdinand Braudel se descubrió que la historia es la historia de los grupos sociales y de la vida cotidiana, se ignoraba que Reyes ya lo había clarificado con la densa y concisa sencillez que distinguió toda su obra. La de su primera época, desde 1908 en México hasta 1924 en Madrid, fue un rico fermentario que se diluía en la prosa de sus trabajos periodísticos y de divulgación histórico-literaria e histórica. La superficialidad de la crítica e historia literarias del mundo de lengua española, habituada a remedar modas y rimbombancias, desperdició el semillero que legó Alfonso Reyes y que desde sus comienzos en la España del 27 se encaminó a dar el ejemplo de que "al mundo no debemos presentar canteras y vetas, sino edificios ya hechos" (XI: 128).

Bonn, enero de 2003

Bibliografía

Henríquez Ureña, Pedro. "Alfonso Reyes". *Obra crítica*. E. S. Speratti Piñero, ed. México: FCE, 1960.

Menéndez Pidal, Ramón. "Alfonso Reyes". *La Gaceta del FCE* (enero de 1960) : s.p.

Rangel Guerra, Alfonso. *Las ideas literarias de Alfonso Reyes*. México: El Colegio de México, 1989.

Reyes, Alfonso. *Obras completas*. 26 tomos. México: FCE, 1997.

Schuking, Levin L. *Essays über Shakespeare, Pepys, Rossetti, Shaw und Anderes*. Wiesbaden: Dieterische, 1948.

Reconstruyendo la cultura desde España: la Revolución Mexicana y la Generación del 98[1]

Robert Conn
Wesleyan University

> Mientras haya hombres que emigren, habrá
> aventureros y conquistadores, es decir, reyes
> de la tierra. ¡Hora funesta aquella en que
> nadie salga de su casa, ni menos se escape
> por la ventana, y en que el último hombre
> de Nietzche se asome todos los días al balcón
> para conversar con el vecino! De los que se
> van nos vienen las mayores virtudes. La
> ingratitud, el desamor a lo que nos abriga y
> guarece, o en otra forma, la inadaptación,
> son cosas necesarias para que la vida se
> mueva. Los inadaptados son los motores de
> la sociedad. (III: 245)[2]   Alfonso Reyes

Durante su período inicial en México, Reyes criticó las instituciones culturales contemporáneas a través de la filología española y clásica con el fin de abrirle camino a la idea de una comunidad artística y literaria a la que voy a referirme con el nombre de Estado Estético. Específicamente, en nombre del vitalismo y dichos campos de la filología, Reyes se representó a sí mismo como productor de una literatura que reflejase el mundo social hispánico que presuntamente había estado eclipsado por las instituciones culturales contemporáneas. A estas instituciones culturales influidas por la "moda francesa" y, más generalmente, al mundo *modernista* de la alta cultura que traspasó fronteras, así como al proyecto pedagógico de José Enrique Rodó, Reyes opuso discretamente su propia figura literaria a través de la cual pretendía recuperar la "felicidad" de la literatura de una manera "vital", "libre" y "estética". Pero después de la muerte de su padre, el general y gobernador Bernardo Reyes, en un fallido golpe de Estado en contra de Francisco Madero en febrero de 1913 (La Decena Trágica), el levantamiento en el poder de Huerta días después, y, como consecuencia de estos eventos, su propia huida a Europa, el Estado Estético que había logrado definir durante el Porfiriato sería repensado. Reyes trabajó por un año en París como agregado de la embajada mexicana. En 1914, la guerra europea lo obliga a huir a Madrid. En una carta de ese año dirigida a su amigo y colega Pedro Henríquez Ureña y escrita desde Madrid, Reyes comenta sus nuevas condiciones financieras así como su previsión de la segunda "catástrofe" que va a afectar su vida:

> No he podido ser asiduo asistente de teatros; mi familia no es lo que antes; han cambiado las condiciones, y ahora me cuesta dinero. Además, guardo cuanto puedo en vista de la próxima catástrofe. Aquí he empezado a aprender lo que vale el dinero. No puedo gastar nada extraordinario. (387)

Animado por Henríquez Ureña, quien ya se había establecido en La Habana para fundar otro Ateneo aparte del que había instituido en México, Reyes ahora no tendría más remedio que defender las instituciones modernas y las élites intelectuales, de las que se había distanciado a nivel retórico en la primera época de su producción intelectual. De 1915 a 1928 Reyes ocupa un cargo en el Centro de Estudios Históricos en Madrid. Durante estos mismos años mantiene, como Bárbara Aponte ha demostrado, una sólida relación con escritores como Ortega y Gasset y Unamuno. De 1920 a 1923 dirige la página de Cultura y Civilización de *El Sol* de Ortega y Gasset y, en 1915, comienza a redactar sus primeros artículos sobre cine mudo bajo el seudónimo de "Fósforo".

Autoexiliado en Madrid, Reyes también se enfrenta a una nueva serie de problemas, todos ellos relacionados con el complejo problema de la representación. ¿Cómo podría hablar él mismo en calidad de figura literaria desde las instituciones contemporáneas? ¿Cómo podría hablar en este contexto como extranjero, teniendo, además, que posicionarse ante la Revolución Méxicana y la Guerra Mundial? Al mismo tiempo, ¿cómo negociaría su identidad intelectual ante otros emigrados mexicanos y latinoamericanos comprometidos con un proyecto de autorrepresentación similar al suyo? Y finalmente, ¿cómo lidiaría con la crítica de la modernidad de la Generación del '98, junto con el ataque de la vanguardia a la burguesía? ¿Qué haría en un medio donde la política, la literatura y la modernidad estaban íntimamente relacionadas y donde el modelo discursivo que prevalecía era el de la "guerra literaria"?

En este ensayo, contemplo todo esto a la luz de dos de sus textos principales de este período: *Visión de Anáhuac, 1519* y *El suicida*. En ambos ensayos literarios Reyes utiliza la filología histórica y comparativa para construir un concepto de Cultura basado en los conocimientos que ha heredado de México y Latinoamérica, así como también en los que adquirirá en el extranjero. Ahora se acercará a palabras, nombres y textos en calidad de signos provistos de una historia y de un significado en el marco de "Occidente". De acuerdo a los principios de la filología histórica y comparativa, las palabras se convertirán en escenarios históricos, los textos y movimientos literarios en esencias identificadas con períodos, culturas y zonas geográficas. Todos ellos se incorporarán en las muchas periodizaciones históricas que Reyes ahora construye. Las fechas se transformarán también en objetos que él puede manipular a través de los textos que utiliza para representarlas y las historias fabulosas que él teje para deleitar y adoctrinar al lector. Reyes se convertirá en un maestro de los "signos" del pasado, particularmente del "pasado primitivo" de "Occidente", y utilizará aquellos signos como objetos a partir de los cuales construir su propia subjetividad y la de todo lo que defiende. A través de estos signos, y de su relación sujeto/objeto, Reyes proclama su dominio de la narración pura y simple que recuerda a los autores del Medievo y del Siglo de Oro. Su verdad y la verdad de las entidades que relata residirán en la idea de la lengua como entidad histórica, cultural y literaria.

Las consecuencias de esta nueva práctica filológica son notables. Antes, al organizar un paradigma agresivamente "social" de Cultura ante la crisis política del México del Porfiriato, Reyes definió el camino a su Estado Estético como una especie de descenso romántico tanto a la literatura española medieval y del Siglo de Oro como a la literatura griega y latina. Aquí se encontrarían los verdaderos principios de la narrativa, de la poesía y del drama. Ahora, ante la crisis del liberalismo tanto en México como en el extranjero y ante su propia "descentralización", habla no tanto de recuperaciones sino de sucesiones, todas ellas basadas en el concepto de lo primitivo y lo civilizado que sirve de base a la filología histórica y comparativa. Reyes ahora se convierte en lo que se había negado a ser en el México del Porfiriato, un nacionalista liberal. Él narrará, a través de la filología histórica y comparativa, el devenir de México junto con el del liberalismo.

Visión de Anáhuac, 1519 es un ensayo de veintiún páginas
dividido en cuatro partes que Reyes escribió en 1915, justo después
de su llegada a Madrid. Palimpsesto que celebra el acto filológico
de la representación del pasado distante, el ensayo narra la historia
de México a través de textos anteriores, la mayoría de los cuales
datan de la primera toma de contacto. Este ensayo incluye referencias
a diversas ilustraciones del libro *Delle Naviagarioni e Viaggi* de
Giovanni Battista Ramusio así como también, y lo que es más
importante, varias citas de *Historia verdadera de la conquista de la Nueva
España* de Bernal Díaz del Castillo y de *Cartas de relación* de Hernán
Cortés. De esta manera, Reyes utiliza reminiscencias de las
tradiciones del Siglo de Oro, del renacimiento caballeresco, y de las
crónicas para mitificar el año 1519, fecha en la que llega Cortés a
Tenochtitlán, en vez del año 1521, en que se produjo la masacre de
los aztecas a manos de los españoles. En este proceso, Reyes mantiene
como prioridad "la literatura en español" mientras que incorpora
varias tradiciones literarias tanto del siglo XIX como de comienzos
del XX, inclusive la poesía paisajista, indianismo y modernismo. Para
el propósito de mi discusión, me enfocaré en los aspectos particulares
de estas otras tradiciones que Reyes busca subordinar a la nueva
totalidad orgánica que imagina dentro de los límites de la filología
histórica y comparativa. En el caso de la poesía paisajista, creo que
es importante considerar que la práctica de esta forma literaria,
aparentemente libre de todo prejuicio, tuvo profundas implicaciones
ideológicas en el siglo XIX. Con respecto al indianismo, me gustaría
caracterizarlo como un movimiento literario nacional que presenta
el pasado azteca como un signo de civilización y a lo español como
símbolo bárbaro, movimiento que difiere de la valorización
establecida en el siglo XX del sujeto indígena contemporáneo que se
conoce como indigenismo. Y en tercer lugar, en el caso del
modernismo, movimiento que se apropia del simbolismo y del
parnasianismo, me gustaría enfatizar su exotismo, elemento
estetizador del Oriente. *Visión de Anáhuac, 1519* no es la primera vez
en que Reyes habla de estas tres prácticas. Ya en 1907 se había
preocupado de pronunciarse ante el modernismo, particularmente
ante la figura "no orgánica" del intelectual cosmopolita y
afrancesado. Y en 1911 en un ensayo enviado al Ateneo en la Ciudad
de México y titulado "El paisaje en la poesía mexicana del siglo XIX",
Reyes critica dicha poesía por ofrecer una multitud de panoramas

que cambian de acuerdo a la moda literaria y política y a la afiliación religiosa. Reyes señala que, de todos los paisajes presentados, ninguno es expresión de una "esencia nacional". En el mismo ensayo critica también el indianismo, defectuoso por introducir dentro de la poesía un número excesivo de palabras indígenas.

Para crear *Visión de Anáhuac, 1519* Reyes tomó algunos elementos de su ensayo sobre poesía de 1911, de lo cual alerta a sus lectores en la republicación de muchos años después: "Algunas páginas de este folleto... pasarían a la *Visión de Anáhuac*... Lo cual no es razón para suprimirlas aquí" (I: 194). Pero hubo diferencias significativas entre ambos textos que responden a la nueva posición discursiva de Reyes como intelectual de la Revolución y del exilio. Por consiguiente, propongo que consideremos *Visión de Anáhuac, 1519* a la luz del texto de 1911, y más específicamente sugiero que examinemos cómo en el contexto del exilio y de la Revolución Mexicana, Reyes reformula sus reflexiones sobre poesía paisajista y sobre el indianismo, junto con su postura ante y dentro del modernismo.

Los paisajes de 1911 y de 1915 de Reyes fueron significativamente diferentes el uno del otro. En el primero, retrató un México estático o eterno. En el segundo, la nación está descrita en términos hegelianos como una entidad histórica, definida por la acción del Estado y la Cultura, protagonistas abstractos del mismo escenario histórico.[3] Aquel escenario fue Anáhuac, o el valle de México tal y como es identificado por el topónimo azteca. Para entender cómo y por qué Reyes presentó Anáhuac como espacio histórico del Estado y la Cultura, sería necesario que consideráramos el *Ensayo Político* de Alexander von Humboldt de 1808, un texto del cual Reyes hizo uso de diferente manera en las obras de 1911 y de 1915. En este tratado Humboldt buscó mostrar a Europa el extraordinario valor de México como un lugar de inversión capital y de desarrollo comercial.[4] En relación a esto, habló de los sistemas de transporte que podrían ser facilitados en el lugar, exponiendo en particular la viabilidad de un sistema de canales que, de acuerdo a los planes de algunos, conectaría las costas con el altiplano y sus lagos, localizados a más de dos mil metros sobre el nivel del mar. Asimismo, en este ensayo Humboldt define el clima de Anáhuac, caracterizándolo como un "otoño perenne" donde el aire es siempre puro y limpio. Es importante señalar que en el ensayo de 1911, Reyes parte de este Humboldt -es decir, el Humboldt que definió Anáhuac climatológicamente por la absoluta consistencia de su clima templado. En este momento en el que todavía existe un Estado mexicano relativamente fuerte que se enfrenta al problema de la sucesión y la transferencia del poder a Madero en junio de 1911, Reyes tuvo como único objetivo el de nacionalizar la poesía paisajista. De este modo, afirmó que, a diferencia de la poesía de otros escritores paisajistas, la suya sería expresión de la esencia de la nación, ya que se basaría en aquello que menos cambia en México: la frescura de Anáhuac, debida a la altitud de la meseta y no a su conjunto de lagos: "[Nuestro paisaje] está dotado de un frescor casi inalterable, que más debe a la altura y aun a la pureza de la atmósfera que no la abundancia del agua" (I: 195).

Pero, en *Visión de Anáhuac*, Reyes hace uso de ambos aspectos ya mencionados por Humboldt, subordinando, en lo que se refiere a su estrategia de estructuración, la imagen de un Anáhuac fresco a la de un Anáhuac definido por la historia de sus lagos. Anáhuac es ahora conocido, a través de la filología histórica y comparada, como un lugar que ha evolucionado de un estado en el cual los lagos permanecieron intactos al estado tal y como lo vio Reyes cuando había relativamente poca agua, ya que los lagos habían sido drenados y rellenados durante siglos. Este Anáhuac historizado geográficamente, que deja fuera importantes elementos tales como el sistema azteca de las *chinampas*, es también alegorizado por Reyes con el fin de contar la historia del esfuerzo por parte del Estado por dominar la Naturaleza. Esta historia de Estado/Naturaleza sería central en el proyecto de Reyes, ya que permitiría al joven escritor postular una coherencia y autonomía para México en un momento en que el Estado no contaba con legitimidad, ya que diferentes facciones políticas cuestionaban su autoridad, y en un momento en el que la imagen de la nación estaba desacreditada en la comunidad internacional. Anáhuac, visto como una Naturaleza que ha sido superada, sería testimonio de la integridad y del orden de la nación mexicana tanto ante sí misma como ante el mundo.

Reyes describe el drenaje de los lagos del valle como un proceso teleológico en el cual diferentes poderes históricos localizados en el área de Anáhuac pelean por triunfar sobre la naturaleza. Tres razas, tres monarquías, tres civilizaciones, cada una de ellas contribuye igualmente a la dominación de Anáhuac, drenando gradualmente el agua del valle. Según Reyes, estos poderes, gracias a su labor común, pasan a representar un Estado transhistórico que "crece y se corrige" a sí mismo con el paso del tiempo:

Abarca la desecación del valle desde el año de 1449 hasta el año de 1900. Tres razas han trabajado en ella, y casi tres civilizaciones –que poco hay de común entre el organismo virreinal y la prodigiosa ficción política que nos dio treinta años de paz augusta. Tres regímenes monárquicos, divididos por paréntesis de anarquía, son aquí ejemplo de cómo crece y se corrige la obra del Estado, ante las mismas amenazas de la naturaleza y la misma tierra que cavar. De Netzahualcóyotl al segundo Luis de Velasco, y de éste a Porfirio Díaz, parece correr la consigna de secar la tierra. Nuestro siglo nos encontró todavía echando la última palada y abriendo la última zanja. (II: 14-15)

Por consiguiente, para Reyes, el Estado representado como el esfuerzo por dominar la Naturaleza, ubica dentro del mismo espacio narrativo el Porfiriato, el Virreinato y el régimen azteca. De esta manera, se incluyen y trascienden otras categorías que podrían parecer más obvias para narrar la historia de la nación mexicana, a saber, raza, civilización y monarquía. El Estado, así concebido, aparecería como el verdadero protagonista de la historia mexicana. Al mismo tiempo y lo que es más importante, aparecería como vínculo del pasado y del presente, habiendo generado a través de su propia acción una "comunidad": "nos une con la raza de ayer, sin hablar de sangres, la comunidad del esfuerzo por domeñar naturaleza brava y fragosa; esfuerzo que es la base bruta de la historia" (II: 34).

De acuerdo con esta forma de narrar, Cultura y Estado son interdependientes. Una vez que el proyecto del Estado ha sido completado, aquel antagonismo que ha sido la condición para la construcción de una comunidad está superado. El resultado de esto, según Reyes, es la Revolución: "Cuando los creadores del desierto acaban su obra, irrumpe el espanto social" (II: 15). Reyes argumenta que la Cultura continuará donde los llamados creadores del desierto hayan concluido su tarea mediante una labor común definida no por una acción sobre la naturaleza sino por la contemplación de ella. Por un lado, la Cultura llevará a la nación de vuelta al campo de batalla, de vuelta a Anáhuac, de manera que el lector tenga la posibilidad de reconocer allí un antagonista común y de contemplar la brutal realidad desde la cual la nación emerge como sujeto definido por el Estado transhistórico. Por otro lado, la Cultura como proyecto en sí mismo representará en la provincia de la estética una comunidad más profunda que la generada por el Estado, enraizada al mismo tiempo en lo social así como en lo histórico. Esta comunidad está formada por la emoción común que ha sido engendrada por la contemplación del mismo objeto natural, el alma común resultante de la colisión de una sensibilidad y un mundo determinados. Es todavía una comunidad latente, una comunidad a la que debe darse voz para que se muestre a sí misma más unida que la comunidad creada por el Estado. En este sentido, el texto de Reyes podría verse como una sugerencia a las facciones políticas de 1915, quienes, incapaces de acordar una acción en común, estuvieron a punto de convertir una vez más la ciudad de México en un campo de batalla. Les correspondería a estas facciones la tarea de aceptar o rechazar la Cultura:

> Pero cuando no se aceptara lo uno ni lo otro –ni la obra de la acción común, ni la obra de la contemplación común– convéngase en que la emoción histórica es parte de la vida actual, y sin su fulgor, nuestros valles y nuestras montañas serían como un teatro sin luz. (II: 34)

El contexto de *Visión de Anáhuac, 1519* era también Europa, especialmente Madrid, donde Reyes buscaba representarse a sí mismo como quien procede de un país civilizado. Prueba de dicha preocupación fue una conversación que Reyes tuvo con el poeta y ensayista argentino Leopoldo Lugones antes de su llegada a Madrid:

> –Vosotros, mexicanos –me decía Leopoldo Lugones, en París– sois casi como los europeos: tenéis tradiciones, tenéis cuentas históricas que liquidar; podéis *jouer à l'autochtone* con vuestros indios, y os retardáis concertando vuestras diferencias de razas y de castas. Sois pueblos vueltos de espalda. Nosotros estamos de cara al porvenir: los Estados Unidos, Australia y la Argentina, los pueblos sin historia, somos los de mañana. (IV: 263)

Reyes respondió a este comentario de la siguiente manera: "Con todo, pensando en mi México turbulento, y sin duda alguna embarazado de porvenir, yo me decía, oyendo a Lugones, que tener historia es tener merecimientos... " (IV: 263). Sin tomar esta conversación como indicación de que Lugones inspirara la idea del ensayo de 1915 –esto es, México como una nación con una historia propia–, podríamos tomarla, a mi parecer, como un signo de la importancia del contexto del exilio para la producción intelectual de Reyes así como para la de otros latinoamericanos. El exilio es la condición para la escritura, el contexto en el cual y a partir del cual el emigrado integra conscientemente narrativas que explican la identidad de Latinoamérica junto con la de su nación individual. Considérese, por ejemplo, el caso del peruano Francisco García Calderón. García Calderón fue una de las figuras culturales latinoamericanas de mayor influencia en París durante las primeras dos décadas del siglo –director de la *Revista de América* y consejero de la casa editorial Olendorf–, donde el primer libro de Reyes, *Cuestiones Estéticas*, fue publicado. En su trabajo más conocido *Las democracias latinas de América; La creación de un continente*, (originalmente titulado *Les démocraties latines de l'Amérique*, 1912), García Calderón se dirige a los intelectuales franceses, tomando como punto de partida el trabajo sobre raza del teórico Gustave Le Bon y del historiador cultural Paul Bourget. Aquí afirma que el futuro de Latinoamérica dependía de si los indígenas podrían integrarse racialmente del todo con los europeos. Su programa abogaba por una nueva inmigración masiva en la que la raza latina, entendida como tal en oposición a la "germánica", conduciría al continente latinoamericano a la unidad a través de un proceso de mezcla racial.

El hecho de que *Visión de Anáhuac, 1519* fuera informada por la experiencia del exilio de Reyes y la de su conexión con emigrados de otros países latinoamericanos está aclarado en la primera parte del ensayo. Es ahí donde se reconoce como un viajero americano que, como otros "americanos", se encuentra en la posición de tener que responder a las preguntas ignorantes que se hacían en Europa con respecto a la naturaleza del continente. Pero esta nueva conciencia continental no sería muy consistente. Ante los europeos, el autor destaca su Anáhuac, el símbolo de México, comparándolo con España. Tomando como punto de comparación la Castilla de *En torno al casticismo* de Miguel de Unamuno, Reyes presenta Anáhuac de manera diferente a como lo había hecho al comienzo del texto, definiéndolo ahora como una Castilla infinitamente más placentera que su modelo:

> El viajero americano está condenado a que los europeos le pregunten si hay en América muchos árboles. Les sorprenderíamos hablándoles de una Castilla americana más alta que la de ellos, más armoniosa, menos agria seguramente (por mucho que en vez de colinas la quiebran enormes montañas), donde el aire brilla como espejo y se goza de un otoño perenne... (II: 15)

En este marco, Reyes también desarrolla una nueva estrategia: la construcción de sí mismo como un mediador entre dos continentes, específicamente, como la persona más calificada para representar Latinoamérica ante Europa. Para hacer esto, Reyes se reconoce y se ubica dentro de una tradición europea interpretativa cuyo objeto es América Latina, presentando su Anáhuac hispánico como complemento a la visión de Chateaubriand, es decir, la de un continente esencialmente tropical y sensual. Lejos de problematizar el paradigma civilización/barbarie del que da noticia el escritor francés, Reyes pide a sus lectores e interlocutores que identifiquen propiamente el área geográfica de Latinoamérica desde la cual Chateaubriand abstrajo su visión del continente como un trópico bárbaro. Reyes también les pide que se den cuenta de que México, no concebido a través de los escritores franceses sino a través del escritor español Unamuno, es de hecho mejor que su análoga ibérica. Interpretado así mediante un nuevo determinismo climatológico, Anáhuac aparece ahora como un emblema de la Cultura contrario a la supuesta anarquía del resto del continente. Ser mexicano, según Reyes, siempre ha implicado ser tranquilo, controlado y sensible:

> Nuestra naturaleza tiene dos aspectos opuestos. Uno, la cantada selva virgen de América, apenas merece describirse. Tema obligado de admiración en el Viejo Mundo, ella inspira los entusiasmos verbales de Chateaubriand. Horno genitor donde las energías parecen gastarse con abandonada generosidad, donde nuestro ánimo naufraga en emanaciones embriagadoras, es exaltación de la vida a la vez que imagen de la anarquía vital... En estos derroches de fuero y sueño –poesía de hamaca y de abanico– nos superan seguramente otras regiones meridionales.... Lo nuestro, lo de Anáhuac, es cosa mejor y más tónica. Al menos, para los que gusten de tener a toda hora alerta la voluntad y el pensamiento claro. (II: 15-6)

Durante el Porfiriato (1876-1910), Reyes había hablado de la literatura mexicana como una continuación de la española. Ahora, en un esfuerzo por producir un nuevo fundamento orgánico para un México devastado por la guerra civil, él atribuye a su nación hispánica raíces autóctonas que corren paralelamente a las de Europa. Para construir dichas raíces, Reyes hace uso del movimiento nacionalista del indianismo así como del trabajo filológico pertinente a las culturas indígenas. El hecho de que fue este momento histórico, es decir, la Revolución y el exilio, el que le animó a establecer una visión autóctona de su nación hispánica es evidente si comparamos una vez más los textos de 1911 y de 1915. En su primer escrito, Reyes fue crítico con ciertos escritores indianistas por abusar del empleo de palabras indígenas, pero reconoce el indianismo como un movimiento, afirmando la idea de que valerse del mundo azteca equivalía a ser un escritor nacional. Esta valorización positiva del indianismo respondió al deseo por parte del autor de rearticular el movimiento en consonancia con su nuevo interés en la naturaleza como un lugar de enunciación, pero que también reflejaba la disposición mental de un intelectual que aún no entendía la importancia de los zapatistas y de la necesidad, por tanto, de crear una narrativa histórica que limitara la posibilidad de un nacionalismo popular basado en el mundo indígena. Para Reyes, quien explicó a sus lectores que la musa azteca podría ser únicamente escuchada en la naturaleza, donde había estado oculta desde la Conquista, el indianismo significó únicamente un nacionalismo criollo. Todavía no se le presentaba como una entidad discursiva que tendría que controlar y dominar.

El contraste con el texto de 1915 es notable. Apoyándose en los principios de la filología histórica y comparativa, presenta el indianismo según su "contexto original" como una traducción incompleta de una "literatura indígena" que es irrecuperable: uno "nunca podría compensarse por la pérdida de la poesía indígena como un fenómeno general y social" (II: 29). Al mismo tiempo, mientras declara los límites sobre la posibilidad de rescatar esa literatura de la cual el indianismo es una distorsión, Reyes extiende su visión del náhuatl para definirlo como una lengua histórica. El náhuatl, con sus miles de hablantes contemporáneos, asumió su lugar en la Historia con el colapso del Estado azteca. La verdad del náhuatl, no obstante, no reside en sus representaciones gráficas sino en la expresión oral de sus vocablos que espantarían a quien los oyese. De esta manera, Reyes esencializa el objeto del indianismo no sólo como algo no apropiable que hay que entender a la luz de la cultura y la civilización que lo produjeron sino también como el "otro" de la palabra o cultura escrita. Cuando uno escucha el náhuatl, no hay lugar a dudas de que representa una lengua inferior.

Si Reyes niega la posibilidad de recuperar la "literatura indígena", su postura frente a una mitología indígena es totalmente diferente. De acuerdo con los principios literarios autóctonos de la nación, Reyes emplea estrategias de "mitologización" similares a aquellas empleadas por el romanticismo europeo; por ejemplo, caracteriza la divinidad y al profeta Quetzalcóatl como un "héroe" comparable en tamaño a los héroes de la mitología clásica de Europa. Quetzalcóatl, de esta manera, es elaborado por Reyes para servir como un elemento que representa, junto con el poeta azteca Ninoyolnonotza, un origen mexicano independiente y peculiar para la historia literaria de la nación. No obstante todo esto, este comienzo primitivo distinguido no puso en tela de juicio el marco cultural hispánico que Reyes había elaborado con anterioridad y cuya reinscripción en el texto está mejor representada por los altamente textualizados y privilegiados préstamos de *Historia verdadera de la conquista de la Nueva España* de Bernal Díaz y *Cartas de relación* de Hernán Cortés. A juzgar por el despliegue de Reyes en estos textos, los documentos en español aparecen naturalmente dentro de la búsqueda del filólogo, mientras que los textos indígenas, a pesar de las voluminosas transcripciones de Sahagún y otros, caen fuera de ella, eliminados para siempre del proceso textual que es la base de la transmisión de la cultura.

Finalmente, consideremos la manera en que Reyes vuelve a elaborar la tercera tradición literaria, el modernismo. Aquí, puesto que Reyes deseó construir la cultura como una empresa explícitamente nacional basada en el espíritu o la mente creativa del poeta en tanto sujeto occidental no ambiguo, necesitó excluir el exotismo de los modernistas. La cuestión que se planteaba era cómo trasladar la veneración de los objetos orientales a la veneración de las montañas de Anáhuac, cómo trasladar un modernismo exótico a uno racional. La solución fue inmediata: reconstruyendo el "Oriente" a través de la filología histórica y comparativa como un lugar real, visto no por el poeta sino por el novelista o por el etnógrafo, como un lugar que pertenece a un momento del pasado. Este fue el Anáhuac de 1519, el Anáhuac visto por los conquistadores. Citando extensivamente crónicas orientalistas y textos en español de Hernán Cortés y de Bernal Díaz que también hacen uso de un registro etnográfico, Reyes presenta en su texto la capital azteca y la cultura de Tenochtitlán como el referente verdadero de los modernistas. Por un lado, la Tenochtitlán de Reyes es lo que los modernistas imaginaron: "Por los babilónicos jardines –donde no se consentía hortaleza ni fruto alguno de provecho– hay miradores y corredores en que Moctezuma y sus mujeres salen a recrearse" (II: 26). Pero, por otro lado, Tenochtitlán es tan prosaica como cualquier ciudad: "Tres sitios concentran la vida de la ciudad: en toda ciudad normal otro tanto sucede. Uno es la casa de los dioses, otro el mercado, y el tercero el palacio del emperador" (II: 19). Igualmente prosaico es Moctezuma, retratado por Reyes no como la figura poética idealizada por los escritores indianistas y modernistas, sino como alguien que está acostumbrado al interior de sus palacios, a la atención constante de sus sirvientes, y al ritmo de su vida diaria: "Día por día acuden al palacio hasta seiscientos caballeros.... Todo el día pulula en torno al rey el séquito abundante" (II: 24). Aparte de la representación de Moctezuma en el interior de sus palacios, hay otros efectos del realismo en los cuales el mundo azteca aparece como un objeto de la historia occidental. Notable es el retrato de Reyes respecto a las masas aztecas: "El pueblo va y viene por la orilla de los canales, comprando el agua dulce que ha de beber: pasan de unos brazos a otros las rojas vasijas" (II: 18). Y especialmente interesantes son los objetos del mercado, objetos orientales exotizados por Darío que ahora aparecen transformados en el "otro" de la alta cultura. Reyes presenta estos objetos de una manera en que se defienden en contra de su estetización, explicando de un modo lógico que sólo se pueden entender dentro de los límites de la civilización o de la cultura a la cual pertenecen. Es como si los objetos y figuras del Oriente fetichizados por el más importante poeta del modernismo, Darío, fueran sorprendentemente "restaurados" en su "verdadero" contexto y re-explicados como la cultura material de la artesanía opuesta histórica y moralmente al "poeta occidental" y convertidos en herramienta infantilizadora. Irónicamente, Reyes, un maestro en sí mismo de la descontextualización y de la apropiación, es capaz de configurar mediante la filología histórica y comparativa el principal argumento en contra de la posibilidad de la traducción, de la apropiación: "A otro término, el jardín artificial de tapices y de tejidos; los juguetes de metal y de piedra, raros y monstruosos, sólo comprensibles –siempre– para el pueblo que los fabrica y juega con ellos" (II: 22).

Como resultado de la fuerza etnográfica de las crónicas, del realismo de Bernal Díaz, el mundo de los aztecas, que al mismo tiempo designa al Oriente, pierde su encanto, pasando del orden de la poesía al orden de la descripción antropológica y novelística. Los signos "materiales" del modernismo, extrapolados al mundo azteca, han sido superados por un proceso radicalmente temporal. El mensaje de Reyes, por tanto, a aquellos que adopten ya sea la práctica modernista o potencialmente la indigenista fue el siguiente: en el Oriente y en el mundo indígena, reflejados uno en el otro, no había posibilidad de encontrar poesía por la simple razón de que estos dos mundos ya habían ocupado su lugar en la Historia, es decir, como un momento superado por el Occidente. La poesía, como Reyes aclara al final del ensayo con su referencia a Keats, reside en la mente del poeta moderno capaz de expresar el "ser histórico" de la nación.

En resumen, aquí están las diversas operaciones, relacionadas unas con otras, que Reyes lleva a cabo en *Visión de Anáhuac, 1519*. Primero, construye Anáhuac con los instrumentos de la filología histórica y comparativa como el escenario histórico nacional, como el campo de batalla en el cual el Estado domina a la Naturaleza. Esta alegoría le permite suprimir las diferencias raciales y políticas para designar un sujeto nacional individual, así como para constituir el Estado y la Cultura como protagonistas complementarios. El antagonismo histórico entre la España imperial y el México independiente ha sido superado, así como el antagonismo entre el mundo indígena y el europeo; el antagonista de la nación es ahora la Naturaleza. En segundo lugar, Reyes define una nueva práctica cultural que es racional y nacional en vez de sensual y exótica; la omnipresencia del "yo" del Darío sensualista es remplazada por un "nosotros" representativo y cívico del poeta que habla sobre la conducta de la nación. Esta práctica es lo mismo que la Cultura. Sus valores son el orden y la armonía, y su lugar de enunciación es una naturaleza similar a la de España y diferente a la de las naciones al sur de México, que son los referentes reales de la tradición literaria romántica francesa. En tercer lugar, formula una hermenéutica que le permite representarse a sí mismo como un mediador entre Europa, Latinoamérica y México. Ante los intelectuales europeos que están escribiendo sobre América Latina, incluido Ortega y Gasset, Reyes se esforzará por defender esta hermenéutica. Finalmente, Reyes postula una historia política y literaria para México que atestigua el devenir de la nación y su unidad ante dos comunidades, una nacional y otra internacional. Lo que mejor ilustra esto es su aseveración en la parte final del ensayo de que México, como las naciones europeas, posee sus propias figuras mitológicas a las cuales venerar. Con esta idea, a la que ha llegado a través de la "lógica" de la filología, afirma el principal argumento del texto, a saber, que el mundo indígena es recuperable solamente como un objeto de la mitología, no como un objeto textual para ser trabajado por el filólogo. Como mitología, el mundo indígena ahora ocupa el lugar del *romance* como la nueva "obra menor" de la tradición literaria española, representando eso a lo que la figura literaria goethiana debe recurrir en su esfuerzo por producir una literatura nacional saludable y vital. En esto somos testigos de la última apropiación por parte de Reyes del indianismo. Lo que había sido la identidad de un nacionalismo oposicional –un pasado indígena que distinguía a México de España– es ahora invocado como un patrimonio que pone a México a la par de otras naciones occidentales modernas. Paradójicamente, el pasado indígena como la "obra menor" vital del humanista goethiano legitima la entrada de México dentro de la comunidad de naciones "europeas".

Reyes, la intelectualidad española y *El suicida*

Si Reyes produjo la "Cultura mexicana" desde Europa, desde España en particular, a duras penas lo hizo como alguien inadaptado tal y como los elementos de su retórica del exilio podrían sugerir. Por el contrario, Reyes trabajó para convertirse en una fuerza significativa en la creación de una comunidad intelectual racional que constaba de escritores españoles. En este intento se enfrentó a una serie de problemas diferentes de aquellos que había encarado durante los años del Ateneo. Antes, había utilizado a los filósofos vitalistas para instituir en la esfera literaria mexicana su descenso aristocrático goethiano a lo popular. Ahora, como intentaba posicionarse ante sus nuevos colegas, muchos de los cuales serían conocidos como la Generación del '98, representaría su visión de la modernidad de manera distinta y bajo los parámetros de la filología histórica y comparativa. Para entender la producción intelectual de Reyes durante estos años en Madrid, es esencial entender cómo el exiliado mexicano se sitúa a sí mismo y su proyecto frente a los líderes intelectuales españoles del momento.

Los proyectos de mayor importancia de estas figuras, tal y como se le presentaban a Reyes en la década de 1910, podrían ser resumidos de la siguiente manera. Miguel de Unamuno, en *Del sentimiento trágico de la vida* (1912), abordó por encima de otras cuestiones, el conflicto entre el capital y el trabajo, problemática que inspiraba los movimientos anarquistas y sindicalistas de la última década del siglo xix y de la primera década del xx. En este contexto, ofrece una visión filosófica a sus lectores a través de la cual les asigna una labor católica ética comparable al modelo protestante. Los "individuos" debían de abordar su "labor" con un sentido de misión y de compromiso personal mientras resistían la tentación de dejarse seducir por modelos culturales del liberalismo, marxismo, la ciencia o la filosofía.

Martínez Ruíz, como Inman Fox explica en su clásico libro sobre la Generación del '98, llenó los periódicos en 1904 de cientos de artículos de inspiración anarquista que defendían al trabajador industrial y moderno[5] antes de pasar al conservadurismo idiosincrático e iconoclasta con el que criticaba la experiencia de la modernidad de España utilizando el alias de Azorín. Y Pío Baroja, mientras defendía como Unamuno y Azorín la idea de un Estado fuerte, también presentó la modernidad como unas cuantas imitaciones con carácter de farsa de modelos extranjeros en un mundo social que obedecía a una única ley: la ley social del darwinismo.

Reyes se opuso a la visión de estos intelectuales en un esfuerzo por llevar a cabo su Estado Estético. Desterrando sus categorías críticas al "pasado secular" de la filología histórica y comparativa, Reyes enfatiza que la única comunidad del intelectual es la de los otros intelectuales y las palabras su único instrumento. De esta manera, Reyes, a través de su visión del Estado Estético, toma a su cargo la transformación del contexto cultural español, reemplazando la concepción del intelectual como crítico social, que de acuerdo con Inman Fox, había emergido a finales de 1890 en respuesta a los juicios de Monjuic, con su propia visión del intelectual como un artesano profesional capaz de enlazar palabras de una manera placentera. En este proceso, Reyes reubica las "enfermedades discursivas", que autorizaron las intervenciones directas de la Generación del '98 en lo social, en la prehistoria de la comunidad liberal o del Estado Estético en el cual deseaba reinsertar al intelectual. La narrativa que produjo en este proceso integró perfectamente los varios discursos de la época, reflejando la utopía estética del acto comunicativo que había elaborado en México pero que ahora necesitaba reformular en consonancia con las demandas del medio.

Para incorporar al intelectual español en su Estado Estético a través de la filología histórica y comparativa, Reyes, por medio de sus artículos, indicaba la manera "apropiada" en que el escritor, el intelectual y el estadista debían hacer uso de la palabra escrita y oral, distinguiendo entre el discurso parsimonioso y repetitivo (batología), entre la claridad y la confusión, entre el orden y el desorden, entre la razón y la pasión. Con este fin, propone modelos positivos y negativos de la actividad intelectual, presentando como ejemplos de lo primero a Rodó y al diplomático británico Sir Edward Grey y como ejemplos de lo negativo al vanguardista Gómez de la Serna. En lo que sólo pudiera haber sido consecuencia del contexto español, Reyes ahora caracteriza a Rodó como un escritor conciso, elocuente, que no lidió con la "frase larga" y que nunca participó en "la guerra literaria, el escándalo editorial, y la propaganda de librería". Su estilo claro y hermoso contrastó con la locuaz conferencia panamericana de finales de siglo XIX: "esos congresos parlantes" (III: 134). En lo que atañe a Sir Edward Grey, también fue tomado como modelo de discurso, específicamente, como un "símbolo", una forma que, en oposición a la literatura moderna y a la cultura periodística, podría perdurar en el tiempo:

> El discurso pronunciado por el muy honorable Sir Edward Grey, Comendador de la Orden de la Jarreta, Ministro de Estado de la Gran Bretaña, en el salón Bechtein (Londres), con motivo de la conferencia de su amigo Buchau sobre la estrategia de la guerra, pudiera servir como ejemplo del acto social puro; acto desprovisto de todo otro valor que no sea el que resulta de las relaciones y representaciones creadas por el hecho mismo de la asociación humana. (III: 123)

En contraste, Gómez de la Serna fue mostrado como un modelo negativo, específicamente como un escritor incapaz de representar etapa alguna de "humanidad". Afirmando la caracterización de Gómez de la Serna por parte de Azorín como escritor que se define por lo infantil, Reyes pregunta: ¿cómo es posible que una persona tal sea incluso representante de la *España Niña literaria*?:

> Pero creo que se equivoca "Azorín" dando a Gómez de la Serna por representante de la España Niña literaria; Ramón sólo se representa a sí mismo. Y creo, además, que Azorín exagera recomendando la lectura de las greguerías a los niños. (IV: 191)

Reyes también propone una visión formalista para describir la relación entre el escritor y su audiencia. En "La lectura estética", distinguió entre el modo enfático y el monótono, entre, por un lado, lo que es retórico, persuasivo y audible y, por otro lado, lo que es tono individual o leído. El primer modo, que calificó de enfermizo, tiene como resultado la pérdida de la libertad de la audiencia; el segundo, que caracterizó de saludable, permite a la audiencia continuar disfrutando de la libertad que presuntamente posee:

> La oratoria enfática es inmoral; busca la victoria. La lectura monótona es respetuosa de la libertad del auditorio; quiere la inteligencia. Mientras aturden o enferman los enfáticos, los

monótonos parece que predican el remedio general contra las pasiones de que nos hablaba Descartes... Si aquélla es asiática, ésta es ateniense. (III: 152)

Dentro de este marco, que reduce la diferencia estética entre asiática y ateniense a un absoluto de carácter moral, Reyes equiparaba la buena escritura con el dominio de sí mismo del que goza el autor.

Probablemente más que en ninguna otra obra, en su colección de ensayos críticos de 1917, *El suicida*, Reyes pone al descubierto este proceso de reconstrucción del autor. En estos textos, que incluyen múltiples referencias a la literatura medieval y del Siglo de Oro español y a la filosofía moderna, Reyes construye un modelo orgánico racional de cultura –basado en los principios orientalistas y lineales de la filología histórica y comparativa– que incorpora a la institución de la literatura española, el "espíritu de la rebelión" de Unamuno, Azorín y Baroja y también la modernidad que éstos habían criticado. Por medio de este modelo racional filológico, replanteó las reflexiones de sus colegas como una conversación goethiana o un diálogo de voces en los cuales las categorías filosóficas modernas que sostenían sus discusiones fueron asimiladas con momentos históricos y sujetos sociales premodernos ya incorporados a la historia universal de "Occidente".

Reyes ancló su nueva práctica discursiva en una serie de categorías literarias tomadas de la filología española, categorías que van del vulgo, el pueblo, el mendigo, el pícaro y el hombre medio a la cultura premoderna. Hizo que estas diferentes categorías llevaran a cabo tres funciones relacionadas. Primero, sirvieron para representar la esfera inferior del organismo racional que era la Cultura. Ellas constituían el cuerpo que daba soporte a la mente, lo real que es replanteado por el ideal, la base sobre la que se eleva el edificio, el mundo de la oralidad que complementa el mundo de la escritura:

> El vulgo es dueño de la realidad. Los cultos lo son de la irrealidad. Las palabras del vulgo tienen significación individualísima, aunque en un sentido más filosófico sea cierto que lo individual no tiene nombre en el lenguaje: ésta es, justamente, su imperfección. (III: 149)

En segundo lugar, Reyes asignó a estos diversos sujetos literarios la tarea de representar lo que Matei Calinescu ha llamado la modernidad artística.[6] Aquí, la motivación del autor fue la de disciplinar y celebrar simultáneamente la cultura moderna. Por un lado, las misma categorías románticas que he enumerado, entendidas en oposición a la élite, eran las voces corpóreas y literarias, para decirlo así, mediante las cuales Reyes representó los conceptos nietzscheanos y schopenhauerianos de la voluntad, lo vital y lo contingente que la Generación del '98 defendió. Por otro lado, tal era el prestigio de muchas de esas voces dentro de la tradición literaria española que su identificación con la modernidad filosófica o literaria no tenía que concebirse como un intento de subordinar los valores de esta modernidad a un espacio inferior en la economía política de la Cultura. Por ejemplo, si la asociación por parte del autor de la imaginación del vulgo con la intuición, tal como se vio anteriormente, o su descripción, en otro momento, de la ceguera del mendigo español como una "fleur du mal" baudelairiana tuvo el efecto de asemejar una esfera social inferior a la cultura moderna, aquellos mismos procesos interpretativos podrían ser vistos como un tributo a prestigiosas referencias culturales bien conocidas por el lector de la época.

Y en tercer lugar, el uso que hace Reyes de estos sujetos y conceptos no elitistas le permitieron constituir su ideario en un ámbito más amplio y al mismo tiempo más estrecho que el de la Generación del '98. Digo más amplio porque Reyes definió su ideario como una actividad humana y no política; lo llamo estrecho porque lo que realmente estaba en juego era el deseo por parte de Reyes de reducir la jurisdicción de la crítica intelectual, de profesionalizar aquella actividad para que fuera entendida como una empresa literaria cerrada, consecuencia natural de haber alcanzado la modernidad.

Para entender con más detalle la compleja lógica que utiliza Reyes, considero dos ensayos que forman parte de *El suicida*: "El criticón" y "Nuevas dilucidaciones casuísticas."

En el primer ensayo, cuyo título hace referencia simultáneamente al texto del Siglo de Oro, el tipo popular que critica demasiado, y el *ethos* de la Generación del '98, Reyes buscó destronar de su asiento cultural/político a los discursos filosóficamente relacionados con el escepticismo, el vitalismo y el relativismo. Al mismo tiempo, el autor trató de extraer de éstos un modelo epistemológico que le permitiera definir la crítica como una actividad universal localizada necesaria y orgánicamente sólo a nivel de lo individual. En este esfuerzo, Reyes identificó estas tendencias filosóficas con "la persona de intelecto promedio" a la cual describe, en lo que fue una clara referencia a Nietzsche, como poseedora de una habilidad "natural" para "interpretar a su favor los hechos de la vida". En la elevación de este sujeto no elitista al estatus de filósofo moderno, Reyes asignó a la esfera de lo "bajo" la tradición que comprende desde Schopenhauer y Nietzsche hasta Baroja y Unamuno. Pero la tradición, que Reyes relegó a la condición del "otro" de la élite, proveyó una serie de valores que usaría para rearticular el acto de la crítica como una actividad no de intervención política sino de reflexión autónoma que implicaba el alcance de la modernidad. Si el pensamiento, argumenta Reyes, no podía trascender ni el prejuicio ni la voluntad irracional y vital de la creación, y siempre se entendía como forma derivada, entonces, lógicamente, no podía haber orígenes que descubrir, ni esencias en nombre de las cuales hablar, ni tampoco posibilidad, por tanto, de hacer un reclamo a lo trascendente o a lo político. De aquí se deriva que la verdadera crítica, dentro de lo que parece una idealización del intelectual en el estado liberal, sólo podría llevarse a cabo donde hubiese una persona comprometida con una actividad autónoma y reflexiva definida por una perpetua crisis: "Por eso el espíritu crítico se funda sobre un escepticismo esencial. Cuando se está en el secreto de todos los sistemas, se vive en una perpetua crisis" (III: 282). Esta misma visión de la crítica se manifiesta en la evocación de Reyes de la figura clásica de Penélope, a quien menciona no como la fiel esposa que ignora a sus pretendientes mientras aguarda pacientemente el regreso de Odiseo, sino como la realista persistente que tejía y destejía su ropa, sabiendo todo el tiempo, como liberal moderno ideal, que su proyecto sería desecho tan pronto como se completara. Penélope constituyó para Reyes un símbolo en el que pudo establecer una serie de identificaciones: rebelión espiritual con crítica; crítica con el dilema del vitalismo; y el dilema del vitalismo con la Generación del '98 como una identidad despolitizada:

> En suma, le rebeldía espiritual, la crítica, es la misma mano de Penélope y posee los dones opuestos: ya aniquila un mundo; ya crea un mundo artificial y gracioso. La rebeldía espiritual, único remedio que nos queda, es, pues, un remedio desesperado. (III: 287)

En "Nuevas dilucidaciones casuísticas", Reyes manifestó una preocupación similar por disciplinar la visión noventayochista del inconformismo o de la rebelión espiritual. Aquí propuso un modelo intelectual que pretendía dar cuenta de las tensiones del medio intelectual de sus colegas y que ofrecía una manera de resolver el dilema vitalista. Dicho modelo era el diálogo, que él distinguió etimológicamente con sumo cuidado del sinónimo común, la conversación. En un contexto en el cual la palabra "conversación" sería necesariamente descartada por conformista, Reyes necesitaba un término que le permitiera defender la posibilidad de la "discusión racional" pero que al mismo tiempo le dejara dar la imagen de ser "moderno". El "diálogo" fue una palabra cuya etimología, de acuerdo a la filología histórica y comparativa, pudo aprovechar a su favor. Jugando con *dia*, prefijo que interpretó de acuerdo con la falsa etimología de "dos" en vez de su significado real, "el uno con el otro", y *logos*, redefinió la palabra de manera que significara la coexistencia de dos razones o de dos visiones contrapuestas. Armado de este nuevo término, Reyes ahora poseía dos modelos de la Razón aparentemente diferentes con los cuales podía jugar. La "conversación", palabra que siguió defendiendo de maneras diferentes durante esta época y que recuperó en todo su esplendor liberal durante su período como embajador en Argentina y Brasil en la década de 1930, implicaba una lógica local, burguesa y conformista. El "diálogo", por lo contrario, significaba una lógica cosmopolita, antiburguesa y anticonformista.

Pero lo que fue cosmopolita, antiburgués y anticonformista sólo lo fue a un nivel retórico. Debemos recordar una vez más que el concepto de diálogo fue construido por Reyes para simbolizar y contener el *ethos* crítico de la Generación del '98. A diferencia de otros momentos en la producción intelectual de Reyes, la historia de esta palabra no se encontraba en la narrativa tradicional de Occidente, esto es, en la tradición filosófica que parte de Sócrates y Platón. Más bien, su historia iba a ser descubierta, bajo la perspectiva del orientalismo de la filología histórica y comparativa, en las viejas cosmogonías, es decir, en las viejas teorías de creación y evolución del universo. Estas, de acuerdo a Reyes, reflejaban el conflicto contemporáneo entre la conformidad y la rebelión espiritual. Reyes señalaba que las cosmogonías con un dios único habían dado nacimiento al conformismo espiritual mientras que aquéllas con más de un dios, como la de los persas, habían generado una visión no conformista de la cultura, donde los dioses se interrelacionaban de

manera antagónica. Fue la narrativa anticonformista la que le
interesó a Reyes, pues aquí fue donde el autor, en un gesto
típicamente orientalista, buscó tanto valorar como aislar la
combatividad de la Generación del '98, vinculando su *ethos*, su
Voluntad, con el mundo vital y a la vez primitivo de los persas.
Reyes atribuyó a la combatividad de los persas el haber producido
una situación en la que el concepto de diálogo podría ser descubierto
por la cultura posterior. Esta cultura sería la hebrea, que, según
explicó Reyes, solamente después de heredar la visión persa de las
entidades antagónicas originarias, creó, en el proceso de disciplinar
aquellas entidades, el concepto racional del diálogo. Con esta curiosa
narrativa orientalista, Reyes historizó la Razón, en términos
hegelianos, como el resultado de su opuesto, o si se prefiere, como
la sublimación de dos visiones en conflicto:

> El conformismo espiritual pudiera definirse por esta fórmula: la
> creencia en el Dios Único. Mientras que la rebeldía espiritual
> nace de la creencia en una Dualidad Enemiga… En las viejas
> cosmogonías se encuentra frecuentemente esta fórmula: la
> reacción entre dos entidades originarias. El persa las supone
> enemigas, concibiendo el mundo en un combate. El hebreo atenúa
> el combate hasta hacerlo diálogo, y subordina una entidad a la
> otra por medio de la liga de una tercera, que es el diálogo mismo.
> Aquí el Logos, allá la Voluntad. (III: 269-270)

La idea de Oriente representó tanto para Reyes como para la
filología histórica y comparativa en general, y de acuerdo con el
modelo de Edward Said, un vasto espacio interpretativo ante el
cual uno puede asumir su superioridad cultural definitiva y llevar a
cabo las operaciones intelectuales que le permitirían reconfigurar
su ámbito cultural. Reyes no solamente localizó en su Oriente las
categorías de combatividad y de voluntad que había deseado
desterrar, sino que también emplazó en este espacio la prehistoria
de la categoría de diálogo o conversación de inspiración goethiana.
Como sublimación del "otro" de la Razón, como resolución secular
de un mundo panteísta definido por la categoría contemporánea
de la voluntad, el diálogo ahora tenía un escenario en el cual podrían
ser enmarcadas las voces voluntariosas de sus contemporáneos. Pero
si Reyes naturalizó mediante la filología histórica y comparativa la
categoría de diálogo como un producto de la Historia, también
presentó de manera no menos esencialista su visión de los binarios:

lo real y lo ideal, la oralidad y la escritura, el cuerpo y la mente, el vulgo y los cultos, modernidad y tradición, atribuyendo al pasado los primeros términos de estos binarios y al presente los segundos. Con todo esto, puede que quisiera transmitirles un mensaje a los intelectuales de la Generación del '98. Si el diálogo es un producto histórico de la voluntad, entonces sólo sería anacrónico privilegiar, como habían hecho Unamuno, Baroja y Azorín, lo que fue superado por la Historia. De esta manera, Reyes relegó al pasado las categorías que sostenían tanto la ética católica de trabajo unamuniana como la visión pesimista de una sociedad incapaz de establecer instituciones sociales justas mantenida por Azorín y Baroja. Reyes había pasado de defender la categoría de voluntad en su período vitalista del Porfiriato a atacarla.

Conclusión

Finalmente, cuando concebimos *Visión de Anáhuac, 1519* y *El suicida* como parte de un mismo proceso crítico autorizado por la filología histórica y comparativa, podemos observar que Reyes redefinió las nociones de lo "alto" y lo "bajo", de lo "viejo" y lo "nuevo", de lo "irracional" y lo "racional" para que pudieran aparecer como integrantes de una misma entidad temporal. En *Visión de Anáhuac, 1519*, deberíamos recordar que Reyes defiende los valores sensualistas del modernismo para igualarlos con un mundo azteca que presuntamente ha sido superado por la Historia. A medida que neutraliza las prácticas literarias del modernismo e indianismo, nacionaliza la "literatura en español", incorporando los textos de Bernal Díaz y de Hernán Cortés, al mismo tiempo que narra la historia de México. En el segundo texto, *El suicida*, vemos que Reyes trata de trascender las categorías de sus colegas identificando la modernidad filosófica y literaria con el *ethos* de un grupo de sujetos románticos extraídos de la literatura española y localizados en el pasado o en un presente pintoresco y arcaico. En ambos escritos, Reyes crea una visión de la Cultura que complementa y así legitima la acción de su Estado liberal de inspiración hegeliana.

A su vez, nos hemos ocupado de la problemática concerniente a la filiación del intelectual. Reyes declara su pertenencia a dos comunidades: la de los exiliados latinoamericanos o viajeros y la de la Generación del '98. Hemos podido ver que en los dos casos construye una visión radicalmente historicista, basada en una compleja jerarquía con cruciales implicaciones sociales, raciales y literarias. Esta es una jerarquía en la cual la modernidad filosófica y literaria, de acuerdo a los principios de la filología histórica y comparativa, ha pasado a representar de forma compleja la prehistoria de "Occidente". Persia, los aztecas, el vulgo, Schopenhauer, Nietzsche y Baudelaire allanarán el camino hacia una modernidad basada en el "logro" de una cultura clásica, representando así la totalidad de un orden liberal que comprende tanto a México como a España.

Traducción de Claudia Muñoz Campos

NOTAS

[1] Este ensayo presenta una versión modificada de un capítulo del libro *The Politics of Philology: Alfonso Reyes and the Invention of the Latin American Literary Tradition* de Robert T. Conn.

[2] Epígrafe de *El suicida* (1917).

[3] Avineri explica la visión de Hegel sobre el Estado de la siguiente manera: "The general will thus appears in Hegel's system in a radically different way from that of Rousseau. Hegel points out in several instances that any social contract theory is a *petitio principi* since it takes consensus, the readiness to abide by the terms of the contract, for granted. In the same way as there could be no right in the state of nature, the general will could not be perceived as the constitutive aspect of the body politic. The general will for Hegel is not the premise on which the state is founded, historically or logically, but the emergent outcome of the lengthy process of *Bildung*, which created through differenciation and opposition the political consciousness out of the diverse elements of man's struggle for recognition" (101-102).

[4] En su estudio de los escritos de Humboldt sobre América del Sur, *Imperial Eyes: Travel Writing and Transculturation*, Mary Louise Pratt les recuerda a sus lectores que "Humboldt in particular really did regard Mexico as civilized in a way South America was not" (131). Asimismo, véase el estudio clásico de Antonellu Gerbi, *La disputa del nuevo mundo*, para una discusion profunda y enciclopédica de la manera en que los escritores, científicos naturales y filósofos de Europa y de Estados Unidos imaginaron las Américas y las incorporaron dentro de sus debates.

[5] J. Martínez Ruiz, "Azorín," en *Artículos anarquistas*: "Grabemos en nuestra conciencia esta máxima: *no queramos erigir en norma universal y definitiva un criterio momentáneo y contingente.* Y acostumbrémonos a mirar las ideas como juguetes nuestros, sin valor absoluto e indestructible en el tiempo y en el espacio, no como yugos inexorables que nos empeñamos en soportar cuando hemos sacudido ya otros yugos" (166).

[6] Véase la discusión sobre las ideas burguesa y estética de la modernidad en Calinescu 41-58.

Bibliografía

Alfonso Reyes/Pedro Henríquez Ureña: Correspondencia, 1 (1907-1914). José Luis Martínez, ed. México: FCE, 1986.

Aponte, Bárbara. *Alfonso Reyes and Spain; his Dialogue with Unamuno, Valle-Inclán, Ortega y Gasset, Jiménez, and Gómez de la Serna.* Austin: University of Texas Press, 1972.

Avineri, Shlomo. *Hegel's Theory of the Modern State.* Cambridge: Cambridge University Press, 1972.

Calinescu, Matei. *Faces of Modernity; Modernism, Avant-Garde, Decadance, Kitsch, Postmodernism.* Durham: Duke University Press, 1987.

Conn, Robert. *The Politics of Philology. Alfonso Reyes and the Invention of the Latin American Literary Tradition.* Lewisburg: Bucknell University Press, 2002.

Fox, Inman. *Ideología y política en las letras de fin de siglo (1898).* Madrid: Espasa Calpe, 1988.

García Calderón, Francisco. *La creación de un continente.* París: P. Olendorf, 1912.

Gerbi, Antonellu. *La disputa del nuevo mundo.* México: FCE, 1982.

Martínez Ruiz, J. "Azorín". *Artículos anarquistas.* José María Valverde, ed. Barcelona: Editorial Lumen, 1992.

Pratt, Mary Louise. *Imperial Eyes: Travel Writing and Transculturation.* London: Routledge, 1992.

Reyes, Alfonso. *Obras completas.* 26 tomos. México: FCE, 1997.

Said, Edward. *Orientalism.* New York: Vintage Books, 1979.

Unamuno, Miguel de. *Del sentimiento trágico de la vida.* Madrid: Renacimiento, 1912.

La inteligencia americana de Alfonso Reyes:de *Visión de Anáhuac* a "Moctezuma y la 'Eneida Mexicana'"[1]

Amelia Barili
University of California-Berkeley

En su artículo "Mestizaje e hibridez: los riesgos de las metáforas", Antonio Cornejo Polar señala que el masivo empleo del inglés para el estudio de la literatura hispanoamericana está suscitando "una extraña jerarquía en la que los textos de esta condición resultan gobernando el campo general de los estudios latinoamericanos"(9). Advierte que estamos generando una "extraña crítica diglósica", que percibe las cuestiones más generales de la cultura latinoamericana desde la óptica parcial de la cultura hegemónica cuyo idioma se utiliza, "el idioma de la hegemonía que habla para sí de lo marginal, lo subalterno y lo poscolonial"(10). Para contrarrestar esta tendencia, Cornejo invita a hacer una lectura de la cultura latinoamericana también a partir de perspectivas surgidas de Latinoamérica.

Las páginas que siguen nacieron del preciado consejo de Don Antonio, quien –en nuestras conversaciones en Berkeley– me señaló la importancia del concepto reyesiano de la "inteligencia americana" y me instó a que trazara conexiones entre teoría y producción literaria en Latinoamérica. Así lo hice, y en mi libro *Jorge Luis Borges y Alfonso Reyes: la cuestión de la identidad del escritor latinoamericano* (en cuyo capítulo cuarto presento una versión anterior de este trabajo) destaco el impacto que el concepto de "inteligencia americana" tuvo en la obra de Borges y, a través de él, en la de los escritores del "boom". De esta manera muestro los resultados fructíferos de encontrar una teoría y una respuesta como la que propone Reyes para reconstruir la literatura vernácula desde una perspectiva nuestra.

Esa invitación a hacer uso de la "inteligencia americana" y descubrir nuevas interpretaciones propias de nuestra realidad cultural, me parece tan apropiada en aquellos tiempos de nacionalismo rampante y de énfasis en los estereotipos heredados de una mirada foránea –que esperaba una pintura costumbrista de

América Latina–, como lo es ahora en estos de globalización e hibridez que han convertido, por ejemplo, la subalternidad en una narrativa globalizante, sustituyendo –como bien señala Mabel Moraña– el activismo político "por un ejercicio intelectual desde el que puede leerse más que el relato de las estrategias de resistencia de los dominados del Sur, la historia de la hegemonía representacional del Norte en su nueva etapa de rearticulación poscolonial" (52).

Beatriz Sarlo reflexiona en manera afín al comentar en su artículo: "Los estudios culturales y la crítica literaria en la encrucijada valorativa" que cuando ha formado parte de jurados cuya tarea era evaluar videos y films, ha notado que sus colegas no latinoamericanos "miraban los videos latinoamericanos con ojos sociológicos" mientras que ella adoptaba la mirada de la crítica de arte. "Todo parece indicar –dice Sarlo– que los latinoamericanos debemos producir objetos adecuados al análisis cultural, mientras que Otros tienen el derecho de producir objetos adecuados a la crítica de arte." Y agrega "Nos corresponde a nosotros reclamar el derecho a la 'teoría del arte', a sus métodos de análisis" (38).

Dentro de este contexto de revaloración de la perspectiva propia es doblemente importante rescatar la obra de teóricos latinoamericanos injustamente olvidados, como Alfonso Reyes, y estudiar las fértiles reflexiones a que dan lugar en los varios campos de los estudios culturales y de la crítica literaria.

Efectivamente la obra de Reyes entronca en uno de los debates centrales acerca del arte y la cultura mexicana y por extensión latinoamericana. En *El laberinto de la soledad*, Octavio Paz, no sólo destaca la importancia que ha tenido Reyes en la literatura mexicana, sino que en homenaje implícito a su maestro y mentor, titula una sección del libro "La 'inteligencia mexicana'". En ella reflexiona que, "huérfano de pasado y con un futuro por inventar"(187), el mexicano se ve ante la necesidad de crearse a sí mismo, y advierte que no ha de basarse esa creación en lo anecdótico, sino en una compresión más profunda de su condición histórica y social y de su condición de hombre. Tanto para Reyes como para Paz, lo mexicano es más bien una manera de mirar que un tema fijo. Sugieren que esa manera de mirar nace de las circunstancias históricas y de la condición de vivir en una encrucijada de culturas, lo que permite a los escritores mexicanos (a los latinoamericanos en general) manejar con irreverencia los legados recibidos y experimentar gran libertad creativa.

En "Notas sobre la inteligencia americana", publicado en 1936[2] e incluido en su libro *Última Tule*, Reyes dice que no va a hablar de la "civilización americana" pues tendría que remontarse a la arqueología ya que las civilizaciones precolombinas fueron destruidas por los conquistadores; ni de la "cultura americana", que sería como una rama del árbol de Europa transplantada al suelo americano (lo hispano-americano, así, unido con cadenita),[3] sino de lo que él considera el aporte más trascendental del Nuevo Mundo a la cultura de Occidente: la inteligencia americana. Reyes sostiene que así como Europa necesitó de los metales preciosos que llegaban de América para avanzar en su propia historia e industria, así también ha de necesitar de la inteligencia americana para avanzar en su desarrollo intelectual y espiritual (139).[4]

Según la concepción alfonsina, la inteligencia americana es una capacidad de síntesis cultural que resulta del intento de "descubrir el Mediterráneo por cuenta propia"(*El deslinde* 10).[5] Confrontado con el hecho de haber nacido en América, el americano no puede ya identificarse con las civilizaciones precolombinas, ni quiere tampoco ser imitador servil de la cultura europea; se siente heredero del legado cultural de Europa pero necesita volver a crearlo por "cuenta propia"; lo hace (re)interpretándolo a partir de sus propias circunstancias históricas y culturales americanas, sin demasiada reverencia por el legado recibido, lo que le permite innovar más libremente que si fuera en su propia cultura. De allí que esa síntesis no sea imitación sino estructura trascendente con algo nuevo y valioso dentro suyo.

Reyes concibe esa síntesis cultural como integrada por dos procesos distintos. El primer proceso es una *proyección contrastante* con que la inteligencia americana se interroga sobre su autoctonía,

> el examen de las influencias europeas sobre nuestras letras, con regla y doble decímetro de literatura comparada, a fin de que ello nos ayude a establecer aquella parte de originalidad inconsciente que elabora y muda las influencias haciendo oro de la ganga, a fin de que ello nos ayude a dibujarnos desde afuera, a conocer la fisionomía que damos, como quien se estudia en el espejo. (*Vocación* 246)

El segundo proceso es el retorno transformador por el que la inteligencia americana construye su autoctonía, es lo que Reyes denomina "la palabra propia" (*Última Tule* 172), y que Roberto Hozven en su ensayo sobre la inteligencia americana define como "resistencia dialéctica de los significantes nativos a los significados foráneos"(805).[6]

Al igual que su maestro Pedro Henríquez Ureña, al plantearse Reyes la prengunta sobre la originalidad de América Latina, llega a la conclusión de que no radica en ciertos temas americanos, sino en la manera en que los tratamos. Sustituye de esta forma la relación con el objeto (que es de por sí limitativa y esterotipante) por la relación con la operación que lo produce (poniendo el énfasis en la capacidad de creación del escritor latinomericano); atiende menos al objeto en sí (la imagen de América) que a las modalidades por las que se lo ve o se lo representa (la inteligencia americana). Es importante recordar que la cuestión de la búsqueda de una genuina expresión latinoamericana fue tema central[7] por muchos años para los escritores de este continente dado que el "descubrimiento" y la conquista habían signado su destino, ubicándolos para siempre en el orbe de lo occidental sin que fueran resultado directo de esa cultura. A partir de ese origen marginal, impuesto por las cicunstancias históricas, la inquietud por definir los rasgos distintivos del "ser" hispanoamericano dio lugar a muy variadas respuestas que fueron desde los reclamos nacionalistas más cerrados hasta la repetición irreflexiva de perspectivas europeas, en busca de fórmulas que aseguraran una personalidad cultural propia.

En "El descontento y la promesa", Henríquez Ureña examina las "fórmulas" ensayadas hasta entonces para asegurar el americanismo literario –sea cifrándolo en la descripción de la naturaleza americana, sea tomando como tema al indio o al criollo– y advierte que la originalidad no está en el tema sino en la actitud con que se persigue: "no hay secreto de la expresión sino uno: trabajarla hondamente, esforzarse en hacerla pura, bajando hasta la raíz de las cosas que queremos decir: afinar, definir, con ansia de perfección" (32). Como Reyes, Henríquez Ureña entiende que el hecho de que lo hispanoamericano se dé en el contexto de lo occidental no es una desventaja sino un desafío que ayuda a definirnos: "el compartido idioma no nos obliga a perdernos en la masa de un coro cuya dirección no está en nuestras manos; sólo nos obliga a acendrar nuestra nota expresiva, a buscar el acento inconfundible" (31-32).

Para Reyes ese acento inconfundible se logra creando un nuevo punto de partida, demorándose en la circunstancia latinoamericana para desde ella interpretar el mundo "por cuenta propia". Su clave es la "inteligencia americana". A lo largo de su obra la utiliza para

134

estudiar y divulgar la cultura mexicana en diálogo con la cultura universal, dentro de una perspectiva desde la que la inevitable condición de hibridez cultural del continente se percibe como algo positivo. A medida que avanza en su profesión de escritor, Reyes ejerce con más audacia su inteligencia americana como surge de la comparación de *Visión de Anáhuac* (1915) y "Moctezuma y la 'Eneida mexicana'" (1957).

Antes de entrar al análisis de *Visión de Anáhuac* es importante notar que por su acendrado lirismo y por su forma ha sido considerado alternativamente como ensayo o como poema en prosa. En su *Historia de la literatura mexicana* (1928), Carlos González Peña lo catalogó como ensayo histórico. Por su parte, Octavio Paz en su "Introducción a la historia de la poesía mexicana" –publicada primero como prólogo a la *Anthologie de la poésie mexicaine* (1952), e incluida luego en *Las peras del olmo* (1971)– destaca por primera vez la esencia lírica de *Visión de Anáhuac*, y Carlos Monsiváis en su antología *La poesía mexicana del siglo XX* (1966) lo califica de poema en prosa aunque no llega a incluirlo debido a su extensión. Más recientemente, Alfonso Ruiz Soto en "Re-Visión de Anáhuac" señala que las cuatro secciones numeradas en que está dividido el texto, los epígrafes que acentúan la autonomía de cada sección, y los espacios en blanco que a la vez subdividen las tres primeras secciones; confieren a *Visión de Anáhuac* la estructura estrófica del poema en prosa. Sin embargo, como hace notar Soto, la crítica sigue teniendo problemas en encasillar esta obra en tal o cual género. Cita el caso de James Willis Robb, quien en su antología *Prosa y poesía* lo califica de poema en prosa que "poetiza la materia documental de las crónicas de la Conquista y le extrae una lección de mexicanismo" (15), y sin embargo lo ubica entre los ensayos arguyendo que Reyes entendía este género como un híbrido "donde hay de todo y cabe todo" (91). Soto insiste en que "*Visión de Anáhuac* no puede ser considerado como ensayo ni siquiera de una manera aproximativa" pues no sustenta ninguna tesis y su objetivo es "la evocación idealizada de un mundo extinto". Me atrevo a sugerir que el objetivo de *Visión de Anáhuac* es mucho más que eso. Visto desde la perspectiva de la inteligencia americana de Reyes, es claro que lo que se propone en *Visión de Anáhuac* es contrastar visiones autóctonas y foráneas sobre la cultura precolombina anterior a la conquista de México, e interpretarlas a partir de su propia visión desde una perspectiva latinoamericana. Veamos cómo lo hace en cada una de las cuatro secciones que componen esta obra. (De aquí en más me referiré a ella como ensayo, pues, a pesar de su naturaleza poética, me parece que prima en ella más que una evocación lírica, la expresión de una tesis americanista como demostraré en mi análisis).

En la primera sección, encabezada por la conocida frase "Viajero: has llegado a la región más trasparente del aire",[8] Reyes interpela tácitamente a Alexander von Humboldt[9] –el viajero europeo por antonomasia, a quien menciona más adelante en este mismo ensayo como "grande viajero"(84)–[10] y le ofrece su propia visión de americano sobre la naturaleza del valle de Anáhuac.[11] Al negar la visión de Humboldt, Reyes crea un espacio donde inserta su nueva visión de lo que es verdaderamente el suelo americano. Reyes comenta en esta sección los preconceptos de los europeos sobre el paisaje americano cuando dice: "El viajero americano [recordemos que él lo era en Madrid en 1915, cuando escribe este ensayo] está condenado a que los europeos le pregunten si hay en América muchos árboles".[12] Hace referencia a continuación a "la cantada selva virgen", tema obligado de admiración en el viejo mundo, y también a los entusiasmos verbales de Chateaubriand y su imagen del "dard empoisonné du sauvage", y los contrapone con su propia visión diciendo "lo nuestro, lo de Anáhuac, es cosa mejor y más tónica". El paisaje americano es –para él, que no está de paso como los viajeros europeos, sino que nació y vivió allí– algo mucho más personal, cercano a una emoción al calificarlo de "atmósfera de extremada nitidez" y "éter luminoso". Y es que, como dice Emmanuel Levinas, existe una relación de afecto y de identificación entre el ser humano y el lugar que habita, relación que afecta no sólo cómo se percibe ese suelo, sino también cómo se percibe el resto del mundo a partir de él.[13]

En los primeros párrafos Reyes hace referencia a las "noticias extraordinarias" que circulaban en la era de los descubrimientos sobre "el carácter de las tierras recién halladas, tal como éste aparecía a los ojos de Europa: acentuado por la sorpresa, exagerado a veces"(82). Como ejemplo de la tergiversación de la realidad americana por parte de los historiadores europeos del siglo XVI, Reyes cita a Giovanni Battista Ramusio, quien publicó una "peregrina recopilación" titulada *Delle Navigationi et Viaggi* en Venecia por el año 1550. Esa obra, de tres volúmenes in-folio, que luego fueron reimpresos por separado, "ilustrada con profusión y encanto" fue ampliamente consultada por los cronistas de Indias del seiscientos. Reyes menciona que Solís por ejemplo leyó en ella "alguna carta de Cortés en las traducciones italianas que ella contiene". Al describir las ilustraciones del libro de Ramusio, Reyes alude, como al pasar, al exotismo con que se ven las nuevas tierras. "Vense pasos de la vida africana, bajo la tradicional palmera y junto al cono pajizo de la choza, siempre humeante; hombres y fieras de otros climas, minuciosos panoramas, plantas exóticas y soñadas islas". Y agrega, no sin cierta ironía: "Una imaginación como la de Stevenson, capaz de soñar *La isla del tesoro* ante una cartografía infantil, hubiera tramado sobre las estampas del Ramusio, mil y un regocijos para nuestros días nublados". Lo que Reyes está haciendo notar es el límite impreciso entre historia y literatura en las crónicas de la conquista, y la creación de imágenes estereotipadas construidas por la fantasía europea alimentada por el desconocimiento; advierte sobre el peligro de adoptar esas imágenes como propias[14] y les opone su visión de americano originada en su experiencia vivida. Destacando el enajenamiento que produce mirar a lo propio a través de la perspectiva del conquistador, Reyes dice de la vegetación de su Anáhuac vista en las estampas de Ramusio: "todo ello nos parece como una flora emblemática, y todo concebido como para blasonar un escudo"(83). Por eso comprende la necesidad de apropiarse del discurso y (re)escribir las versiones anteriores. Lo que para Humboldt fue "una extraña reverberación de rayos solares en la masa montañosa de la planicie central"(85) será para Reyes atmósfera transparente de extrema nitidez.

Después de redefinir cómo se ha de mirar el suelo americano, dirige su atención al otro aspecto que, como el suelo, era esencialmente característico de América en la época de la conquista, o sea a sus habitantes indígenas. Reconociendo que el origen colonial lleva a América a buscar fuera de sí misma las imágenes con las que se presentan, su acción y su cultura, Reyes se remonta a las fuentes con que se escribió la historia y las re-escribe. Yuxtapone su voz sobre la de Cortés, Bernal Díaz del Castillo, Gómara y Alonso de Ulloa para presentar a los antiguos habitantes de lo que es hoy México, no como seres exóticos sino como un pueblo en sus quehaceres diarios. Traspone las fórmulas del discurso europeo en una escritura americana que valoriza las propias coordenadas históricas y afianza la identidad cultural latinoamericana.

Mostrando la distancia entre la experiencia vivida del americano y el extrañamiento de los conquistadores, la segunda sección de *Visión de Anáhuac* comienza con una cita de la *Historia verdadera de la conquista de la Nueva España* de Bernal Díaz del Castillo: "Parecía a las casas de encantamiento que cuentan en el libro de Amadís[15]....No sé como lo cuente" (85). Esta cita refleja a las claras el asombro y la alienación de los conquistadores ante el Nuevo Mundo, un lugar que les era totalmente ajeno, exótico e incomprensible, al que asociaban con los lugares fantásticos de los libros de caballería.[16] Incita a reflexionar sobre las distorsiones de la imagen propia percibida por una mirada foránea desconocedora de la cultura que describe, registrada luego en un texto histórico que alude a un texto literario que trata de una realidad ficticia a la que se considera similar a la del Anáhuac.

Buceando en lo que Roberto González Echevarría denomina "archivo", en este caso los relatos escritos que han quedado de la conquista, Reyes incluye fragmentos de las crónicas de Cortés y Bernal y de la "Crónica del Conquistador Anónimo"[17] que describen con ojos de conquistadores el templo mayor, el mercado y el palacio de Tenotchitlán, pero transforma esa visión, superponiéndole la suya que a diferencia de la de esos cronistas, lo acerca a los habitantes del "México de ayer" (98).

Vemos entonces vívidas imágenes de un pueblo que va y viene por las orillas de los canales comprando agua, y charlando en una "'canturía gustosa' de 'xés, tlés y chés' que se escurren de los labios del indio con una suavidad de aguamiel"(86); una imagen de una vendedora de vasijas trae ecos de las vendedoras de flores evocadas por Diego Rivera:

> Entre las vasijas morenas se pierden los senos de la vendedora. Sus brazos corren por entre el barro como en su elemento nativo: forman asas a los jarrones y culebrean por los cuellos rojizos. Hay, en la cintura de las tinajas unos vivos de negro y oro que recuerdan el collar ceñido a su garganta. Las anchas ollas parecen haberse sentado, como la india, con las rodillas pegadas y los pies paralelos. El agua rezumando, gorgoritea en los búcaros olorosos. (89)

Muy diferente por cierto es esta imagen del indio que nos da a partir de su visión de americano, de la que aparecía en las crónicas que él mismo está usando para reconstruir lo que habrá sido aquella civilización que encontraron los conquistadores. Ellos describían el templo como lugar de ritos salvajes, el palacio como posible botín fabuloso, y a los indios como palpitante caos inventariable que alentará futuras empresas de conquista. Reyes, en cambio, evoca un pueblo en su vida diaria, se detiene en lo no monumental.[18] De esta manera "des-escribe" lo anterior y lo "re-escribe" desde una perspectiva americana.[19]

Llamando sutilmente la atención a su procedimiento, inserta en esta segunda sección una larga cita de *La historia de las Indias y conquista de México* de Francisco López de Gómara y una cita de la "Segunda carta de relación" de Cortés como pasajes autónomos intercalados entre los otros párrafos en los que su propia voz se mezcla con la de los conquistadores y de los historiadores del siglo XVI. Es de notar que Gómara no estuvo nunca en México, y que las tergiversaciones de la realidad americana en la crónica de Cortés obedecen a su interés por conseguir el apoyo de la corona para continuar sus actividades como conquistador. Reyes no se resigna a que la historia se escriba sobre la base de las reconstruciones imaginarias de los cronistas; siente que su condición de mexicano lo autoriza aún más que a ellos a, salvando la distancia de los siglos, reconstruir lo que habrá sido ese ayer, partiendo de las noticias que nos han quedado de él, pero separando de esas notas el acento foráneo y agregándoles algo de la perspectiva de quien habita en el mismo suelo. Logra una estilización artística del tema por la intensidad de la evocación que se basa en su propio sentido como mexicano, o sea su experiencia vivida, trasmitida a través de su emoción lírica, su nostalgia, intensificada por la lejanía en el tiempo y en el espacio, ya que si bien Reyes vivió en México, escribe este ensayo desde su exilio en Madrid. En "Alfonso Reyes, narrador de lo vivido" (véase también Robb, "Estilización..."), Robb destaca estos componentes en la estilización artística de la obra de Reyes y agrega uno más: la presencia de un estímulo mnemónico de cierta intensidad emocional o sensorial que pone en marcha una serie de meditaciones, evocaciones o reminiscencias. El estímulo mnemónico inicial en *Visión de Anáhuac* son las imágenes de América en los mapas de los cartógrafos y en las crónicas de los conquistadores.

En la tercera sección del ensayo el estímulo son los delicados cantares náhoas. Reyes encabeza esta sección, dedicada a exaltar la sensibilidad indígena expresada en su poesía y en sus artes plásticas, con el epígrafe:"La flor, madre de la sonrisa"(93), atribuido al Nigromante. Como un verdadero nigromante Reyes evoca la civilización desaparecida, para luego predecir el futuro, lo que hará en la última parte de su ensayo.

Continuando con su intento de reconstruir una visión del México antiguo, Reyes contrapone a la visión de los conquistadores, analizada en la sección anterior, la de los indígenas, rescatada en los fragmentos que han quedado de esa cultura. Evoca la sensibilidad de la imaginación indígena a través del tema de la flor, rico en símbolos, en el tratamiento que le dieron los aztecas en su escritura jeroglífica, en sus esculturas de piedra y barro, en la cerámica de Cholula y sobre todo en la poesía. Incluye un fragmento del "Cantar de Ninoyolnonotza" en el que el poeta indígena expresa su visión del paisaje como algo social[20] y también cita un poema del ciclo de Quetzalcóatl en el que el poeta expresa su conciencia de ser el último que queda de esa sensibilidad y esa civilización destruida, clamando: "Yo soy miserable, miserable como la última flor"(98).[21] De esta manera Reyes rescata del olvido y valoriza la cosmovisión indígena y la riqueza de sus aportes culturales. Destaca la audacia de las metáforas de los cantares náhoas que acusan una ideación no europea y lamenta la pérdida de la poesía indígena como fenómeno general y social.

Pero esa belleza de la civilización indígena no se ha perdido para siempre, según hace notar en la cuarta y última parte de su ensayo. Allí destaca que se siente unido por una misma emoción histórica y un mismo peregrinar con la raza que vivió en el suelo de su patria y, como americano, reclama para sí ese legado de belleza del que es heredero. Esa emoción histórica nace, dice Reyes, de "la comunidad del esfuerzo por domeñar nuestra naturaleza" y de "la comunidad de la emoción cotidiana ante el mismo objeto natural". Es una experiencia del objeto (suelo) americano que cambia al sujeto (ser que habita ese suelo) y establece una influencia compartida por los primitivos habitantes de México y los de hoy. De allí la importancia que da al paisaje, pues labra un alma común.[22]

Para representar ese peregrinar de los americanos, y siempre haciendo activa síntesis cultural, cita en inglés una frase de *The Pilgrim's Progress* de John Bunyan, alegoría religiosa del siglo XVII, acerca de un peregrinaje hacia la salvación, hacia la mítica ciudad de Zion. Creo que al elegir esa frase para encabezar esta sección, Reyes implícitamente establece un paralelo con el peregrinaje de los habitantes del Nuevo Mundo, que superando peligros y obstáculos, van hacia lo que será la gloriosa realidad de América (idea a la que vuelve en muchos de sus ensayos, y que encontraremos nuevamente en "Moctezuma y la 'Eneida mexicana'").[23] La frase que cita Reyes es: "But glorious it was to see, how the open region was filled with horses and chariots"(98) que corresponde al momento en que después de ser condenado por No-good, Malice, Lovelust, y otros como ellos, el pobre Faithful es perseguido y quemado en la hoguera por gente de un pueblo vanidoso al que les resulta extraño o loco pues no lo comprenden. De la misma manera los indios fueron condenados como "salvajes" por otros que no los conocían, ni comprendían y fueron destruidos.[24] En el sueño del protagonista de *The Pilgrim's Progress*, los cielos se abren y lo transportan en gloriosa procesión hacia la ciudad mítica. Reyes da a entender que también América tendrá un futuro glorioso en la cultura universal.

Como hemos visto, en *Visión de Anáhuac* confronta la visión de América de los conquistadores con la del indígena y, sin reconocerse exclusivamente en ninguna de las dos pero declarándose más cercano a la sensibilidad indígena, define su propia visión americana, esbozada al principio en su apelación a Humboldt: "lo nuestro" como cualidad diferente de los pre-conceptos europeos, y al final en la emoción histórica que lo une a la raza que pobló el valle de México hace cuatro siglos. Reyes no se limita a acumular o yuxtaponer la visión de los españoles y la de los índigenas, sino que en su visión personal muestra el resultado de la inteligencia americana. Haciendo converger actividad creadora con reflexión crítica, traspone lo hallado a través de las lentes europeas y, en un reflujo creador de lo autóctono sobre lo paterno, construye su propia identidad americana.

Refiriéndose a esa perspectiva de síntesis cultural, esbozada en *Visión de Anáhuac* en 1915, y definida en su ensayo sobre la inteligencia americana en 1936, Reyes dice años más tarde:

> La civilización americana, si ha de nacer,[25] será el resultado de una síntesis que, por disfrutar a la vez de todo el pasado con una naturalidad que otros pueblos no podrían tener, por lo mismo que ellos han sido partes en el debate, suprima valientemente algunas etapas intermedias, las cuales han significado meras contingencias históricas para los que han tenido que recorrerlas, pero en modo alguno pueden aspirar a categorías de imprescindibles necesidades teóricas [...] Tenemos que reconocer, aunque en lo particular nos duela y nos alarme a algunos profesionales de la Memoria, que toda *neoformación cultural* supone junto con los acarreos de la tradición viva, una reducción económica y una buena dosis de olvido. (*El deslinde* 10, énfasis mío).

Como vemos, expresa en *El deslinde* ideas de apropiación, selección y utilización de elementos culturales idénticas a las que Rama considera necesarias para una *neoculturación* con énfasis americano.[26]

141

En este manejo de la cultura europea sin exceso de reverencia, encuentra Borges la clave de la obra alfonsina. Esa síntesis cultural y esa audacia es, según Borges, lo que le permite a Reyes establecer "remotas afinidades secretas".[27]

Un ejemplo claro de esa capacidad de Reyes de "recuperar el Mediterráneo por cuenta propia" es su ensayo "Moctezuma y la 'Eneida mexicana'" en el que establece "remotas afinidades secretas" entre el nacimiento de Occidente y el de América.

En ese ensayo Reyes llama la atención sobre el paralelo entre el rey Latino de la *Eneida* y Moctezuma. Anticipándose a disquisiciones contemporáneas sobre el parentesco entre historia y ficción, Reyes equipara en audaz paralelo a un rey de ficción (Latino, personaje creado por Virgilio), con un príncipe "de carne y hueso": Moctezuma. Parafraseando a González Echevarría, me pregunto: ¿cómo pueden historia y mito coexistir en un ensayo?[28] Y la respuesta es, creo, que ambos se refieren a los orígenes, y por eso Reyes los utiliza como punto de partida para trazar un paralelismo y llegar a una conclusión (la importancia de América) que va más allá de la existencia real o ficticia de los personajes de la premisa inicial. Es interesante además el proceso en sí de esta creación por lo que muestra de libertad en el manejo de elementos de la cultura europea y de la historia latinoamericana.[29]

Hecha esta salvedad, volvamos al paralelismo entre Latino y Moctezuma. Ambos, guiados por oráculos, deciden entregar sus tierras al invasor. Latino obedece a un oráculo que le dice que llegará un príncipe y una legión victoriosa y por eso no le opone resistencia a Eneas. Moctezuma cree que los hombres blancos que vienen de donde nace el sol son los descendientes de Quetzalcóatl que han venido a reclamar las tierras que les pertenecen. Según la narración de Cortés en la Segunda Carta de Relación a Carlos V, Moctezuma, guiado por la profecía, lo autoriza a entrar y tomar sus posesiones.

> Por tanto vos sed cierto que os obedeceremos y tendremos por señor en lugar de ese gran señor que decís, ... y bien podéis en toda la tierra, digo en la que yo en mi señorío poseo, mandar a vuestra voluntad, porque será obedecido y hecho, y todo lo que nosotros tenemos es para lo que vos de ello quisiérais disponer. (71)

Son tan insólitas estas palabras de Moctezuma que se podría creer que Cortés inventó esta historia para justificar la invasión.

Después de todo era "buen latino", seguramente habría leído la *Eneida* y quizá tomado inspiración de ella. Hay otros paralelismos entre las dos historias, como el quemar las naves [*Eneida*, IX], y el buscar aliados entre los pueblos nativos para imponer su voluntad de conquistador [*Eneida*, VIII]. Por sus lecturas, Cortés podía saber que el mito del eterno retorno había sido utilizado en la antigüedad también por los griegos. Como hace notar Reyes, en aquellos lejanos tiempos en que historia y mito se confundían naturalmente, los dorios justificaron su invasión del Peloponeso y su dominio sobre los pueblos que allí habitaban, diciendo que ellos eran descendientes de los hijos de Hércules que se habían dispersado cuando éste fue a hacer sus muchos trabajos, y que ahora volvían a reclamar las tierras donde supuestamente habían vivido sus antepasados.

En estos casos es el conquistador quien utiliza el mito para justificar la invasión. (Recordemos que Virgilio escribió la *Eneida* para justificar el sojuzgamiento de otros pueblos bajo el imperio de Augusto). Pero en el caso de América, tierra de utopía y magia según teóricos como Carpentier[30] y Asturias, es el mismo Moctezuma quien lee en los oráculos su cambio de fortuna. Los relatos recogidos por fray Bernardino de Sahagún evidencian en fuentes indias similares versiones a la que Cortés da del inusitado comportamiento del príncipe azteca.[31]

Según esas narraciones, Moctezuma creyó en los oráculos y tomó a Cortés y sus hombres por descendientes de Quetzcóatl. Contribuyeron a eso las grandes naves que podían surcar el Atlántico, y que daban la impresión de que los conquistadores llegaban del horizonte; las armas de fuego, el trueno en poder de los españoles; su tez blanca y hasta las plumas que traían en sus cascos. Si pensamos en el asombro e interés de los indios por quienes venían de un mundo igualmente desconocido para ellos, como el suyo lo era para los conquistadores, podremos entender que si los conquistadores interpretaron lo que veían relacionándolo con los libros de caballería; los indios, con similar asombro, lo relacionaran con sus creencias y sus dioses. Es posible también que fuera el propio miedo de Moctezuma el que le hizo dar una importancia exagerada a ciertas señales aparentemente ominosas.[32] Sea por la razón que fuere, lo cierto es que recibió amistosamente a Cortés. Continuando con el paralelismo de estas dos situaciones referidas a los orígenes, Reyes señala que así como Latino envió caballos de fina raza para Eneas, Moctezuma regaló collares de oro y turquesas al conquistador español. Tanto Eneas como Cortés fueron recibidos en el palacio con gestos de hospitalidad. Latino le prometió a Eneas la mano de su hija. Moctezuma le dió a Cortés y sus hombres vestidos y joyas, y los invitó a que se quedaran allí cuanto quisieran.[33]

Hasta aquí Reyes, en su intento de recuperar el Mediterráneo por cuenta propia, hace primero una proyección contrastante, crea una estructura similar entre los orígenes de América y de Occidente, de esa manera se "apropia del Mediterráneo"; pero para que sea "por cuenta propia"(*El deslinde* 10) tiene que arriesgar su propia voz. Y allí entra la audacia.

Como americano no puede aceptar pasivamente la conquista, entonces re-escribe a Virgilio. Dentro de la estructura básica: oráculos, actitud amistosa de los pueblos nativos, imposición del dominio extranjero, Reyes cambia un detalle fundamental. Al señalar el levantamiento del pueblo encabezado por Turnus no lo atribuye, como en la *Eneida*, a la animosidad sembrada por Alecta (una furia desatada del infierno por la diosa Juno que desea vengarse de Eneas), sino a la expresión del sentido común del pueblo. Traza entonces el paralelo con el levantamiento encabezado por Cuauhtémoc, que obedece al descontento del pueblo ante la debilidad de Moctezuma que tan fácilmente se rindió a los invasores, y calificando a ambos levantamientos de expresiones del "buen sentido popular" (*Vocación* 102), aplaude la rebelión contra el opresor extranjero.

Claro que al transformar un detalle, los otros elementos también se reacomodan y cambia la relación entre ellos. Al darle importancia al levantamiento, Reyes (re)valoriza al pueblo nativo, lo saca del olvido y legitimiza su postura a la vez que rechaza el imperialismo[34] y cuestiona implícitamente los orígenes de Europa, abriendo así un espacio donde inscribir la importancia de América. Porque más allá de lo interesante del paralelismo de oráculos, rebeliones y personajes de historia y ficción, a lo que apunta al crear esta "Eneida mexicana" es a pronosticar la gloria del futuro de América. Como había hecho antes con el discurso de Humboldt y el de las crónicas, Reyes re-escribe no sólo la historia de los orígenes de su patria y de América, sino los de Occidente mismo, así las márgenes re-constituyen el centro: el mundo cultural antiguo y sus sujetos históricos.

Por otra parte, usando términos de Harold Bloom en *The Anxiety of Influence*, podríamos decir que Reyes va más allá del precursor "in a movement towards a Counter-Sublime, in reaction to the precursor's Sublime"(15). Y es que hay una cierta ansiedad de influencia en el escritor americano con respecto a la cultura europea.

El mismo Reyes se refiere a esto al final de sus "Notas sobre la inteligencia americana" cuando dice que la generación que le precede se creía nacida "dentro de la cárcel de varias fatalidades concéntricas" (*Última Tule* 143) tales como la de ser americano, es decir nacido en un suelo que no era "el foco de la actual civilización, sino una sucursal del mundo"(144). Y ya que se era americano, otro *handicap* era el ser latino y no anglosajón, dada la potencia del país del Norte; y ya que se pertenecía al orbe latino –sigue diciendo Reyes–, otra fatalidad era pertenecer al orbe hispánico, viejo león caído, escéptico, desvalido. Y para colmo ser hispano-americano, sucursal otra vez, algo así como un dialecto, una derivación de lo hispano. Y dentro de lo hispano-americano, había quien se lamentaba de haber nacido en zona cargada de indio: el indio era entonces para ellos un fardo y no todavía "un altivo deber y una fuerte esperanza"(145).

Consciente de todas esas ansiedades, que incluso pone por escrito, Reyes se apropia de la fuente más importante de los orígenes de Occidente, y crea una nueva versión, la "Eneida mexicana". No contento con ello, re-escribe un detalle fundamental que quita autoridad a la versión de Virgilio y abre un espacio donde inserta la embriología de América como nueva potencia cultural,[35] llamada a igualar la importancia de Occidente. Reyes sabía que, como señala Lévi-Strauss: "In order for a culture to be really itself and to produce something, the culture and its members, must be convinced of their originality and even, to some extent, of their superiority to others" (20), por eso crea activamente una conciencia de originalidad y audacia a partir de la cual el escritor latinoamericano pueda construirse una identidad que le permita expresarse libremente.

Al plantearse la pregunta sobre el ser de América, Reyes responde con su obra. En estos ensayos demuestra la dimensión universal a la que de hecho puede y debe llegar la inteligencia americana, traza –como dice Rafael Gutiérrez Girardot en "La imagen de América en Alfonso Reyes"– "el rostro del porvenir y deja en manos de generaciones siguientes el manejo de la fuerza que encierra su imaginación" (38).

Dos de los mayores escritores latinoamericanos contemporáneos han reconocido explícitamente su deuda hacia Reyes y su concepto de la inteligencia americana. En *El laberinto de la soledad* dice Octavio Paz: "Al enseñarnos a decir, nos enseñó a pensar. De ahí la importancia de sus reflexiones sobre la inteligencia americana y sobre las responsabilidades del intelectual y del escritor de nuestro tiempo"(177). Por su parte, Jorge Luis Borges, en el artículo de *Sur* en que descubre la clave de la obra de Reyes en su manejo "sin supersticioso temor" del legado cultural, declara: "mucho le debo a su ejemplo"(2).

Como vemos, el concepto de inteligencia americana atraviesa toda la obra de Reyes, quien lo aplica en forma práctica ya en los comienzos de su carrera como escritor en *Visión de Anáhuac*. Va adquiriendo luego forma de *ars poetica* y teoría literaria en "A vuelta de correo", "Notas sobre la inteligencia americana", y *El deslinde*. Finalmente llega a su aplicación más audaz en una de sus últimas obras, "Moctezuma y la 'Eneida mexicana'". En el concepto de inteligencia americana, Reyes no sólo halla la clave de su propia identidad como escritor, sino que contribuye a una búsqueda central en la literatura latinoamericana.

NOTAS

[1] Una versión anterior de este texto, como indica la profesora Barili, se publicó como capítulo cuarto del libro *Jorge Luis Borges y Alfonso Reyes: la cuestión de la identidad del escritor latinoamericano*. Agradecemos a la profesora Barili y al Fondo de Cultura Económica por el permiso para publicar este texto (Nota de los editores).

[2] "Notas sobre la inteligencia americana" fue presentado por primera vez en la *VII Conversación del Instituto Interamericano de Cooperación Intelectual*, que se desarrolló en Buenos Aires del 11 al 16 de setiembre de 1936, sobre el tema: "Relaciones actuales entre las culturas de Europa y de América Latina". Participaron en ese foro internacional entre otros G. Duhamel, P. Henríquez Ureña, J. Maritain, F. Romero, A. Reyes, J. Romains y S. Zweig. Duhamel abrió la discusión en nombre de Europa y Reyes inició el tema en nombre de América con sus notas sobre la inteligencia americana.

[3] A primera vista Reyes parece no coincidir con Fernando Ortiz y Ángel Rama, al descartar de un plumazo la "cultura americana" (o hispano-americana), mientras ellos hacen hincapié en el proceso de transculturación, o transformación de la cultura recibida. Sin embargo, Reyes pone énfasis en un proceso muy similar de síntesis cultural, que según él se logra a través de la "inteligencia americana".

[4] Dice Reyes: "Hemos alcanzado la mayoría de edad. Muy pronto os habituaréis a contar con nosotros" (145). Escrito en la década del treinta, antes de que el primer y segundo "boom" de la literatura latinoamericana, y la trascendencia universal de Borges y García Márquez entre otros, convencieran a Europa del rico aporte de nuestras letras a la cultura universal, este ensayo de Reyes se adelanta a los hechos.

[5] Esa expresión fue dicha en este contexto: "Para los americanos ... es mucho menos dañoso descubrir otra vez el Mediterráneo por cuenta propia (puesto

que, de paso y por la originalidad del rumbo, habrá que ir descubriendo algunos otros mares inéditos) que no el mantenernos en postura de eternos lectores y repetidores de Europa"(10). Como vemos no se trata para Reyes de una aceptación pasiva de la cultura impuesta por el colonizador sino de una selección y apropiación, con perspectiva latinoamericana, del legado cultural europeo. Reyes califica este proceso como síntesis cultural; en términos de Rama se lo podría denominar "transculturación", o, mejor aún, "neoculturación".

[6] Hozven considera cuatro aspectos de la inteligencia americana: 1)síntesis cultural, 2)sentido internacionalista, 3) voluntad utopista, 4) querencia de calle. Si bien también pienso que esos elementos están presentes en la inteligencia americana de Alfonso Reyes, en este ensayo me ocupo principalmente de la síntesis cultural pues me parece la nota más distintiva de la inteligencia americana, y la que está más presente en los dos ensayos suyos que estoy comparando. Hago referencia en mis comentarios sobre *Visión de Anáhuac* al sentido internacionalista (implícito en la síntesis cultural), y a la voluntad utopista presente en el concepto de Reyes sobre América como un *continuum* de pasado, presente y futuro que converge en el escritor unido a la raza del México de ayer y heredero de ese potencial de energía creativa americana. En "Moctezuma y la 'Eneida mexicana'" el sentido internacionalista y la voluntad utopista están incluidos en la actitud del escritor que toma el legado europeo por cuenta propia y lo usa para señalar la importancia de América en la cultura de Occidente. En cuanto a la querencia de calle, que Hozven define como voluntad de servicio, me parece que está presente en obras como la fundación de El Colegio de México por impulso de Reyes, hecho importantísimo, pero que se sitúa fuera del foco de este capítulo.

[7] Para un detallado estudio sobre este tema, consúltese Stabb.

[8] Reyes corrigió con esta frase la visión de Humboldt sobre México. Al utilizar años más tarde la frase de Reyes como título de una de sus novelas sobre la corrupción en México, Carlos Fuentes modifica la visión de Reyes. En verdad, ambos se refieren a distintas realidades, como le señala Reyes a Fuentes: "Yo estaba describiendo el valle de México y el paisaje físico que encontraron aquí los conquistadores en el siglo XVI. Tú, en tu novela, te refieres al ambiente humano del México contemporáneo ... hubiera preferido que no empañaras mi frase, aplicándola a un objeto tan turbio. 'Turbio', no es censura; tú has querido conscientemente hacer un libro turbio y feo ¿verdad?" (Carta de Reyes a Fuentes, México, 5 de enero de 1959, Perry, 91). Aunque a Reyes no le agrade, Fuentes le hace el homenaje de la intertextualidad no sólo con *La región más transparente del aire* (1958), sino también con *Terra nostra* (1976), en el que se remonta al siglo XVI para contar la historia de España, incluyendo la conquista de México. Como diría González Echevarría, con esta continua intertextualidad una nueva versión se agrega al "archivo" en el que se inscribe la imagen de América.

[9] La famosa expedición que Humboldt y Aimé Bonpland realizaron a principios del siglo xix a Cuba, América del Sur y México (1799-1804) dio origen a su monumental obra en treinta volúmenes, *Voyage aux régions equinoxiales du Nouveau Continent* (París: Dufour, 1814-1834) . Esta obra ejerció gran influencia tanto en los líderes independentistas como en los hombres de letras.

[10] Cito de *Vocación de América*.

[11] En su libro *Imperial Eyes: Travel Writing and Transculturation*, Mary Louise Pratt hace notar que Humboldt era invocado a menudo como punto de partida por escritores americanos que luego "transculturaban" esos materiales europeos. A diferencia de los escritores del siglo pasado, a los que se refiere Pratt, que usaron "Humboldt's wild scenery as a stage for imaginings of race war, genocide and ethnocide"(188), Reyes niega autoridad a la visión de Humboldt e impone la suya propia como la auténtica, la visión del nativo que vive en comunicación con el paisaje de su tierra, y lo comprende mejor.

[12] Como dice González Echevarría en *Myth and Archive: A theory of Latin American Narrative*, los naturalistas europeos que recorrían el continente, escribían acerca de la naturaleza y de sí mismos, y llevaron a cabo "a second European discovery of America"(11). Por su parte Reyes, exiliado en España, se propone re-definir el suelo y la cultura americana para lograr un tercer descubrimiento de América, ubicándola al mismo nivel de riqueza de aportes culturales que la vieja Europa. Como los otros viajeros, Reyes escribe a la vez sobre América y sobre sí mismo, sobre su valía como intelectual americano.

[13] Levinas dice en *Totality and Infinity: An Essay on Exteriority*: "The familiarity of the world does not only result from habits acquired in this world, which take from it its roughness and measure the adaptation of the living being to a world it enjoys and from which it nourishes itself; the familiarity and intimacy are produced as a gentleness that spreads over the face of things"(155). "Concretely speaking the dwelling is not situated in the objective world, but the objective world is situated in relation to my dwelling" (153). El tema de la interacción entre paisaje y habitante no le era extraño a Reyes. Como nos dice Henríquez Ureña en *Seis ensayos en busca de nuestra expresión*: "Reyes apunta observaciones preciosas sobre las relaciones entre literatura y ambiente físico en América en 'El paisaje de la poesía mexicana del siglo xix'"(127). Reyes vuelve al tema en *Tentativas y orientaciones*, donde al referirse al flujo y reflujo de influencias culturales recíprocas entre hombre y paisaje, lo llama "gesticulación cultural de la tierra" ("Atenea...",187-8).

[14] Vuelve a este tema en varios de sus ensayos de *Última Tule*, por ejemplo en "Valor de la literatura hispanoamericana", "Notas sobre la inteligencia americana" y otros.

[15] Se refiere al libro de caballería *Amadís de Gaula* (1492).

[16] Recordemos que la imprenta había sido introducida en España alrededor de 1473 y que desde entonces habían prosperado los libros de caballería, leídos también por los conquistadores, ver *The Books of the Brave* por Irving Leonard. Al llegar a América, un remoto reino, con montañas que despedían humo, fauna y flora exótica y maravillosa, y ciudades de una arquitectura desconocida y visibles tesoros, esa ficción de aventuras se tradujo en su propia aventura de caballería. Como dice Alejo Carpentier en su artículo titulado "Bernal Díaz del Castillo, nuestro primer clásico": "De asombro en asombro, los compañeros de Cortés, viven su propio libro de caballería" (28). Esta alienación de los conquistadores ante el "nuevo mundo" les permite por una parte considerarlo "botín fabuloso" y por otra tratar al indio como un ser tan distinto de ellos que no le aplican las mismas reglas de trato humanitario que le aplicarían a sus conciudadanos en Europa, ver Todorov.

[17] La "Crónica del Conquistador Anónimo" fue una invención de Alonso de Ulloa, incluida entre otras crónicas en el libro de Giovanni Battista Ramusio *Delle Navigationi et Viaggi*, publicado en 1554. Esta obra fue muy consultada por aquellos años, y esa crónica, que entonces se tenía por cierta, contribuyó a la formación de la imagen de América como reino maravilloso.

[18] Como hará Pablo Neruda cuarenta años más tarde en "Alturas de Machu Picchu", *Canto general*, Reyes se remonta al pasado de un pueblo precolombino, y lo hace volver a vivir y a moverse a través de su imaginación y sus palabras. Recupera así para las nuevas generaciones la visión de una civilización que se halla en las raíces profundas de su ser.

[19] Pratt cita como ejemplo de transculturación el poema "En el Teocalli de Cholula"(1820), de José María Heredia, en el que éste después de exaltar (con los estereotipos a los que estaban acostumbrados los europeos al pensar en el suelo americano: llanos, cordilleras nevadas, selva), la tierra en que vivieron los aztecas, habla de la "inhumana superstición"(182) –es decir los ritos sangrientos– de los aztecas que construyeron esa pirámide. Como dice Pratt este tipo de perspectiva "creates the otherness between the seer and the seer"(183). En este sentido, Heredia, cubano desterrado en México, se sitúa cerca de la perspectiva expresada por Humboldt acerca de esa misma pirámide en *Voyage aux régions equinoxiales du Nouveau Continent*. Influido aun por la mirada colonial y por las ideas de progreso y orden racional heredadas de la ilustración europea, adopta una perspectiva foránea para mirar lo mexicano. A un siglo de distancia, Reyes, encuentra puntos en común con los primitivos habitantes de México, y si incluye la perspectiva europea sobre el paisaje y el pueblo del valle de México, es para corregirla y crear una nueva conciencia de esa cultura.

[20] Expresando la experiencia del paisaje y la poesía como algo social, dice el poeta indígena en el cantar de Ninoyolnonotza: "Y luego recogí en mis haldas delicadas y deliciosas flores, y dije: –¡Si algunos de nuestro pueblo entrasen aquí! ¡Si muchos de los nuestros estuviesen aquí! Y creí que podía salir a anunciar a nuestros amigos que todos nosotros nos regocijaríamos

con las variadas y olorosas flores, y escogeríamos los diversos y suaves cantos con los cuales alegraríamos a nuestros amigos aquí en la tierra y a los nobles en su grandeza y dignidad" (96).

[21] Al final de esta sección de su ensayo Reyes hace síntesis cultural al comparar el ciclo Quetzalcóatl, esa elegía a la desparición del héroe con los mitos de Adonis, Perséfone, Tamuz y otros populares en Europa, y señala que a diferencia de los mitos de la costa del Mediterráneo, en América el héroe tarda en resucitar o nunca resucita, lo que permite el triunfo de otros pueblos guerreros sobre los de Mesoamérica, y luego el de los conquistadores.

[22] Como hemos visto, Reyes cifra el americanismo no en aspectos externos, sino en una experiencia vivida y cree que debemos ahondar en ella para alcanzar nuestra más genuina expresión. La de *Visión de Anáhuac* no es una experiencia contemporánea con su existencia, sino una experiencia vivida históricamente a partir de su nostalgia por su México y su paisaje. Tan natural es esa emoción en Reyes, que tras leer esta obra Amado Alonso le escribe diciéndole: "usted parece respirar su ambiente adecuado cuando se hunde en un mar de recuerdos artísticos, literarios, históricos y los vive como si no fueran históricos (monumentales) sino así, llanamente como quien vive su vida...." (27). Carta fechada en Buenos Aires el 23 de noviembre de 1932, citada por Robb en "Alfonso Reyes ...".

[23] El interés de Reyes por los orígenes y el futuro de América está presente en los treinta y cuatro ensayos reunidos por Víctor Díaz Arciniega en la antología *Vocación de América*.

[24] Lo que dice el Inca Garcilaso de la Vega acerca de la civilización que habitó el altiplano peruano, puede aplicarse a la civilización que se desarrolló en el valle de México; como la de los Incas, fue "antes destruida que conocida" (Libro I, XIX 46).

[25] Creo que Reyes se refiere aquí al largo proceso en busca de identidad de los escritores latinoamericanos. Habla de civilización como la asunción de una clara conciencia de la originalidad americana capaz de producir literatura de gran calidad. Hay que recordar que estos ensayos son anteriores al florecimiento que la literatura latinoamericana experimentaría a mediados de nuestro siglo. Pedro Henríquez Ureña, en un ensayo publicado en *La Nación* en septiembre de 1936, titulado "La América española y su originalidad", incluido en *Ensayos en busca de nuestra expresión*, dice: "Nuestra América se expresará plenamente en formas modernas cuando haya entre nosotros densidad de cultura moderna, y cuando hayamos acertado a conservar la memoria de los esfuerzos del pasado, dándoles solidez de tradición"(34). Ambos, Reyes y Henríquez Ureña, sientan bases para lo que vendrá.

[26] Efectivamente, en su libro *Transculturación narrativa en América Latina* Rama corrige la noción de transculturación definida por Ortiz como un primer momento de parcial desculturación, seguido de otro de incorporación de elementos de la cultura externa, y un tercer momento de

recomposición en el que se manejan elementos supervivientes de la cultura originaria y los que vienen de afuera (38). Rama señala que cuando se aplica el concepto de trasculturación a las obras literarias es necesario dar importancia a los criterios de selección y creación que el receptor cultural aplica para la neoculturación de la que habla Ortiz. En este énfasis en la selección e invención que se realiza sobre la tradición recibida, Rama se acerca a lo expresado por Reyes en 1936, en su interpretación de las características del proceso creador de los escritores latinoamericanos.

[27] Esta irreverencia que permite innovar en una cultura ajena que se ha estudiado bien, es señalada por Borges como clave de la obra de su amigo y maestro en el artículo "Alfonso Reyes".

[28] Lo que González Echevarría se pregunta en *Myth and Archive* es "how can myth and history coexist in the novel?"(6).

[29] En cierta forma se parece a lo que hace Bernal Díaz del Castillo al establecer similitudes entre el valle de México y la ficción de *Amadís de Gaula* en el epígrafe que Reyes utiliza en la segunda sección de *Visión de Anáhuac*; con la diferencia de que Bernal lo hace por ignorancia y por asombro, y Reyes lo hace con pleno conocimiento y audacia para subvertir el legado europeo.

[30] Carpentier dice en el prólogo a *El reino de este mundo* que lo real maravilloso se encuentra a cada paso en este continente, y exclama: "¿Pero qué es la historia de América toda sino una crónica de lo real-maravilloso?" (17).

[31] En el libro *Visión de los Vencidos: Relaciones indígenas de la conquista*, recopilado por Miguel León Portilla y Angel María Garibay, y que incluye relatos recogidos por Sahagún y Muñoz Camargo de fuentes indígenas, se dedica todo un capítulo a los presagios de la venida de los españoles. Entre esas funestas señales figuran: un resplandor en el cielo, o "espiga de fuego" que duraba de la medianoche al amanecer y continuó apareciendo durante un año, ese resplandor venía del este y apareció diez años antes de la venida de los españoles; el incendio repentino y sin motivos aparentes de "la casa de Huitzilopochtli", el "Tlacateccan" (casa de mando); un rayo que cayó sobre el templo de Xiuhtecuhtli; un cometa que venía de donde sale el sol; olas hirvientes en la laguna de Tenochtitlán; unos como gritos de mujer que iba llorando por la noche; un pájaro ceniciento que Moctezuma tuvo por mal agüero, y en cuya mollera vió como si personas vinieran de prisa, haciendo guerra; la aparición de personas monstruosas, con dos cabezas en un cuerpo, que llevados a la sala negra del palacio de Moctezuma, donde él estudiaba magia, perdían esas características.

[32] Dice al respecto Octavio Paz: "¿Por qué cede Moctezuma? ¿Por qué se siente extrañamente fascinado por los españoles y experimenta ante ellos un vértigo que no es exagerado llamar sagrado –el vértigo lúcido del suicida ante el abismo? Los dioses lo han abandonado. La gran traición con que comienza la historia de México no es la de los tlaxcaltecas, ni la de Moctezuma y su grupo, sino la de los dioses. Ningún otro pueblo se ha sentido tan totalmente desamparado como se sintió la nación azteca ante los avisos, profecías y signos que anunciaron su caída. Se corre el riesgo de

no comprender el sentido que tenían estos signos y profecías para los indios si se olvida su concepción cíclica del tiempo....La llegada de los españoles fue interpretada por Moctezuma –al menos al principio– no tanto como un peligro 'exterior' sino como el acabamiento interno de una era cósmica y el principio de otra. Los dioses se van porque su tiempo se ha acabado; pero regresa otro tiempo y con él otros dioses, otra era" (102-3).

[33] En el caso de los españoles, esto sólo sirvió para aumentar su codicia. Según cuentan los relatos indígenas en *Visión de los vencidos*: "cuando llegaron, cuando entraron en la estancia de los tesoros, era como si hubieran llegado al extremo. Por todas partes se metían, todo codiciaban para sí, estaban dominados por la avidez. Todo lo cogieron, de todo se adueñaron, todo lo arrebataron como suyo, todo se apropiaron como si fuera su suerte" (71).

[34] Reyes reitera en este ensayo su postura anti-imperialista, expresada también en ensayos como "México y los Estados Unidos" (1920) y "España y América" (1922), y en su poema "Centro América" (1927) en que condena el intervencionismo de Estados Unidos en Nicaragua y otros países centroamericanos.

[35] En esta ansiedad por los orígenes Reyes es quintaesencialmente americano. Re-leyendo lo europeo a partir de lo americano Reyes se separa de ambas tradiciones y crea la posibilidad de una nueva interpretación del pasado, de una nueva lectura que pone de manifiesto la grandeza del destino de América. Reyes conoce la controversial frase de Hegel "América es el país del futuro" (200) pero le da un sentido dinámico. Cuando Reyes se refiere a América como el país del futuro, no implica negación de sentido en su historia, ni negación de expectativas basadas en su presente (como había implicado Hegel), sino que el presente de América le parece un tiempo existente desde el que se contempla el pasado y se prepara el futuro. De esta tensión entre pasado mitológico y porvenir utópico surge, según Reyes, la originalidad americana.

Bibliografía

Barili, Amelia. *Jorge Luis Borges y Alfonso Reyes: la cuestión de la identidad del escritor latinoamericano*. México: FCE, 1999.

Bloom, Harold. *The Anxiety of Influence. A Theory of Poetry*. New York: Oxford University Press, 1973.

Borges, Jorge Luis. "Alfonso Reyes". *Sur* 264 (1960): 1-2.

Carpentier, Alejo. *El reino de este mundo*. México: Edición y Distribución Iberoamericana de Publicaciones, 1949.

_____ "Bernal Díaz del Castillo, nuestro primer clásico". *Verde olivo* 11 (1970): 28.

Cornejo Polar, Antonio. "Mestizaje e hibridez: los riesgos de las metáforas". *Revista de Crítica Literaria Latinoamericana* 47 (1998): 7-11.

Díaz Arciniega, Víctor, ed. *Voces para un retrato. Ensayos sobre Alfonso Reyes* México: FCE, 1990.

González Echevarría, Roberto. *Myth and Archive: A theory of Latin American Narrative*. Cambridge: Cambridge University Press, 1990.

Gutiérrez Girardot, Rafael. "La imagen de América en Alfonso Reyes". Reyes, Alfonso. *Vocación...*, 32-53.

Hegel, Georg Friedrich. *Sämtliche Werke*. Leipzig: G. Lasson, 1920.

Henríquez Ureña, Pedro. *Seis ensayos en busca de nuestra expresión*. Buenos Aires: Babel, 1928.

Hozven, Roberto. "Sobre la inteligencia americana". *Revista Iberoamericana* 148-149 (1989): 803-17.

León-Portilla, Miguel. *Visión de los Vencidos: Relaciones indígenas de la conquista*. México: UAM, 1971.

Leonard, Irving. *The Books of the Brave*. Berkeley: University of California Press, 1992.

Lévi-Strauss, Claude. *Myth and Meaning*. Toronto: University of Toronto Press, 1978.

Levinas, Emmanuel. *Totality and Infinity: An Essay on Exteriority*. Pittsburgh: Duquesne University Press, 1969.

Moraña, Mabel. "El boom del subalterno". *Revista de Crítica Cultural* 15 (1997): 48-53.

Neruda, Pablo. *Canto general*. Caracas: Biblioteca Ayacucho, 1976.

Paz, Octavio. *El laberinto de la Soledad. Posdata. Vuelta a El laberinto de la soledad*. México: FCE, 1993.

Perry, Robert Charles. *The Mexicanism of Alfonso Reyes*. Diss. University of Colorado, 1982.

Pratt, Mary Louise. *Imperial Eyes: Travel Writing and Transculturation*. London: Routledge, 1992.

Rama, Ángel. *Transculturación narrativa en América Latina*. México: Siglo Veintiuno Editores, 1982.

Reyes, Alfonso. *Última Tule*. México: Imprenta Universitaria, 1942.

_____ *El deslinde. Prolegómenos a una teoría literaria*. México: FCE, 1944.

_____ *Vocación de América. Antología*. Víctor Díaz Arciniega, ed. México: FCE, 1989.

_____ "Atenea política". *Obras completas*. T. XI. México: FCE, 1960. 182-203.

Robb, James Willis. "Alfonso Reyes, narrador de lo vivido (En torno a su juicio de Amado Alonso)". *Estudios sobre Alfonso Reyes*. Bogotá: Ediciones El Dorado, 1976. 25-56.

_____ "Estilización artística de temas metafísicos en Alfonso Reyes". *Revista Interamericana de Bibliografía* 29/1 (1979): 32-40

Ruiz Soto, Alfonso. "Re-visión de Anáhuac". Díaz Arciniega, 252-68.

Sarlo, Beatriz. "Los estudios culturales y la crítica literaria en la encrucijada valorativa". *Revista de Crítica Cultural* 15 (1997): 32-38.

Stabb, Martin S. *In Quest of Identity: Patterns in the Spanish American Essay of Ideas, 1890-1960*. Chapel Hill: University of North Carolina Press, 1967.

Todorov, Tzvetan. *The Conquest of America: The Question of the Other*. New York: Haper and Row, 1984.

Vega, Garcilaso de la, el Inca. *Comentarios reales de los incas*. Caracas: Biblioteca Ayacucho, 1985.

Homonoia. La utopía cosmopolita de Alfonso Reyes

Evodio Escalante
Universidad Autónoma Metropolitana-Iztapalapa

> ¿No adviertes, filósofo, una súbita revelación
> de suprema armonía?
>
> Pedro Henríquez Ureña

¡Cosmopolitas de América Latina, uníos! Esta parece ser la interesante consigna que recorre el pensamiento cultural y político del Alfonso Reyes entre los años 1930 y 1945. Como lo reflejan algunos de sus textos orientados al diagnóstico político y cultural que recoge principalmente en *Última Tule* y en *Tentativas y orientaciones,* incluidos en el tomo XI de sus *Obras completas,* diagnóstico que se apoya, como es más o menos claro, en una persistente *prognosis* de naturaleza profética y utopizante que hunde sus raíces en otros pensadores de la época, estos años son no sólo de una intensa confrontación en el terreno de las ideas, sino de una verdadera crisis civilizatoria que incluye además de la vacilante reconstitución de Europa tras los tratados de Versalles, la agudización de un malestar y de un encono que desembocarán en una nueva Guerra Mundial, más devastadora y atroz que la que la había precedido. Ubicado dentro de este contexto en lo esencial agonístico, de confrontación y lucha, y haciéndose eco de un mesianismo americano que ya estaba en Pedro Henríquez Ureña y en su colega y amigo del Ateneo de la Juventud, José Vasconcelos, Alfonso Reyes llega a la conclusión de que ha llegado la hora de tomar en propia mano la estafeta de la universalidad que los europeos habrían dejado de enarbolar en los hechos. Lo animan, además de los antecedentes que menciono, el severo diagnóstico de Spengler acerca de la decadencia de Occidente, vuelto ya para entonces un lugar común, y quizás –creo que la hipótesis no carece del todo de fundamento, como expondré más adelante– los conocidos pronósticos marxistas acerca del "derrumbe" del capitalismo (*Zusammenbruchstheorien)* que circulaban en los medios intelectuales latinoamericanos de izquierda durante la década de los treinta.

En los *Seis ensayos en busca de nuestra expresión* (1928), de Pedro Henríquez Ureña, se advierte ya la peculiar prognosis profética que insiste en otorgarle al continente americano el lugar de una suplencia o un *relevo* que es a la vez histórico y generacional:

> Si las artes y las letras no se apagan, tenemos derecho a considerar seguro el porvenir. Trocaremos en arca de tesoros la modesta caja donde ahora guardamos nuestras escasas joyas, y no tendremos por qué temer al sello ajeno del idioma en que escribimos, porque entonces habrá pasado a estas orillas del Atlántico el eje espiritual del mundo español. (253)

El aplomo con el que el escritor dominicano indica que para "entonces", en la inminencia de un tiempo que no se hará mucho esperar, "habrá pasado a estas orillas del Atlántico el eje espiritual del mundo español", torna evidente hasta qué punto la profecía vasconceliana de la raza cósmica había encontrado un terreno fértil en algunas de las inteligencias más avezadas del continente, induciendo en ellas la confianza en una segunda "descolonización" (ahora no sólo política, sino también cultural) que se vislumbraría en el horizonte. Un texto del casi siempre sarcástico Salvador Novo, escrito a manera de relato de viaje por la América del Sur, corrobora desde otro ángulo muy distinto la anterior impresión. Al comentar la poesía nativista del poeta uruguayo Fernán Silva Valdés, a quien habría conocido en casa de Juana de Ibarbourou, Novo asevera que las cinco ediciones de su libro *Poemas nativos,* la última hecha especialmente para las escuelas públicas, "muestran hasta qué punto esta poesía responde a una necesidad de identificación amorosa con su medio que late en la promesa de una raza nueva" (790). Lo que en Henríquez Ureña es el traslado de un "eje espiritual", en Novo, más atento a los avatares de la circunstancia, es el anhelo de una "identificación amorosa" con la naturaleza, una reconciliación del alma hispanoamericana, podría decirse, con el paisaje y con los productos de este paisaje que sólo empezaría a cumplirse con "la promesa de una raza nueva" que oficia así como catalizador espiritual del continente.

La formulación magna y ajena a particularismos de este proyecto se remonta a Vasconcelos. El mismo año en que se publica

La raza cósmica (1925), Vasconcelos dicta en Viena una conferencia en muchos sentidos notable. Sostiene en dicha conferencia:

> Es curioso, por ejemplo, observar que en la Europa de la post guerra el nacionalismo se recrudece y retorna a maneras casi agresivas, entre nosotros en cambio, gana cada día más adeptos el viejo plan de crear una Federación poderosa con todas nuestras nacionalidades asiladas. De esta suerte, mientras Europa se desintegra en nacionalidades, nosotros nos encaminamos a la formación de un vasto Estado. En tanto que otros países afirman los muros aisladores del nacionalismo, nosotros procuramos abrir nuestras puertas a los influjos externos y a la inmigración extraña. Al proceder de esta suerte, confiamos, sin duda, en nuestros vastos recursos vírgenes y en el poder asimilativo de nuestra cultura. Un poder de asimilación que se funda en la flexibilidad y la libertad, más bien que en el rigor de las normas. (Fell, *Ecrits* 161-62)

El amplio Estado latinoamericano no es, sin embargo, dentro de la arrebatada profecía vasconcelista, sino una etapa provisional, transitoria, que habrá de disolverse en los tiempos postreros para dar entrada a un mundo donde la estorbosa rémora de los nacionalismos habrá terminado para siempre. Émulo de Platón que es a la vez capaz de ir más allá de Platón y su gobierno de los filósofos, predice y predica Vasconcelos:

> La educación será entonces la tarea fundamental; ya no la producción, convertida en organismo en marcha, sino la tarea de cultivar y desenvolver los espíritus. Pero el gobierno de los filósofos, si su misión no se corrompe, tendrá que llevarnos a una etapa todavía superior del progreso social, a la desaparición del Estado que también es medio y no fin: pues no hay otro fin que el individuo, la chispa divina, el Alma y Dios, y todo lo demás es como paja y vanidad. Al desaparecer por innecesario el Estado, la última huella de la barbarie también se irá con él y las formas todas del nacionalismo serán cosa del pasado. (167)

América Latina es, a la luz de lo anterior, no sólo el continente del porvenir sino el de la homogeneización. Tan es así que en él declinarán no sólo los molestos y atávicos nacionalismos sino los Estados, estos aparatos políticos de dominación que habiendo cumplido su misión histórica tendrían también que desaparecer obligados por la fuerza de una razón que se impone de modo soberano en la historia.

Los procesos históricos de unificación de los que es un protagonista privilegiado este continente, le permiten a Alfonso Reyes acuñar un término que resume el sentido de esta nueva racionalidad, a la que él llama *homonoia*, que habría que entender en un doble sentido como unificación del pensamiento y pensamiento de la unificación, clave y premisa a la vez de una nueva armonía internacional que no sería posible sino a partir de América y dentro del (esta sería la aportación específica de Reyes) ámbito nivelador de la democracia.

Asevera Reyes en palabras que mucho recuerdan las de Vasconcelos, su indudable antecedente:

> ...hoy, ante los desastres del Antiguo Mundo, América cobra el valor de una esperanza. Su mismo origen colonial, que la obligaba a buscar fuera de sí misma las razones de su acción y de su cultura, la ha dotado precozmente de un sentido internacional, de una elasticidad envidiable para concebir el vasto panorama humano en especie de unidad y conjunto. La cultura americana es la única que podrá ignorar, en principio, las murallas nacionales y étnicas. Entre la homogeneidad del orbe latino y la homogeneidad del orbe sajón –los dos personajes del drama americano– la simpatía democrática oficia de nivelador, rumbo a la *homonoia*. (XI: 61-62)[1]

Es cierto que el término utilizado por Reyes no ha hecho fortuna. No importa. La *homonoia* es la cifra y la síntesis de su pensamiento político y cultural. Si bien en ella se concentra el nervio utopista que recorre esta vertiente específica de su producción literaria, habría que decir que es también por otra parte el resultado de su particular confrontación con las promesas y los fracasos del universalismo europeo.

El pensamiento (el *nous*) americano estaría llamado a encarnar una nueva etapa en la historia del mundo. Tan convencido está Reyes de este destino americano, de este optimismo utópicamente inspirado, que se permite mirar con no disimulado desdén algunos de los más altos logros de la filosofía europea de su época, a los que de modo necesario tendrá que considerar como expresiones de una filosofía del desgano o de la decadencia. Si ya Vasconcelos en su *Historia de la filosofía* se había burlado de la "murria" (entiéndase "angustia", aunque quizás también "desazón") heideggeriana, Reyes no va a quedarse atrás. En *Ancorajes* calificará a la fenomenología husserliana como "una filosofía del remilgo" y como una nueva versión de *La comedia de los errores* (XXI: 108-12).[2] En este mismo libro dirá sin ocultar mucho sus emociones que el ensayo sobre *Hölderlin y la esencia de la poesía* "muy bien puede ser lo más endeble que Martin Heidegger haya escrito en su vida" (XXI: 232).[3] Lo acusa, y quizás en esto no le falta del todo razón, de perder de vista el contexto en que se producen ciertas afirmaciones de Hölderlin, lo que trastornaría por consiguiente toda su semántica. En uno de sus textos más brillantes, *Atenea política*, incluido en *Tentativas y orientaciones*, Reyes arremeterá de nuevo contra Heidegger, a quien meterá en un mismo saco con Ortega y Gasset, cosa que por otra parte hay que decir que era algo muy común en la época. Reyes invita a considerar "a cualquiera de los representantes de la filosofía contemporánea, tan preocupada toda ella, precisamente, por fijar la situación del hombre en la vida que es, por eso mismo, una filosofía trágica". Ya el calificativo de *filosofía trágica* tiene su retintín: el de los pensamientos "angustiados" de los que está tomando una prudente distancia, el de la consideración del *Dasein* como un "ser-para-la-muerte", según la traducción que después sería famosa de José Gaos. Ahí mismo agregará Reyes:

> Todos os dirán en diferentes palabras que, ante las piedras, las flores, las aves y las estrellas, el hombre es el náufrago caído en el océano de la inteligencia –porque es el juguete de ella y no su señor– y algunos os dejarán entender que las culturas son otros tantos sistemas natatorios. (XI: 183)

Es cierto: aquí no se menciona para nada a los filósofos aludidos, y en estas condiciones es difícil darse por enterado. En otro tomo, empero, de sus *Obras completas*, Reyes va a develar el misterio a los lectores curiosos precisando el sentido de su crítica:

> José Ortega y Gasset y Martin Heidegger, cada uno por su lado y con otra visión, consideran al hombre más bien como un náufrago del mundo. La cultura sería su sistema natatorio. Los aludo, sin nombrarlos, en el cap. II de la *Atenea política*. (XXI: 210)[4]

Lo que los náufragos de la inteligencia no han comprendido es lo que Reyes sí comprende, por supuesto: que el mundo ha entrado en una nueva era de unificación, que la historia del planeta se dirige con pasos inexorables hacia la *homonoia* americana. Que en la carrera de relevos en que consiste la historia, a los americanos nos toca llevar ahora encendida la antorcha de la universalidad (el *nous*, desde la época de los griegos, es lo universal). Es la *Atenea política* el libro en que de modo más sistemático se expone esta idea cuyos jirones, como podría esperarse, también se encuentran en muchos otros textos del autor. Reyes se cuida muy bien de precisar el alcance de esta unificación que define la historia del esfuerzo humano por adueñarse del planeta. Aclara Reyes que la

> unificación no significa la renuncia a los sabores individuales de las cosas, a lo inesperado, y aun a la parte de aventura que la vida ha de ofrecer para ser vida. Sólo significa una circulación mejor de la vida dentro de la vida. Unificar no es estancar: es facilitar el movimiento.

Ahí mismo, agrega, para mayor claridad:

> Unificar no es achatar las cosas haciéndoles perder su expresión propia, sino establecer entre todas ellas un sistema regular de conexiones. Una vida es tanto más vida cuanto mayor es la relación entre las diferentes partes del ser. Pero la plena vivificación no adormece el sentido heroico: al contrario, trae consigo un riesgo elevado a la potencia máxima. (XI: 184)[5]

No una filosofía de la "murria", y mucho menos del "remilgo", que aparta la vista temerosa de todo aquello que pueda mortificar o ser desagradable, sino una filosofía afirmativa, capaz de despertar el sentido heroico, esto es, el espíritu de las grandes empresas. Desde la atalaya de este entusiasmo vital y "vitalista", ya puede Reyes realizar un diagnóstico y hasta atrever una filiación cristiana para su proyecto, siempre que se entienda que uno de los "rodeos" de este proyecto cristiano tendría que pasar por Latinoamérica. Sostiene Reyes:

> La tierra no unificada, en que hoy vive una humanidad partida en discordias, es un organismo con la circulación entorpecida: la sangre no llega a todas partes y, por sólo ese hecho, se producen asfixias e intoxicaciones. La más grande felicidad conquistada por la historia europea, la fraternidad cristiana, hace veinte siglos

que anda dando rodeos, y todavía no puede bañar a todos los hombres. (XI: 184-85)

Lo que a Reyes le interesa mostrar es que América representa el nuevo episodio de esta tentativa cristiana de fraternidad. Para hacerlo, y poniéndose un poco en el papel de un Toynbee americano –es decir, de un filósofo de la historia– Reyes resume en cuatro grandes etapas lo que podría ser el itinerario planetario de esta idea. Antes que nada, Reyes distingue dos tipos de empresas cosmopolitas. El imperialismo, que unifica dominando, sería el primer tipo; el segundo, en cambio, que es el que a Reyes le interesa y al que le desea un porvenir, "sólo quiere facilitar la circulación del hombre dentro del mundo humano". Es un cosmopolitismo espiritual, en el que la inteligencia trabaja sobre la inteligencia, y que no persigue otra cosa que moldearla estéticamente, para que pueda estar en armonía con el mundo y la naturaleza.

Este último cosmopolitismo, según Reyes, habría hecho cuatro intentos en la historia del mundo. El primero, sería el cosmopolitismo cristiano y caballeresco en la edad media. El segundo, sobrevendría con el renacimiento. El tercero, sería el cosmopolitismo clásico y filosófico del siglo XVIII, con la famosa ilustración. El cuarto intento consistiría en el movimiento romántico, que surgiría en la primera mitad del siglo XIX y en cuyas consecuencias acaso continuamos viviendo. La historia americana, por supuesto, no es ajena a estos brotes. Aunque Reyes no se detiene mayormente en ello, podría estimarse que los tres primeros confluyen de modo abigarrado, incompleto y de manera muy desigual, en la conformación de la época de la colonia. El romanticismo, que exalta la idea de la libertad, incidiría sobre todo en los movimientos de emancipación nacional que sacuden al continente, y que terminan librándolo de la sumisión colonial.[6]

A los anteriores, Reyes agrega un quinto intento de cosmopolitismo, al que él llama cosmopolitismo político contemporáneo, que

> no borda ya sobre un ideal religioso, humanístico, racionalista o romántico, sino sobre el cañamazo del hombre abreviado en su expresión mínima: el hombre en su primer función, que es la de vecino del hombre. Y el problema de la vecindad entre los hombres es, ni más ni menos, el problema político.

Ahí mismo concluye Reyes, para redondear su exposición: "De tal nueva especie de cosmopolitismo, las actuales revoluciones económicas son el síntoma aventurero y bravío" (XI: 192-93).[7]

Lo que falta ver es de qué modo argumenta Reyes que los americanos somos, más allá de la contextura racial (y hasta racista) que había de algún modo lastrado la propuesta de Vasconcelos en *La raza cósmica,* los entes abocados a realizar este intento de cosmopolitismo.[8] Se podría decir que Reyes desglosa en seis postulados esta vocación cosmopolita de los americanos:

a) Postulado naturalista. Los americanos somos *connaturalmente internacionalistas.* Según Reyes, que en este punto reconoce sin empañaduras ni restricciones el antecedente mesiánico de Vasconcelos, nuestra inteligencia

> a la vez que tan arraigada a nuestras tierras [...] es naturalmente internacionalista. Esto se explica no sólo porque nuestra América ofrezca condiciones para ser el crisol de aquella futura "raza cósmica" que Vasconcelos ha soñado, sino también porque hemos tenido que ir a buscar nuestros instrumentos culturales en los grandes centros europeos, acostumbrándonos así a manejar nociones extranjeras como si fueran propias. (XI: 87)

b) Postulado de síntesis.

> Hemos llegado a la vida autónoma cuando ya nuestra lengua no dominaba el mundo. Los que se criaron dentro de un orbe cultural en auge, o siquiera dentro de una lengua que aún sostenía su fuerza imperial, por eso mismo han vivido limitados dentro de ese orbe o de esa cultura. Nosotros, en cambio, hemos tenido que buscar la figura del universo juntando especies dispersas en todas las lenguas y en todos los países. Somos una raza de síntesis humana. Somos el verdadero saldo histórico. (XI: 134)

En otro texto de *Tentativas y orientaciones,* Reyes llega a aceptar que la hostilidad ante la dominación española, resultante obligada de la prolongada sumisión colonial, también ha sido un factor que ha empujado a nuestra cultura al universalismo. Nuestro sistema de cultura, "algunas veces por sorda hostilidad y reacción contra la antigua metrópoli [...] se ensancha a *la absorción de todas las corrientes extranjeras*" (énfasis mío). De donde ya puede desprenderse un resultado paradójico: "Este universalismo viene a ser el inesperado efecto benéfico de la formación colonial".

Esta es una de las extrañas páginas en las que el humanista que siempre fue o que siempre quiso ser Alfonso Reyes deja entrever otra veta que estaría reprimida: la de una visión conflictiva de la historia del hombre. La "sorda hostilidad", la "reacción contra la antigua metrópoli", en otras palabras, el odio, el conflicto, el desgarramiento, sea racial o de clase, aparece así sin ninguna gazmoñería como un motor de la historia, o para decirlo en términos más abstractos y sin duda más confortables, como productor de universalismo.

c) Postulado de entropía cultural. Los europeos están agotados. Afirma Reyes:

> por suerte, la inteligencia no ha tenido tiempo entre nosotros de romper con los estímulos de la acción, como acontece en los países agotados por viejas civilizaciones, donde pueden edificarse torres de marfil y teorías estrafalarias conforme a las cuales el hombre de pensamiento que participe en la vida de su siglo viene a ser un "clérigo traidor". (XI: 69)

La enorme devastación producida por la guerra añade sus propias pinceladas a este panorama desolador:

> [...] Europa, nuestra venerable y común maestra, saldrá de la guerra como un soldado herido, necesitado de auxilios y vendajes en tanto que vuelve a recobrar la salud, mientras que nosotros vamos saliendo de la guerra mucho menos maltrechos. (XI: 332)

d) Postulado del provincialismo de los otros (pero irónicamente: de los que se ven a sí mismos como universales). Aunque perdida en la selva oscura de una nota a pie de página, Reyes no deja de señalar esta paradoja que parece terrible: los europeos, pese a su fe universalista, y en cierta medida por ella misma, son más provincianos que los americanos. Cito las palabras de Reyes: "Ante el americano medio, el europeo medio aparece siempre encerrado dentro de una muralla china, e irremediablemente como un provinciano del espíritu" (XI: 88n). Incluso, se atreve a sentenciar: "Mientras no se percaten de ello y mientras no lo acepten modestamente, los europeos no habrán entendido a los americanos".

e) Postulado de la homogeneidad previa. Reyes llega a la conclusión de que, "de un modo general y sin entrar en odiosos distingos, los pueblos de América, por el impulso de su formación histórica semejante, son menos extranjeros entre sí que las naciones del viejo mundo" (XI: 265).

f) Postulado de las ventajas de llegar tarde al banquete de la civilización. Se trata de uno de los pasajes más afortunados del pensamiento de Reyes, y no deja de sorprender por la ironía evangélica que aquí está implícita: los últimos serán los primeros.

> Llegada tarde al banquete de la civilización europea, América vive saltando etapas, apresurando el paso y corriendo de una forma en otra, sin haber dado tiempo a que madure del todo la forma precedente. A veces, el salto es osado y la nueva forma tiene el aire de un alimento retirado del fuego antes de alcanzar su plena cocción. La tradición ha pesado menos, y esto explica la audacia. Pero falta todavía saber si el ritmo europeo –que procuramos alcanzar a grandes zancadas, no pudiendo emparejarlo a su paso medio–, es el único "tiempo" histórico posible; y nadie ha demostrado hasta ahora que una cierta aceleración del proceso sea contra natura. (XI: 83).[9]

Se trasminan en esta última propuesta de Reyes, y lo digo sólo como una conjetura, lo mismo la ligereza de la danza nietzscheana, los pies alados de un pensamiento bailarín que rompe con la metafísica de Occidente, que las recién elaboradas tesis marxistas acerca de la posibilidad de "quemar etapas", y de pasar directamente a la construcción del socialismo sin haber pasado antes por un desarrollo capitalista pleno, tal y como se estiló en la vieja Unión Soviética bajo la férula stalinista.

Me referí en los primeros párrafos de este texto al muy probable influjo en el pensamiento de Reyes de la tesis de Spengler acerca de la decadencia de Occidente, así como a la refracción de algunas notas que podrían estar tomadas de la ideología marxista de la época. ¿La cultura Occidental está en la ruina y desfallece, tal como diagnosticó Spengler? ¿Lo que desfallece son los hombres que la crearon y que le daban sustento? Me parece que esto último es lo que insinúa Reyes en el pasaje que cito a continuación:

> Sólo dentro de algunos siglos, juzgando *a posteriori* y mediante ese error de contraste que da la distancia, podrá saberse si América ha logrado elaborar una cultura relativamente nueva. *En nuestro caso se trata más bien de recoger la herencia de una cultura, ante el notorio quebranto de los pueblos que la han construido.* Se trata de una

toma de posición y acaso una toma de posesión de la cultura. (XI: 255, énfasis mío)

El juego de palabras no deja de ser significativo: una *toma de posición* que es también una *toma de posesión*. Lo malo, o lo significativo, es que entendido en rigor esto equivale a predicar una actitud ventajista. Muy poco falta para que Reyes diga que es bueno despojar a los muertos de sus pertenencias más valiosas... puesto que ya no estarán en disposición de usarlas ellos mismos.

Estoy seguro de que sorprenderá a muchos saber que hay en el pensamiento de Reyes ciertas resonancias que denotan una asimilación de conocidos ideologemas de la teoría económica marxista. ¿Qué tiene que ver Reyes con la ahora mitológica teoría del "derrumbe" del capitalismo? ¿Con la *Zusammenbruchstheorie* formulada presuntamente por Marx y refrendada por varios de sus continuadores en la primera mitad del siglo xx? Lo diré de modo abreviado: Reyes cree –o cuando menos, llega a creer– a pie juntillas en esta teoría, y no lo disimula. Transcribo un pasaje que puede ser ilustrativo y significativo en este contexto, en el que no sería extraño encontrar el estilo de un pensamiento por una parte apocalíptico y por otra dialéctico:

En la hora presente, hay que acostumbrarse a pensar que nuestra América no se enfrentará con un mundo fácil. *El derrumbamiento económico será inevitable*. Pero aun tal derrumbamiento promete ventajas. Él permitirá purgar tradiciones y prescindir de adiposidades que embarazan a las culturas viejas. (XI: 269, énfasis mío)[10]

En un pasaje paralelo, Reyes da por defenestrado al capitalismo. No sólo esto, además opta abiertamente por el régimen socialista. ¿Exagero? La cita no me deja mentir, al revés, ubica la dimensión de esta filiación por efímera o transitoria que haya sido en Reyes:

La religión socialista se dibuja como una justicia futura. El capitalismo imperante, que antes luchó por los mercados libres para crearse el ensanche indispensable a su desarrollo, ahora resucita las cortapisas y las barreras aduanales, lo que revela su inadaptabilidad vital al nuevo estado del mundo, ya en franca carrera de unificación. (XI: 308)[11]

El credo anticapitalista y antirracial de este Reyes se confirma unos cuantos párrafos más adelante, cuando señala que la apropiación privada de la plusvalía (lo digo en términos marxistas) es inaceptable: "La única solución consiste en la eliminación total de los provechos individuales ilegítimos y de los credos de dominio racial. Y esta será la nueva era" (XI: 309).

Todavía puedo agregar otro último pasaje que apunta en el mismo sentido. Es decir, en el sentido profético de la *homonoia* –la idea predilecta de Reyes– que en este caso supone, dicho con una sola frase, una liquidación del mundo capitalista, el cual sería sustituido simple y llanamente por *el mundo del trabajo* (dicho de otra manera: por el mundo del proletariado, con el cual se sellaría una nueva "trabazón económica"). Sostiene Reyes, a mi modo de ver de manera inequívoca en *Tentativas y orientaciones:*

> Puede decirse que los caminos de la tierra, la penetración en las zonas continentales antes inexploradas, era asunto reservado al siglo xix, así como los caminos del aire se reservaban para el presente siglo. Todo ello se encamina a la unificación de la tierra o interdependencia de todos los pueblos, rumbo a una posible confederación futura. La trabazón económica así lograda, vino a ser la base de un mundo capitalista, en tanto que llega a serlo de un mundo del trabajo. (XI: 304)

Se estará de acuerdo conmigo en que la idea cosmopolita que asume Alfonso Reyes –al abogar por una "posible confederación futura" que se complementa o se vuelve posible sobre la base previa de "un mundo del trabajo", en el sentido preciso que el texto mismo sugiere– es todo, menos incolora o trivial. Y que rompe, es lo menos que se puede decir, con una idea "humanista" y en esta misma medida estereotipada que nos hemos formado de su pensamiento.

NOTAS

[1] Gran conocedor de la literatura y la cultura griegas, me pregunto si la acuñación del término *homonoia* no tendría que ver más bien con las lecturas de la fenomenología husserliana realizadas por Reyes. La jerga típica de Edmund Husserl abunda en *noemas,* en correlatos *noemáticos,* en cumplimientos *noéticos.* Que Reyes leyó de manera intensa a Husserl es más que evidente sobre todo en la terminología de *El deslinde,* su libro de teoría literaria, que al menos en su primera edición se asumía como una "*fenomenología* del ente fluido". En sucesivas ediciones, acaso para disimular

su evidente deuda con este pensador al que en otra parte ironiza, Reyes sustituyó sistemáticamente "fenomenología" por "fenomenografía".

[2] El texto de referencia se titula "El espejo de Husserl", y consiste todo él en una atrevida parodia de la fenomenología husserliana, a la que lo menos que le reprocha es que sea una forma de la evasión irresponsable. Por eso asegura el narrador: "Los fenomenólogos estáis avezados a sacarle el bulto a los cuernos de la realidad".

[3] Abunda ahí mismo Reyes: "...se acerca a las palabras de Hölderlin desde la filosofía sistemática, las corta y las seca, las priva de libertad, y luego las quiere entender conforme a coherencias racionales de que al poeta no se le da un ardite".

[4] Como crítica del vitalismo orteguiano, la posición de Reyes puede pasar. Yerra en cambio de plano cuando reduce la ontología heideggeriana a una cosa que nunca quiso ser: una filosofía de la cultura.

[5] Creo que no sería desconsiderado del todo insinuar en esta inflexión del pensamiento de Reyes una resonancia nietzscheana. La consigna de "vivir peligrosamente" de la filosofía de Friedrich Nietzsche encuentra aquí una inesperada pero distintiva recuperación. Los sueños científico-tecnológicos también seducen a Reyes: "El día que nos montáramos en el rayo de luz –la mayor velocidad que alcanza la física– habríamos unificado el universo en la gozosa proporción del relámpago". Dos renglones antes, había escrito: "Así pues, la vida unificada es la vida en toda su dignidad y también *en todo su peligro*" (énfasis mío).

[6] Salta a la vista la discriminación maniquea en que incurre Reyes. No se podrá negar que también los llamados cosmopolitismos de la cultura, sean estos cristianos, racionalistas o románticos conllevan alguna forma específica de dominio político.

[7] Parece más o menos claro, en este punto, que Reyes está pensando en las revoluciones de inspiración bolchevique. El tan traído y tan llevado "internacionalismo proletario" bien podría ser una expresión de este nuevo tipo de cosmopolitismo anunciado por Reyes. Siempre que se considere que el marxismo es en lo fundamental una "teoría económica", la referencia a las "actuales revoluciones económicas" podría indicar la connotación a que me refiero. No deja de llamar la atención, de cualquier manera, la adjetivación positiva que emplea el escritor. Tales revoluciones se le aparecen como un "síntoma aventurero y bravío" (!) de la época que le habría tocado vivir.

[8] En relación con la utopía racial y a la vez racista, mendeliana, de Vasconcelos, véase Escalante.

[9] Al comentar este texto de Reyes, Rafael Gutiérrez Girardot observa: "Justamente el menor peso de la tradición, esto es, de la filología clásica, le permitió a Reyes crear una imagen de Grecia que, además de ejemplar, se aproximaba a la que Nietzsche esbozó en *El origen de la tragedia en el espíritu de la música* (1872). Esta es la Grecia estética que, como lo exigía Nietzsche, se fijaba en la totalidad del gran cuadro y no, como la filología clásica, en

una mancha de aceite" (14-15). Reyes retoma de modo acaso un tanto más juguetón esta idea del "retraso", de la "llegada tardía" al "banquete de la civilización" en el capítulo trece de su *Discurso por Virgilio* (XI: 174).

[10] Sobre la teoría del "derrumbe", véase Colletti. La visión de Reyes no deja de tener un quizás inevitable –para esos años– tono catastrófico. Ahí mismo previene "para preparar a nuestros pueblos al sacrificio, cuando llegue, que no tarda ya, la hora de la pobreza universal". Además de la literatura marxista acerca del tema, de la que sin duda Reyes tenía alguna noticia, téngase en cuenta que estaba entonces todavía fresco en la memoria el famoso *crack* bursátil de 1929.

[11] Esta adscripción socialista de Reyes, con su consideración acerca de la supuesta caducidad y obsolescencia del sistema capitalista, al que considera enfermo de "inadaptabilidad vital", no tiene por qué sorprender si se tiene en mente la literatura de la época. En su "Conferencia de Viena", José Vasconcelos habría dicho, como si constatara un hecho por todos reconocido: "El poder creciente de la doctrina socialista en países como México, la Argentina y el Uruguay, acabará por imponer gentes mejores en el gobierno y sistemas económicos más adecuados" (Fell, *Ecrits* 161). En los párrafos finales de *La raza cósmica* aporta esta visión vinculada con el porvenir, en la que también menciona al socialismo, llamándolo incluso "socialismo en el gobierno", para dar a entender que se trata de algo real, y no meramente de una doctrina: "Las tendencias del futuro se entrelazan en la actualidad: mendelismo en biología, socialismo en el gobierno, simpatía creciente en las almas, progreso generalizado y aparición de la quinta raza que llenará el planeta, con los triunfos de *la primera cultura verdaderamente universal*, verdaderamente cósmica" (52). Subrayo la penúltima frase para indicar hasta qué punto, sin utilizar de manera explícita la palabra, Vasconcelos también está pensando en términos de la *homonoia* de Reyes.

Bibliografía

Colletti, Lucio. *El marxismo y el "derrumbe" del capitalismo*. México: Siglo XXI, 1985.

Escalante, Evodio. "José Vasconcelos, un hegeliano de derecha". *El pensamiento conservador en México*. Dora Kanoussi, comp. México: Plaza y Valdés, 2002.

Fell, Claude. *Ecrits oubliés. Correspondance entre José Vasconcelos et Alfonso Reyes*. México: Institut Francais d'Amerique Latine, 1976.

_____ *La amistad en el dolor. Correspondencia entre José Vasconcelos y Alfonso Reyes (1916-1959)*. México: El Colegio Nacional, 1995.

Gutiérrez Girardot, Rafael. *Cuestiones*. México: Fondo de Cultura Económica, 1994.

Henríquez Ureña, Pedro. *Obra crítica*. México: Fondo de Cultura Económica, 1960.

Kanoussi, Dora (comp.). *El pensamiento conservador en México*. México: Plaza y Valdés, 2002.

Novo, Salvador. *Viajes y ensayos*. V. I. México: Fondo de Cultura Económica, 1996.

Reyes, Alfonso. *Obras completas*. V. XI. México: Fondo de Cultura Económica, 1982.

_____ *Obras completas*. V. XXI. México: Fondo de Cultura Económica, 1981.

Vasconcelos, José. *La raza cósmica*. México: Espasa-Calpe, 1948.

Alfonso Reyes y la cuestión del americanismo

Rose Corral
El Colegio de México

La fama continental que alcanzó en vida Alfonso Reyes y los múltiples homenajes oficiales que recibió contrastan sin duda con la desmemoria que actualmente rodea su obra. Incluso en México, Reyes es un autor poco leído y su abarcadora obra ensayística, por ejemplo, raras veces se menciona en los debates de la crítica contemporánea. Tal vez, como lo sugirió Carlos Monsiváis en 1989, en ocasión del centenario de su nacimiento, resultan abrumadores y poco atractivos para el lector común los veintiséis tomos de sus *Obras completas* (505).[1] En el mejor de los casos, parece que el pensamiento de Reyes ha quedado encerrado en unas cuantas frases o fórmulas, que han tenido cierta fortuna, pero siempre descontextualizadas de los textos completos en que aparecieron y, sobre todo, del momento o de la circunstancia histórica en que se escribieron.[2] Sorprende tanto más este olvido cuanto que los ensayos de Reyes sobre América, tema del presente estudio, contribuyeron en forma decisiva a construir la memoria cultural del continente americano, a abrir caminos en torno a lo que significa la América Hispana en la primera mitad del siglo pasado. Un destino similar han tenido los trabajos sobre el mismo tema de su gran amigo Pedro Henríquez Ureña. Establecer genealogías y volver sobre textos fundacionales de la tradición crítica latinoamericana se convierten entonces en un imperativo. ¿En qué contexto se da la reflexión americana de Reyes? ¿Cuál es su postura frente a los debates de la hora en torno a la unidad de América Latina y su porvenir, en torno también a la polarización entre nacionalismo y europeísmo o cosmopolitismo, debates que recorren todo el continente? En la relectura de Reyes debe tenerse forzosamente presente este horizonte de discusiones, particularmente a la orden del día en el Río de la Plata en donde reside entonces Reyes.

Varias de las predicciones de Alfonso Reyes en torno al futuro papel de América no sólo quedan en pie sino que se han consolidado con el paso del tiempo: el proyectado internacionalismo de nuestra cultura, "su mayoría de edad", una mayoría de edad que logra vencer por fin el lugar periférico o la marginalidad que ocupaba el continente. Asimismo, han quedado atrás "las fatalidades concéntricas" que aquejaban al escritor hispanoamericano ("Un paso..." 126), origen de las sensaciones de inferioridad y arrinconamiento que padecía frente a los europeos: el formidable desarrollo de la literatura hispanoamericana de la segunda mitad del siglo XX, que ya no pudo conocer Reyes, ha merecido el reconocimiento internacional. Desde los años veinte, Reyes reflexiona sobre las utopías que envuelven y preceden el descubrimiento de América (un continente soñado innumerables veces antes de ser descubierto), analiza el pasado colonial e independiente del continente, se pregunta reiteradamente por el papel que le tocará desempeñar en el futuro, examina el problema del mestizaje y la heterogeneidad cultural del continente, de la que tanto se habla hoy, y advierte asimismo claramente (después de Martí y Rodó) el peligro que representa el imperialismo norteamericano. Por los mismos años, Reyes contribuye en buena medida a cerrar la falsa dicotomía entre nacionalismo y cosmopolitismo y a ampliar los horizontes limitados en que se daba entonces en México esta polémica. Ya en 1928, anticipándose a los conflictos venideros, Pedro Henríquez Ureña señalaba que "todo aislamiento es ilusorio" y agregaba: "No sólo sería ilusorio el aislamiento –la red de las comunicaciones lo impide —, sino que tenemos derecho a tomar de Europa todo lo que nos plazca: tenemos derecho a todos los beneficios de la cultura occidental" (*Seis* 29). La nueva idea de América, la noción de una patria ensanchada, continental, abierta al diálogo con otras tradiciones, favorece la mencionada ampliación de los términos de dicha discusión y permite combatir el aislacionismo pregonado por los distintos nacionalismos. Una de las frases más felices y citadas de Reyes tiene precisamente su origen en este asunto: "La única manera de ser provechosamente nacional consiste en ser generosamente universal" ("A vuelta..." 439).

Los textos de Alfonso Reyes sobre América entroncan con toda una línea de pensamiento sobre el continente, que conoce un recrudecimiento en los años veinte y treinta del siglo XX en que escribe precisamente buena parte de los mismos (ensayos, cartas abiertas, conferencias, discursos oficiales), y que reunirá posteriormente, en

1942, en el libro *Última Tule* y en *Tentativas y orientaciones*, publicado en 1943. Fuera de los textos centrales dedicados a esta cuestión, que comentaremos en estas páginas, hay que decir que las menciones a América son constantes en la obra ensayística de Reyes, lo que habla sin duda del intenso compromiso del escritor con el destino del continente. Muchas de las páginas de su revista personal *Monterrey*, que Alfonso Reyes publicaró en Brasil entre 1930 y 1937, antes de su regreso definitivo a México (en particular las secciones "Aseo de América", "Guardias de la pluma" o "Los ojos de Europa"), son también un buen ejemplo de sus reflexiones sobre el "complejo americano", como escribe en uno de los primeros números".[3] También en sus páginas Reyes da a conocer ensayos originales en los que proyecta sobre el paisaje y la historia americanos la luz de Virgilio o la de Goethe. En un ensayo memorable, "Virgilio y América", Reyes establece paralelos, remotas afinidades, entre la *Eneida* y la Conquista de América, una reflexión que retomará en un ensayo escrito en sus últimos años, "Moctezuma y la 'Eneida Mexicana'". Son los años o la "época" –descrita certeramente por Rafael Gutiérrez Girardot– "en que parecía escucharse un coro de voces americanas entonando una misma pregunta: ¿qué es América?" ("La imagen..." 12). Tendrán que pasar varios años más antes de que se abran paso nuevas coyunturas y nuevos debates. Todavía en 1953, el único número de la revista *Las ciento y una* (creada por Héctor A. Murena con la estrecha colaboración de David e Ismael Viñas), una revista interesada en "la realidad americana" y publicada en Buenos Aires, se abre con una reflexión titulada precisamente "Qué es América" y dedica un espacio al pensamiento americano de Reyes, considerado entonces como central en su obra ("Alfonso Reyes").[4]

Estos escritos de Reyes no pueden sino abordarse hoy en una perspectiva histórica que tome en cuenta los preocupantes acontecimientos del momento, que ensombrecen los años finales de la década del treinta, las discusiones entonces en curso, y los proyectos que nacen en torno a la idea de América como la importante revista argentina *Sur*, fundada en 1931 por Victoria Ocampo, en la que el americanismo juega, como se verá, un papel decisivo. La efervescencia en torno a la idea americana es perceptible en otro proyecto de revista, de proyección continental, cuyo título tentativo era *Continente*, y que se pensaba publicar alternativamente en Buenos Aires, Lima, La Habana y México, con el propósito, le escribe a Reyes el escritor y editor argentino Samuel Glusberg, de "hacernos oír en el continente sin intermediarios".[5] Pero este proyecto finalmente fracasa. Por otra parte, importa también considerar la evolución de la postura de Reyes, un aspecto muy pocas veces considerado por sus críticos, quienes por lo general toman estos escritos como un bloque.

En los años treinta se intensifican los debates sobre el futuro de la cultura en el mundo y el papel que tendrá que desempeñar América para su salvación, ante la amenaza que representan el ascenso del nazismo y la Segunda Guerra Mundial. Uno de los ensayos más lúcidos de Reyes sobre el tema que nos ocupa, "Notas sobre la inteligencia americana" –originalmente una conferencia pronunciada en Buenos Aires en una reunión organizada por el Instituto Internacional de Cooperación Intelectual–, fue escrito en esta hora crítica y se publicó precisamente en *Sur*, en 1936. No puede tampoco dejar de mencionarse la derrota de los republicanos españoles en 1939, una causa que fue respaldada por muchos intelectuales y creadores latinoamericanos, y la contribución que aquéllos posteriormente harían a estos debates desde su exilio americano. La revista *Cuadernos Americanos*, que se funda en México en 1942 –una empresa de la que forma parte Reyes desde un principio y en la que participan tanto intelectuales y creadores mexicanos como españoles exiliados en México– se propone como imperativo moral preservar, desde América, la cultura en peligro.

Por fin, el periplo vital del escritor mexicano tampoco es ajeno a las reflexiones americanas de Reyes. Son los años en que reside en Sudamérica. Acaba de pasar catorce años en Europa (en España y Francia) y el hecho de volver a América, concretamente a Argentina, un país situado en el extremo sur del continente, y cuya historia, sociedad y cultura estará muy pronto interesado en contrastar con las de México, reaviva sin duda sus reflexiones sobre el continente.[6] Este regreso a América cobra un significado particular, como él mismo lo manifiesta de manera inequívoca poco antes de salir de Francia: "Yo quiero volver a América, sentir la América Latina. Este prolongado vivir en Europa lo descasta a uno un poco. [...] Hay que ir a América a luchar, a luchar por América. Aquí somos desertores porque América necesita de toda energía joven" ("Una hora..."). Poco después, al llegar a Buenos Aires, en julio de 1927, vuelve sobre el tema americano en el periódico *La Nación*: "América es, en el mundo, algo nuevo y distinto, algo que no hay por qué medir con los moldes seculares", o sea con el "cartabón europeo", y agrega: "debemos [los americanos] aprender a estimarnos comparándonos

174

entre nosotros, construyendo, al fin, nuestra propia tabla de valores" ("Debemos..."). Un buen testimonio de que estos temas "estaban en el aire" se aprecia en la variedad misma de los textos de Reyes sobre el tema, de muy diversas procedencias: discursos conmemorativos y ocasionales ("En el día americano", "Palabras sobre la nación argentina"), su *Diario*, cartas abiertas a Waldo Frank, Francisco Romero, Valery Larbaud y Max Daireaux, publicadas en *Monterrey*, conferencias, entrevistas, e incluso un "arranque de novela" titulado "Los dos augures" y publicado en *Sur* en 1931.

En este conjunto de materiales, resulta interesante observar que Reyes es más escéptico o reservado en su *Diario*, en el relato publicado en *Sur* y en algunas cartas privadas que en las entrevistas mencionadas o en la carta abierta enviada en 1930 a Waldo Frank, en la que alude, tal vez por primera vez, a la posibilidad de "una inteligencia americana, mucho más allá de todas las ramplonerías de la política". Allí mismo esboza algunas de sus ideas en torno a los orígenes utópicos del continente que tomarán cuerpo finalmente en "El presagio de América", incorporado después a *Última Tule*. En 1929, rodeado en Buenos Aires de ilustres viajeros –el norteamericano Waldo Frank y el ensayista alemán Hermann Keyserling, ambos invitados por la futura fundadora de *Sur*, Victoria Ocampo–, Reyes apunta en su *Diario*:

> El otro día pensé cómo podía empezar mi soñada *Depuración de América* con un capítulo que sería: "Examen de profecías". Todo eso de "la hora de América", y las ideas de Vasconcelos y Frank que flotan en el ambiente de nuestra época, y de la decadencia de esto y el nacimiento de lo otro. Y si se puede hablar –en el estado actual de intercomunicación humana y de nivelación geográfica de la posibilidad de una "cultura americana" futura diferente y específica, que siempre he creído absurdo. (*Diario* 294)

Empieza a germinar en Reyes la idea de escribir un libro sobre América pero le importa marcar sus distancias frente al optimismo de un Frank, a su fe, no exenta de cierto candor, en el porvenir de América, o al sesgo mesiánico del Vasconcelos de *La raza cósmica*. Esta idea, la posibilidad o no de una "nueva cultura americana", sólo sería desarrollada y cuestionada por Reyes mucho más tarde, en 1942 en "Posición de América". En una extensa carta "confidencial" dirigida a José Ortega y Gasset en enero de 1930, en la que Reyes se refiere a sus discrepancias con los jóvenes escritores argentinos, vuelve a manifestar sus dudas en torno a cierto americanismo, a su vertiente más extrema cerrada:[7]

> Sinceramente, nunca pude compartir sus puntos de vista en materia de nacionalismo y americanismo, pero en esta exageración (que soy el primero en lamentar que no me entusiasma) siempre he visto la semilla de una futura cosecha para el pensamiento americano. Tanto peor para mi felicidad personal, si soy más exigente y más escéptico que mis contemporáneos del Continente. ("Carta...")

De tono más mesurado y equilibrado, el americanismo de Reyes es ante todo un esfuerzo auténtico por comprender el continente, su formación y evolución histórico-cultural, un esfuerzo por estimular los contactos entre los países de la América Latina con un propósito de concordia y armonía. El examen histórico de lo que había sido el continente le permitiría a Reyes ir configurando su noción de "inteligencia americana". Su americanismo no compagina ciertamente con algunos nacionalismos extremos de la hora y sus resentimientos en contra de los valores europeos. Antes que en México, en la conocida polémica del año 32 en que Reyes fue atacado por su "desvinculación de México" y a la que contestaría con el folleto "A vuelta de correo", hay que recordar que conoció los embates del nacionalismo, primero en Argentina, con sus jóvenes amigos de la vanguardia (aunque sea a título privado, como lo revela esta carta a Ortega y Gasset), y con el joven crítico Ramón Doll a quien Reyes contestaría en *Monterrey*.[8]

Los textos de Reyes que comentaremos aparecen básicamente en *Monterrey*, que empieza a publicarse en Río de Janeiro en 1930, y en *Sur*, una revista a la que estuvo estrechamente vinculado en sus primeros años de vida y con la que comparte varias de las inquietudes iniciales, principalmente la reflexión sobre el continente americano.[9] A partir de su regreso a México en 1938 Reyes colaboraría de manera esporádica en *Sur*, en los números conmemorativos. Como se desprende de la correspondencia inédita entre Reyes, Eduardo Mallea, Guillermo de Torre (el secretario de la revista) y María Rosa Oliver, los miembros de *Sur* (y no sólo su directora, Victoria Ocampo) consultan de manera seguida a Reyes: le piden colaboraciones, consejos, apoyo. Reyes se convierte además en un eficaz intermediario entre la revista y los jóvenes escritores de

Contemporáneos, y no es difícil advertir que la presencia de México es importante en estos primeros números.[10] En la correspondencia de Reyes y en su *Diario* es también perceptible su afán por tender puentes entre las juventudes literarias de Argentina y México, una actitud que entra de lleno en su proyecto americanista preocupado por favorecer el mutuo conocimiento entre los países del continente y que lleva implícita la idea de una futura unificación de la cultura latinoamericana, más allá de las barreras nacionales. Existen además varias afinidades entre ambas publicaciones: en primer lugar, la actitud crítica hacia el continente; no basta exaltar su plasticidad, su naturaleza virgen, como sucede en ciertas corrientes americanistas, sino que debe entenderse lo que es América, su origen y su momento actual. Comparte con Victoria Ocampo y otros integrantes de *Sur* este afán por comprender y explicar lo que es América: serán bienvenidas las críticas, vengan de dónde vengan, si éstas se formulan de "igual a igual", escribe Reyes, sin ver a América simplemente como una tierra exótica o pintoresca, una actitud frecuente en aquel momento ("Viajes..." 134). En la "Carta a Waldo Frank" que encabeza el primer número de *Sur*, Victoria Ocampo sintetiza el programa de la revista: *Sur* es (y será) la revista "de los que han venido a América, de los que piensan en América y de los que son de América. De los que tienen la voluntad de comprendernos, y nos ayudan tanto a comprendernos a nosotros mismos" ("Carta a Waldo Frank", 16). Son los años en que escritores y artistas europeos recorren la América Latina: Paul Morand, quien visita a Reyes en Río de Janeiro (y que antes había recorrido México), Henri Michaux, el arquitecto Le Corbusier, todos empeñados en escribir sobre su experiencia americana. Se entiende entonces que otro punto de contacto o coincidencia entre *Sur* y *Monterrey* sea la importancia que atribuyen a la percepción de América por parte de los viajeros extranjeros, una mirada que al variar la perspectiva ayuda sin duda a la comprensión de lo propio y que, según Reyes, constituye "un útil bizqueo, para mejor enfocar un objeto que hasta entonces sólo vimos de lejos y que de repente, se nos acerca" ("Viajes..." 135). En la sección "Los ojos de Europa" de su *Monterrey* Reyes sienta las bases, en nuestra opinión, de algunas de las ideas clave sobre su americanismo que iría desarrollando y afinando hasta encontrar probablemente su mejor formulación en las "Notas sobre la inteligencia americana". En esta fase, Reyes va anotando todavía observaciones en torno al "complejo americano", expone problemas y dificultades, singularmente los que se refieren al "hecho de vivir los americanos en el seno de una civilización importada" o "al hecho, no menos patente y angustioso, de no haber logrado todavía unificar los elementos étnicos que nos componen" ("Los ojos..." 143), pero será sobre todo en las "Notas" en que finalmente adelantará propuestas y convertirá algunas de las desventajas iniciales de América en ventajas para la "inteligencia americana".

En "Un paso de América", el primer texto importante en torno al tema, publicado en el número 3 de *Monterrey* en octubre de 1930, Reyes expone sus preocupaciones sobre la "existencia de América como hecho patético" –una idea que había formulado en términos parecidos unos años antes en una de sus primeras cartas a Valery Larbaud[11]– y sobre las dificultades, la incomprensión y los prejuicios ("las fatalidades concéntricas", las llama)[12] que enfrenta el escritor americano, particularmente en Europa en que sólo parecen interesarse todavía por el color local o el exotismo de América y el "documento humano". La literatura de invención, argumenta Reyes, deberá entonces "arrebatar a los ramplones el privilegio de escribir novelas y cuentos regionales". Y advierte que algunas obras recientes (*Don Segundo Sombra, La vorágine, Los de abajo, El águila y la serpiente*) trascienden el marco local y cumplen el doble propósito de tener un carácter nacional y universal. La nota termina de manera más optimista con un llamado a combatir toda forma de superstición, anunciando la "mayoría de edad" alcanzada por América y su próxima entrada en el mundo universal de la cultura. Es significativo que *Sur* se "apropie" literalmente esta nota publicada en *Monterrey* (no avisan a Reyes) y la incorpore en su primer número:[13] es un texto programático que para *Sur* tendrá, con el paso del tiempo, una importancia estratégica. La nota de Reyes será en efecto recordada tanto por Victoria Ocampo como por Guillermo de Torre, en números conmemorativos, como un texto que justifica la empresa que significó *Sur* en América, en particular su voluntad de diálogo y apertura: "*Sur*, agregará Ocampo, ha contribuido a abrir de par en par las ventanas",[14] tal como sugería Reyes en esta primera nota, como un medio eficaz para ahuyentar fantasmas y supersticiones del pasado.

En los seis años que median entre "Un paso de América" y las "Notas sobre la inteligencia americana", Reyes pronuncia varios discursos en Río de Janeiro y en Montevideo ("En el día americano", "Atenea política", "En la VII Conferencia Internacional Americana") en los que retoma y amplía sus ideas sobre América y el papel que les toca desempeñar a los intelectuales: insiste en la necesidad de establecer vasos comunicantes entre los países latinoamericanos para perfeccionar la "circulación del espíritu"; precisa asimismo el sentido de "inteligencia", entendida como una función "unificadora" que requiere de un "mutuo conocimiento, base única de toda concordia" ("En el día americano"). Escribe también en 1931 un ensayo entusiasta para celebrar el segundo milenio del poeta Virgilio, "Discurso por Virgilio", en el que formula una idea clave, que retomará posteriormente en las "Notas...", a saber, la capacidad de "síntesis" de América, un continente que "acoge todas las conquistas, procurando con todas ellas una elaboración sintética" (174). América, entonces, como lugar propicio para la síntesis, la fusión de culturas anteriores.

Es en Buenos Aires y en ocasión de la reunión organizada por el Instituto Internacional de Cooperación Intelectual dedicada a la discusión sobre "Las relaciones actuales entre las culturas de Europa y América" que Reyes pronuncia en septiembre de 1936 sus "Notas sobre la inteligencia americana". En un apretado y sugerente ensayo, se propone definir o, mejor, cercar, la peculiar contribución de América Latina ("el matiz americano") al diálogo con Europa, una contribución que el mexicano centra (como lo viene haciendo a lo largo de esta década) en la noción de "inteligencia" más acorde que la de civilización o cultura con lo que ha sido el origen, la historia del continente y también con "su visión de la vida y su acción en la vida". En lugar de apostar a la idea de una futura "nueva cultura americana", una idea entonces en boga, excesiva según Reyes, prefiere acotar el término de "inteligencia" para defender los rasgos distintivos, propios de América. Después de referirse a distintos aspectos pertenecientes a la formación americana (entre otros, la existencia de otro tempo histórico en que la tradición ha tenido menor peso, la "consigna de improvisación" de una inteligencia menos especializada que la europea, vinculada a lo social y político), Reyes —y es probablemente el aporte más original de este ensayo— convierte, en una magistral vuelta de tuerca, las "fatalidades" ya denunciadas con que carga el americano y en particular la de ser América "una sucursal del mundo", en una ventaja para la cultura americana. Subraya la temprana apertura del continente "a todos los focos culturales del mundo", y el derecho de América, con total libertad, a todos los beneficios y usos de la herencia cultural de Occidente, una idea que retomará con mucha fortuna Borges, algunos años después.[15] Junto con el sentimiento de pertenencia o la toma de conciencia de lo americano, que surge muy pronto, "cincuenta años después de la conquista española", se abre paso también este temprano universalismo de América, una capacidad de absorción de todas las corrientes ajenas, que "viene a ser entonces el inesperado efecto benéfico de la formación colonial", apuntará Reyes unos años después en "Posición de América"(264). De allí que el problema de la "imitación" de lo extranjero, una y otra vez censurado en nuestra historia cultural, sea en realidad un falso problema para Reyes. Es en la tradición y en la memoria histórica del continente en donde encuentra Reyes una suerte de "agilidad americana", como la define, para tratar con todas las culturas.[16] Este giro sustancial le permite salir al paso airosamente de los nacionalismos literarios que reclaman en esos años una atención exclusiva a lo propio, lo nativo o lo "autóctono" –la palabra que emplea mayormente Reyes en esos textos–, y destrabar la polémica para hacerla salir del círculo vicioso en que se ha enfrascado.

Esta capacidad de absorción y fusión, propia de América, desemboca en otro concepto importante desarrollado por Reyes y que, según explicará en 1950 en *La constelación americana*,[17] fue mal comprendido en el marco de la reunión internacional de Buenos Aires: el de América como "síntesis" de todas las tradiciones culturales, síntesis para la cual está singularmente preparada la mente americana, una noción, hay que agregar, muy acorde con el pensamiento de Reyes, su búsqueda de equilibrio, armonía, concordia. En una nota agregada posteriormente, Reyes señala,

> creyeron que nos referíamos [alude a un planteamiento similar del filósofo argentino Francisco Romero, presente en la reunión de Buenos Aires] al resumen o compendio elemental de las conquistas europeas. Según esta interpretación ligera, la síntesis sería un punto terminal. Y no: la síntesis es aquí un nuevo punto de partida, una estructura entre los elementos anteriores y dispersos, que –como toda estructura– es trascendente y contiene en sí novedades. H_2O no es sólo una junta de hidrógeno y oxígeno, sino que –además– es agua. [...] Esta capacidad de asomarse a la vez al incoherente panorama del mundo y establecer estructuras objetivas, que significan un paso más, encuentra, en la mente americana, un terreno fértil y abonado. ("Notas..." 88)

Pero Reyes entiende también la síntesis en el sentido de mestizaje racial porque la inteligencia americana "no gusta de segregaciones étnicas" (86). Después de aludir a los "choques de sangres" y a "los problemas de mestizaje" que vive América desde la conquista, concluye: "La laboriosa entraña de América va poco a poco mezclando esta sustancia heterogénea, y hoy por hoy, existe ya una comunidad americana característica, existe un espíritu americano" (83). Aunque en *Monterrey*, en 1931, Reyes reconocía que América no lograba todavía "unificar los elementos étnicos" que la conforman ("Los ojos..." 143), parece que finalmente se deja contagiar por el sueño de la "raza cósmica" de Vasconcelos y por su afán de conciliación (culturas y razas). Unos años después afirmará que "la formación misma de nuestras poblaciones ha eliminado los prejuicios de abolengo y de raza" ("Para inaugurar..." 152). Es forzoso reconocer que esta ideología del mestizaje, muy influyente en los años en que escribe Reyes sobre América, y acorde con un proyecto de nación como un todo orgánico y homogéneo, ha hecho crisis, como es evidente en ciertas zonas del continente, en particular la zona andina o en México. Esta síntesis racial (y cultural) era en el fondo más un anhelo o una aspiración que una realidad consumada. Sin embargo, en "Los dos augures", publicado en *Sur* en 1931, Reyes es más escéptico. A través del diálogo entre dos exiliados porfirianos instalados en París, el escritor esboza una visión más pesimista del mestizaje: la síntesis (de indio y europeo) no resulta fácil, implica desajuste, dolor y contradicción. Uno de los personajes traduce en términos anatómicos este desajuste que implica el "anfibio del mestizaje": "Mi cráneo, amigo don Juan Antonio, es el cráneo del indio; pero el contenido de sustancia gris es europeo. Soy la contradicción en los términos" (40).

Lo autóctono tiene en Reyes una gama variada de matices que no resulta ocioso desentrañar por la importancia que tiene este asunto en su americanismo. Al hablar de las distintas herencias de América, Reyes se refiere básicamente a tres, la internacional, favorecida como ya se vio por la historia de América, la ibérica, que es sin duda fundamental y de la cual no se podría prescindir, precisa Reyes, "sin una espantosa mutilación"("Para inaugurar los..." 152), y la tradición autóctona, en plena recuperación en México en los años posrevolucionarios. Había reconocido, en su "Discurso por Virgilio", que lo autóctono no había sido explorado todavía a fondo en el arte de nuestra América: "Lo autóctono es, en nuestra América, un enorme yacimiento de materia prima, de objetos, de formas, colores y sonidos, que necesitan ser incorporados y disueltos en el fluido de una cultura" (161). Con ser esencial a la tradición americana, siempre se negó Reyes a considerar lo autóctono en forma aislada o como algo exclusivo. De allí que observaba con desconfianza el énfasis dado a lo autóctono en ciertas vertientes de la vanguardia (menciona el "criollismo" y los "antropófagos" de Sao Paulo) ("Los ojos..." 143). Una buena muestra de su pensamiento al respecto se encuentra en la carta abierta a Max Daireaux –autor de un *Panorama de la littérature hispano-américaine* que se publica en Francia en 1930– en que Reyes discute algunas de sus ideas sobre México, un México que según Daireaux se aísla del resto del continente americano "para concentrar en su original pureza las tradiciones aztecas y las tradiciones españolas" (103). No sólo resulta inaceptable para Reyes esta idea de un México separado del continente (en una hora en que precisamente están a la orden del día los proyectos continentales) sino sobre todo la visión equivocada de dos tradiciones consideradas en su "pureza" sin que hubieran al parecer pasado por "tres siglos de inmensa elaboración y amalgama que han determinado el ser mexicano". Reyes no desaprovecha la oportunidad para rebatir este autoctonismo elemental y mal entendido:

> ¿Ud. cree en las tradiciones aztecas? ¿O les llama así a los monumentos arqueológicos? Porque de aquella vetusta civilización sólo hemos heredado las piedras. (Sé que exagero, pero quiero decir que nos falta lo único que puede engendrar tradiciones: la representación moral del mundo)[18] [...] ¿Ud. cree en el aztequismo puro de Vasconcelos? Porque Vasconcelos no cree en él. ¿Ud. cree (ya que su cordial amistad quiso honrarme con el parangón) en mi españolismo puro? (103)

En 1915, en su *Visión de Anáhuac,* un texto de difícil atribución genérica (ensayo, poema en prosa, recreación épica), tal vez la contribución estética mayor de Reyes al americanismo, muy anterior a sus ensayos programáticos sobre el tema, el escritor aseveraba ya que él no era de "los que sueñan en perpetuaciones absurdas de la tradición indígena", y agregaba "ni siquiera fío demasiado en perpetuaciones de la española" (121). En este texto híbrido, Reyes da tal vez la mejor respuesta: recrea o, mejor, inventa el paisaje original del valle del Anáhuac, lugar de encuentro entre Cortés y Moctezuma. En un mismo texto funde erudición y poesía, y mezcla distintas fuentes (textos de los cronistas y de viajeros extranjeros como Humboldt, fragmentos de poesía indígena) logrando en un sincretismo a la vez cultural y textual la "síntesis orgánica" de la que hablará muchos años después.

En un texto escrito casi al final de su vida, Reyes se pregunta todavía qué queda de aquella gran civilización brutalmente cercenada por la Conquista:

> La raza indígena asombra un instante al mundo y desaparece. Su grande epopeya, como un río subterráneo corre bajo los siglos de dominación española, fertiliza sordamente los acarreos de la nueva sangre ibérica, y reaparece en nuestros días, dando a nuestra política contemporánea un sello inconfundible: la incorporación del indio a los plenos beneficios de la vida civilizada es nuestra más alta incumbencia nacional. ("Moctezuma..." 456)

Oprimida, marginada, esta cultura sobrevive sin embargo en otras formas (en la oralidad, principalmente) porque "aun los pueblos definitivamente conquistados suelen seguir determinando los rumbos de la cultura y venciendo a sus vencedores" ("Posición..." 256), escribe Reyes en 1942, aludiendo a la "transculturación" de la que habla Fernando Ortiz. Reyes captó muy pronto, pues el estudio de Ortiz se publica apenas dos años antes, la importancia de esta noción acuñada por el cubano para cercar la naturaleza de los procesos culturales del continente. Resulta evidente que para Ortiz debe entenderse "la transculturación" (el "abrazo de culturas") como una síntesis de elementos, una idea sin duda afín al pensamiento americano de Reyes.[19] Ortiz compara la transculturación con el fenómeno genético de los individuos: "la criatura siempre tiene algo de ambos progenitores, pero también es distinta de cada uno de los dos. En conjunto, el proceso es una *transculturación,* y este vocablo comprende todas las fases de su parábola" (96-97).

Por último, debe señalarse que el Reyes civilizador, el que piensa no sólo en las culturas pasadas sino en el indio actual, en su marginación social, aparece frecuentemente en sus escritos sobre la cuestión americana. En el México posrevolucionario el tema del indio tiene una enorme actualidad ya que una de las metas de la política nacional de aquellos años es la incorporación social y cultural del indio a la nación, una incorporación que incluye incluso la asimilación lingüística: "Las lenguas autóctonas son reliquia arqueológica", escribe Reyes en "Posición de América" (268), una afirmación que resulta hoy desde luego muy discutible, y uno de los aspectos más vulnerables del planteamiento de Reyes, tributario, al fin y al cabo, del proyecto de nación que sigue a la Revolución Mexicana.

En sus reflexiones sobre América, el propósito último de Reyes parece haber sido el de configurar o bosquejar la identidad cultural del continente americano. La visión de América de Reyes es una visión generosa que ciertamente no se ha cumplido a cabalidad. Persisten, en efecto, prejuicios raciales y las nociones de mestizaje, síntesis cultural o "transculturación", entonces a la orden del día, han sido sustituidas por la de heterogeneidad cultural, una heterogeneidad radical en el caso del enfoque de Antonio Cornejo Polar. A pesar de que muchos de los debates resultan hoy fechados, volver a los textos de Reyes, analizar su pensamiento americano y reinsertarlo sobre todo en su dimensión histórica, permite salir del *impasse* que consiste en encasillarlo simplemente como una visión esencialista. Los textos americanistas de Reyes son una pieza fundamental de la memoria crítica del continente, una memoria que debe conservarse y a la que debe darse "solidez de tradición".[20]

NOTAS

[1] Monsiváis se refiere a lo que llama, no sin ironía, el "mausoleo de las obras completas": "... el nombre de Reyes suele evocar al escritor por antonomasia, ensalzado pero apenas leído, el monumento aislado en la reverencia, a quien rodean, en mezcla indisoluble, homenajes justos y desistimientos de lectura, al amparo del mausoleo de las obras completas" (505). En una entrevista reciente, Carlos Fuentes recalca también que Reyes es un autor hoy "un poco olvidado", y agrega: "abarcó tanto y es tan variada su obra, que siempre existe el problema de hacer una buena selección de textos suyos".

[2] Una de ellas es sin duda la que formuló Reyes en torno a la cuestión americana en sus célebres "Notas sobre la inteligencia americana" escritas en Buenos Aires en 1936 y en ocasión de un coloquio sobre "Las relaciones actuales entre las culturas de Europa y la América Latina": a pesar de que América ha "llegado tarde al banquete de la civilización europea", y tiene que apresurar el paso y vivir "saltando etapas", Reyes concluirá de manera premonitoria: "hemos alcanzado la mayoría de edad. Muy pronto os habituaréis a contar con nosotros".

[3] Bernardo Ortiz de Montellano, director de *Contemporáneos*, le escribe a Reyes, en noviembre de 1930: "Acabo de recibir el número 3 de *Monterrey*. Aparte de su utilidad informativa y selectiva y el tono de conversación universal espiritista [...] me interesa su posición americana (mexicana) que el esforzado *Repertorio Americano* no logró: América frente al mundo o como parte de él" (*Epistolario*, 76).

[4] El comentario anónimo sobre Alfonso Reyes que aparece *en Las ciento y una* destaca que "toda su larga y fecunda existencia ha sido un constante

fluir en los rumbos múltiples que le imponían las necesidades americanas",
y agrega, aludiendo a su conocida voluntad de unidad y concordia: "Para
él, América es una tendencia a la unidad, un llamado a la armonización de
los contrarios, una simplificación de los desencuentros". Héctor A. Murena,
el director de esta revista, publicó en 1954 un libro muy polémico sobre el
tema, titulado *El pecado original de América*.

[5] Carta de Samuel Glusberg a Alfonso Reyes del 3 de septiembre de 1931
(Archivo de la Capilla Alfonsina). Otra de las ideas de Glusberg, al proponer
esta revista "del tipo *Contemporáneos* o *Cuadernos de Oriente*", es hacer una
revista menos "personalista [que *Sur*, en su opinión] para usar una palabra
de nuestra jerga política. Y lo que necesitamos es unirnos en una labor
americana que sea de todos". Cabe agregar que Glusberg, que había
publicado en la editorial Babel los *Seis ensayos en busca de nuestra expresión*
de Henríquez Ureña, formaba parte, junto con Waldo Frank y Victoria
Ocampo, del proyecto original de la revista *Sur* (Carta de Glusberg a Alfonso
Reyes, del 10 de junio de 1930. Archivo de la Capilla Alfonsina).

[6] Se desempeña primero como embajador de México en Argentina (1927-
1930), luego en Brasil (1930-1936), regresa un segundo período a Buenos
Aires (1936-1937) antes de instalarse definitivamente en México en 1938.
En *Norte y Sur* (*Obras completas*, t. IX) Reyes reune un conjunto de textos
que versan sobre México, Argentina y Brasil.

[7] Este americanismo cerrado, asociado al nacionalismo que no sería el que
promoviera *Sur*, cabe aclararlo es el que criticaría en México Jorge Cuesta
en un texto de 1932, "La literatura y el nacionalismo".

[8] El texto de Reyes que motiva la respuesta airada de Doll es "Palabras
sobre la nación argentina". En *Norte y Sur* se reproduce junto con un
"Apéndice" que es la carta a Doll publicada originalmente en *Monterrey*
(*Norte y Sur*, 28-41).

[9] Reyes es consultado para dar nombre a la nueva revista y, como es bien
sabido, será finalmente Ortega y Gasset quien escoja *Sur*. En este contexto
del americanismo de la revista, no deja de ser interesante la aclaración
acerca del título, enviada a Reyes por Eduardo Mallea, pues éste desea
dejar bien claro que la palabra *Sur* no implica una limitación: "Este título
no importa, sin embargo, una limitación, sólo determina el punto donde
han de confluir las meditaciones de todos los colaboradores, tanto del sur
como del norte, del este o el oeste." (Carta sin fecha, de noviembre o
diciembre de 1930, Archivo de la Capilla Alfonsina).

[10] En sus cartas a Reyes, Guillermo de Torre se refiere al número 4 de *Sur*
como al "gran número mexicano", por la profusión de ilustraciones sobre
México: pinturas murales de Diego Rivera, fotos de Manuel Álvarez Bravo
y de la película que acaba de filmar en México Eisenstein (Carta del 10 de
noviembre de 1931, Archivo de la Capilla Alfonsina). En otra carta, Mallea
le escribe a Reyes que *Sur* se propone integrar a los "muchachos de México",
y le solicita textos de "Torres Bodet, Villaurrutia, Owen, todo este bello

núcleo que bien comenzaría a representar una juventud americana en Europa" (Carta del 10 de octubre de 1930, Archivo de la Capilla Alfonsina).
[11] Carta del 9 de noviembre de 1923 en que Reyes concluye llamando la atención de Larbaud sobre "los esfuerzos trágicos de la América española [para hacerse oír]" (*Correspondance* 31).
[12] Reyes enumera las "fatalidades" padecidas por las generaciones anteriores a la suya: la primera es "el haber nacido", como en Calderón, la segunda es "haber llegado muy tarde a un mundo viejo", la tercera consiste en haber nacido en América fuera del "foco actual de la civilización,", la cuarta es ser "latino" o de "formación cultural latina", la quinta es "pertenecer al orbe hispánico" en un momento en que España "está de vuelta de todas sus grandezas anteriores, escéptica y desvalida", la sexta es ser hispanoamericano, o sea "dialecto, cosa secundaria, sucursal otra vez...", la séptima es haber nacido en la zona indígena del continente (Reyes aclara que "el indio, entonces, era un fardo, y no todavía un altivo deber y una fuerte esperanza"). La última fatalidad consistía en vivir en la "peligrosa vecindad" de una nación poderosa. En 1936 Reyes incorpora este cuadro de fatalidades a sus "Notas sobre la inteligencia americana".
[13] Reyes escribe a Ocampo, al recibir el primer número: "¡Llegó *Sur*! [...] La reproducción de mi artículo de *Monterrey* me ha sido gratísima sorpresa." (*Cartas echadas* 19).
[14] Véase esta carta, escrita en 1946, para contestar las razones (el cómo y el por qué) que llevaron a la fundación de *Sur* en 1931: "Lettre de Victoria Ocampo sur la création de *Sur*" (*Victoria Ocampo*, 295-296).
[15] Borges fue nacionalista en su juventud y uno de los "muchachos" de la vanguardia martinfierrista con quienes Reyes discutía en Buenos Aires sobre este asunto, tratando de atemperar sus ímpetus nacionalistas. Parece claro que la influencia benéfica de Reyes sobre Borges (como él mismo lo ha reconocido) se hará sentir años después, en particular en el ensayo "El escritor argentino y la tradición", incluido en la segunda edición de *Discusión*. En este ensayo Borges afirma, como lo hizo Reyes en sus "Notas", que "la tradición argentina es toda la cultura occidental", para finalmente concluir que "todo lo que hagamos con felicidad los escritores argentinos pertenecerá a la tradición argentina".
[16] En un texto escrito en 1941 "Para inaugurar los *Cuadernos Americanos*", Reyes vuelve sobre esta aptitud americana para la "herencia internacional" que "nos ha adiestrado en la operación de asomarnos a otras lenguas, a otras tradiciones, a otras ventanas [...] Buscamos nuestras direcciones fundamentales a través de toda la herencia de la cultura, y no nos resulta violento el seguirlo haciendo" (*Última Tule*, 151).
[17] En 1950 y con el título *La constelación americana* el escritor mexicano ordena las notas que tomó a lo largo de varias conversaciones que tuvieron lugar en 1936 en Buenos Aires entre el propio Reyes, Pedro Henríquez Ureña y Francisco Romero. Como lo explica Reyes, los tres amigos se reúnen para seguir conversando sobre el tema de las "Relaciones actuales entre las

culturas de Europa y la América Latina". Reyes es consciente de que "mucho ha sucedido de 1936 acá, y es mucha la tentación de retocar las observaciones de otros años a la luz de experiencias posteriores" (329). Todavía en 1950, sólo se puede, dice Reyes "rodear la síntesis futura" (320). En el inciso "Profesión de fe americana", se refiere nuevamente a América, tierra soñada antes de ser descubierta, tierra en que se proyectan muy pronto utopías. A mediados del siglo XX y "ante los desastres del Antiguo Mundo", América "cobra el valor de una reserva de esperanzas" (321).

[18] Poco después, en "Discurso por Virgilio", Reyes vuelve sobre este asunto: "No tenemos una representación moral del mundo precortesiano, sino sólo una visión fragmentaria, sin más valor que el que inspiran la curiosidad, la arqueología: un pasado absoluto" (161). Rafael Gutiérrez Girardot sale en defensa tanto de Reyes como de Henríquez Ureña en una reedición reciente de *Última Tule*: "Ni Alfonso Reyes ni Henríquez Ureña despreciaron la herencia indígena. Pero ellos eran conscientes de que no se podía ni detener ni menos aún invertir el curso de la historia. [...] Un retorno al mundo incaico [...] o, por extensión , al mundo precolombino, constituía o podía constituir una panacea histórica para los complejos problemas políticos y sociales de Latinoamérica" ("Prólogo", XII). Tal vez habría que agregar que Henríquez Ureña, en un discurso pronunciado en 1922 en la Universidad de la Plata, se mostró mucho más entusiasta que Reyes en torno a la cuestión indígena en México: "Lo autóctono en México es una realidad; y lo autóctono no es solamente la raza indígena, con su formidable dominio sobre todas las actividades del país, la raza de Morelos y de Juárez, de Altamirano y de Ignacio Ramírez: autóctono es eso, pero lo es también el carácter peculiar que toda cosa española asume en México desde los comienzos de la era colonial..." ("La utopía..." 267).

[19] En la Capilla Alfonsina se guarda la correspondencia, iniciada en 1911, entre el cubano Fernando Ortiz y Alfonso Reyes. Reyes prologó en 1951 el libro de Ortiz, *Los bailes y el teatro de los negros en el folclore de Cuba*. La idea de "transculturación", que Ortiz desarrolla en su *Contrapunteo cubano del tabaco y del azúcar*, publicado en La Habana en 1940, resultará, como es bien sabido, muy productiva para entender los procesos culturales de toda América Latina. El libro de Fernando Ortiz fue revalorizado por Ángel Rama en su *Transculturación narrativa en América Latina* de 1982.

[20] Palabras de Pedro Henríquez Ureña, de 1936, "La América española y su originalidad".

Bibliografía

"Alfonso Reyes". *Las ciento y una* 1 (1953): 8.

Ayerza de Castillo, Laura y Odile Felgine. *Victoria Ocampo*. Paris: Criterion, 1991. 295-96.

Borges, Jorge Luis. "El escritor argentino y la tradición". *Obras completas*. Buenos Aires: Emecé, 1974. 267-74.

Cuesta, Jorge. "La literatura y el nacionalismo". *Poemas y ensayos*, t. II. México: UNAM, 1964. 96-101.

Fuentes, Carlos. "Tiene México deuda con Alfonso Reyes" [Entrevista] *Reforma* (México, 9 de noviembre de 2002).

Gutiérrez Girardot, Rafael. "La imagen de América en Alfonso Reyes". Madrid: Ínsula, 1955.

_____ "Prólogo", a Alfonso Reyes, *Última Tule y otros ensayos*. Caracas: Biblioteca Ayacucho, 1992. IX-XLIII.

Henríquez Ureña, Pedro. "La utopía de América" y "La América española y su originalidad". *Ensayos*. José Luis Abellán y Ana María Barrenechea, eds. Madrid: Archivos/UNESCO, 1998. 266-72; 331-35.

_____ *Seis ensayos en busca de nuestra expresión*. Buenos Aires: Babel, 1928.

Larbaud, Valery y Alfonso Reyes. *Correspondance 1923-1952*. Paris: Klincksieck, 1972.

Monsiváis, Carlos. "La toma de partido de Alfonso Reyes". *Nueva Revista de Filología Hispánica* 37/2 (1989): 505-19.

Murena, Héctor. *El pecado original de América*. Buenos Aires: Sur, 1954.

Ocampo, Victoria. "Carta a Waldo Frank". *Sur* 1/1 (1931): 7-18.

_____ y Alfonso Reyes. *Cartas echadas. Correspondencia 1927-1959*. México: UAM, 1983.

Ortiz, Fernando. *Contrapunteo cubano del tabaco y del azúcar*. Caracas: Biblioteca Ayacucho, 1978.

Ortiz de Montellano, Bernardo. *Epistolario*. María de Lourdes Franco Bagnouls, ed. México: UNAM, 1999.

Reyes, Alfonso. "Debemos hacer nuestra propia tabla de valores" [Entrevista]. *La Nación* (Buenos Aires, 3 de julio de 1927). Archivo de la Capilla Alfonsina.

_____ "Una hora con Alfonso Reyes" [Entrevista con Alejandro Vallejo], *Lecturas dominicales*, suplemento semanal de *El Tiempo* (Bogotá, 9/203, 19 de junio de 1927). Archivo de la Capilla Alfonsina.

_____ *Diario 1911-1930*, prólogo de Alicia Reyes y nota de Alfonso Reyes Mota. México: Universidad de Guanajuato, 1969.

_____ "Guardias de la Pluma: Carta a Max Daireaux", Edición facsimilar de *Monterrey. Correo Literario de Alfonso Reyes* 1/1 (1930): 103 [México: FCE, 1980].

_____ "Guardias de la Pluma: Carta a Waldo Frank", Edición facsimilar de *Monterrey. Correo Literario de Alfonso Reyes*, 1/2 (1930): 118 [México: FCE, 1980].

_____ "Un paso de América". Edición facsimilar de *Monterrey. Correo Literario de Alfonso Reyes* 1/3 (1930): 125-27. [México: FCE, 1980] Artículo reproducido en *Sur* 1/1 (1931): 149-58.

_____ "Los ojos de Europa". Edición facsimilar de *Monterrey. Correo Literario de Alfonso Reyes* 2/5 (1931): 143-44. [México: FCE, 1980].

_____ "Viajes morrocotudos". Edición facsimilar de *Monterrey. Correo Literario de Alfonso Reyes* 2/4 (1931): 135-36. [México: FCE, 1980].

_____ "Los dos augures". *Sur* 1/3 (1931): 319-44.

_____ "En el día americano". *Obras completas*, t. XI. México: FCE, 1960. 63-70.

_____ "Notas sobre la inteligencia americana". *Sur* 6/24 (1936): 7-15.

_____ "A vuelta de correo". *Obras completas*, t. VIII. México: FCE, 1958.

_____ "Discurso por Virgilio". *Obras completas*, t. XI. México: FCE, 1960. 157-77.

_____ *Norte y Sur, Obras completas*, t. IX, México: FCE.

_____ "Para inaugurar los 'Cuadernos Americanos'". *Obras completas*, t. XI. México: FCE, 1960. 150-153.

_____ "Posición de América", *Obras completas*, t. XI. México: FCE, 1960. 254-70.

_____ "Moctezuma y la Eneida mexicana". *Obras completas*, t. XXI, México: FCE, 1981. 451-57.

_____ "La constelación americana". Alfonso Reyes, *Vocación de América*, pról. y sel. de Víctor Díaz Arciniegas. México: FCE, 1990.

_____ "Visión de Anáhuac". *Prosa y poesía*. James Willis Robb, ed. México: Cátedra/Rei, 1987.

_____ "Carta a José Ortega y Gasset". Archivo de la Capilla Alfonsina, México D.F.

_____ Correspondencia inédita de Alfonso Reyes con Eduardo Mallea, Guillermo de Torre, Samuel Glusberg. Archivo de la Capilla Alfonsina, México, D.F.

Reyes, raza y nación

Joshua Lund
University of Pittsburgh

La cultura americana es la única que podrá
ignorar, en principio, las murallas nacionales
y étnicas.

Alfonso Reyes 1942

Lo cierto es que, en Hegel como en Marx,
nos seduce más el sueño de progreso y el de
libertad que los accidentes del método
dialéctico

Alfonso Reyes 1955

1. En este ensayo analizo las formas en que las ideologías de
raza y nación operan en la obra de Alfonso Reyes. Me interesa
defender que Reyes en última instancia respalda, a nivel retórico,
un esquema biopolítico de teorías y prácticas de mestizaje. Al mismo
tiempo me propongo mostrar cómo el propio trabajo de Reyes trae
consigo los medios teóricos que permiten pensar la nación más allá
del mestizaje. La idea de "síntesis" en su obra funciona como eje
articulador de mi lectura. Leo esta idea en dos niveles: por un lado
contra el discurso de mestizaje que dominaba el siglo XIX, y por otro
contra la idea de "protesta", tal como emerge en Reyes mismo. Los
textos clave que posibilitan mi análisis incluyen dos de Reyes, *Visión
de Anáhuac (1519)* (1915) y un capítulo de *El suicida* (1917) llamado
"La sonrisa" –y uno de Gabino Barreda–, su famosa *Oración cívica*
(1867).

2. La idea central que guía los vastos escritos de Alfonso Reyes
sobre América es una teoría afirmativa de la *síntesis*. Para Reyes, la
síntesis representa el ideal de transformar las varias desarticulaciones
del mundo en un todo orgánico y articulado. Esto tiene implicaciones
para todas las áreas de la vida. En la sociedad, connota beneficio
mutuo y acuerdo por encima de la diferencia conflictiva; en política,

connota democracia; en las relaciones entre los Estados-nación, internacionalismo; en la producción de conocimiento, interdisciplinariedad; y en estética, supone la constante evolución de la belleza a través de la agencia humana. América es el espacio donde tienen lugar dichas implicaciones, y donde una síntesis potencialmente universal encuentra sus condiciones de posibilidad ya en formación.

Esta sublimación de la síntesis domina el trabajo tardío y más conocido de Reyes. En "Notas sobre la inteligencia americana" (1942 [1936]), declara que "la inteligencia americana está llamada a desempeñar la más noble función complementaria [a Europa]: la de ir estableciendo síntesis" (*Última Tule* 233). A la vez, en "Posición de América" (1942), explica que el impulso universalizante de la inteligencia americana marca "una organización cualitativamente nueva, y dotada, como toda síntesis, de virtud trascendente... [la cual se convierte en] un nuevo punto de partida" (244). Con la expresión "nuevo punto de partida" Reyes propone nada menos que la entrada en un nuevo estadio histórico a través de la tendencia americana hacia la síntesis. Esta nueva síntesis conlleva implicaciones que obligarán a repensar las categorías básicas a través de las cuales hacemos inteligible el mundo: raza y cultura, ontología y epistemología, filología y poética.

La reflexión acerca de las implicaciones utópicas de la "síntesis", sin embargo, no es un proyecto nuevo en la tarea histórica de *pensar América*. Su participación en este proyecto sitúa a Reyes al lado de sus compatriotas generacionales, quienes, con José Vasconcelos a la cabeza, sublimaron la reconciliación de "opuestos" proponiendo toda clase de "mezclas". Estas mezclas exitosas serían la contribución de América Latina a la cultura mundial. Reyes fue quizá el más tenaz en seguir sosteniendo este proyecto frente al desengaño que habría de volverse la marca genérica de la estética post-revolucionaria en México. A su favor, esta tenacidad lo separó de varios de sus colegas. Para 1937, el propio Vasconcelos estaba convirtiendo sus optimistas teorías de la mezcla en una suerte de pesadilla de monstruos cósmicos (imaginó una alianza fantástica entre indios, judíos, comunistas y el capital internacional), y pronto sería tentado por el purismo del fascismo creciente de su época. Leído desde este contexto, y dentro de la crisis del *ethos* del progreso que definió la era de la Segunda Guerra Mundial, el compromiso de Reyes con la síntesis y la reconciliación adquiere un tono notablemente crítico.

Sin embargo, este mismo compromiso también hace de Reyes un pensador muy convencional en los asuntos sociales y culturales más urgentes de América, especialmente en su especificidad mexicana. Esto indica su rol en el establecimiento de una línea de pensamiento nacional utópico que incluye el trabajo de Carlos Fuentes, Enrique Krauze, Miguel León-Portilla, Leopoldo Zea y muchos otros intelectuales mexicanos dominantes. Tal compromiso con la síntesis lo coloca, al mismo tiempo, en conflicto con el trabajo más desafiante de, por ejemplo, Elena Garro o Rosario Castellanos, quienes apropian esta estética de la síntesis para descentrar los ideologemas hegemónicos que apoyan el poder estatal conservador y sus estructuras básicas de dominación masculina. Además, y como punto de partida del análisis que sigue, la naturalización de la relación entre "síntesis" y "América" forma parte de una larga trayectoria en las letras mexicanas.

Esa trayectoria, en un lenguaje más convencional y menos eufemístico, tiende a ser pensada en términos de *mestizaje*. Dominado por las teorías racializadas de reproducción y clasificación, el mestizaje siempre ha tenido fuertes connotaciones culturales. Muchos han hecho esfuerzos importantes por llevar el mestizaje más allá de las teorías y narrativas acerca de la raza, como, por ejemplo, el reciente trabajo de pensadores tan divergentes como Serge Gruzinski y Jesús Martín-Barbero. Aun así, construir una teoría rigurosa de la mezcla cultural o epistemológica a través del lenguaje del mestizaje, que trascienda al mismo tiempo las condiciones de posibilidad que se forman en y por la raza, ha sido difícil. Es como si la "raza", en tanto normalización eurocéntrica de la diferencia cultural, constituyera el contexto original y necesario del mestizaje. Sin acumular citas, me interesa afirmar por ahora que la "mezcla" primaria, que permite al mestizaje ser pensado, se produce a través de una persistente colonialidad del poder que pone en contacto, a través de la violencia, a grupos de personas construidos diferencialmente: los grupos que constituirán precisamente el referente objetivo para las diversas ideologías eurocéntricas de "raza". Los grupos racializados en cuestión, en el discurso del mestizaje, son generalmente encasillados bajo los títulos de "indio" y "europeo". Las tenaces contradicciones entre la soberanía indígena y la hegemonía nacional están siempre en juego en el discurso del mestizaje en México. Es importante no olvidar estas dinámicas al leer a Reyes.

Ahora bien, por supuesto que sería un tanto absurdo reducir *toda mezcla* (desde los *cyborgs* de Haraway hasta los híbridos de Honda) a ecos de un mestizaje racializado. Pero no cabe duda de que las huellas de un discurso racial operan de modo contundente en las reiteraciones realizadas por Reyes acerca de la tendencia americana hacia la reconciliación de fuerzas opuestas mediante la síntesis dialéctica. Como veremos más adelante, este es claramente el caso ya en textos tan tempranos como *Visión de Anáhuac (1519)*, y se intensifica en su trabajo posterior, como en "Posición de América" donde celebra la supuesta abolición de la raza como factor social importante en América Latina. Esta abolición de la raza corresponde al mismo gesto que clasifica "las lenguas autóctonas" como "reliquia arqueológica", destinada a desaparecer en tanto fuerza viva frente a "las grandes lenguas nacionales" (246).

Este gesto de abolir la raza y al mismo tiempo confesar la tenacidad de la diferencia etnocultural es una constante en el trabajo de Reyes, y repite metódicamente el proyecto ideológico de construir el mestizaje como signo de la nacionalidad mexicana. Cuando Reyes afirma que "[p]ara América no hay más raza que la raza humana" (*Última Tule* 245) y que el "amor" es la base de la "igualdad" en América Latina (232, de "Notas sobre la inteligencia americana"), repite de modo benévolo las dimensiones biopolíticas de un discurso que tiene la tradición de dar por sentado el fin de las culturas indígenas *per se*. Reyes, entonces, naturaliza esta historia al asumirla como un destino casi realizado. Aun más, considerar a cualquiera de sus predecesores revela el intenso trabajo histórico de normalización que respalda la fuerza del mestizaje.

El mestizaje se vuelve un proyecto explícito de construcción de la nación en el México de finales del siglo XIX. Este período de teorización del mestizaje es particularmente interesante porque precede la tendencia a borrar la raza que vemos en Reyes y otros de su generación. Paradójicamente, en la Reforma, la República Restaurada y, especialmente, en el Porfiriato, el intento de trascender la exclusión racial sólo puede producirse a través del énfasis en el constructo ideológico llamado "raza". Como demostraré más adelante, el mestizaje opera al interior de este marco paradójico en la medida en que se vuelve un modo de consolidar una identidad mexicana articulando la raza a dos discursos esenciales de formación estatal: la nación y el tiempo histórico. La importancia de re-leer esta historia no radicaría en exponer errores, sino más bien en confrontarnos con nuestras propias repeticiones veladas de un discurso marcadamente racializado. Además, nos recuerda el hecho de que este discurso se encuentra presente (aún como negación) en la obra de una figura fundacional de la crítica moderna tal como Reyes. Para ser completamente claro: no creo en la posibilidad de tomar una posición ni a favor ni en contra de la raza. En otras palabras, no propondré a la crítica contomporánea el exorcismo ni de la raza ni de Reyes. Más bien, al rastrear las vicisitudes y contradicciones engañosas de la raza tanto en una trayectoria histórica generalizada como en la obra particular de una figura totémica como Reyes, espero contribuir a pensar críticamente los lazos que unen raza, nación y cultura, y que frustran la realización de ideales sociales y políticos tales como la justicia y el amor.

Sostengo entonces que para pensar las relaciones entre Alfonso Reyes y los estudios latinoamericanos, así como su relevancia actual, es pertinente vincularlo con algunos de sus predecesores. Al mismo tiempo, sería irresponsable evadir la pregunta sobre las maneras en que Reyes no sólo trasciende a esos predecesores, sino también apunta en direcciones que todavía vale la pena seguir. No veo cómo escapar del hecho de que Reyes reafirma una articulación vieja e ideológica de raza, nación y tiempo histórico, repitiendo en el proceso las muchas fallas asociadas con esta articulación bajo la égida del mestizaje. Pero detenerse aquí supondría extinguir las preguntas más cruciales acerca de la posibilidad de la diferencia que emerge de esta repetición. ¿Alcanza Reyes a vislumbrar una salida del modo ideológico del mestizaje que él no está del todo listo a llevar hasta sus últimas consecuencias, y de la cual podemos sacar provecho hoy? ¿Es posible que la incapacidad de Reyes para llevar su "síntesis" más allá de las lógicas del mestizaje pueda apuntarnos el camino hacia el necesario deslinde de la articulación raza-nación que todavía respalda –cada día más descaradamente– las estructuras internacionalistas que se encuentran actualmente en crisis? Para ofrecer algunas respuestas provisionales a estas preguntas, comencemos por volver a un momento previo en el pensamiento sobre el mestizaje para establecer después la conexión con Reyes.

3. Las relaciones entre raza y nación son siempre problemáticas y están en constante transformación. Estas dificultades seguramente surgen de la confusión entre territorio, nacimiento, ciudadanía y soberanía que complica la forma moderna de nación en su relación con los sujetos nacionales (véase Agamben, *Homo sacer* 126-35). Para los propósitos de lo que sigue, daré por sentada la idea de que raza y nación son interdependientes, y de que su articulación está pensada

en términos de sus relaciones a un tiempo histórico común. Existe mucha teoría actual (y, de hecho, no tan actual), que podríamos citar para respaldar estas afirmaciones.[1] Pero también podemos mantenernos en el contexto discutido aquí y extraer nuestra evidencia de los textos mexicanos que estaban más explícitamente comprometidos en esta labor histórica. Por ejemplo, en la hiperbólica introducción a *Forjando patria* (1916) (programáticamente subtitulada *pro-nacionalismo*), Manuel Gamio, colega de Reyes, pone en escena la intersección discursiva de raza, nación y tiempo:

> En la gran forja de América, sobre el yunque gigantesco de los Andes, se han batido por centurias y centurias el bronce y el hierro de razas viriles... Había pequeñas patrias: la Azteca, la Maya-Kiché, la Incásica... que quizá más tarde se habrían agrupado y fundido hasta encarnar grandes patrias indígenas... No pudo ser. Al llegar con Colón otros hombres, otra sangre y otras ideas, se volcó trágicamente el crisol que unificaba la raza y cayó en pedazos el molde donde se hacía la nacionalidad y cristalizaba la Patria... Toca hoy a los revolucionarios de México empuñar el mazo y ceñir el mandil del forjador para hacer que surja del yunque milagroso la nueva patria hecha de hierro y de bronce confundidos. Ahí está el hierro... Ahí está el bronce... ¡Batid hermanos! (5-6)

Al menos tres vectores temporales se combinan sintomáticamente en esta escena de formación nacional esbozada por Gamio, el "primer" antropólogo moderno de México. En primer lugar, el tiempo de la *historia* narra una serie de momentos: Pre-colombino, Conquista, Revolución –a la vez destino ("no pudo ser"), contingencia ("quizá más tarde se habrían agrupado") y agencia ("toca hoy a los revolucionarios mexicanos"). Esta es la narrativa que constituye la nación misma. En segunda instancia, el tiempo de la *antropología* construye una escena de elementos nacionales, heterogéneos en sus culturas y "niveles" (bronce, hierro) de desarrollo civilizatorio. Por último, el tiempo del *ideal nacional* apunta hacia una patria futura, articulada y completa. América, realizada en el México de Gamio, es un proyecto, a la vez temporal e intemporal, cuyos actores emergen de un pasado primordial y un presente urgente para impulsar la *nación* –México– hacia el futuro. Tal como Reyes lo planteó casi al mismo tiempo, estos actores nacionales "engendra[rían] un alma común" (*Última Tule* 16). Para Gamio, a las antiguas naciones indígenas –reducidas a "una raza"–

aun en su fallido comienzo, hay que hacerlas participar en la formación de la nueva raza nacional. Y aquí encontramos el problema que está en el centro de la intersección discursiva de raza, nación y tiempo que el discurso del mestizaje intenta articular. En el caso mexicano, "el indio" –racialmente otro, detenido en el tiempo, estigma nacional– ha sido el nombre dado al problema y es entonces cuando se ha propuesto el mestizaje como su solución, es decir el motor que impulsa la consolidación nacional, la evolución social y, en teoría, la inclusión política.

Permítanme dar otro paso atrás para recordar que esta ecuación entre una heterogeneidad multicultural y otra multitemporal tiene una durabilidad notable en el discurso mexicanista. Por ejemplo, los positivistas, que dominaron la escena intelectual mexicana en la segunda mitad del siglo XIX, enmarcaron el problema en términos similares, aunque con implicaciones sociales y políticas distintas. En un discurso de 1898 en honor al difunto positivista comtiano Gabino Barreda, Ezequiel Chávez, un *Científico* importante, reconoció al venerable educador el diagnóstico penetrante de los síntomas del "pavoroso grito de la anarquía" que había plagado México durante buena parte de ese siglo devastado por la guerra.[2] Las "ideas contradictorias" (por ejemplo liberalismo jacobino y conservadurismo monárquico) que llevaron a los hermanos nacionales a matarse entre sí durante la Guerra de Reforma eran simplemente indicativas de un *impasse* más profundo: "Los mexicanos… se encontraban en diversas etapas de progreso y cada uno albergaba una concepción diferente del mundo". Para muchos de los positivistas mexicanos –cuyo progresismo materialista siempre se atemperaba con un compromiso más profundo con viejas fórmulas metafísicas– esta crisis del "progreso" tenía menos que ver con algo como la distribución desigual de recursos materiales que con el espíritu o el alma. Más exactamente, tenía que ver con la localización de ese espíritu en el tiempo histórico. Chávez reporta que la nación mexicana, tal como la vio Barreda, sufría de una "insanidad más enraizada" que surgía de su condición desarticulada de heterogeneidad multitemporal, una "anarquía del pensamiento" enraizada en una anarquía del tiempo. Concluye:

> [Barreda] vió que su mal estaba en que sus almas estaban lejos y pertenecían a siglos distintos; adquirió la certidumbre de que en México, al propio tiempo había almas prehistóricas de la edad

de piedra... almas de conquistadores del siglo XVI... e hijos selectos del siglo XIX [los positivistas comteanos]. (Zea 187-89)

Cualquier lector contemporáneo podría haber "reconocido" inmediatamente al indio en las "almas prehistóricas de la edad de piedra". La heterogeneidad multitemporal es una estrategia persistente para pensar la inconmensurabilidad social, racialmente marcada, que desarticula la nación.

4. La (des)articulación raza-tiempo se expresa como un problema de la historia. Esta expresión está en la raíz de una notable discontinuidad en el discurso decimonónico mexicano del indio. Ese movimiento discontinuo refleja la completa transformación del indio joven del Nuevo Mundo –que aparece a través de la escritura colonial (hijos de Dios, víctimas inocentes de "la legión del mal", Satanás, etc.) y se convierte en un signo de redención inclusiva de la humanidad (p. ej. Las Casas, Vitoria, Montaigne)– en un indio viejo y decrépito, que debe ceder el paso a una nueva y vigorosa vanguardia social y cultural. Dudo que pueda identificarse con alguna precisión un punto que sirva de eje, puesto que su aparente discontinuidad es el resultado cumulativo de muchas fuerzas sociohistóricas y tendencias intelectuales. Sin embargo Gabino Barreda, en su trascendental *Oración cívica* (1867), relata el cambio muy sucintamente, anticipando la boga del darwinismo spenceriano a pesar de sus propias predisposiciones filosóficas.[3] El discurso es de gran importancia histórica porque sirvió como un anuncio *de facto* de la posterior apropiación por parte del Estado liberal de la doctrina positivista, transformándola de una filosofía elitista y un poco esotérica de los masones, en una teoría social y política que vendría a guiar oficialmente la política del Estado durante las siguientes cuatro décadas y, por lo menos según Charles Hale, seguiría guiándola extraoficialmente a lo largo del siglo XX (8; 12-3). El presidente Benito Juárez estuvo presente y, después de escuchar el discurso, según se cuenta, promovió inmediatamente a Barreda a la comisión encargada del plan educativo nacional (Zea 55-56).[4] El discurso no otorga atención explícita al indígena como actor real o potencial en la escena contemporánea, una práctica de invisibilización que persistiría, con algunas excepciones notables, hasta la erupción del interés indigenista que seguiría a la Revolución. Como explicamos ya con Chávez, los positivistas entendieron teóricamente el problema del indio como un problema de espíritu y conciencia, e imaginaron que México bajo los principios del

positivismo liberal era un mundo donde ninguna barrera social estorbaría a los indígenas que pudieran lograr la requerida evolución espiritual y dejar atrás sus "supersticiones" (esto quiere decir, rendirse ante las fuerzas de la aculturación). El presidente de la República y adalid del liberalismo era, después de todo, un indio. La cada vez más aceptada naturalización spenceriana de la "evolución" social se haría cargo de aquellos que no siguieran el ejemplo ascendente de Juárez.

La única breve alusión de Barreda al indio, entonces, especialmente formulada como está en el contexto tanto de *raza* como de *tiempo*, es algo que debería ser considerado.

El discurso es un *tour-de-force* liberal-positivista, en el cual Barreda toca la mayoría de los temas clave: anticlericalismo ferviente; soberanía popular limitada e igualdad de derechos por encima de la monarquía y el militarismo; los derechos del capital y la propiedad privada; y, lo más importante, la historia como una lucha entre visiones del mundo en las cuales las fuerzas progresistas siempre triunfarán eventualmente en la evolución natural (o transformación) hacia la libertad, el orden y el progreso eternos. El resultado final de esta emancipación será el fin de la política misma, con la emergencia de una sociedad civil ideal donde las ideas sean intercambiadas pero nunca impuestas y donde el altruismo reine sobre el egoísmo. El nombre de la máxima expresión de las fuerzas progresistas en esta lucha es "ciencia", y aquellos más comprometidos con su hegemonía son los nuevos liberales que se llaman a sí mismos "positivistas".[5] La ciencia, con su confianza en la demostración en vez de la revelación, somete a sus leyes a las ciencias inferiores (76) de la religión, la moral y la política (79-80). Pero la ciencia positiva posee una capacidad mística propia: la capacidad, de hecho la responsabilidad, de organizar una historia nacional.

Fiel a su doctrina comteana, la *bête noire* de Barreda es la "anarquía". Su tesis historiográfica es que la anarquía de pensamiento produce una narrativa falsamente anárquica de la historia que, a su vez, exacerba la falta de orden y libertad en la sociedad mexicana. Citando a Comte, afirma la necesidad de triunfar sobre las "dolorosas colisiones que la anarquía, que reina actualmente en los espíritus y en las ideas, provoca en todas partes". Este triunfo se realizará a través de "una doctrina verdaderamente universal [que] reúna todas las inteligencias en una síntesis común" (73). La historia debe ser usurpada de los novelistas (75) y resituada en su propio dominio de la ciencia: "sujeta, como las demás [ciencias], a las leyes que la dominan y que hacen posible la previsión de los hechos por venir, y la explicación de los que ya han pasado" (72). Un mensaje nacionalista habita este recuento de los poderes visionarios de la ciencia. Entendida como sistema, con una lógica y un propósito, en vez de una "serie de hechos... extraños y excepcionales" (72), México puede recuperar su historia, "terrible" pero "fecunda", de los "políticos mezquinos o de mala fe" que quisieran representar el espíritu mexicano como "una triste excepción en la evolución progresiva de la humanidad" (73). Leyendo la (pre)historia nacional como una fórmula, Barreda ve una sola conclusión lógica en el horizonte de México: "la emancipación mental" (75-6). Una emancipación "caracterizada por la gradual decadencia de las doctrinas antiguas, y su progresiva sustitución por las modernas" (76).

Tenemos aquí una dicotomía rectora entre lo viejo y lo nuevo, dentro de la cual el indio tendrá que ocupar un lugar específico. Barreda explica la condición de esta "progresiva substitución" recurriendo a la noción dialéctica del germen, la semilla de auto-destrucción ya alojada en el centro de un proyecto de dominación. El agente de su transmisión es una metáfora de "inoculación", por la cual los pocos contagiosos transmiten a la multitud tradicionalista el germen de lo moderno que, si es cultivado apropiadamente, superará los efectos decadentes de "doctrinas antiguas". Fue precisamente esta clase de infección mental y espiritual la que contagió al cura Hidalgo, inspirando al *sacerdote* –precisamente la figura más decadente desde la perspectiva positivista– a provocar el fuego de la independencia que, de acuerdo a la interpretación de Barreda, pronto se volvería contra el privilegio clerical (71-7). Mientras que el clericalismo católico y el conservadurismo hispanista son aquí los blancos explícitos de Barreda, su metáfora del germen es especialmente efectiva para resolver la más profunda paradoja del carácter de la nación mexicana. Si la nación mexicana ha de representar la expresión más alta del hombre *moderno*, acabando con sus tradiciones de clericalismo e hispanismo, ¿en qué narrativa necesariamente *atemporal* puede descansar la legitimidad de la nación? La solución de Barreda: aún si la germinación es nueva, dado que es sólo ahora que está siendo bien cultivada por el ascenso del positivismo, el germen en sí está presente en los orígenes mismos de la nación. Es de hecho el elemento atemporal de la raza mexicana misma:

En esa época, los principales gérmenes de la renovación moderna estaban en plena efervescencia en el antiguo mundo y era preciso que los conquistadores, impregnados ya de ellas, los inoculasen, aún a su pesar, en la nueva población que de la mezcla de ambas razas iba a resultar. (78)[6]

Tres cosas importantes suceden en esta invocación retórica del "germen". Primero, la ciencia, como "débil niño" (79), se muestra como el resultado de un período de gestación concomitante a aquel de la nación misma. Esa niñez de la ciencia en México corresponde al futuro progresista de la nación, pero también se extiende hacia atrás, atemporalmente, a un Viejo Mundo que precede la llegada histórica de "México". Segundo, el llamado de México a la singularidad racial, el mestizaje, es apropiado como medio para este desarrollo. El mestizo se convierte en el elemento dinámico de la sociedad, cualidad extremadamente importante para los positivistas, quienes enmarcaron su lucha contra la iglesia como una cuestión de lo dinámico (que engendra progresión) contra lo estático (que engendra regresión). Este dinamismo mestizo será repetido por los más finos pensadores positivistas de México, en la obra de Vicente Riva Palacio, Justo Sierra y Andrés Molina Enríquez.[7] Tercero, el habitante indígena del Nuevo Mundo, el indio, de repente ya no es nuevo sino viejo, situado al lado de fuerzas retrógradas como la iglesia y la aristocracia terrateniente (véase Hale 4). Esta es la condición ambivalente del indio tal como es construida en el discurso mexicano decimonónico: se trata de una operación en la que el indio es un participante necesario y al mismo tiempo es borrado del proyecto nacional; una exclusión incluida que forma la lógica misma del mestizaje. El indio participa en la construcción de una nueva raza y un nuevo espíritu, pero es excluido de lo moderno a cuenta de su antigüedad cultural: se encuentra atascado, en los diversos modelos positivistas, en un estadio de desarrollo alternativamente llamado "teológico", "místico" o "animista". Este borramiento fundacional se ejemplifica en el discurso de Barreda, donde no menciona *en lo absoluto* a los indios reales, mucho menos como parte del proyecto nacional. Su participación es una alusión, una referencia, un receptáculo, el elemento superado de esta dialéctica primordial, en otras palabras, la síntesis producida a través de la "mezcla de ambas razas".

Puede decirse que esta teoría de la vejez del indio será tenaz, y se encontrará todavía en plena fuerza al inicio del indigenismo post-revolucionario. Los primeros estudios de Gamio sobre las comunidades indígenas del Valle de Teotihuacan, por ejemplo, ofrecen un reporte funesto no sólo de la pobreza material, sino también de la *decadencia* general del indio.[8] Relatar la vejez o antigüedad del indio constituye todavía un tropo poderoso que aparece en el canon mexicanista contemporáneo en el trabajo de escritores desde Paz hasta Anzaldúa.[9] Pero la figura del indio decadente o atrasado también corresponde a una influyente corriente en la filosofía occidental: la esquematización general de la diferencia cultural que fija las "razas" en coordenadas particulares de localización geográfica e historia unilineal. Versiones del historicismo teleológico que emergería de este esquema tuvieron fuerza en pensadores divergentes como Comte, Spencer y Savigny, quienes tuvieron una influencia profunda en el positivismo mexicano. Pero es una lógica de transformismo progresista que primero se echa a andar durante la Ilustración, un momento filosófico respaldado por más de dos siglos de expansión colonial. Si Kant trabajó por reificar un binarismo europeo que distinguía, en Europa, el norte "moderno" del sur "tradicional" (Mignolo 732), así como un Occidente contra un Oriente, es entonces Hegel quien daría a este racismo geo-temporalizado su forma más elaborada a escala global.

Tanto en su llamada *Filosofía de la mente* (1830) como en la *Filosofía de la historia* (1837, primera edición póstuma), Georg Hegel articula claramente la tensión entre decadencia y vigor que define el Nuevo Mundo, tensión que el proyecto de la nación mexicana luchará por resolver. Ocasionalmente caracteriza a los indios como "just like small children" (*Philosophy of Mind* 45), pero el énfasis más pronunciado está en la decadencia y la inviabilidad: "with regard to the original inhabitants of America, we have to remark that they are a vanishing feeble race… When brought into contact with brandy and guns, these savages become extinct" (45). Nótese la naturalización del proyecto colonial: no "están extinguidos", sino "se extinguen". Pero esta extinción es también un renacimiento: "The indigenous races of this continent are dying out; the Old World is refashioning itself in the New" (41). América, de hecho, es puro *futuro*, por lo cual no es de interés para una filosofía de la Historia:

> What *has* taken place in the New World up to the present time is only an echo of the Old World –the expression of a foreign life; and as a Land of the Future, it has no interest for us here, for, as

regards *History*, our concern must be with that which has been
and that which is. (*Philosophy of History* 87)

América, para Hegel, *no había sido todavía*.[10] La lógica colonialista
de la modernidad es clara: América, marchando hacia delante, lo
hace a expensas de los etéreos, ahistóricos (o prehistóricos) indios
americanos. Aunque para Hegel el indio está completamente fuera
de la Historia, su gesto hacia un futuro *americano* –de hecho, América
como el lugar donde "the burden of World's History shall reveal
itself" (86)– simultáneamente, y creo que sin intención, reinscribe al
indio como la condición de posibilidad de la modernidad. Es la
acumulación de tierra y sangre indígenas lo que impulsa al Viejo
Mundo hacia *su* futuro. América avanza en el tiempo, haciendo
Historia, apoyándose en y borrando al indio.

5. El problema con este modelo para la *intelligentsia* mexicana
decimonónica –un problema que también muestra la naturaleza
fantástica de la historia colonial que fue accesible a Hegel– era que
el indio no coincidía con el diagnóstico de extinción y debilidad.
Mientras que los varios genocidios llevados a cabo contra los pueblos
indígenas en diversos puntos de la historia de las Américas habían
dejado su población fuertemente reducida, las comunidades
indígenas, especialmente en Mesoamérica, todavía componían una
parte sustancial de la población, tanto así que en varias regiones
constituían la mayoría. No sólo eran sus números vastos, sino que
su amenaza a la integridad del Estado mexicano era muy real. Esta
amenaza fue ejercida con alguna frecuencia durante el siglo xix: en
las guerras de castas, implacables focos de autonomía (en Oaxaca,
Yucatán y Sonora), y aun en el comienzo mismo de la guerra
independentista de 1810, cuyo protagonista principal no fue la
burguesía emergente –en su mayor parte escondiéndiose tras puertas
cerradas– sino las masas fundamentalmente indias y campesinas.

Los liberales en ascenso, y más tarde los positivistas, intentaron
enfrentarse al "problema del indio" que perjudicaba tanto a la
hegemonía nacional (identificación horizontal) como a la soberanía
estatal (autoridad vertical). Sus esfuerzos por diagnosticarlo
consistentemente habrían de reducirlo a un problema de tiempo,
esto es, a múltiples historicidades o a una heterogeneidad
multitemporal. De esta forma, José María Luis Mora, el más
importante teórico del liberalismo mexicano temprano y
contemporáneo de Hegel, argumentó contra la "revolución de los
hombres", que sólo traía reacción y miseria, y estuvo a favor de la

que llamó una "revolución del tiempo" (31-7). Esta revolución era una función del Estado: "La habilidad de los que dirigen un Estado consiste principalmente en conocer las necesidades nacidas del grado de civilización a que han llegado los hombres" (35). Si el mandato antropológico de la historia es comprender el pasado como un país extranjero, entonces para la *intelligentsia* urbana mexicana, el pasado era el espacio rural inmediato. La tarea necesaria que Mora percibió era poner a todos al día, en el mismo "grado de civilización", el mismo momento en la historia universal. Nuevamente, en la obra de Mora como en el trabajo de Barreda, el indio brilla por su ausencia: aquí Mora se encuentra específicamente escribiendo contra los clérigos, los conservadores y los *caudillos*, a quienes considera obstáculos para el progreso. Y aun así es el indio el que presenta el desafío mayor a esta revolución en el tiempo, como Mora sugiere años después en una misión diplomática a Londres, donde escribió sobre "la necesidad de hacer que las sublevaciones de castas, no sólo cesen, sino que sean en lo sucesivo imposibles" (*Obra diplomática* 277).

Tal como su diagnóstico del problema de la hegemonía nacional estaba hasta cierto grado informado por su participación en la subcultura filosófica mundial, la *intelligentsia* mexicana decimonónica también encontraría allí una solución.[11] Esa solución, como vimos con Barreda, se basaba en la premisa de la mezcla de las razas, o el mestizaje. Como dice Mora al terminar la frase citada previamente, "el único medio para logralo [la imposibilización de las guerras de castas], es la fusión de todas las razas y colores que existen en la República en una sola" (*Obra diplomática*). Su formulación, sin embargo, no era una mera repetición de modelos europeos. Era una repetición con una diferencia. El mestizaje mexicano, cuando era teorizado como ruta potencial a la consolidación nacional y como marca positiva de la identidad nacional, se oponía generalmente a la muy influyente noción de una hibridez degenerada que fue teorizada por famosos científicos de la raza –y además racistas– como Gobineau, Le Bon, Spencer, Agassiz y Gumplowicz. Sin embargo, considero que en vez de inspirarse en esas voces desacreditadas, un argumento más provocativo sería proponer que la politización afirmativa de la mezcla racial –lo que Agustín Basave Benítez llama la "mestizofilia" mexicana– corrigiera una de las bases racializadas de la Ilustración misma: la necesaria correlación entre raza y nación. Lo hizo tomándolo literalmente.

En su *Antropología desde un punto de vista pragmático* (1797), Immanuel Kant se dedica brevemente a la cuestión de "el carácter de las razas". Su discusión, no obstante, está limitada a lo que identifica como la ley contradictoria de la naturaleza que gobierna la reproducción racial. Argumenta que "in fusing different races, nature aims at *assimilation*". Ya que dicha mezcla "gradually extinguishes [the races'] characters", no es "beneficial to the human race". Al mismo tiempo, sin embargo, "proximity of kinship, as is well known, results in infertility" (182). ¿Cómo escapar a este *impasse* y evitar tanto los peligros asimilativos de la hibridez como los peligros estériles de la endogamia?[12] *Interracialmente*, propone Kant, la naturaleza lleva a cabo una inversión milagrosa y hace

> the exact opposite [of assimilation] its law: that is, nature's law regarding a people of the same race (for example, the white race [ejemplo de Kant, no mío]) is not to let their characters constantly and progressively approach one another in likeness... but instead to diversify to infinity the members of the same stock and even of the same clan. (182)

La *intelligentsia* mexicana completaría la dialéctica.[13] Era una jugada estratégica, ya que buscaban precisamente la asimilación. Dado el supuesto atraso del indio, la asimilación exogámica hacia Europa, a través del mestizaje, podría ser una ruta a la emancipación histórica y, por ende, nacional, y en los términos de los positivistas comteanos, mental, política y espiritual. No era un gesto antirracista. Más bien, era una corrección del racismo eurocéntrico leído en medio de una serie de condiciones históricas específicas, esto es, al *interior* de un legado de colonialismo y periferialidad. Teóricos claves de la ciencia racial europea decimonónica –Gobineau, Gumplowicz– reproducirían una versión de la paradoja de Kant, proponiendo que incluso las razas nacionales más homogéneas son en realidad heterogeneidades hibridizadas: para ellos, el peligro más grave para la integridad nacional –la mezcla de razas– era también su condición de posibilidad (Young).[14] El mestizaje mexicano, entonces, podría ser entendido como una *fusión necesaria* cuyos esfuerzos de asimilación tenían la clave para producir una nueva raza, esto es, como en las metas de Mora, Barreda y Gamio, una nueva raza *nacional*. Una vez forjada, podría invocarse la ley de Kant de la diferenciación intrarracial. Aprovechándose de la conflación dialéctica de opuestos en la contradicción racista, donde la hibridez es a la vez condición y límite, la *intelligentsia* mexicana la radicaliza. Este fue precisamente la re-invención liberal-positivista del mestizo, el elemento dinámico de la sociedad que representa un radical paso hacia adelante en un mundo nuevo.

6. Es bien sabido que la generación de intelectuales de Reyes, cuya formación intelectual coincide con el desmoronamiento y eventual colapso del porfiriato, representa la bisagra ideológica que une al México pre y posrevolucionario. Nietzsche, cuyas ideas fueron acogidas con entusiasmo en el círculo de Reyes, escribió sobre la revuelta iterativa de los jóvenes contra sus predecesores. Sin embargo, Reyes, quien entendió el idealismo activista de su generación como integral a la Revolución misma, siempre tuvo cuidado de reconocer a mentores positivistas como Barreda y Sierra como los autores de la preparación de su pre-historia necesaria. El hecho de que cierto grado de continuidad discursiva persistiera a través de la Revolución al lado de las discontinuidades radicales en la hegemonía nacional y la soberanía estatal no constituye, entonces, ninguna sorpresa.

La confrontación de los intelectuales revolucionarios con los positivistas de la vieja guardia dio la bienvenida a una serie de ideas perspicaces y ayudó al mismo tiempo a subvertir absurdos –tanto filosóficos como sociológicos– que se habían vuelto convenciones. Sin embargo, las repeticiones son a veces simples repeticiones donde cualquier "diferencia" verdadera opera al nivel abstracto de la forma, esto sin evidenciar el tipo de institucionalización y encarnación implicados en la transformación ideológica real. Este ciertamente parece ser el caso cuando se lee a un humanista liberal como Reyes en el contexto de una historia crítica de la idea de raza en el discurso mexicano del indio, tal como la que he intentado esbozar anteriormente. En este contexto, y especialmente a través de los escritos de un pensador tan sutil como Reyes, puede resultar desconcertante encontrar una sublimación del mestizaje que no se cuestiona a sí misma. Es decir, un mestizaje que en última instancia refuerza la articulación raza-nación afirmada por los liberales, positivistas y *Científicos* del siglo XIX. No hay que equivocarse: en Reyes, el mestizaje raramente es pensado como una categoría *explícitamente* racial, ni siquiera como un rasgo *exclusivamente* nacional (es finalmente *inter*nacionalista). Más bien, como sostuve al comienzo, el mestizaje en Reyes generalmente se encuentra inflado hasta el nivel de la "síntesis" intelectual. Pero estas tendencias no deben oscurecer el hecho de que las prácticas estéticas mismas, a través de las cuales Reyes articula su síntesis intelectualizada (e internacionalista) al campo de la (re)producción material (social, cultural y nacional), todavía resuenan biopolíticamente y operan eufemísticamente. Se trata de una forma de ir más allá, no simplemente del "conflicto" en general, sino de los *conflictos específicos* de la heterogeneidad cultural que asedian al Estado, y que son generados por la fuerza oposicional encarnada en la persistente existencia del indio. Permítaseme reducir mi punto a sus elementos más básicos: la síntesis, como el mestizaje, "va más allá" del indio como tal.

En el giro de Reyes hacia la síntesis, el nuevo indio humanista todavía opera retóricamente como el viejo indio positivista, esto es, como la parte superada de una dialéctica histórica. La humanidad del indio, en tanto huella, reside en la figura que participa en la producción de un hombre futuro precisamente a través de su borramiento. En un plano ideal, el movimiento puede ser comparable con la teoría de la historia universal de Hegel, posteriormente modificada por Barreda para el caso específico de México. Este movimiento, traído de vuelta al mundo de las interacciones materiales, se vuelve una suerte de vitalismo sociológico, aparente en Vasconcelos, pero más sistemáticamente teorizado a través del *élan vital* de Henri Bergson y las ideas de Gabriel Tarde sobre la imitación social. De hecho, podemos encontrar en Reyes un compromiso con la teoría de la historia social de Tarde, que propone una suerte de guerra de razas progresista y total donde los pueblos se levantan o se extinguen gracias a su capacidad de fomentar la imitación.[15] En su discurso "Posición de América", Reyes plantea que "si [los focos genéticos de la cultura] no logran expandirse [más que limitadamente] a tiempo y conservarse por reiteración educativa, acaban por desaparecer" (*Última Tule* 240). Lo que parece proponerse como un hecho natural difícilmente criticable, en las líneas siguientes del ensayo se vuelve legible como la *naturalización de una contingencia social*: "el único medio de salvación", lo que quiere decir la armonización de la creatividad individual y la estabilidad social, "consiste en intensificar la transmisión por comunicación y aprendizaje" (241). Reyes plantea entonces que la agencia humana –esto es, decisión, políticas públicas y la política misma– al menos parcialmente, determina, mediante la "reiteración educativa", que es una manera de decir reiteración *activa*, la forma del futuro humano. Continúa: "La consigna de América es una consigna de mejoramiento, sustentada en la posibilidad de prescindir y escoger"

(242). Fiel a sus tendencias vitalistas, la síntesis americana, para Reyes, representa no un fin, sino un nuevo comienzo, y más aún, un comienzo que propone "mejoramiento" constante.

Mejorar la raza. En "Posición de América" y otros ensayos tardíos se hace explícito que dicho mejoramiento es problemático para la autonomía o incluso la supervivencia de las comunidades y culturas indígenas. Que esta es una premisa central desde los momentos más tempranos del trabajo de Reyes puede ser demostrado a través de una rápida exposición de su clásico ensayo *Visión de Anáhuac*.

Visión de Anáhuac es principalmente una interpretación poética y una meditación sobre la primera aprehensión europea de la "naturaleza" del Nuevo Mundo que más tarde se volvería América y, más precisamente en el contexto de Anáhuac, México. Reyes anexa estas "primeras impresiones" a una narrativa esteticista de la historia nacional. A lo largo de su recorrido, ofrece reflexiones sobre cuestiones básicas de lenguaje, representación, poética e identidad nacional-cultural. Es uno de los dos o tres textos más hermosos de Reyes, que ejerce su influencia de manera espectacular en el famoso discurso de Gabriel García Márquez pronunciado con ocasión del Premio Nobel (1982).

Un aspecto de la "naturaleza" del Nuevo Mundo que Reyes estetiza es la civilización indígena de los aztecas (mexica), tal como fue entendida inicialmente por la milicia española bajo el liderazgo de Hernán Cortés. Es un retrato brillante, fiel al asombro expresado en las cartas de Cortés y las peticiones de Bernal Díaz, una puesta en escena de un momento crucial en la emergencia de la modernidad, atenta no sólo a la apropiación de nuevos mercados, sino también de nuevos sujetos. La representación del indio como un ser sensual y perceptivo es central aquí: "La charla es una cantaría gustosa. Esas xés, esas tlés, esas chés que tanto nos alarman escritas escurren de los labios del indio con una suavidad de aguamiel" (*Última Tule* 6). *Que tanto nos alarman escritas*: en términos de una interpretación del indio en Reyes, este es el fragmento clave del texto. Inmediatamente fija la perspectiva de Cortés a la "nuestra", con el "nos" sugiriendo un sujeto lector que ha tenido que *traducir* al indio a *su* propio modo dominante de transmisión comunicacional. Más aún, se está dirigiendo a un *impasse* intercultural, donde aquello que es tan dulce y suave como el "aguamiel" se convierte en "alarmante", precisamente "para nosotros", cuando se incorpora, o incluye en una civilización "otra", un canon occidental: *que tanto nos alarman escritas*. Es una reflexión a la vez honesta y brutal: el indio, para

208

Reyes, puede sólo ser incluido como una exclusión, una fuente de alarma que surge de algún lugar fuera del "nos" nacional.

La naturaleza alarmante del indio en el discurso occidental no es un descuido por parte de Reyes, sino una afirmación de las políticas nacionales en *Visión de Anáhuac*, precisamente en su articulación con la raza. Estas políticas son establecidas a través de la trayectoria histórica que permite a Reyes integrar su "visión" prenacional a una narrativa abarcadora de construcción nacional. Esta metanarrativa rastrea "tres razas" –indio, blanco, mestizo– cada una conectada a una de las "tres civilizaciones" –azteca, española, porfiriana (4). Para el momento de la Revolución, entonces, el componente *racial* de una eventual síntesis total parece estar bastante avanzado: la tercera raza y la tercera civilización se hallan ya encarnadas en el Estado porfiriano, lo que Enrique Krauze llama "el triunfo del mestizo" (205-44). Esto implica que el movimiento del porfiriato a la Revolución es el fin del principio, es decir, el momento en que la síntesis americana comienza a liberarse y desdoblarse en otras áreas de la vida mundana. Pero al basarse simultáneamente en la transición previa del imperio azteca al español, también anuncia el principio del fin. Reyes aquí conecta el período de vida de las civilizaciones a tareas enraizadas en la producción –el Estado, la abstracción del hombre, contra la naturaleza– simbolizada por el drenaje del lago. Los españoles llegan al mismo tiempo que los aztecas cumplen su estadio en esta misión transhistórica: "Cuando los creadores del desierto acaban su obra, irrumpe el espanto social" (4). El desastre ocurre, pero pronto se encuentra, para Reyes, con una conquista que enmascara una liberación. Puesto que el indio es viejo, una "civilización ciclópea", de hecho, "un ruido... [que] se prolongaba, fatigado" (6) bajo la tiranía y "espanto social" (4) de un dictador brutal, el "Moctezuma doliente" (6). La milicia española siente un "rito sangriento" detrás del "salvaje tambor" en la distancia (6).

Reyes entonces plantea la conquista como un rescate que es a la vez un proceso a través del cual el indio no solo ejerce su fuerza cultural, sino que penetra al conquistador con la misma. Pero esta fuerza se pone en evidencia negativamente como una pérdida. Su análisis subsiguiente de un fragmento poético indígena revela que el significado del texto está necesariamente perdido para "nosotros", se trata de la traducción de una traducción. Su singularidad está fincada en un pasado inaccesible: nada puede compensar, escribe, "la pérdida de la poesía indígena como fenómeno general y social"

(13). El estatus del indio como exterior-interior o exclusión-incluida de la nación es claro, tanto a nivel de perspectiva —"lo que queda de ella [la poesía indígena] *sabemos*", "lo que queda de ella *imaginamos*" (énfasis mío) —como de tiempo verbal— "lo que *pudo* haber sido", "*cantaban* los indios", "ellos *transmitían* de generación en generación", etc. Reyes apunta al concluir que la tradición, las "perpetuaciones absudas de la tradición indígena" (16), debe ser abandonada si implica algo así como el retorno fantástico a una historia perdida.[16] La actividad productiva que crea una nueva historia, una historia nacional, es la que "nos une con la raza de ayer". Como revelando a pesar de sí mismo la persistencia de la raza dentro de la cultura, Reyes aclara a continuación que su análisis se realiza "sin hablar de sangres". Esta unificación de civilizaciones se da a través del "esfuerzo por domeñar nuestra naturaleza" y la "emoción cotidiana ante el mismo objeto natural". Según Reyes, en última instancia "[nos] une también la comunidad". En fin, este "choque de la sensibilidad con el mismo mundo labra, engendra, un alma común".

La producción de una nueva raza, una raza nacional, es un proceso natural por el hecho de que está *en la naturaleza del hombre* resistir a la Naturaleza. Es un proceso estéticamente atado al movimiento inexorable de la historia misma: tres razas, tres civilizaciones, tres pasos en un instante local de una historia universal.[17] El poema indígena, cuya influencia parcial certifica una ausencia, inspira tanto celebración como encomio, la fiesta funeraria del indio a través de la cual la civilización indígena ingresa en algo mayor que sí misma. Pero por supuesto, como anoté anteriormente, Reyes –cuyo vitalismo generalmente evade la reducción al nihilismo– también insiste en el rol de la agencia humana y la decisión activa en las vicisitudes de la historia. La política de este activismo choca con la naturalización de la pérdida indígena realizada por Reyes. También, la política de Reyes –en vista del auge simultáneo del Arianismo en el contexto internacional y de un indigenismo cada vez más crítico en casa– choca con su insistencia intensificada en torno a la irrelevancia de la raza para América.[18] Por lo menos en el reino de *este* mundo –la realidad concreta– aun si no en teoría, parecería que la raza en América Latina sí importa. Esto debe estar claro, al menos hasta cierto punto, para Reyes. El conjunto de decisiones que anuncian el aterrador modo de resolver "el problema del indio" representa otra clase de procesión funeral que se arrastra al lado del encomio estético de Reyes, reconectando la formación de la comunidad, eso que "engendra un alma común", a una biopolítica cuyo impulso eugénico es claro. Incluso hasta 1902, la "tercera civilización" realizada en el Estado porfiriano presionaría la marcha del progreso al enviar ocho mil tropas federales a Sonora. Le seguirían las masacres y la deportación masiva de la tenaz civilización yaqui (Hu-DeHart 162-65).

7. La teoría de la síntesis de Reyes repite en general la lógica básica y muchas de las fallas de la articulación entre raza, nación y tiempo que el mestizaje lleva a cabo en la escena mexicana. Pero del *mélange* creativo de materialismo (tanto positivista como vitalista) e idealismo que Reyes maneja con considerable habilidad y rigor, emerge una segunda idea clave, ya sugerida a través de su compromiso con la agencia humana frente a los procesos históricos. Se trata de la "protesta". Re-leyendo su presencia en el trabajo de Reyes, esta idea afina el enfoque de los problemas (o por lo menos los *impasses*) que su persistente giro a la síntesis no puede resolver. Más aun, repensar el interés de Reyes en la protesta abre un espacio inmanente para leerlo contra sí mismo, quizá desarticulando la pareja raza-nación que sólo puede respaldar en última instancia la destrucción del indio. De nuevo, podemos observar las operaciones y la centralidad de esta idea –esta vez, la protesta– al regresar a uno de los primeros trabajos centrales de Reyes.

"La sonrisa" aparece en *El suicida* (1917), un tratado filosófico cuyo frecuente recurso a historias recuerda a Nietzsche y anuncia las más fuertemente tejidas "critifcciones" de Jorge Luis Borges. Al igual que *Visión de Anáhuac*, fue escrito durante la estadía de Reyes en España. Aunque carece del proyecto explícitamente nacional de *Visión de Anáhuac*, acompaña al ensayo anterior participando en vigorosos debates españoles (Unamuno, Azorín, Baroja, etc.) alrededor de la función social del intelectual moderno. La función específica del capítulo llamado "La sonrisa" es preparar el camino para desarrollar una teoría de la historia basada en la emergencia del diálogo. Lo que ofrezco aquí es una deliberada extracción del capítulo de su contexto inmediato, con el fin de leer su idea de la *protesta* contra las implicaciones racializadas de la *síntesis* que intenté subrayar en *Visión de Anáhuac*.[19]

La sonrisa de "La sonrisa" significa el nacimiento de la conciencia y así su capacidad de autorreflexión filosófica. Es el suplemento de la naturaleza, una metáfora de la aprehensión que el hombre (*sic* a lo largo de lo que sigue) hace del mundo que trasciende la necesidad animal: "Cuando el niño comienza a despertar del sueño de su animalidad, sorda y laboriosa, sonríe: es porque le ha nacido el dios" (237-38). La sonrisa revela la humanidad del animal y así la conecta a la capacidad única del hombre para la autoproducción genérica (y la sublimación de su capacidad de producción de los dioses). Más aún, confirma la reducción del universo a la ironía de Schlegel: "La ironía", concluye Reyes, "es la madre de la sonrisa". La actitud inmediata del hombre frente al mundo es la ironía (239).

Al suscribirse a esta noción romántica de la ironía, entiendo que Reyes señala la condición human(ist)a de desear conocer un mundo incognoscible. Luego va a convertir esta condición epistemológica en una clase de *impasse* existencial. Por un lado, "el mundo excita nuestra ironía" (240), porque la conciencia permite alturas intelectuales infinitas atadas a límites físicos. Por otra parte, la incognoscibilidad de estos límites físicos –la Naturaleza– simultáneamente inspira reverencia y asombro (240). ¿Cómo evitar, entonces, descender en el nihilismo de la insignificancia última y la falta de afirmación que Hegel temió como la inevitable conclusión de la ironía romántica? ¿Cómo rescatar cualquier sentido de propósito, cualquier seriedad, de un mundo-como-juguete?

La respuesta de Reyes es con *actividad*, no con una producción vinculada al mundo natural (la cual era central en su ensayo sobre Anáhuac), sino a acciones que dan significado al mundo y que tienden a la *re*-producción, llevada a cabo en el ritual, la imitación, el placer, la creación. Podríamos llamar *cultura* a esta actividad reproductiva, ejemplificada por Reyes con la exaltación que hace el salvaje de us tatuajes incluso por encima de la comida, y con la apreciación estética que el mendigo hace de la moneda (238, ejemplos de Reyes, no míos). De nuevo, Reyes invoca la sonrisa, esa actividad perfectamente humana que "no nutre y el juego que no multiplica": lo más humano de toda la actividad es reproductivo e imitativo pero no productivo (no el trabajo sino el "juego"), creativo pero no procreativo ("no multiplica"). Es esta perspectiva culturalista y activista (y no materialista en el sentido *productivo*) la que permite a Reyes anclar lo que propone como una suerte de teoría invertida del hombre histórico. En efecto, postula una conceptualización del hombre no como formación histórica (como producto de la historia) sino simplemente como *formación-en-progreso* perpetua (como productor de la historia). El hombre, para Reyes, es el hijo de aquello que no existe todavía (240). En otras palabras, la existencia del hombre sólo es relevante como una superación futura de la no-existencia: "El hombre existe para que pueda existir lo que aún no existe".[20] El hombre inventa, y esta capacidad de invención emerge como cultura. El hombre inventa *culturalmente*. Como vimos en *Visión de Anáhuac*, uno de los ambientes primarios que otorga a la actividad cultural significado es la formación histórica llamada nación. El hombre moderno lleva a cabo la invención cultural *nacionalmente*. El indio regresa aquí, inscrito en el modelo cultural-nacional. El indio, como lo vimos claramente en *Visión de Anáhuac*, existe *precisa y exclusivamente como hombre futuro*. De hecho, la nación, tiene como condición de posibilidad futura –la tercera civilización, la tercera raza– sacrificar al indio.

Pero como Reyes mismo afirmará más tarde, la dialéctica de la historia no marcha inevitablemente, teleológicamente, unidireccionalmente. La sonrisa –el hijo de la ironía– habla del nacimiento de la conciencia. La historia, sin embargo, es la que permite a la conciencia ser pensada. Como el movimiento del hombre a través y en contra de la naturaleza, la historia es impulsada desde una fuente distinta a la sonrisa originaria. Esa fuente es la *protesta*: "el estado frecuente, constante, el que da su sello a la humanidad, y que, por lo mismo, merece llamarse... el estado humano, es el de la protesta" (241-42). El estado mismo de la condición humana, la protesta, está *sugerido* en la sonrisa: "El hombre sonríe: brota la conciencia" (242). Pero es sólo a través de una segunda sonrisa que la protesta es *llevada a cabo*, esto es, *convertida en acción histórica*: "si el hombre no hubiera protestado, no habría historia... ¿Sonríe por segunda vez? Protesta, no le basta ya la naturaleza". Y esta sonrisa de segundo orden es una sonrisa particular que tiene un protagonista y una agencia específicos. Esta es la sonrisa del *esclavo*. La conciencia del esclavo y la protesta –que, llevándola al límite, podríamos llamar resistencia– mueve la historia: "Mientras no se duda del amo no sucede nada. Cuando el esclavo ha sonreído comienza el duelo de la historia".

Ahora bien, es probable que Reyes maneje este tropo hegeliano en la forma en que lo hizo Hegel: no como una pedagogía de los oprimidos, sino como metáfora de la astucia de la razón detrás de los grandes planes de la historia. Al mismo tiempo, quisiera recordar que Reyes también comentaría, años después, acerca del movimiento eterno y misterioso de la dialéctica de la historia que frustra a aquellos seducidos por los últimos fines: "nos seduce más el sueño de progreso y libertad que los accidentes del método dialéctico" (*Andrenio* 480). Dice virtualmente lo mismo en "La sonrisa": "Para que el proceso siga abierto, para que el mundo marche, es fuerza que alguien se quede sin cesar disgustado" (242). Si la represión no conoce límites, tampoco los conoce su opuesto dialéctico: la protesta, la activación del "disgustado" que impulsa la vida, que de hecho "salva a la naturaleza de un agotamiento seguro". La vida misma debe ser dialéctica. Esto es lo que Reyes promueve como la dialéctica nacional del México mestizo. Sin embargo, el indio sigue disgustado. Emerge toda una serie de retos dialécticos tanto a la nación como al Estado: integración sin síntesis, actividad sin producción, autonomía sin exclusión, cooperación sin coerción, protesta sin guerra. Parece claro que salir al encuentro de estos retos hoy requerirá un nuevo internacionalismo que haga pedazos la articulación raza-nación. He intentado comenzar a pensar en cómo dicho proyecto no estaría nada lejos de los modelos de acción histórica evidentes en la obra de Reyes. Pero la realización de dichos proyectos requerirá que vayamos más allá de Reyes. Exigirá situar apropiadamente la tesis que correspondería a la síntesis promovida por el Estado (es decir, el mestizaje) en su actual condición dialéctica, en la cual la antítesis nacional-cultural está constituída por las comunidades indígenas. Lo mismo propuso Barreda, antes de Reyes, y hoy en día, la Corte Suprema de México.[21]

Traducción de Ignacio M. Sánchez Prado

NOTAS

Estoy agradecido a María del Pilar de los Milagros Melgarejo Acosta por sus comentarios productivos y su diálogo crítico. Habría sido imposible escribir este artículo sin su ayuda. También le agradezco a Ignacio López Vicuña por su colaboración en la preparación de esta versión en español. Todos los errores son míos.
[1] Al pensar las relaciones entre raza, nación y tiempo, sigo de cerca las conclusiones de Étienne Balibar en su trabajo sobre "etnicidad ficticia y nación ideal" (96-100).
[2] La base del programa educativo de Barreda, y la base de su noción de ciencia en sí, es la noción de un positivismo universal. En otras palabras, el positivismo no simplemente como un método o una práctica, sino como una ideología que nombra toda una forma de vida. Su compromiso con la "ciencia" recalca la apropiación política de muchos de sus preceptos con el ascenso del grupo que dependería de y retaría al régimen de Díaz, y que, al comienzo de 1893, serían llamados los "Científicos" (véase Hale 11, 21-2).
[3] Resistiré la tentación de repetir el magistral desenmarañamiento que Hale hace de las diferencias entre el positivismo comteano y el spenceriano dentro

214

del movimiento positivista en México (205 y ss.). Baste con decir que Barreda era un comteano que entendió que el progreso finalizaba en un "collective and hierarchical whole" (213) y rechazó la noción social de Spencer y la biológica de Darwin de la transformación constante subrayada por la lucha por la supervivencia (208-9; 215-7). Eventualmente, sin embargo, con el ascenso de Justo Sierra, Comte y Spencer fueron reconciliados bajo la insignia de los *Científicos* (217).

[4] La comisión fue llamada Junta Directiva de la Instrucción Pública del Distrito Federal, y representó, en palabras de Agustín Aragón, "una progresiva y completa relación entre el poder público y la educación popular" (Barreda XI). El prólogo de Fuentes Mares a los *Estudios* (1941) de Barreda ofrece un recuento eficiente de su vida profesional. Las contribuciones de Barreda al sistema educacional de la preparatoria nacional fueron influyentes durante varias décadas y formaron a la mayor parte de la generación de Vasconcelos y del Ateneo de la Juventud, quienes más tarde llevarían a cabo un feroz rechazo de sus principios positivistas. Véase, por ejemplo, el discurso de Vasconcelos "Don Gabino Barreda y las ideas contemporáneas" (1910), en el que Barreda es aplaudido por destronar a la Iglesia y al hispanismo e inmediatamente desplazado por una crítica extensa del positivismo y una defensa del idealismo.

[5] Por supuesto, soy culpable aquí de un aplanamiento del movimiento intelectual dinámico y diverso conocido como "positivismo". Como Zea apunta repetidamente en su clásico estudio, y como Hale corrobora, el positivismo mexicano se desarrolla en el contexto de debates vigorosos, y tiene legados tanto en la izquierda como en la derecha en términos del espectro político actual. Zea propone un positivismo que emerge del liberalismo mexicano desde su fase más combativa (Mora, Melchor: en general el anticlericalismo), pasando por su fase dinámica (Juárez, Barreda, Sierra: anticlericales y antijacobinos), hasta su fase estática y militante (los *Científicos*, Díaz: la transformación de *libertad*, orden y progreso en *paz*, orden y progreso). El estudio de Hale del liberalismo decimonónico tardío es ampliamente considerado como el tratamiento más sofisticado de las tensiones y contradicciones que median entre positivismo, liberalismo, conservadurismo-liberalismo y la "política científica". Sin embargo, a pesar de su crítica de lo que percibe como el reduccionismo de Zea, Hale está de acuerdo en que el liberalismo y el positivismo son interdependientes y a menudo el uno nombra al otro (23, véase también 17, 18, 22). En última instancia reafirma la misma trayectoria histórica de ideas que traza Zea (3). De acuerdo a su interpretación, los positivistas ven a sus competidores (el clericalismo y el jacobinismo) como peligrosos porque buscan "imponer" sus ideas a otros. Esta imposición de ideas es el pecado mayor para los positivistas y también su punto ciego, puesto que eximen la "demostración" científica de la "imposición" porque supuestamente opera en un conjunto de términos (exposición lógica y demostración material) que cualquiera puede entender. Los positivistas militantes, sin embargo, reservarán este

215

derecho de demostración sólo a aquellos que pueden hablar y entender el lenguaje de la ciencia, revelando la exclusividad de su universalidad. Al final, encuentro que la conclusión de Zea es inatacable: el positivismo, a pesar de las vigorosas críticas del Estado liberal mismo, es el nombre de la ideología de la burguesía mexicana (o, para Hale, del "liberal establishment"), y privilegia el orden social (esto es, la hegemonía estática) sobre todo lo demás. Sin embargo, Hale adscribe esta función ideológica al liberalismo (23).

[6] Sobre la noción mística del germen o la semilla como metáfora científica que funciona no sólo para teorizar la esencia humana, sino también para producir diferencia racial en el pensamiento ilustrado, véase Kant, "Of the Different Human Races".

[7] Los textos clave aquí incluyen las contribuciones de Riva Palacio al majestuoso *México a través de los siglos* (1884), la *Evolución política del pueblo mexicano* (1900-2; 1940) de Sierra y *Los grandes problemas nacionales* (1909) de Molina Enríquez.

[8] El estudio en cuestión se publicó en 1922 bajo el título *La población del Valle de Teotihuacán*.

[9] La noción del indio como ruina viviente es constante en el trabajo de Paz. En Anzaldúa, la apropiación de lo indio es consistentemente una apropiación de un viejo indio, superado por una nueva cultura: "By 1650, only one-and-a-half million pure-blooded Indians remained. The *mestizos* who were genetically equipped to survive [Old World diseases] founded a new hybrid race and inherited Central and South America" (5). Tal vez Anzaldúa está hablando en puras metáforas aquí, pero vale la pena apuntar el bien conocido hecho de que muchas comunidades vivas, quizá florecientes, que se configuran a sí mismas como alguna versión de "pure-blooded Indians", han cuestionado activamente esta herencia.

[10] La noción de una América todavía-por-ser es fuerte aún en representaciones de América Latina y puede ser vista en las referencias comunes al "potencial" u "oportunidad" de las economías latinoamericanas en la prensa de negocios. Dos buenas representaciones artísticas incluyen *Una familia lejana* (1980) de Carlos Fuentes, que termina con una visión de gemelos euroamericanos *in utero*, y la película *Iracema: Uma transa Amazónica* (1975) de Jorge Bodansky que yuxtapone la pobreza explotadora (mujeres indígenas que se prostituyen para sobrevivir) con constantes referencias a la construcción de caminos (y exclamaciones de Brasil como un "país grande") y después estos proyectos de desarrollo con la biopolítica de la colonización ("transa" se refiere a la vez al proyecto carretero trans-amazónico y a un "coito amazónico"). Agradezco a Malcolm McNee (comunicación personal) por hacerme notar este juego de palabras.

[11] Tomo el término "subcultura filosófica mundial" de Hewit.

[12] Los científicos decimonónicos de la raza invertirían estos "peligros" y se preocuparían por la asimilación excesiva de la endogamia racial y la supuesta infertilidad de la exogamia racial.

¹³ Para clarificar, debo anotar que no estoy intentando determinar ninguna clase de "influencia" directa de Kant y Hegel sobre, por ejemplo, Barreda y sus contemporáneos mexicanos. No obstante, tampoco son invocados al azar. Simplemente estoy utilizándolos como ejemplos prominentes del pensamiento ilustrado tardío, que es en gran medida tanto reproducido como transformado a través de las necesidades históricas específicas de los filósofos y científicos occidentales de la segunda mitad del siglo XIX.

¹⁴ Los textos que trabajan más explícitamente esta paradoja son el *Ensayo sobre la desigualdad de las razas humanas* (1853-5) de Gobineau y *Rassenkampf* (1883) de Gumplowicz.

¹⁵ Para el deslizamiento de Tarde entre las teorías de imitación individualista y las provocadas por la moda y los modelos biologistas, raciales, del progreso humano y la supervivencia cultural, véase el capítulo 7 ("Influencias extra-lógicas (continuación)") de su *Las leyes de la imitación* (1903).

¹⁶ Aunque Reyes escribe aquí contra las extravagancias tanto del hispanismo como del indigenismo, el tono y la elección de palabras indican que, aun de manera crítica, tiene más esperanzas en el primero que en el segundo: "no soy de los que sueñan en perpetuaciones absurdas de la tradición indígena y ni siquiera fío demasiado en perpetuaciones de la española" (16).

¹⁷ Para una extraordinaria revisión de la tradición occidental de ver al hombre como ese animal que fragua su propio género a través de la producción, praxis y voluntad, véase Agamben, *The Man without Content* (68-93). Décadas más tarde, Reyes adquiere una visión menos progresista sobre estos estadios de la historia universal, insistiendo en su persistente co-etariedad (*Andrenio. Perfiles del hombre*).

¹⁸ Por ejemplo, sus comentarios sobre la irrelevancia de la raza y la nación para América coinciden con el Primer Congreso Indigenista Interamericano de 1940, que se llevó a cabo en Pátzcuaro, Michoacán. Su razón de ser era precisamente la discusión de problemas de raza, nación y política estatal en las Américas.

¹⁹ Para una eficiente revisión de las condiciones históricas de producción de estos ensayos y una interpretación crítica de su contexto intelectual, véase Conn.

²⁰ Debo anotar que el hecho de que esta cualidad distinga o no al hombre del animal es irrelevante para Reyes. Lo que importa es que es común a *todos* los hombres, desplazando la pregunta de los orígenes del hombre de la esencia espiritual a la contingencia de la historia.

²¹ El 5 de septiembre de 2002, la Corte Suprema de México dio un golpe a la autodeterminación y a la participación nacional indígena al encontrar inconstitucionales varias condiciones –condiciones con profundo y amplio respaldo entre las comunidades indígenas de México– cruciales para la llamada "reforma indígena".

Agamben, Giorgio. *Homo Sacer: Sovereign Power and Bare Life.* [1995]. Daniel Heller Roazen, trad. Palo Alto: Stanford University Press, 1998.

_____ *The Man without Content.* [1994]. Georgia Albert, trad. Palo Alto: Stanford University Press, 1999.

Anzaldúa, Gloria. *Borderlands/La Frontera: The New Mestiza.* San Francisco: Aunt Lute, 1987.

Balibar, Etienne e Immanuel Wallerstein. *Race, Nation, Class: Ambiguous Identities.* [1988]. Londres: Verso, 1991.

Barreda, Gabino. *Estudios.* [1867]. México: UNAM, 1941.

Basave-Benítez, Agustín. *México mestizo.* México: FCE, 2003.

Bodansky, Jorge (dir.). *Iracema, Uma transa Amazónica.* 1975.

Conn, Robert. *The Politics of Philology.* Lewisburg: Bucknell University Press, 2002.

Fuentes, Carlos. *Una familia lejana.* México: Era, 1980.

Gamio, Manuel. *Forjando Patria. Pro-nacionalismo.* [1916]. México: Porrúa, 1992.

Gruzinski, Serge. *El pensamiento mestizo.* Madrid: Paidós, 2000.

Hale, Charles. *The Transformation of Liberalism in Late Nineteenth Century Mexico.* Princeton: Princeton University Press, 1989.

Hegel, Georg Wilhelm Fiedrich. *Philosophy of Mind.* [1830]. William Wallace y A. V Miller, trads. Oxford: Clarendon, 1971.

_____ *Philosophy of History.* [1837]. J. Sibree, trad. Nueva York: Dover, 1956.

Hewitt de Alcántara, Cynthia. *Anthropological Perspectives on Rural Mexico.* Londres: Routledge, 1984.

Hu-DeHart, Evelyn. "Peasant Rebellion in the Northwest: The Yaqui Indians of Sonora, 1740-1976". *Riot, Rebellion and Revolution: Rural Social Conflict in Mexico.* Friedrich Katz, ed. Princeton: Princeton University Press, 1988. 141-175.

Kant, Immanuel. "Of the Different Human Races". *The Idea of Race.* [1777]. Robert Bernasconi y Tommy Lott, eds. Indianapolis: Hackett, 2000. 8-22.

_____ *Anthropology from a Pragmatic Point of View.* [1797]. Mary Gregor, trad. La Haya: Martinus Nijhoff, 1974.

Krauze, Enrique. *Mexico, Biography of Power: A History of Modern Mexico, 1810-1996.* Nueva York: Harper Collins, 1997.

Martín-Barbero, Jesús. *De los medios a las mediaciones.* Barcelona: Gustavo Gili, 1987.

Mignolo, Walter. "The Many Faces of Cosmo-polis. Border Thinking and Critical Cosmopolitanism". *Public Culture* 12/3 (2000): 721-48.

Molina Enríquez, Andrés. *Los grandes problemas nacionales.* México: Ediciones del Instituto Nacional de la Juventud Mexicana, 1964.

Mora, José María Luis. *Ensayos, ideas y retratos.* México: UNAM, 1941.

_____ *Obras completas. Volumen 7. Obra diplomática.* México: Instituto Mora/Conaculta, 1994.

Reyes, Alfonso. *Última Tule y otros ensayos.* [1915, 1942]. Caracas: Ayacucho, 1992.

_____ "El suicida". *Obras completas III.* [1917]. México: FCE, 1956. 218-305.

_____ "Andrenio: Perfiles del hombre". *Obras completas XX.* [1955]. México: FCE, 1979. 401-82.

Riva Palacio, Vicente. *México através de los siglos.* México: G.S. López, 1940.

Sierra, Justo. *Evolución política del pueblo mexicano.* México: Universidad nacional Autónoma de México, 1948.

Tarde, Gabriel. *The Laws of Imitation.* [1903]. Elsie Clews Parsons, trad. Nueva York: Holt & Co., 1962.

Vasconcelos, José. "Don Gabino Barreda y las ideas contemporáneas". [1910]. *Obras completas I.* México: Libreros Mexicanos Unidos, 1957. 38-56.

Young, Robert. *Colonial Desire: Hibridity in Theory, Culture and Race.* Londres: Routledge, 1995.

Zea, Leopoldo. *El positivismo en México.* México: FCE, 1943.

Visión de Anáhuac: lectura en diálogo con Bolivia y los letrados del novecientos

Elizabeth Monasterios P.
University of Pittsburgh

> Me avergüenzo cada vez que se me llama
> "helenista", [...] Grecia es un modo de hablar,
> es un lenguaje cuya ventaja es ser
> universalmente comprensible [...] Mi
> "Grecia" soy yo. Cuando tenga Ud. tiempo,
> relea mi ensayito sobre "La estrategia del
> gaucho Aquiles" y verá qué cerca me anda
> Grecia, sin necesidad de abandonar nuestras
> latitudes.
>
> Alfonso Reyes, *Anecdotario*

Cuando se me invitó a participar en este volumen prometí escribir acerca de la recepción de Alfonso Reyes (1889-1959) en Bolivia, me atraía la idea de hurgar en revistas y periódicos de la época lo que seguramente fue la marca de Reyes (y de la inteligencia ateneísta) en los letrados bolivianos de principios de siglo xx. Concretamente, en Alcides Arguedas (1879-1946), Franz Tamayo (1879-1956) y Ricardo Jaimes Freyre (1868-1933), que desde registros culturales no necesariamente afines a los ateneístas (Arguedas era un indigenista positivista, Tamayo un filósofo del conflicto social y Jaimes Freyre un modernista), propusieron una modernidad cultural y plantearon un debate en torno a la construcción de la cultura nacional.

Arguedas había sido uno de los fundadores de Palabras Libres (1900-1907), agrupación cultural alrededor de la cual gravitó la élite joven del novecientos y que tuvo en Bolivia un rol análogo al del Ateneo de la Juventud en México: sus integrantes se plantearon la discusión crítica de teorías estéticas del momento, incursionaron agresivamente en terrenos de sociología y cultura política, abrazaron el liberalismo como ideal de progreso y, en materia literaria, desplazaron al romanticismo con la práctica de un naturalismo que por lo menos en teoría encarnaba la sensibilidad de un nuevo siglo. Tamayo (contempóraneo de Arguedas) y Jaimes Freyre (figura clásica del modernismo) ofrecían escenarios radicalmente distintos. Fuera de la órbita de Palabras Libres y sin coincidir entre sí, desplegaron en sus obras una explícita "afición por Grecia" y por la mitología nórdica sostenida desde la conflictividad de un país mayoritariamente poblado por indios y, en opinión de Tamayo, llamado a civilizarse mediante la acción de una pedagogía nacional que en lugar de borrar al indio del horizonte social (como deseaba la élite intelectual del liberalismo) proyectara sus virtudes en la formación de un nuevo sujeto nacional: el mestizo (*Creación de la pedagogía nacional*). Epistemológicamente, el reto que Tamayo le planteaba a la inteligencia liberal del novecientos era la inclusión del componente indígena en la construcción de la nación.

Así configurado el perfil de estos escritores, resultaba prometedora la tarea de estudiar las repercuciones que en ellos tuvo el ateneísmo mexicano, que de muchas maneras lideró el proceso cultural latinoamericano de la época.[1] Ya embarcada en tal proyecto, cayeron en mis manos los dos volúmenes de *Hacia una historia crítica de la literatura en Bolivia* (Blanca Wiethüchter, Alba María Paz Soldán, 2002), que devoré en medio del asombro, porque lo que allí se planteaba era una invitación a historiar la literatura a partir de un distanciamiento de los debates y procedimientos convencionales. En esos dos volúmenes no sólo encontré formas renovadoras de entender una literatura nacional cuando arrastra pasados coloniales, sino también formas de re-pensar a un autor canónico y aprender a dialogar con él sin someterlo *a priori* a racionalidades teóricas o comparatistas. Entendí entonces que un estudio de Reyes en diálogo con los letrados bolivianos más que en influencias, periódicos o hemerotecas, tenía que encontrar su forma en las búsquedas y obsesiones que les fueron comunes. Y si algo compartieron los letrados bolivianos y Reyes fue la búsqueda (contradictoria, obsesiva, pero casi siempre honesta) de un lenguaje cultural que diera cuenta de países que "dolían" y de sociedades históricamente desquiciadas. Literalmente, en un texto de 1952, Reyes adhiere a este proyecto:

> Yo sueño [...] en emprender una serie de ensayos que habían de desarrollarse bajo esta divisa: "En busca del alma nacional". La *Visión de Anáhuac* puede considerarse como un primer capítulo de esta obra, en la que yo procuraría extraer e interpretar la moraleja de nuestra terrible fábula histórica: *buscar el pulso de la*

patria [...] pedir a la brutalidad de los hechos un sentido espiritual; descubrir la misión del hombre mexicano en la tierra. (*La X* 87, énfasis mío).

"Entrar" a las obsesiones de estos escritores, tratar de entenderlos, me llevó a re-leer *Visión de Anáhuac* (1917) en diálogo con las propuestas de *Hacia una historia crítica de la literatura en Bolivia*, que a su vez exigían un diálogo con las perturbaciones sociales que desde la independencia afectaron (y todavía afectan) a las sociedades heterogéneas. Este planteamiento sugiere ya que en la escena intelectual de principios de siglo xx el latinoamericanismo liderado por Rodó no fue, no pudo ser, un modelo hegemónico de pensamiento. En países como México y Bolivia *algo* detenía su consenso, impidiendo que los letrados (por más enamorados que estuvieran del espíritu clásico) adherieran obedientemente a él. Al margen de los Ateneos, Academias y grupos literarios que éstos fundaban, y a pesar de sus esfuerzos por hacer del arte un modelo de comprensión del mundo, el "pulso de la patria", como diría Reyes, parecía no pertenecerles. Y *eso* los sobredeterminaba a escribir desde una "angustia vital" (*La X* 77) que sigue problematizando el rol de estos intelectuales en la escena cultural de principios de siglo. ¿Fueron los consolidadores de la modernidad cultural iniciada por Darío y que, en uno de sus extremos, suponía la incorporación americana a la edad de las burguesías? ¿O más bien consolidaron el fracaso del proyecto modernizador y soslayaron los motivos por los que América no se articulaba a la modernidad? Una re-lectura de *Visión de Anáhuac* abre horizontes de visibilidad.

Re-leyendo *Visión de Anáhuac*

El fondo sobre el que hay que estudiar este texto de Reyes es el dictamen que sobre él ha hecho la historia literaria, señalándolo como una recreación histórico-poética de la primera imagen que de México tuvieron los conquistadores y que un letrado mexicano de inspiración clásica recrea para sus contemporáneos (Gutiérrez Girardot, Alicia Reyes, Robb). Crucial en esta reconstrucción es la manera en que Reyes aborda la difícil relación entre la raíz indígena de su país y la tradición española de la que se siente heredero.

Sobre la base de este diagnóstico muchos se han preguntado por qué un escritor que ha asumido su rol como "paladín del arielismo en América, que defiende el ideal español, la harmonía griega y el legado latino" (García Calderón 6), sorprende y conmueve a sus contemporáneos con un texto escrito en Madrid[2] y pensado desde "la raza de ayer". Habría que preguntarse también por qué un escritor tan abiertamente seducido por la cultura clásica y disidente del arte como instrumento ideológico, da pie a una legítima reflexión poscolonial que indaga críticamente el destino histórico de México desde Netzahualcoyotl hasta Porfirio Díaz. *Hacia una historia crítica de la literatura en Bolivia* enfrenta problemas similares al estudiar autores bolivianos nacidos a fines del siglo XIX, y resuelve sus inconsistencias y contradicciones recordándonos que si algo acosaba a los letrados de la época era la urgencia de producir una literatura que entendiera al país en su diferencia. "¡Describan la naturaleza, presten atención al clima! ¡Ahí nuestra distinción!" proclamaba la episteme de la época, bien anclada en sus lecturas de Humboldt,[3] en el dictamen de Hegel sobre América,[4] y en el diagnóstico que Marcelino Menéndez y Pelayo hiciera de la "originalidad americana", observando que ésta

> más bien que en opacas, incoherentes y misteriosas tradiciones... ha de buscarse en la contemplación de las maravillas de un mundo nuevo, en los elementos propios del paisaje, en la modificación de la raza por el medio ambiente, y en la enérgica vida que engendraron, primero el esfuerzo de la colonización y de la conquista, luego la guerra de separación y finalmente las discordias civiles. Por eso lo más original de la poesía americana es, en primer lugar, la poesía descriptiva, y en segundo lugar, la política. (IX, fechada en Santander, 2 de septiembre de 1892)

Reyes, al igual que los letrados bolivianos, fue receptor activo de las "recomendaciones" de Menéndez y Pelayo. Escribió *Visión de Anáhuac* (y anteriormente, en 1911, "El paisaje en la poesía mexicana del siglo XIX") influido por la sensibilidad de una época que exigía del escritor americano un descubrirse en la contemplación de su paisaje. Esto explica por qué las cuatro secciones que componen *Visión de Anáhuac* gravitan en torno a una descripción de paisaje que se anuncia intensa desde las primeras páginas:

> La visión más propia de nuestra naturaleza está en las regiones de la mesa central: allí la vegetación arisca y heráldica, el paisaje organizado, la atmósfera de extremada nitidez, en que los colores mismos se ahogan –compensándolo la armonía general del dibujo; el éter luminoso en que se adelantan las cosas con un

resalte individual; y, en fin, para de una vez decirlo en las palabras del modesto y sensible Fray Manuel de Navarrete:

> Una luz resplandeciente
> que hace brillar la cara de los cielos.

[...] En aquel paisaje, no desprovisto de cierta aristocrática esterilidad, pasearon aquellos hombres ignotos la amplia y meditabunda mirada espiritual. Extáticos ante el nopal del águila y de la serpiente –compendio feliz de nuestro campo– oyeron la voz del ave agorera que les prometía seguro asilo sobre aquellos lagos hospitalarios... hasta los infaustos días de Moctezuma el doliente...cuando.. los hombres de Cortés (polvo, sudor y hierro) se asomaron sobre aquel orbe de sonoridad y fulgores. (*Visión* 13-15)

Habría que preguntarse ahora hasta qué punto estas descripciones del paisaje mexicano rebasaban las exigencias de Menéndez y Pelayo. ¿Había previsto éste la exquisitez del lenguaje (y en el caso de Reyes la densidad crítica) con que los escritores americanos se lanzarían a la descripción de la naturaleza que los rodeaba y perturbaba? ¿Acaso no fue la eficacia de ese lenguaje (a caballo entre el estilo estético-científico de Humboldt y el lenguaje modernista) lo que finalmente triunfó y cautivó a la metrópoli, imponiéndose incluso a la tan buscada *originalidad* del paisaje americano?[5]

Situaciones como ésta abundan en la literatura boliviana de principios de siglo xx, siendo *Raza de bronce*, de Alcides Arguedas, el caso más radical. En esta novela, más que en cualquier otra de la época, puede apreciarse hasta qué punto el estilo humboldtiano[6] y la sensibilidad paisajística propia del escritor modernista se imponen al proyecto de su escritura. Después del terremoto cultural que registra el relato de Arguedas (asesinato de Wata Wara y llamado indio a la insurrección general), la novela concluye con una mirada paisajística en la que está ausente el ritmo y la tragedia colonial que en principio desearon ser centro y eje de la historia:[7]

> Entonces, sobre el fondo purpurino, se diseñaron los picos de la cordillera; las nieves derramaron el puro albor de su blancura, fulgieron luego intensas. Y sobre las cumbres cayó lluvia de oro y diamantes. El sol... (387)

Tanto en *Raza de bronce* como en *Visión de Anáhuac,* las descripciones paisajísticas delatan un distanciamiento de los autores respecto al ritmo interno de los paisajes y sujetos que describen. Describir Tenochtitlán como "panorama chinesco" rodeado de "babilónicos jardines"o referirse a Moctezuma como al "doliente" iguala los desaciertos arguedianos de percibir los Andes como "blanco festón" o a Wata Wara como "zagala". En ambos casos un prejuicio determina la escritura y permite el ingreso de monopolios discursivos que "traducen" el mundo indígena para un lector que lo desconoce y que, al concluir su lectura, imaginará a Tenochtitlán como una "pintoresca ciudad de calles radiantes", pero habitada por "ritos sangrientos" y sacudida por el latido "del salvaje tambor" (*Visión* 15).

Pero a diferencia de Arguedas, que sostiene sus descripciones en una estética realista y naturalista nutrida de pensamiento positivista, Reyes documenta las suyas en fuentes coloniales (Cortés, Bernal Díaz, Gómara, Fray Manuel de Navarrete, Solís) y escritos científicos (Hörschelmann y Humboldt) que *autorizan* su relato de la antigüedad azteca y también los juicios de valor que sobre ella proyecta. Escuchemos a Reyes imaginando Tenochtitlán desde los detalles de su arquitectura hasta la cotidianeidad de sus palacios, mercados y plazas, donde el mismísimo Hernán Cortés había observado que se vende "todas cuantas cosas se hallan en toda la tierra":

> El templo mayor es un alarde de piedra. Desde las montañas de basalto y de pórfido que cercan el valle, se han hecho rodar moles gigantescas. Pocos pueblos -escribe Humboldt- habrán removido mayores masas. Hay un tiro de ballesta de esquina a esquina del cuadrado, base de la pirámide. De la altura, puede contemplarse todo el panorama chinesco.
>
> Se hallan en el mercado -dice Cortés- "todas cuantas cosas se hallan en toda la tierra" [...] allí venden joyas de oro y plata, de plomo, de latón, de cobre, de estaño, huesos, caracoles y plumas; tal piedra labrada y por labrar. Venden también oro en grano y en polvo... Hay calles para la caza, donde se venden todas las aves que congrega la variedad de los climas mejicanos, [...] Hay calle de herbolarios, [...] casas de barbería, [...] casas donde se come y bebe por precio, [...] verduras en cantidad... mantas, sogas, colores de todos los tintes... *Hay cueros de venado con pelo y sin él, grises y blancos, artificiosamente pintados...*vasijas, cántaros y jarros de toda forma y fábrica... (*Visión* 20-23, énfasis mío).

Es francamente conmovedor observar cómo estas "cosas" que las crónicas y documentos coloniales registran tan esmeradamente, pasan intactas al texto de Reyes, proyectando en el siglo xx el desconocimiento que tuvieron los cronistas de la funcionalidad de los objetos que iban encontrando. En el caso de los "cueros de venado" que registra la cita, es notable hasta qué punto la autoridad que Reyes le otorga al documento colonial (concretamente a las relaciones de Cortés) lo lleva a incluir estos "objetos" en su lista de cosas de mercado, sin preguntarse qué son o para qué sirven. Prolonga así Reyes el desconocimiento que tuvo España de la existencia de libros pintados y sistemas escriturales aztecas. Hoy día sabemos que esos "cueros de venado... artificiosamente pintados" más que objetos de mercado eran verdaderas criaturas históricas, *escritura seca*, en palabras de Gordon Brotherston:

> Con toda probabilidad, la pintura seca formó parte en algún tiempo de las ceremonias mesoamericanas; consiste en hacer complejos dibujos por medio de arena, polen u otros materiales coloreados, con propósitos de curación; esta práctica sigue teniendo gran fuerza entre los indios navajo quienes [...] afirman haber aprendido este arte literario de [...] maestros escribas que poseían libros de piel de venado. (48)

Todo parece indicar que el autor de *Visión de Anáhuac* está desempeñando un rol de neo-cronista humboldtiano que re-escribe, en el siglo xx, una versión moderna de lo que en su momento fue el *Códice Mendoza*. De aquí esa voluntad de informar y registrar, hasta en sus más pequeños detalles, el paisaje, los usos y costumbres de un pueblo *primitivo* y conquistado. Pero *algo* hay en las descripciones de Reyes que llama poderosamente la atención y suscita preguntas: ¿por qué la armonía de sus descripciones es violentada por la irrupción del "espanto social" que supuso la llegada de Cortés, a quien Reyes paradójicamente respeta y admira? ¿Por qué, cuando ya parece que nada empaña su confianza en las fuentes coloniales, desautoriza los juicios de Bernal Díaz, alegando que "no hacen ley?" (27). ¿Por qué, más adelante, le reprocha al cronista español (y de paso también al arielismo y al Bello de "Alocución a la poesía") no haber percibido que "si hay poesía en América, ella está en el gran Moctezuma de la silla de oro?" (28). ¿Acaso referirse en estos términos al último tlamatine azteca no entra en flagrante contradicción con esa imagen de "Moctezuma el doliente" que nos había dado antes? ¿Con cuál de las imágenes nos quedamos?

He querido puntualizar estos aspectos contradictorios del texto de Reyes porque me parece que es precisamente en medio de estas controversias donde hay que buscar el aporte de *Visión de Anáhuac* (y por extensión del discurso de la élite letrada de la época). Así como el referente azteca queda vaciado de sentidos o dotado de otros que le son ajenos, también las descripciones que del paisaje hacen estos escritores quedan falsificadas, imaginadas. Las autoras de *Hacia una historia crítica de la literatura en Bolivia* atribuyen este tipo de situaciones a una ausencia de diálogo entre el paisaje, que habla un idioma cultural, y el escritor, que habla otro. Por tanto es una imposibilidad de puente entre lenguajes culturales distintos lo que origina las falsificaciones y contradicciones que tanto abundan en la literatura de los letrados de principios de siglo xx. Entregados éstos a la tarea de describir paisajes y naturalezas que estaban en poder de *otros*, condenaron su escritura a la desdicha de escribir sin lenguaje, porque la lengua que querían preservar (un español puro) todavía no había creado lazos con las gramáticas culturales que habitaban el espacio americano. Tanto el toponímico *Anáhuac* [junto al agua] en el caso de Reyes, como las montañas andinas en el de Arguedas, eran referentes vacíos de experiencia. Y ni siquiera poetizando la geografía aludida (llamarle a Anáhuac "la región más transparente del aire") o conservando en la escritura vocablos indígenas, podían estos escritores actualizar presencias y convocar historias. En opinión de Wiethüchter, la dificultad de nombrar el paisaje americano se debía a que éste formaba parte de una topografía vivida por *otros* sujetos y nombrada con anterioridad por *otras* lenguas. El fervor con que los letrados de principios de siglo cuidaron lo que consideraban su herencia cultural (un hispanismo de difícil acomodo en la realidad mestiza e indígena que vivían) hacía imposible la expresión de esas otredades, y esa controversia "... encubría el conflicto fundamental: ¿qué hacer con un cotidiano del que una parte no debía pasar a la escritura? ¿cómo dar cuenta de un país del que sólo se podía hablar a medias y con distancia?" (Wiethüchter I: 64).

Tan profundamente debió haber sentido Reyes estas contradicciones y carencias, que llegó a dudar de la autoridad de sus fuentes y a intuir que "algo" escapaba indefectiblemente a su propia volundad de cronista. Hacia el final de *Visión de Anáhuac* intenta buscar en la poesía náhuatl (ya no en los escritos coloniales) claves de entrada a la naturaleza y al paisaje de México, aun cuando la racionalidad de su época le informa que esa poesía ya no existe, que es cosa del "ayer", como si los saberes que la produjeron se hubieran desvanecido para siempre del horizonte cultural mexicano. Apela entonces a un existencialismo cultural telúrico que simultáneamente idealiza, deshistoriza y desautoriza la cultura indígena mexicana:

> Hay que lamentar como irremediable la pérdida de la poesía indígena mexicana. Podrá la erudición descubrir aislados ejemplares de ella, o probar la relativa fidelidad con que algunos otros fueron romanceados por los misioneros españoles; pero nada de eso, por muy importante que sea, compensará nunca la pérdida de la poesía indígena como fenómeno general y social. (37)

Pero ni siquiera documentando esta "pérdida irremediable" pudo Reyes sustraerse a la tentación de rescatar "lo que pudo haber sido el reflejo de la naturaleza en aquella poesía" (38). Para ello, le dedica a los *Cantares mexicanos* (o a lo que de ellos le quedaba) la última parte de su ensayo, subrayando que

> Tan alterados e indirectos como nos llegan, ofrecen estos cantares un matiz de sensibilidad lujuriosa que no es, en verdad, propio de los misioneros españoles, –gente apostólica y sencilla de más piedad que imaginación.
> [...] En los cantares de que hablaré, las metáforas conservan *cierta audacia, cierta aparente incongruencia; acusan una ideación no europea.*
> (39-40, énfasis mío)

Antes de examinar en detalle la riqueza de estas observaciones vale la pena anotar que el acceso de Reyes a los *Cantares mexicanos* se produjo en un momento de renacimiento cultural de la antigüedad náhuatl, que después de más de tres siglos de silencio empezó a ser valorada, en calidad de reliquia, por estudiosos extranjeros como Rémi Siméon (que en 1885 tradujo al francés las Relaciones Sexta y Séptima de Chimalpahin y publicó un diccionario de la lengua náhuatl); Johann Karl Buschmann (que en 1853 publicó en alemán los primeros estudios lingüísticos del náhuatl) y Daniel G. Brinton (que en 1887 editó en inglés algunas composiciones del manuscrito de los *Cantares mexicanos*, descubierto un año antes en la Biblioteca Nacional de México).[8] Estos aportes extranjeros tuvieron su contraparte local primero en el hallazgo mismo de los *Cantares mexicanos*, y en segundo lugar en los trabajos de Orozco y Berra (cuyos trabajos sobre las culturas aborígenes de México datan de 1880); Paso y Troncoso (que en 1902 publicó en francés comedias en lengua náhuatl descubiertas en archivos europeos) y Peñafiel (que en 1904 publicó una edición facsímil de los *Cantares*). Pero lo que definitivamente consolidó el renacimiento de la cultura náhuatl tanto clásica como moderna fue el indigenismo y el nacionalismo que derivaron de la revolución mexicana y que (por lo menos idealmente) comprometió a intelectuales y artistas a dialogar con el sustrato indígena del país ya no en términos de reliquia histórica sino como parte constitutiva de la nación mexicana. Nunca, como en estos momentos, estuvo México tan lejos del americanismo de Rodó y tan cerca del latinoamericanismo de Henríquez Ureña.

Esta mirada retrospectiva al contexto en que se produjo el renacimiento cultural náhuatl permite situar en perspectiva histórica el interés de Reyes por el México antiguo y muy concretamente por los *Cantares mexicanos*. De hecho las composiciones que estudia están tomadas del corpus que Brinton tradujo al inglés en 1887 y publicó con el título de *Ancient Nahuatl Poetry*.[9] Más complicado es situar (y analizar) el impacto del indigenismo literario en las páginas de *Visión de Anáhuac*. Tomando en cuenta que ese indigenismo estuvo orientado por intereses etnológicos, folklóricos y lingüísticos tendientes a consolidar el valor de la literatura oral, es evidente que el ensayo de Reyes se enuncia fuera de él. Discursivamente, sin embargo, su mirada es indigenista, porque la funda una voluntad de construir imaginariamente la historia y la cultura indígena desde la perspectiva de un escritor blanco o mestizo cuya extranjeridad respecto al indio complicará siempre su compromiso con él. Lo que llama poderosamente la atención es la capacidad que tiene el indigenismo discursivo de Reyes para percibir la *diferencia* náhuatl (algo que el indigenismo de Arguedas ni siquiera llegó a sospechar, debido precisamente al prejuicio positivista que guiaba su aproximación al indio): "En los cantares de que hablaré, las metáforas conservan *cierta audacia, cierta aparente incongruencia; acusan una ideación no europea*" (39-40, énfasis mío). Además de invalidar la descalificación que del saber náhuatl había ejercido la episteme colonial, Reyes permite que surja, provocativa, la posibilidad de un saber indígena en términos de "ideación no europea", pero cuando intenta hacer inteligible esa *diferencia* entiende que la misma le pertenece a un paisaje y a un lenguaje que no se dejan apropiar y que él mismo sólo puede referir a partir de un toponímico (Anáhuac) cuyo ritmo interno desconoce. Incapacitado para ingresar a una epistemología distinta, opta entonces por la única salida posible: transcribir los cantares e interpretarlos desde su propio horizonte conceptual. Esto le permite leer y dar a conocer poesía náhuatl, pero al precio de imponerle sentidos y forzar interpretaciones. Es así que una práctica ritualizada (*Flor y Canto*) destinada a *cantar* la adquisición de conocimientos que exceden al sujeto en su condición mortal es leída como ingenuo discurso bucólico, y el *cantor* que dramatiza la acción percibido como doliente *peregrino,* pues en opinión de Reyes "la antigua raza era lacrimosa y solemne" (44). Parece evidente que el interés de Reyes en este cantar recae en el discurso de este "peregrino", pues le permite postular que si la *naturaleza* y las *flores* desempeñaron en la vida indígena una función tan importante como la que revelan las crónicas coloniales, no podían faltar en la poesía.

Y la poesía le informaba que en la antigüedad náhuatl *la región más transparente del aire* era percibida como *sitio florido.* Cito a continuación un fragmento de este cantar (correspondiente al fol.1 r.-v. de los *Cantares mexicanos*) tal como aparece en el texto de Reyes:

> Me reconcentro a meditar profundamente dónde poder recoger algunas bellas y fragantes flores. ¿A quién preguntar? Imaginaos que interrogo al brillante pájaro zumbador, trémula esmeralda; imaginaos que interrogo a la amarilla mariposa: ellos me dirán que saben dónde se producen las bellas y fragantes flores... [después de mucho indagar la naturaleza responde al cantor] – Arranca las flores que desees, oh cantor, –ojalá te alegres– y dálas a tus amigos, que puedan regocijarse en la tierra...Luego yo, el cantor, recogí todas las flores para ponerlas sobre los nobles, para con ellas cubrirlos y colocarlas en sus manos; y me apresuré a levantar mi voz en un canto digno, que glorificase a los nobles ante la faz de Tloque in Nahuaque, en donde no hay servidumbre. [...] El dolor llena mi alma al recordar en dónde yo, el cantor, *vi el sitio florido...* (41-43, énfasis mío).[10]

La lectura literal que hace Reyes del *sitio florido* destruye cualquier posibilidad de acercamiento a la epistemología náhuatl y a la dimensión cognoscitiva del término. Pero más que para descalificar el trabajo de Reyes, las inconsistencias y contradicciones de su narrativa deberían servir para entender hasta qué punto ni él ni sus contemporáneos estaban en condiciones de dar el salto mortal, primero porque la convivencia con la cultura indígena (y en el caso de Reyes la convivencia con los Zapatas y Villas de la revolución) todavía les resultaba impensable; y en segundo lugar porque esos personajes, paisajes y naturalezas que querían describir resistían las apropiaciones que de ellos se hacía y empezaban a reclamar el retiro de las mediaciones. Los letrados de principios de siglo XX vivieron acosados por estos conflictos. Arguedas literalmente aterrado ante la inminencia de levantamientos indígenas que le cambiarían al país el rostro civilizado que con tanto ahínco había forjado el liberalismo criollo (*Pueblo enfermo, Raza de bronce*). Tamayo desestabilizando su época y las tesis arguedianas al proponer al indio como depositario de "la energía nacional", y al mestizo "educado y enriquecido con esa energía" como modelo de sujeto nacional (*Creación de la pedagogía nacional*). Reyes sospechando la desestabilizadora presencia de epistemologías distintas e ignoradas por el orden letrado, pero (y aquí la incoherencia) marcadas siempre por su pertenencia a una antigüedad primitiva sin presente histórico, o a sujetos "que lloran en nuestro corazón" pero que todavía "no han tenido desahogo" (*La X* 88). La conflictividad en que se mueve el pensamiento de Reyes permite la indefinición de su discurso, atrapado todavía (como el de Tamayo) en un paternalismo que cierra horizontes, pero al mismo tiempo lúcido para asumir (y no con horror, como era el caso de Arguedas) que esos sujetos expulsados del debate nacional merecían un "desahogo".

Teorizando el discurso de *Visión de Anáhuac*

Lo que sigue es un intento de mostrar hasta qué punto las controversias y contradicciones que levanta el texto de Reyes enfrentan al lector contemporáneo a complejidades propias de sociedades heterogéneas con pasados coloniales. Concretamente, plantean la urgencia de teorizar la pluralidad de tiempos históricos que conviven en este tipo de sociedades. Paradójicamente, los escritos de Reyes pocas veces han merecido un análisis dentro de este marco de reflexión, ha primado más bien la percepción de su obra como intrínsecamente ligada a la "afición de Grecia", leída siempre como subordinación de lo americano a lo universal europeo. Este criterio descalificador con el que generalmente fue juzgada su obra pasa por alto la complejidad teórica que la permea y que difícilmente puede apreciarse desde lecturas inflexibles y poco dispuestas a admitir que la contradicción y la paradoja es la materia que determina los procesos culturales latinoamericanos. Como sugiere Gutiérrez Girardot ("Prólogo" IX-XLII), la "afición de Grecia" en el caso de Reyes (y también en el de Henríquez Ureña), más que imponer la historia de occidente a la inteligencia americana, quiso ampliar, con vocación cosmopolita, la estrechez de miras del positivismo (que había sido la base ideológica del porfiriato) y proponer un modelo de disciplina ética e intelectual. Sirvió también para sospechar que la marginalidad de América en la historia era un tema local de carácter universal, porque estaba ligada al *ethos* de una Europa que se percibía como modelo cultural perfecto. Reyes cuestiona esa centralidad insistiendo en la idea de que nada garantiza su permanencia, así como tampoco nada certifica el drama de la marginalidad de América:

> Nuestro drama tiene un escenario, un coro y un personaje. Por escenario no quiero ahora entender un espacio, sino más bien un tiempo, un tiempo en el sentido casi musical de la palabra: un compás, un ritmo. Llegada tarde al banquete de la civilización europea, América vive saltando etapas, apresurando el paso y corriendo de una forma a otra, sin haber dado tiempo a que madure del todo la forma precedente. A veces, el salto es osado y la nueva forma tiene el aire de un alimento retirado del fuego antes de alcanzar su plena cocción. La tradición ha pesado menos, y esto explica la audacia. Pero falta todavía saber si el ritmo europeo –que procuramos alcanzar a grandes zancadas, no pudiendo emparejarlo a su paso medio– es el único *tempo* histórico posible; y nadie ha demostrado todavía que una cierta aceleración del proceso sea contra natura. (*Última Tule* 82)

La eficacia crítica del argumento de Reyes es incuestionable: desmonta el andamiaje hegeliano (que permitió percibir a América como "menor de edad") con la sospecha de que la historia no es, no debe ser, un mecanismo dependiente de un solo *tempo*. Con todo lo controversial que pueda ser su aproximación a las culturas indígenas, no se puede pasar por alto que constituyó uno de los primeros esfuerzos de la élite letrada por construir un discurso cultural anclado en lo que era (y sigue siendo) el problema de América: la coexistencia conflictiva de *ritmos* históricos distintos. Hay que admitir también que en el México de Reyes el conflicto histórico y cultural todavía no se visibilizaba desde esta perspectiva analítica, que más bien sería central en pensadores como González Prada (1848-1918) o Mariátegui (1895-1930). No quiero con esto darle a la obra de Reyes un perfil político que no tiene, tampoco dar la impresión de que el objeto de este trabajo es el rescate de un autor. Lo que me interesa es leer a Reyes como síntoma de lo que fue el proceso cultural letrado de principios de siglo XX y, en esta vena, señalar que sus escritos "desatan" una teorización de la condición colonial que valdría la pena rescatar e incluir en el *corpus* crítico que hoy se ocupa de teorizar la colonialidad del conocimiento en las culturas latinoamericanas. Sería importante, por ejemplo, recordar que ese mismo escritor que tan vehementemente había desconfiado de sus fuentes coloniales formularía, años más tarde, un diagnóstico de lo que había sido el *handicap* del intelectual americano, que encima de las desgracias de ser humano y ser moderno, cargaba

> la muy específica de ser americano; es decir, nacido y arraigado en un suelo que no era el foco actual de la civilización, sino una sucursal del mundo. [...] Y ya que era americano, otro handicap en la carrera de la vida era el ser latino (y) pertenecer al orbe hispánico ... Dentro de lo hispanoamericano, los que me quedan cerca todavía se lamentaban de haber nacido en zona cargada de indio: el indio, entonces, era un fardo, y no todavía un altivo deber y una fuerte esperanza.

Dejar de ser dialecto, conjurar el lamento de haber "nacido en zona cargada de indio" y empezar a ver en lo indígena una esperanza, fue la utopía que Reyes le ofreció a la inteligencia americana novecentista, dejando por sentado que era responsabilidad del intelectual la producción y preservación del pensamiento utópico. Para ello, proponía la práctica de un internacionalismo y un cosmopolitismo tendientes a nivelar, finalmente, las diferencias entre España "y nosotros," porque sólo la conquista de una igualdad ciudadana concedería a los americanos la tan ansiada mayoría de edad (*Última Tule* 82).

La crítica más dura que ha recibido esta propuesta denuncia su política de subordinación: para sobrevivir histórica y culturalmente, América debe asumir al colonizador hasta convertirse en su contemporáneo (Mariaca 48). No hay nada que objetarle a esta crítica, es lúcida y sabe leer. Pero lee sin cariño, con poca o ninguna sensibilidad para entender esa "angustia vital" (*La X* 77) en que se desenvolvieron los letrados de principios de siglo. Codiciaron Europa, es cierto, pero también se atrevieron a cuestionarla, y cuando pensaron los países en los que les tocó nacer percibieron la enorme brecha que se abría entre ellos y sus propias utopías. Sin admitirlo, supieron que no iban a ser ellos quienes encontrarían "la cifra" para llegar al "alma nacional":

> Nosotros mismos traemos cara de mala conciencia. Sabemos que hay cadáver en la bodega. Cuando pensamos en el país, vagamente nuestra subconciencia nos representa inmensos reductos de poblaciones que arrastran una existencia infrahumana. [...] *No hemos encontrado todavía la cifra*, la unidad de nuestra alma. Nos conformamos con sabernos hijos del conflicto entre dos razas. (*La X* 76, 88, énfasis mío)[11]

En el México de Reyes estas propuestas (si bien reverenciadas y homenajeadas) cayeron en el vacío. No tenían la agresividad de un Vasconcelos, ni la eficacia política de un Diego Rivera, que convocaba multitudes. Reyes, como acertadamente escribió Pacheco (143), se había arriesgado a "ser nada más que un escritor," y a ese escritor México le levantó monumentos, "lo ensalzó, pero apenas leyó" (Monsiváis 105), y cuando llegó el momento de teorizar la colonización del conocimiento, lo dejó fuera de la república de la crítica. Era anacrónico, dijeron algunos. Demasiado helénico. Para la mayoría era simplemente un esteticista contrario a los ideales de la revolución mexicana y no ocupaba (ni merecía) un lugar significativo en la historia. Recién en las últimas décadas, y con la aparición de los últimos volúmenes de sus *Obras completas*, aparecieron trabajos que permitieron re-pensar el escenario en el que se movió Reyes y proponer lecturas distintas, aunque no necesariamente unánimes.

En relación a la literatura boliviana, a Reyes le pasó más o menos lo mismo que a Jaimes Freyre y Tamayo, "clásicos marginales" convertidos en íconos literarios pero desconocidos en sus propuestas. La "afición de Grecia" en Tamayo y la "afición nórdica" en Jaimes Freyre impidieron percibir que, como la de Reyes, su obra arrancaba de un pensamiento crítico y se enunciaba desde el eje de lo que fue la modernidad de principios de siglo xx: un deseo de construir patria (herencia del romanticismo) inseparable ya de un reconocimiento de las contradicciones históricas y culturales que vivía Latinoamérica. No se trata entonces de que estos escritores enfrentaran paradójicamente la modernidad, sino que la modernidad misma era paradójica. Uno de los méritos de *Hacia una historia crítica de la literatura en Bolivia* estriba en haber propuesto que *Castalia bárbara*

(1899), la obra más representativa de Jaimes Freyre, más que un monumento anacrónico a la mitología nórdica, es un poemario pensado "en contra del olvido" y desde una visión de la historia que clama por la no subordinación cultural. Recordemos que *Castalia bárbara* poetiza la destrucción de la antigüedad germana a raíz de la llegada civilizadora del cristianismo, metafóricamente expresado en la imagen de "un Dios silencioso que tiene los brazos abiertos". El poema narra el miedo de una cultura destinada a morir:

> Cuando la hija de Nhor espoleaba su negro caballo,
> le vio erguirse, de pronto, a la sombra de un añoso fresno.
> Y sintió que se helaba su sangre
> ante el Dios silencioso que tiene los brazos abiertos.
>
> Ya en la selva sagrada no se oyen las viejas salmodias,
> ni la voz amorosa de Freya cantando a lo lejos;
> agonizan los dioses que pueblan la selva sagrada,
> y en la lengua de Orga se extinguen los divinos versos. (30)

Amparado en la distancia crítica que le proporcionaba el contexto nórdico, Jaimes Freyre escribió un poema centrado en la tragedia de una cultura antigua (y bárbara) que ve morir a sus dioses a raíz de una invasión que actúa en nombre del cristianismo. El paralelismo con la historia cultural andina no podía ser más evidente, pero ni la época ni el país estaban en condiciones de advertirlo. Con la notable excepción de Carlos Medinaceli, que desde su "marginalidad provinciana" supo intuir la densidad del poema, se impuso más bien una lectura de *Castalia bárbara* que celebraba el modernismo de su autor y el haber poetizado el triunfo del cristianismo. Quedaba encubierta la gran ironía del poema: el hecho de que ningún lector podía pasar por alto que la belleza e intensidad de la cultura *bárbara* y *primitiva* sobrepasaba las bondades del orden civilizador que finalmente se impuso.

Tanto el esfuerzo de Reyes para entender el proceso histórico y cultural mexicano como el de Jaimes Freyre y Tamayo para intentar una reorientación del boliviano hablan de la increíble capacidad de estos escritores para abrir horizontes de visibilidad y condiciones de conocimiento. En relación a las culturas indígenas, que es el tema que se ha discutido en este trabajo, ni Reyes ni Jaimes Freyre ni Tamayo ofrecen discursos coherentes, pero la irrupción de lo indígena en sus obras cambia de rostro la historia y el curso del conocimiento. Obliga a pensar "un saber indígena", "una ideación no europea", a vivir, en fin, sin el peso de lo que coloniza. A esto se agrega un profundo gesto irónico, que en Reyes se patentiza en el título de uno de sus últimos escritos: *La X en la frente*, cuando abiertamente admite que "todavía no ha encontrado la cifra para entender a México, *su* México". Llama la atención que este texto, publicado por primera vez en 1952, formó parte de la colección "México y lo mexicano", que dirigía Leopoldo Zea y que, en líneas generales, se proponía reflejar "el mejor de los esfuerzos que puede realizar un grupo de hombres, un pueblo o una nación por conocerse y hacerse conocer" (Zea 9). Difícil encontrar mejor marco interpretativo al discurso de *Visión de Anáhuac* que éste que sugiere la presentación de Zea: un esfuerzo por autoconocerse, por resignificar una cultura y proponerla de otra manera a la historia. Este mismo nudo argumentativo permite retomar las dos preguntas que quedaron planteadas al inicio de este trabajo y concluir que los escritores aquí estudiados consolidaron efectivamente una modernidad, pero no *esa* que se inició como incorporación americana a la edad de las burguesías, sino *otra* que sospechaba de la primera y soslayaba (con distintos tonos) los motivos por los que América no se articularía armoniosamente a la prosa del mundo. Y eso era ya aprender a conocerse.

NOTAS

[1] El liderazgo intelectual que el Ateneo de la Juventud (fundado en 1909 por Henríquez Ureña, Caso, Vasconcelos y Reyes; y disuelto en 1912) ejerció en Latinoamérica se debió fundamentalmente a: 1) la presencia de Henríquez Ureña en México, que le dio al Ateneo el cariz de un aparato intelectual con capacidad de proyectar una pasión crítica por el debate latinoamericanista, encarnado en ese momento en la figura de José Enrique Rodó y 2) la posición política de sus integrantes, que además de escritores, artistas o profesionales en distintos campos científicos, conformaron un aparato crítico con incidencia en el ejercicio estatal. Esto explica por qué, siendo anti-positivistas y críticos de la política cultural porfirista, los ateneístas actuaron dentro del gobierno de Porfirio Díaz como la fracción progresista del régimen. Para un estudio de la función política y cultural del Ateneo de la Juventud consultar Beer y Legrás.

[2] Reyes escribió *Visión de Anáhuac* en 1915, en plena guerra mundial y en circunstancias personales muy difíciles. Había llegado a Europa en 1913 como secretario de la legación mexicana en París, poco después del asesinato de su padre (en los acontecimientos de la Decena Trágica, que luego él mismo referiría como "espanto social"), la caída de Madero a raíz del

237

cuartelazo de Huerta, y su renuncia como secretario de la Escuela Nacional de Altos Estudios. Cuando Alemania invadió París en 1914, el gobierno de Carranza destituyó al cuerpo diplomático, precipitando el traslado de Reyes a España, donde conoció a Ramón Menéndez Pidal. Pero al margen del dramatismo que rodeó su salida de México, hay que subrayar que ésta no significó una imposición, sino más bien la materialización de una huída largamente buscada y expresada en una carta a Henríquez Ureña fechada en la ciudad de México el 6 de mayo de 1911: "Quisiera salirme de México para siempre: aquí corro riesgo de hacer lo que no debe ser el objeto de mi vida. Como no tengo entusiasmos juveniles por las cosas épicas y políticas, ni la intervención yankee, ni los conflictos me seducen gran cosa. Preferiría escribir y leer en paz y con desahogo. Sin embargo, me temo que mi situación familiar me orille a pasar dificultades que yo no buscaré y a pagar culpas que no son mías. De la ciudad nada tengo que contarte: nada sucede aquí en tu ausencia. Yo nunca vi las cosas de México por mis propios ojos, sino por los tuyos, así es que ahora no distingo nada. Además estoy paupérrimo; en fin, todas las cosas inútiles me persiguen: la patria, la familia, la pobreza, etc., etc." (*Correspondencia* 169). Estas palabras bastan ya para problematizar aquellas lecturas que ven en *Visión de Anáhuac* un producto del exilio y la nostalgia por la patria. Sin negarle incidencia a estos aspectos, considero que el texto de Reyes es mucho más abarcador.

[3] En el autor de *Viajes a las regiones equinocciales del nuevo Continente* (1822) encontraron los letrados del siglo XIX y principios del XX un modelo descriptivo que les permitía dar cuenta del paisaje americano con un discurso estético-científico que proyectaba pretenciones de conocimiento. El paradigmático epígrafe que inaugura las páginas de *Visión de Anáhuac* ("Viajero: has llegado a la región más transparente del aire") parece estar precisamente inspirado en los escritos de Humboldt, quien en su *Ensayo político* percibió en la meseta central mexicana "la extraña reverberación de los rayos solares en la masa montañosa de la altiplanicie central, donde el aire se purifica" (*Visión* 14). Hay que subrayar sin embargo que al margen de su estilo humboldtiano el epígrafe pertenece a Reyes, pese a haber sido frecuentemente atribuido a Humboldt. El mismo Reyes, en una carta dirigida a Fedro Guillén y fechada en 1957, dejó establecido que "esas palabras *no* son de Humboldt" (Robb 43).

[4] En sus *Lecciones de filosofía de la historia* (1837) Hegel había forjado el modelo historiográfico que la intelectualidad americana novecentista reprodujo en sus escritos. Descansaba este modelo en la idea de que América (incluida su geografía, su zoología y sus habitantes) conformaba un mundo todavía "inmaduro" y por tanto insuficiente para que en él se generara un *Zeitgeist* (espíritu de una época o momento fundamental en el proceso de la historia). La antigüedad clásica, en opinión de Hegel, había constituído un *Zeitgeist*, pero en la edad moderna estaba en posesión de Europa. Y todo indicaba que allí se quedaría. América quedaba destinada a ocupar un sitio de

marginalidad en la historia hasta que en ella se expresara el *espíritu* europeo llegado a raíz de la conquista.

[5] Aún cuando el mismo Reyes insistió en que su generación, y en general los integrantes del Ateneo de la Juventud, no formaban parte del modernismo, hay que admitir lo relativo del argumento. El mismo Henríquez Ureña se refiere a Reyes y los ateneístas como a la segunda generación modernista (Rodríguez Chicharro 32). En general, este rechazo hacia el modernismo es un fenómeno común en otros países y en otras literaturas, y obedece a la urgencia de las nuevas generaciones por desvincularse del siglo XIX. En Bolivia, también Arguedas arremetió contra el modernismo, y sin embargo su obra está plagada de lenguaje modernista. Lo que estos escritores no calcularon era que para conjurar un lenguaje como el modernista hacía falta estar en posesión de otro. Y no iban a ser ellos los forjadores de un lenguaje que superara al modernista.

[6] Para un estudio del estilo estético-científico de Humboldt y sus repercusiones en la inteligencia americana véase Pratt.

[7] Para un estudio del Arguedas de *Raza de bronce* véase García Pabón, Rodríguez y Monasterios.

[8] Este manuscrito, declarado perdido desde el siglo XVII, fue encontrado en la Biblioteca Nacional de México por el bibliotecario José María Vigil, que lo descubrió entre "muchos libros viejos amontonados" (Garibay LVII). Desde entonces se conserva en esa biblioteca. El manuscrito contiene alrededor de noventa composiciones y forma parte de un documento extenso conocido como MS 1628, que incluye otros ocho textos antiguos. En 1904 Peñafiel publicó una edición facsímil de los *Cantares mexicanos*, pero recién en 1965 Angel María Garibay tradujo gran parte de las composiciones al castellano. Estas son las traducciones que Miguel León Portilla reproduce en sus estudios de literatura náhuatl. Finalmente, en 1985, John Bierhorst tradujo al inglés el corpus completo.

[9] La versión castellana que maneja Reyes se la debe al bibliotecario de la Biblioteca Nacional, José María Vigil, que "arregló" una traducción en base a la versión inglesa de Brinton (*Visión de Anáhuac* 41n).

[10] A.M. Garibay tradujo el título de este cantar como "Principio de los Cantos". En la versión inglesa de Bierhorst aparece como "Beginning of the songs". Reproduzco la primera parte de ambas traducciones para dar una idea de cuánto difieren entre sí. Aparte del lenguaje, la diferencia más obvia es el carácter de verso que Garibay le da al cantar y el de prosa que le otorgan Bierhorst y J.M. Vigil:

VERSION DE A.M. GARIBAY:
Consulto con mi propio corazón:
¿Dónde tomaré hermosas fragantes flores? ¿a quién lo preguntaré?
¿Lo pregunto, acaso, al verde colibrí reluciente,
al esmeraldino pájaro mosca? ¿Lo pregunto, acaso, a la áurea mariposa?
Sí, ellos lo sabrán: saben en dónde abren sus corolas las bellas olientes flores.

239

VERSION DE BIERHORST:
I wonder where I can get some good sweet flowers. Who will ask? Let me ask the
quetzal hummingbird, the jade hummingbird. Let me ask the troupial butterfly.
They're the ones who know: they know where the good sweet Flowers bloom.

[11] Qué distintas eran las palabras de los no-letrados, de los escritores que fuera del canon y la élite intelectual "encontraron la cifra" y palparon sin culpa (más bien con furia) el ritmo interno de sus desquiciadas sociedades. Los bolivianos Arturo Borda (1883-1953) y Carlos Medinaceli (1898-1949); el peruano Gamaliel Churata (1897-1969) y el mexicano Moisés Sáenz (1888-1941), por ejemplo, enfrentaron los mismos problemas que atormentaban a la élite, pero el sentido crítico y creativo con que entraron (no sólo se acercaron) al sustrato indio abrió para ellos la posibilidad de no reproducir una colonización interior. A diferencia de Reyes, que "no puede encontrar la cifra", Borda intuye que "en algo, no sé en qué, seré el primero y el único". Sabe también que el problema racial de América no va a resolverse en mestizaje, porque "es vano creer en la supervivencia racial a través de los cruces. El amalgama o fusión de dos en una es la anulación de ambas en la emergencia de una otra, ya que viene con tendencias opuestas a los progéneres" (I: 37; III: 976). Churata, por su parte, tuvo muy claro que "si se busca acentuar una realidad americana en la literatura de América, tiene que comenzarse por acentuar menos que el paisaje la valoración antropológica. La verdadera capacidad estética de la América está en la sangre del indio y, por tanto, la forma de hacer estética americana es hacer de América un mundo indio, que será indio siempre, si la genésica de la cultura la suministra el habitante en cuanto naturaleza y fruto" (17).

Bibliografía

Arguedas, Alcides. *Pueblo enfermo.* [1909]. *Obras completas.* Tomo I. Madrid: Aguilar, 1959. 395-617.

_____ *Raza de bronce.* [1919]. *Obras Completas.* Tomo I. Madrid: Aguilar, 1959. 217-387.

Beer, Gabriela de. "El Ateneo y los ateneístas: un examen retrospectivo". *Revista Iberoamericana* LV/148-149 (1989): 737-49.

Bello, Andrés. *Obra literaria.* Selección y prólogo de Pedro Grases. Caracas: Biblioteca Ayacucho, 1979.

Bierhorst, John, trad. *Cantares mexicanos. Songs of the Aztecs.* Stanford: Stanford University Press, 1985.

Borda, Arturo. *El loco.* 3 v. La Paz: Honorable Municipalidad de la Paz, 1966.

Brinton, Daniel G. *Ancient Nahuatl Poetry.* [1887]. New YorK: AMS Press, 1969.

Brotherston, Gordon. *La América indígena en su literatura: los libros del cuarto mundo.* México: Fondo de Cultura Económica, 1997.

Churata, Gamaliel. *El pez de oro.* La Paz: Canata, 1957.

García Calderón, Francisco. "Introducción". *Visión de Anáhuac.* San José de Costa Rica: Imprenta Alsina, 1917. 5-6.

García Pabón, Leonardo. "Indios en el imaginario nacional de *Raza de bronce*". *La patria íntima.* La Paz: Plural Editores, CESU, UMSS, 1998. 109-31.

Garibay, Ángel María. *Poesía Náhuatl II. Cantares Mexicanos.* México: UNAM, 1965.

Gutiérrez Girardot, Rafael. "Alfonso Reyes y el futuro de América". *El intelectual y la historia.* Caracas: Fondo Editorial La Nave Va, 2001. 35-43.

_____ "Alfonso Reyes y la historiografía". *El intelectual y la historia.* Caracas: Fondo Editorial La Nave Va, 2001. 159-69.

_____ "Prólogo". *Última Tule y otros ensayos.* Caracas: Biblioteca Ayacucho, 1991. IX- XLIII.

Hegel, Georg Wilhelm Friedrich. "Geographical Basis of World History. The New World". *Lectures On The Philosophy of World History* [1837]. H.B. Nisbet, trad. London, New York, Melbourne: Cambridge University Press, 1968. 162-71.

Henríquez Ureña, Pedro. "La obra de José Enrique Rodó". *Conferencias del Ateneo de la Juventud.* Juan Hernández Luna, ed. México: Universidad Autónoma de México, 1984. 57-81.

_____ "La influencia de la Revolución en la vida intelectual de México". *Obra crítica.* México: Fondo de Cultura Económica, 1950. 610-17.

_____ "Alfonso Reyes". *Estudios Mexicanos* (1984): 260-68.

Humboldt, Alexander von. *Viaje a las regiones equinocciales del nuevo continente 1789-1804.* [1822]. Lisandro Alvarado, trad. Caracas: Monte Avila Editores, 1985.

Jaimes Freyre, Ricardo. *Castalia bárbara* [1899, con "Prólogo" de Leopoldo Lugones]. La Paz: Ministerio de Cultura, Información y Turismo/Fondo Nacional de Cultura, 1969.

Legrás, Horacio. "El Ateneo y los orígenes del estado ético en México". *Latin American Research Review* 38/2 (2003): 34-60.

León-Portilla, Miguel. *Cantos y crónicas del México antiguo.* Madrid: Historia 16, 1986.

_____ *Los antiguos mexicanos a través de sus crónicas y cantares*. 2 ed. México: Fondo de Cultura Económica, 1972.

Mariaca, Guillermo. "La fundación de la teoría: Alfonso Reyes". "El poder de la palabra. Ensayos sobre la modernidad de la crítica literaria latinoamericana". Tesis de doctorado. Dept. of Hispanic Languages and Literatures. University of Pittsburgh, 1991. 38-48.

Medinaceli, Carlos. *Estudios críticos*. [1938]. La Paz: Editorial Los Amigos del libro, 1969.

Menéndez y Pelayo, Marcelino. "Introducción". *Antología de poetas hispano-americanos*. Tomo I. Madrid: Tipografía de la "Revista de Archivos", 1927. I-CLXXXII.

Monsivais, Carlos. "Las utopías de Alfonso Reyes". *Asedio a Alfonso Reyes (1889 1989)*. México: IMSS/UAM-A, 1989. 105-19.

_____ "Notas sobre la cultura mexicana en el siglo veinte". *Historia General de México*. Vol. 2 México: El Colegio de México, 1997.

Orozco y Berra, Manuel. *Historia antigua y de las culturas aborígenes de México* [1880]. México: Ediciones Fuente Cultural, 1954.

Pacheco, José Emilio. "Diálogo de los muertos. Alfonso Reyes y José Vasconcelos". *Asedio a Alfonso Reyes (1889 1989)*. México: IMSS/UAM-A, 1989. 141-45.

Paso y Troncoso, Francisco del. "Comédies en langue nahuatl". *12th International Congress of Americanists*. París, 1902. 309-16.

Peñafiel, Antonio. *Cantares en idioma mexicano: reproducción facsimilaria del manuscrito original existente en la Biblioteca Nacional*. México: Secretaría de Fomento, 1904.

Pratt, Mary Louise. "Humboldt y la reinvención de América". *Lectura crítica de la literatura americana. Inventarios, invenciones y revisiones*. Saúl Sosnowski, ed. Caracas: Biblioteca Ayacucho, 1996. 680-98.

Reyes, Alfonso. "El paisaje en la poesía mexicana del siglo xix" [1911]. *Obras completas* I. México: Fondo de Cultura Económica, 1955. 193-245.

_____ *Visión de Anáhuac*. [1917]. *Obras completas* II. México: Fondo de Cultura Económica, 1956. 13-44.

_____ *La X en la frente; algunas páginas sobre México*. México: Porrúa y Obregon, S.A., 1952.

_____ *Última Tule*. [1942]. *Obras completas* XI. México: Fondo de Cultura Económica, 1960. 9-153.

_____ *La afición de Grecia. Obras completas* XIX México: Fondo de Cultura Económica, 1968. 339-411.

_____ y Pedro Henríquez Ureña. *Correspondencia I (1907-1914)*. José Luis Martínez, ed. México: Fondo de Cultura Económica, 1986.

_____ *Anecdotario [1922-1959]. Obras completas* XXIII. México: Fondo de Cultura Económica, 1989. 315-428.

Reyes, Alicia. "Evocación de *Visión de Anáhuac*". James W. Robb. *Más páginas sobre Alfonso Reyes*. Vol. IV. 2da. parte. México: El Colegio Nacional, 1966. 453-60.

Robb, James W. *Por los caminos de Alfonso Reyes*. México: Centro de Investigación Científica y Tecnológica de la Universidad del Valle de México, 1981.

_____ *Más páginas sobre Alfonso Reyes*. Vol. III.2. México: El Colegio Nacional, 1996.

_____ "Alfonso Reyes: una bibliografía selecta (1907 1990)". *Más páginas sobre Alfonso Reyes*. Vol. IV.2. México: El Colegio Nacional, 1996. 653-735.

Rodríguez Chicharro, César. *Alfonso Reyes y la generación del centenario*. México:UAM Azcapotzalco, 1998.

Rodríguez, Rosario y Elizabeth Monasterios "Indiscreciones de un narrador: *Raza de bronce*". *Hacia una historia crítica de la literatura en Bolivia*. Blanca Wiethüchter y Alba María Paz Soldán. 2 v. La Paz: PIEB, 2002. 106-18.

Sáenz, Moisés. *Carapán* [1936]. 3 ed. Morelia: Departamento de Promoción Cultural del Gobierno de Michoacán, 1970.

Siméon, Rémi. *Dictionnaire de la langue nahuatl ou mexicaine* [1885]. Austria: Akademische Druck-& Verlagsanstalt, 1963.

Tamayo, Franz. *Creación de la pedagogía nacional* [1910]. La Paz: Biblioteca del Sesquicentenario de la República, 1975.

_____ *La Prometheida o las Oceanides*. La Paz: Imprenta y Lit. Artística, 1917.

Wiethüchter, Blanca y Alba María Paz Soldán. *Hacia una historia crítica de la literatura en Bolivia*. 2 v. La Paz: PIEB, 2002.

Zea, Leopoldo. "Advertencia". Alfonso Reyes. *La X en la frente*. México: Porrua y Obregón, S.A., 1952. 7-9.

Dos textos en torno a Alfonso Reyes[1]

Margo Glantz
Universidad Nacional Autónoma de México

I. Apuntes sobre la obsesión helénica de Alfonso Reyes

Repetida en el tiempo y en el espacio de sus múltiples escritos, se encuentra en don Alfonso Reyes la obsesión por el helenismo. El primer tomo de sus *Obras completas*, por él ordenado, se inicia con el ensayo "Las tres Electras"; y si se citan al azar los títulos de los trabajos contenidos en los últimos tomos publicados, advertimos la reiterada visitación de ese tema: "La antigua retórica", "Religión griega", "Mitología griega", "Estudios helénicos", "El triángulo egeo", "La jornada aquea", "Los poemas homéricos", "La afición de Grecia", "Rescoldo de Grecia", para citar sólo algunos.

A esta simple enumeración se añade una constancia: hasta los textos agrupados bajo el título de *La crítica en la edad ateniense* o *El deslinde*, cuya ejecución acusa una gran solidez y erudición, son trabajados por Reyes como lecciones, apuntes, divagaciones, rescoldos, aficiones. La obsesión helénica invade su vida y se manifiesta en numerosos escritos; lo evidencia "ese océano de papeles donde teme naufragar", confiesa don Alfonso a Ernesto Mejía Sánchez, ordenador acucioso de varios tomos de sus obras completas. Frecuencia rigurosa, persistente manía, descalificadas un tanto al manejarse simplemente como una afición o al darse a la imprenta como notas, misceláneas o estudios elementales. Tentativa y orientación que me dejan perpleja y dan pábulo a ciertas reflexiones. Las anoto:

¿Por qué el helenismo?

El helenismo fue cultivado desde muy temprano por don Alfonso; es, además, la preocupación rectora de los jóvenes que fundaron el Ateneo de la Juventud, el lema del antipositivismo. El peruano Francisco García Calderón llama a don Alfonso un "efebo mexicano", "un humanista" y a su padre don Bernardo Reyes "gobernador ateniense de un estado mexicano, rival de Porfirio Díaz, el presidente *imperator*". Es más, a instancias de Reyes, le otorga a Henríquez Ureña el papel de "Sócrates" de su generación, papel reiterado ampliamente en la correspondencia publicada por el Fondo de Cultura Económica, preparada por José Luis Martínez.

Si helenismo es sinónimo de humanismo, éste, a su vez y antes que nada, es la capacidad de alcanzar una armonía interior y una perfección moral; en la obra de Reyes, como en la de varios ateneístas, ética y estética están intrincadas indisolublemente. "Grecia", asevera Henríquez Ureña,

> no es sólo mantenedora de la inquietud del espíritu, del ansia de perfección, maestra de la discusión y de la utopía, sino también ejemplo de toda disciplina. De su aptitud crítica nace el dominio del método, de la técnica científica y filosófica; pero otra virtud más alta todavía la erige en modelo de disciplina moral. El griego [...] creyó en la perfección del hombre como ideal humano, por humano esfuerzo asequible, y preconizó como conducta encaminada al perfeccionamiento, como prefiguración de la perfecta, la que es dirigida por la templanza, guiada por la razón y el amor. El griego no negó la importancia de la intuición mística, del delirio –recordá a Sócrates–, pero a sus ojos la vida superior no debía ser el perpetuo éxtasis o la locura profética, sino que había de alcanzarse por la sofrosine. Dionisios inspiraría verdades supremas en ocasiones, pero Apolo debía gobernar los actos cotidianos. (255)

En el grupo ateneísta Henríquez Ureña "enseñaba [...] a ver, a pensar, y", subraya Reyes, "suscitaba una verdadera reforma en la cultura" (XII: 205).

En suma, Henríquez Ureña es ante todo un maestro, pero al estilo de Sócrates –sin sus delirios– y su discípulo definitivo es Reyes, depositario de su ética y producto esencial de su muy personal sistema didáctico: "Y en cuanto al trato de las gentes, ya te he dicho que para mí una intimidad ha de comenzar en el acuerdo intelectual, no realizándose de veras sino en un acuerdo moral" (Martínez 79). Por añadidura, al analizar la relación que para Reyes se establece entre Sócrates y Platón, podremos extrapolar y delinear la que existió entre don Alfonso y don Pedro, procedimiento que muy constantemente revela a estos dos autores:

Los maestros itinerantes daban el conocimiento en discursos. Sócrates pretendía extraerlo de las intuiciones de cada uno. Aquéllos paseaban por Atenas, disertaban ante públicos escogidos y seguían de frente. Éste, verdadero hijo de la democracia, aunque ella acabó por ser para él una madrastra, predica la filosofía a todas horas y en todos los lugares. Quiere compartir con el pueblo los beneficios de la inteligencia. El desastroso fin de su experimento aleja de Atenas a sus discípulos y los lleva a adoptar, hasta cierto punto, una actitud de conspiradores del espíritu. El mismo Platón, aunque no comprometido con los sentimientos oligárquicos de su familia, prefiere por el momento abandonar su ciudad y se refugia en Megara. Debemos a la muerte de Sócrates el que Platón no se haya consagrado a la política en el sentido corriente de la palabra. (XIII: 152)

Palabras que transferidas a la biografía personal de Reyes y a la historia del México que vivieron él y Henríquez Ureña podrían darnos una clave un poco menos mecánica de la obsesión helénica que persiguió toda su vida a don Alfonso. A medida que la amistad con Henríquez Ureña se hace más intensa, la figura del padre se va desprestigiando. En la correspondencia se leen a menudo frases como ésta (durante la estancia de Reyes en Monterrey, en 1908): "... la imbecilidad del ambiente me agobia. Mi papá, por la edad y el trabajo, se va agotando y, consecuentemente, lo invaden ciertas debilidades seniles" (66). La senilidad se traduce en falta de rigor y esa carencia la suple Henríquez Ureña con sus regaños:

> Volviendo a ti, te propongo que vengas a México, pero no en viaje definitivo: dile a tu padre que aquí resolverás si te quedas o si quieres irte. Tú que hablabas de rigor militar; por lo que veo, han dejado la elección a tu capricho, ni siquiera a tu razón, como sucedía cuando pensabas seriamente en el viaje al exterior. (114)

Para ahondar más es importante mencionar otro acontecimiento en la vida de don Alfonso: el asesinato de su padre durante la Decena Trágica y la transposición que Reyes hace de este hecho en su poema dramático *Ifigenia cruel*, escrito a finales de su estancia en Madrid, hacia 1923. La considera un intento poético para alcanzar la catarsis y para entender la problemática violenta que vivía el país en esos años. Oigamos sus palabras:

Cuando Ifigenia opta por su libertad y, digámoslo así, se resuelve a rehacer su vida humildemente, oponiendo un "hasta aquí" a las persecuciones y rencores políticos de su tierra, opera en cierto modo la redención de su raza, mediante procedimientos dudosamente helénicos desde el punto de vista filológico [...] pero procedimientos que, en forma sencilla, directa, y en un acto breve y precioso de la voluntad, bien podrían, creo yo, servir de alivio a muchos supersticiosos de nuestros días. (X: 316)

El helenismo como metáfora de la autobiografía

He acumulado numerosas citas. Quizá de ellas se pueda extraer alguna conclusión. El maestro ejemplar, Henríquez Ureña, convertido en un Sócrates por sus amigos y contemporáneos ateneístas, remplaza en el caso de Reyes a la figura del padre. Y tan fundamental es la figura de ese padre elegido que cuando se intenta despejar la del padre biológico, protagonista trágico de la Revolución Mexicana y personaje definitivo del antiguo régimen, Reyes utiliza la estructura de la tragedia griega para alcanzarlo y transformarlo en Agamenón, asesinado por Clitemnestra. Luego se traviste él mismo en Ifigenia para reescribir el mito y darle otro sentido –un final distinto del tradicional– armonizando las contradicciones no sólo de su propia elección –quedarse a vivir en el extranjero y no reincorporarse a la patria después del triunfo de la Revolución– sino también las de los acontecimientos vividos en ese momento por los mexicanos. *Ifigenia cruel*, metamorfosis poética y continuación de lo que en los inicios de su carrera se había concebido como una interpretación crítica de *las tres Electras* del teatro ateniense, acaba convirtiéndose en un espacio vital creado por la escritura y, aunque vicario, definitivo: en él habitará siempre y desde su altura podrá referirse a su propia vida y contemplar la historia de su propio país. Es evidente que el delirio o furor sacrificial de Ifigenia constituye el aspecto dionisiaco del teatro griego, pero en el proceso de reconocimiento, de anagnórisis, en *Ifigenia*, Reyes recobra la razón y con ella se instala en la *sofrosine*, que tanto él como Henríquez Ureña concebían a manera de paradigma del humanismo griego. El humanista no es ni puede ser un ente pasivo, es un *agonista*, un combatiente; su agonía será válida si logra producir la *catharsis* y a través de ella detenerse en la *sofrosine* o serenidad.

De la violencia domada nace la razón, el rigor. En el drama de Eurípides, Ifigenia regresa con Orestes y abandona su patria adoptiva, la bárbara Táuride. En Reyes, Ifigenia permanece allí, le da la espalda a una tradición de venganzas y desafueros y prefiere seguir sacrificando víctimas propiciatorias a Diana; Reyes se toma el trabajo de hacer una exégesis de su propio poema y de rescatar, textuales, párrafos íntegros de su primer ensayo, "Las tres Electras". Antes y después de la Revolución, su espacio ideal, su ejemplo moral es el de la tragedia griega, reinterpretada y aplicada a situaciones específicas de su vida y de la vida de México:

> El conflicto trágico, que ninguno de los poetas anteriores interpretó así, consiste para mí, precisamente, en que Ifigenia reclama su herencia de recuerdos humanos y tiene miedo de sentirse huérfana de pasado y distinta de las demás criaturas; pero cuando, más tarde, vuelve a ella la memoria y se percata de que pertenece a una raza ensangrentada y perseguida por la maldición de los dioses, entonces siente asco de sí misma. Y, finalmente, ante la alternativa de reincorporarse en la tradición de su casa, en la *vendetta* de Micenas, o de seguir viviendo entre bárbaros una vida de carnicera y destazadora de víctimas sagradas, prefiere este último extremo, por abominable y duro que parezca, único medio cierto y práctico de eludir y romper las cadenas que la sujetan a la fatalidad de su raza. (X: 313)

La alternativa utópica, casi de novela pastoril –campo agreste, fuera del mundanal ruido, etcétera, a pesar de la mucha sangre derramada–, tranquiliza su conciencia, ejerce una vicaria y transitoria explicación histórica y sobre todo mítica de su propia realidad y le ofrece un territorio espiritual donde refugiarse.

Antropofagia cultural

La figura del padre es señera: acompaña a Reyes como fantasma toda la vida. Se asemeja en su asiduidad a la de las sombras visitadas por Ulises en la *Odisea* y como a ellas en ese texto o a Agamenón en las *Electras* hay que ofrecerles libaciones de sangre fresca para calmar sus manes. Pero los sacrificios son rituales y las sombras regresan de tiempo en tiempo, hay que luchar con ellas a la manera de Ulises:

> Llegado al brumoso país de los Cimerios, Odiseo cavó con su daga un ancho foso e hizo una libación a los muertos –miel, leche, vino y agua– desparramando encima la harina de las ofrendas rituales. Hizo luego traer de su nave las bestias

destinadas al sacrificio, y las degolló junto al foso, llenándolo con la sangre humeante. Sedientos y anhelosos por recobrar un poco de vida, acudieron en torno al foso los difuntos, "cabezas sin vigor", venidos desde las profundidades del Erebo. Se precipitaban en multitud, lanzando tremendos alaridos. El "pálido terror" asomó al semblante del héroe que, desenvainando otra vez la daga, los iba obligando a turnarse para contestar a sus preguntas. (XVII: 232)

Reyes aplaca a sus fantasmas con su famosa oración del 9 de febrero, escrita en 1930 en Buenos Aires: "Yo me había hecho ya a la ausencia de mi padre y hasta había aprendido a recorrerlo de lejos como se hojea en la mente un libro que se conoce de memoria" (76). El padre –y también la Madre Patria– se fusionan en curiosa entelequia sólo dirimida por la literatura. A él logra traerlo cabe de sí a modo de atmósfera, de aura, a ella la recrea en sus textos, la revive en *Visión de Anáhuac* o en *Palinodia del polvo*, obra de 1940, de factura elegíaca, con tonos imprecatorios. Al padre lo asimila, lo introyecta: "Yo siento que desde el día de su partida, mi padre ha empezado a entrar en mi alma y a hospedarse en ella a sus anchas. Ahora creo haber logrado ya la absorción completa y –si la palabra no fuera tan odiosa– la digestión completa"(79). Esta antropofagia cultural, mental, esta traslación de conceptos cuajó en una extraña manifestación, de gran trascendencia para su obra: el padre biológico, el padre individual, así incorporado al propio discurrir del alma, es exorcizado: en breve se transformará en personaje histórico –cosa por lo demás verdadera en la realidad– y será incorporado a otros personajes de la historia y del mito. El asesinato del padre se purga con las libaciones de Orestes, Electra y hasta de Ifigenia, pero como sombra persiste:

El suceso viaja por el tiempo, parece alejarse y ser pasado, pero hay algún sitio del ánimo donde sigue siendo presente. No de otro modo el que, desde cierta estrella, contemplara nuestro mundo con un anteojo perverso, vería, a estas horas -porque el hecho anda todavía vivo, revoloteando como fantasma de la luz entre las distancias siderales- a Hernán Cortés y sus soldados asomándose por primera vez al Valle de México. (78)

Antropofagia literaria: en esta reunión de sombras terribles conviven el padre y los grandes personajes de la historia. El hecho individual, la pérdida de un padre se amplifica al punto de que en la escritura padre e historia forman un solo cuerpo. La violencia que en ese acto se implica es desterrada por las libaciones: "ya que el vino había de volcarse, sea un sacrificio [...] sea una libación para la tierra que lo ha recibido" (80).

Es más, mediante la antropofagia cultural se explica la decisión de Ifigenia: quedarse en Táuride en su función de sacerdotisa, de sacrificadora de víctimas propiciatorias es, en cierta medida, asumir -pero en la escritura- la historia de México, esa historia antigua que el fantasma del padre convoca y que está presente en la visión de Anáhuac. "Volver a los clásicos", comenta Carlos Monsiváis, "es adquirir pasado, presente y porvenir, es cobrar identidad y ser nacional, es captar placenteramente las circunstancias inmediatas" (139). El desorden de la Revolución, los sacrificios humanos, la alteración definitiva del antiguo régimen se armonizan en un poema dramático, se aclaran en estudios helénicos, se perfeccionan en triángulos egeos. En este mismo cauce podría interpretarse también la referencia de Reyes respecto a Platón cuando afirma que la muerte de Sócrates lo aleja de la política y lo convierte en un filósofo. Al señalarlo, los dos padres –el electivo, Henríquez Ureña, y el biológico, Bernardo Reyes– se han reunido en uno solo, encarnado en Sócrates, el maestro, dispuesto a morir por la patria antes que recurrir a la violencia, y por un extraño malabarismo o por obra de esa apaciguadora antropofagia cultural, ese lugar singular bautizado por Reyes "Junta de sombras" (donde reúne sus aficiones, sus notas, sus rescoldos) es la muestra inacabada, siempre en gestación, de su literatura y de su humanismo, pero también la posibilidad de aplacar a los fantasmas, hacerlos cuerpo de su propio cuerpo y así poder funcionar. Sócrates, según don Alfonso, "sólo pretende saber que nada sabe, y armado con esta piedra de toque, suscita la angustia en los demás" (XII: 97).

En este acto propiciatorio, y utilizando a la palabra como mediadora, don Alfonso se vuelve padre total, se traga como Cronos a sus padres-hijos y cual Sócrates se dedica a la enseñanza y a la difusión del conocimiento. De allí su universalidad, su helenismo y, para resumirlo, su humanismo. Y en él se implican una ética y una estética. Don Alfonso fue su más prístino representante. Quizá por eso ya no lo leemos tanto, sus palabras nos suenan un tanto huecas: estética y ética no suelen ahora coincidir.

II. ¿Por qué miscelánea?: Alfonso Reyes[2]

¿Qué diferencia hay entre una miscelánea y una mixtura? La miscelánea es una mezcla, la unión, el entretejimiento de unas cosas con otras. Lo misceláneo es algo mixto, variado, compuesto de muchas cosas distintas o de géneros diferentes. Una obra miscelánea es un texto escrito en que se tratan muchas materias inconexas y mezcladas. Y mixtura es la mezcla, la juntura o la incorporación de varias cosas y hasta un pan hecho con varias semillas o poción compuesta de varios ingredientes.

Creo que las varias acepciones mencionadas, reproducidas digna y fielmente como las registra el Diccionario de la Real Academia Española, calzan perfectamente con los escritos de Alfonso Reyes y van articulando imágenes, temas, problemas, impresiones, estampas, para organizar un texto a veces breve, bien calculado en su lenguaje y aderezado como un manjar. Suele llamarlo *Marginalia*, otras veces *Árbol de pólvora*, también *Memorias de cocina y bodega* y hasta *Visión de Anáhuac*. Lo que me llama la atención es siempre esa calidad culinaria de la prosa de Reyes. En sus notas a *Cartones de Madrid* y refiriéndose a "El entierro de la sardina", texto de 1915, dice: "La edición mexicana con una reproducción de Goya en la cubierta, tiene un *sabroso* carácter de obra de aficionados." Además de la fijación que tiene en las cosas de comida y en la descripción deleitosa que de ellas hace, sus adjetivos son frecuentemente paladares, es decir, se relacionan con las papilas gustativas, con la sensación de deglutir, con la abundancia de alimentos grasos y sensuales que se van deslizando por el organismo y siguen un recorrido cuidadosamente anatómico y delicuescente. Los placeres de la mesa *son* los placeres de la prosa y por ello es *sabrosa*.

Prosa acorde con el físico, breve pero suculento, redondo pero retozón, graso pero refinado, pletórico aunque pícaro. Y la mirada sabrosa se mimetiza a la lengua que el estilo hace gastronómica. Ya lo dice James Willis Robb en su libro *El estilo de Alfonso Reyes* al compararlo con Thibaudet, "epicúreo gastronómico", analizado por Spitzer y relacionado, por ello, con Reyes y su prosa.

En los mismos *Cartones de Madrid*, Reyes intenta explicar en un texto muy breve llamado "La técnica y la imitación" sus aficiones. El ensayo lleva un subtítulo sugestivo, pero entre paréntesis ("Análisis de un sentimiento confuso"), y ese sentimiento se produce en relación con la materia grasa por antonomasia, con el jamón vendido en las mantequerías leonesas. La perfección de una sabiduría que lleva siglos de ejercerse confunde a Reyes: ¿en dónde se inserta la medida de la grasa?, ¿en dónde están sus límites?: ¿en su rosada condición, en su tajante diferencia con lo óseo, pero a su vez en su cercanía? Es más, ¿son esas diferencias de espacio las que interponen un límite a la carne gruesa y venosa? Lo definido es que la distancia y la cercanía marcan una posible condición espuria de jamón frente a una condición precisa y maciza de *beefsteak*. Casi podría decirse que entre la asombrada mirada de un Reyes contemplando a un español que compra con seguridad un jamón y la mirada aquilatadora de Barthes cuando define una "esencia" nacional francesa cuando se come un *steak* hay la misma distancia y cercanía que media entre el asombro de un Cortés o un Bernal relatando las obras "contrahechas de natura". Reyes se admira cuando verifica que un español conoce lo que come como un artífice conoce los útiles y la materia prima con que habrá de confeccionar, digamos, un mosaico de plumas. Y reiterando puede contraponerse el asombro de don Alfonso ante un español que compra un jamón (con la seguridad que da la vieja mesa donde se ostenta la serranía) con la mirada sorprendida de Cortés describiendo las obras de los indígenas que contrahacen lo natural, reescriturada en *Visión de Anáhuac*.

Después de comprobar en "La técnica de la imitación" que el comprador pide un cuarto de jamón con la precisión de una modista que compra a ojo de buen cubero la cantidad exacta de género que necesita, Reyes afirma:

> Por aquí comienza mi asombro: no tengo la menor idea de los pesos ni las dimensiones, de lo que puede ser un metro ni un cuarto de kilo de nada, de nada. A veces quiero pasar por conocedor: se me antoja cualquier golosina por la calle. Entro en la tienda, vacilo. Cuando el vendedor, con su firmeza habitual y su aire terrible, me pregunta de qué clase la quiero, y si ha de ser tanto o tanto más, soy tan miserable como el estudiante sometido a un interrogatorio de exámenes. Ignoro las marcas, las clases, las categorías comerciales de las cosas. Y en cuanto a las proporciones numéricas, mi temperamento es completamente algebraico: intuyo la filosofía de las dimensiones, pero nunca acierto con las cantidades aritméticas: nunca sé decir lo que mide una pared o el número de habitantes de una ciudad. En cambio, pocas veces yerro al apreciar la mayoría o minoría relativa de las cosas, la tendencia a crecer o a disminuir, el progreso o la decadencia.

Esta admiración la produce una técnica, decantada y resumida en el ojo avizor que puede con la mirada aquilatar la sabrosura, la perfección, el "estar a punto" de una cosa. Y si se trata de materia comestible, elaborada con una técnica muy antigua, la mirada se confecciona con una larga experiencia en el mirar que se metonimiza con la lengua (y aquí sería necesario subrayar los dos sentidos, el literal y el metafórico y a la vez la homonimia). Conocimiento casi metafísico por la capacidad de abstracción que pasa del ojo a la lengua, del mirar al degustar. Podríamos decir que si comparamos las miradas, Reyes estará viendo el jamón, o mejor dicho, la mirada que mira el jamón, con la mirada que revisa el artificio salido de las manos de un indígena, esa mirada en donde convergen y se mezclan los ojos de Cortés, de Bernal y los ojos de López de Gómara que ha visto por los ojos de Cortés y, por encima, ojea la mirada de Reyes que ha leído lo que los ojos de otros han transferido a la escritura. Reyes se enfrenta al jamón de Madrid como los conquistadores se enfrentan al mundo indígena en Tenochtitlán, con el ojo abrupto, absorto y admirativo del extranjero que quiere devorar con la mirada, digerir lo que mira, absorberlo y volverlo carne de su carne cuando pasa por sus vísceras y se va convirtiendo en materia de sí mismo como la comida que lo representa y lo alimenta.

La acción de contrahacer que describen los cronistas se vuelve prodigiosa y lastimera; la obra de esas manos artificiosas hace una réplica perfecta de lo natural al grado de contrahacerlo e incorpora en la palabra los sentidos contradictorios que recoge; contrahacer es repetir, mediante lo artificial, lo que ha hecho la naturaleza y, por ello mismo, lo contrahecho es lo deforme: recrear es deformar. *Visión de Anáhuac* resume mediante enumeraciones poéticas, epígrafes y síntesis históricas una conciencia de lo nacional o mejor el intento de definir cuál sería esa conciencia, y en el intento, que presupone la escritura, se entrevé un artificio, un deseo de contrahacer lo natural pues la identidad pasa ante todo por la naturaleza: "Cualquiera que sea la doctrina histórica que se profese [...] nos une con la raza de ayer, sin hablar de sangres, la comunidad de esfuerzo por domeñar nuestra naturaleza brava y fragosa; esfuerzo que es la base bruta de la historia".

Y el enfrentamiento a la naturaleza propia que antes fuera transparente –"el éter luminoso en que se adelantan las cosas con un resalte individual"– se duplica por el enfrentamiento a la cocina –"en las naciones llegadas a estado de civilización, los dos géneros (literatura y cocina) se hermanan gustosamente". La épica por transformar lo natural, por luchar a brazo partido con el paisaje, pasa por lo culinario y son las variedades naturales las que prefiguran a la vez el artificio y el refinamiento.

Memorias de bodega y cocina advierte de un largo paseo cuyos descansos son cuadros de costumbres culinarias y guía de descarriados gastronómicos. Sí, en la superficie, y la mayor parte de las veces. Pero su contexto se enfrenta a una delimitación, la que pone de relieve, junto a las otras, una comida nacional, justamente aquella que nos da una identidad, porque resume sin "desechar" lo que ya existe y lo que se "adquiere" en las importaciones.

> Si nuestra mirada pasea sobre lo natural advierte un crecimiento arrancado de una tierra salitrosa y hostil "que sorbe sus jugos a la roca" como el maguey o "imita al puerco espín" como la biznaga. Además si la mirada pasea por la historia descubre un esfuerzo continuo desde Netzahualcóyotl hasta Porfirio Díaz por desecar una tierra ya de por sí reseca, y un trabajo lento de elaboración culinaria que despedaza, tritura y convierte en polvo.

Pero me detengo y regreso un poco al punto de partida: en su recorrido por el Anáhuac y en el que pasa, con descansos, por las distintas cocinas del mundo para desembocar en la cocina de ese mismo Anáhuac, se advierten los contrastes tan brillantes como en ese valle antiguo se advertían con nitidez, pero destruyéndose en la amalgama de una idiosincrasia: el mole, esa salsa almendrada, dulce y picante al mismo tiempo, unión prodigiosa de ingredientes triturados que han perdido su forma, que se han contrahecho en una pasta untuosa, símbolo en nuestra patriótica mente de un lustre nacional y una relación con el idioma: "Y se me ocurre que la manera de picar la almendra y triturar el maíz tiene mucho que ver con la tendencia de despedazar y 'miniaturizar' los significados de las palabras mediante el uso frecuente del diminutivo".

Y, ¡claro!, la armazón grotesca de un jamón se parece a esa Obrigadiña, personaje en *Árbol de pólvora*, con tanta carne "que le hacía olitas en los brazos como a los nenes" y los ojos y nalgas se le reían. Un jamón, como una jamona, es hiperbólico, rubensiano, de sensualidad desbordada, celulítica y sin embargo en él es posible discernir con la vista las cualidades de lo magro, de lo duro y de lo graso, es decir, la carne verdadera enfrentada al hueso (que luego puede servir para cocer un buen puchero) y la grasa que es sólo excrecencia, fuente de deleite, de ocio, de sensualidad enfermiza.

El proceso de trituración que exige la comida mexicana se refiere a una técnica de disminución o a una artesanía de acumulación realizada con enorme paciencia y preciosismo:

Esa puntita de puñal del diminutivo conviene al pueblo que, en un alarde del tacto, viste pulgas y hace con ellas un cortejo de novios... al que sabe, cuando es preciso, hacer rendir –en las fatigosas jornadas del combate– toda su energía o la molécula de maíz, o la gota de agua, aprovechando hasta el fondo su virtud nutritiva, en menos que milimétrica perfección.

Esta técnica de lo pequeño conviene también a las artesanías, descritas con entusiasmo inferior al esfuerzo producido por López de Gómara, citado a la vez por Reyes:

> Lo más lindo de la plaza –declara Gómara– está en las obras de oro y pluma, de que contrahacen cualquier cosa y color. Y son los indios tan oficiales desto, que hacen de pluma una mariposa, un animal, un árbol, una rosa, las flores, las yerbas y peñas, tan al propio que parecen lo mismo que o está vivo o natural. Y acontéceles no comer en todo un día, poniendo, quitando y asentando la pluma, y mirando a una parte y otra, al sol, a la sombra, a la vislumbre, por ver si dice mejor a pelo o contrapelo, o al través, de la haz o del envés; y, en fin, no la dejan de las manos hasta ponerla en toda perfección. Tanto sufrimiento pocas naciones le tienen, mayormente donde hay cólera como la nuestra.

La hiperbolización de esa costumbre, la identificación de esa cualidad nacional coincide con la máxima destrucción y la máxima pobreza, el pinole, "último residuo de la trituración de cereales". Este alimento que se encuentra ya en los límites de la materia y que puede confundirse con el polvo y con el vaho unifica en su extremosa condición desértica paisaje y cocina. La riqueza preside a la pasta triturada que es el mole, salsa imprescindible del platillo más distintivo de la altiplanicie mexicana asociada a la pobreza de esa otra trituración y desecación, la del pinole.

Y lo que sirve para sustituir el alimento en el desierto natural, en ese desierto desencajado de la tierra por su luminosidad y su retorcimiento (y prefigura *avant la lettre* la visión de Lowry), tiende también, no en su contenido sino en el movimiento necesario para producirlo, a la destrucción total. La transparencia, la luminosidad, la creación de frutos que repiten y contrahacen el desierto se cancelan y se deterioran en la lenta y secular labor de los creadores del desierto artificial, de aquellos que desde Netzahualcóyotl hasta Díaz emprendieron un desastre que origina, como dijo Reyes proféticamente en 1915, "el espanto social". Así, a la concienzuda labor de las generaciones que superponen conocimientos adquiridos a producciones naturales para crear una refinada identidad nacional se opone la deshidratada y diabólica labor de quienes han reducido la trituración a un desecamiento y a una contaminación.

La labor miscelánea de Reyes deja abierta una prosa a veces grasosa, encubridora, mero lujo o excrecencia de un costumbrismo, pero también (sobre todo en *Visión de Anáhuac* y *Memorias de bodega y cocina*, de las estudiadas aquí) una rica interpretación de nuestra realidad que más que lógica y cerebral es puramente poética, y es a ella a la que pretende aproximarse el engendro que cociné con esta mixtura.

NOTAS

[1] Estos dos textos aparecieron en el libro *Esguince de cintura*. Lecturas mexicanas, Tercera Serie 88. México: Consejo Nacional para la Cultura y las Artes, 1994. Los artículos son originalmente independientes. Los integramos en uno sólo por criterios puramente editoriales, con la intención de reproducir ambas contribuciones. Los textos se republican con consentimiento de la autora (Nota de los editores).
[2] Este texto se publicó originalmente sin referencias. Respetamos el formato original (Nota de los editores).

Bibliografía

Henríquez Ureña, Pedro. "La cultura de las humanidades". *Estudios mexicanos*. México: FCE, 1984.

Martínez, José Luis, ed. *Alfonso Reyes-Pedro Henríquez Ureña. Correspondencia 1907-1914*. México: FCE, 1986.

_____ *Antología de Alfonso Reyes*. México: SEP/UNAM, 1981.

Monsiváis, Carlos. "Notas sobre la cultura mexicana en el siglo XX". *Historia general de México 2*. México: El Colegio de México, 1998.

Reyes, Alfonso. *Obras completas*. XXVI v. México: FCE, 1955-1997.

Robb, James Willis. *El estilo de Alfonso Reyes: imagen y estructura*. México: FCE, 1995.

Alfonso Reyes y el *Canto del Halibut*: un texto anticipador de vanguardias

Marcela Del Río Reyes
University of Central Florida

Si Alfonso Reyes en su ensayística fue erudito, en su literatura creadora fue no sólo erudito, sino también revolucionario, anticipándose a distintas corrientes estéticas. No se contentaba con reproducir los géneros literarios canónicos, por el contrario, buscaba siempre para sus temas nuevas envolturas formales. Su necesidad de perfección y renovación alimentaba su creatividad, por lo que su imaginación fue capaz de incursionar en experimentos ficcionales que retaban sus propias categorizaciones teóricas. Mucho se ha comentado la abundancia de su producción literaria, tan diversa que para acercarse a ella hay que fraccionarla, limitando, lamentablemente, el estudio a una breve fracción de su inabarcable todo. Este estudio no es la excepción, se orienta a examinar uno solo de sus textos. Se trata de un drama-ensayo metapoético-narrativo, de original y paródica factura, al que tituló *Canto del Halibut* (1928). Si sus obras completas llenaron veintiséis volúmenes[1] la simple lista de ellas y de sus referencias llena un libro entero, como lo demuestra el *Repertorio bibliográfico de Alfonso Reyes* de James W. Robb, sin embargo, paradójicamente he encontrado sólo un artículo que estudie específicamente este texto: "Alfonso Reyes: ficción, parodia y antropofagia" de Manuel Ulacia. El crítico relaciona intertextualmente el *Canto...* con el conocimiento que Reyes tenía de la cultura brasileña, con la incidencia del folklore y con los estudios psicoanalíticos de Freud. Mi enfoque es diferente: trataré de establecer cómo se da la simbiosis genérica dentro del texto y cómo tal estrategia literaria se anticipa a los procedimientos de corrientes estéticas posteriores a la fecha de su escritura.

Habrá que comenzar explicando el título del *Canto del Halibut*. Aunque el "halibut" sea el nombre en inglés de una especie de pez, la forma en que Reyes utiliza el vocablo, lo convierte en una jitanjáfora, dada la transformación de sus funciones sintácticas y semánticas, debida a las infinitas sustancias con que Reyes llena el contenido de su forma léxica.

Es sabido que en lexicología, un cambio de significación de un lexema implica que se trata de un término diferente. Por ello, si un vocablo no se utiliza con las funciones sintácticas y semánticas que le son propias, se convierte en: disparate, dislate, error, equivocación, etc. Reyes demuestra en este texto su capacidad para lograr que esos cambios de funciones gramaticales y significaciones de un significante, no sean ni disparates, ni dislates, ni errores, ni equivocaciones, sino aciertos que merced a su inventiva establecen una relación sígnica con los más variados e infinitos referentes. De ahí que trate yo al término "halibut" como *jitanjáfora*, dado que desde el principio del *Canto*... la sustancia de la expresión se manifiesta en constante transformación funcional sintáctica, semántica y léxica, como se verá más adelante.

Al género de neologismo bautizado y definido por Reyes como *jitanjáfora*, él le dedicó un ensayo especial publicado por primera vez en la revista *Libra* de Buenos Aires en 1929 ("Las jitanjáforas", XIV: 190-230), esto es, poco después de escribir el *Canto del Halibut*. A las jitanjáforas utilizadas por Reyes en este texto , y al canto entero, pueden aplicarse las mismas palabras con las que Reyes se refirió al poema *Verdehalago* de Mariano Brull, al decir que "no se dirige a la razón, sino más bien a la sensación y a la fantasía. Las palabras no buscan aquí un fin útil. Juegan solas, casi" (XIV: 191).[2]

Para iniciar el análisis del texto, puede emplearse la propia terminología sobre las funciones literarias que Reyes utiliza en sus ensayos teóricos, y que integra en el *Canto del Halibut*. Reyes explica en *El deslinde* que la literatura expresa su ficción en un lenguaje que opera a través de tres funciones, a las que llama funciones formales de la literatura, que son: "drama (comedia y tragedia), novela (que envuelve la épica) y poesía (identificada con la lírica)" (XV: 115). Cuando analiza las funciones literarias, sintetiza cada una desde diferentes perspectivas, entre ellas la espacial y la temporal. Para Reyes, según la perspectiva espacial, "el drama es presencia; la novela, ausencia. La poesía escapa al espacio." Y en cuanto al tiempo, "el drama es actualidad; la novela, recuerdo." Y acerca de la poesía, pregunta "¿será esperanza?" o "es libertad." Ante la imposibilidad de encasillarla en el tiempo o en el espacio, afirma que "la estética espontánea no se engañaba al considerar a la poesía como la literatura por excelencia" (XV: 455). Al establecer su clasificación de funciones literarias, Reyes dejó fuera el género del ensayo debido a que su función reflexivo-analítica no es ficcional sino discursiva. Cuando habla de los tres términos del deslinde (XV: 83-84), reconoce que utilizará el esquema de Toynbee, que mezclará sus ejemplos con los propios, aunque al final se alejará completamente de sus concepciones, ya que sus fines son diferentes. En ese punto, afirma que el *orden histórico* registra los hechos: "descubrimiento, narración, explicación, etapa última que lo aproxima a la ciencia" (XV: 83). El segundo método, que corresponde al *orden científico,* formula leyes generales a partir de la comparación y abstracción de los hechos. Y es al hablar del *orden literario* cuando afirma que este usa de la invención artística, a la que denomina *ficción.*

Lo primero que se descubre al leer *El canto del Halibut* es la simbiosis de tales órdenes teóricos. El poema lleva un subtítulo de carácter genérico: *Epopeya atávica.* Atendiendo a tal descripción, hay que considerar que del género de la *epopeya* greco-romana va a partir el de la novela épica, lo que convertirá al poema en ficción narrativa. Este subtítulo genérico va seguido de un inciso con el número "1" que dice: *Edición algo crítica* que indica un tratamiento genérico de orden discursivo, por lo tanto diferente al poético, para inmediatamente proponer un nuevo subtítulo, que atañe a la primera parte del poema. Ahí describe la acción de los personajes tal como lo hacen las didascalias de los textos dramáticos que sugieren al director del espectáculo cómo llevarlos a escena. Ya desde ese principio puede inferirse que se trata de un *dramensayo metapoético-narrativo,* es decir, de un texto anfibio, de acuerdo con la denominación que he dado a aquellos textos que caminan, navegan o vuelan avanzando por distintos géneros o poéticas simultáneamente[3] ya que en este *Canto del Halibut* Reyes simbiotiza cuatro géneros: dramático, poético, narrativo y crítico.

En adelante se verá en detalle cómo el ensayo crítico que sigue a la *epopeya atávica* al sumarse al propio poema dramático, en su conjunto, produce una narración de índole metapoética, que me llevó a considerar el *Canto del Halibut* como uno de los textos más anfibios, ingeniosos, humorísticos e innovadores, y no por ello menos eruditos, de Reyes y, por supuesto, anticipador de varias vanguardias literarias.

Dada la relación que la producción de Reyes tiene con sus propias lecturas y con el espacio cultural en el que se movía en ese momento, no puede evitarse el vincular el texto con la época en que fue escrito. En 1928, Alfonso Reyes vivía en París, donde ocupaba el cargo de embajador desde dos años atrás. Es evidente que durante esa residencia parisina estableció contacto con los amigos de su primera estancia –julio de 1913 a octubre de 1914– que aún se encontraban en París, y con los grupos vanguardistas que brotan en la década de los años veinte en todos los hormigueros y cenáculos artísticos. Pero si absorbió desde su primera estancia en París y en Madrid las inquietudes de sus contemporáneos, su ingenio lo llevó a buscar caminos nuevos anticipándose a muchas de las vanguardias, incluso al surrealismo de André Breton, ya que escribió su cuento *La cena*, publicado en 1920, en 1912, es decir, doce años antes de que Breton publicara su primer *Manifeste du surréalisme*.

El *Canto del Halibut* es un texto de divertimento en el que además de condensarse anfibiamente drama, poesía, ficción crítica y cuento, campea la sonrisa, sea por la ironía o por el humor, como si Reyes hubiera querido escapar de la severidad de las responsabilidades de su cargo diplomático y jugar; jugar con las ideas como solía hacerlo al conversar, o incluso al dar sus conferencias en las que nunca dejaba de chispear una frase ingeniosa o una alusión humorística.

El texto está dividido en dos secciones. La primera es, como se dijo antes, la *Epopeya atávica*, esto es, el poema que da origen al espectáculo de un *mitote* o *areíto* que tiene siete subdivisiones. La segunda, es el *Comentario* sobre el poema, que a su vez está subdividido en once partes. A la definición de *Epopeya atávica* del canto le sigue un dato de supuesta localización: "Cuaderno primero de la Bibliotheca Hipoglossia". Esto indica una supuesta publicación cuyo también supuesto editor escribe notas explicativas sobre esa "Edición algo crítica". Así, desde el principio del texto se marca el humorismo y la ironía que habrá de campear en el "Comentario" del supuesto crítico.

Las siete partes del poema van numeradas y tienen subtítulo: I (Llegan), II (Beben), III (Adolecen), IV (Danzan), V (Orgía), VI (Crimen) y VII (Libertad). Con la sola denominación puede verse la conexión que establece con sus textos teóricos, al señalar que la poesía es libertad y también la anticipación que hace Reyes de la poética del *teatro de la crueldad* de Antonin Artaud, quien en una de las cartas sobre "la crueldad" incluidas en su libro *El teatro y su doble* publicado diez años después de la escritura del *Canto del Halibut*, propone que el teatro es un ritual alquímico que libera el apetito de vida y que "la vida es siempre la muerte de alguien" (104). Al encomiar Artaud al teatro balinés como ritual liberador expone que: "Las obras balinesas se forman en el centro mismo de la materia, en el centro de la vida, en el centro de la realidad. Hay en ellas algo de la cualidad ceremonial de un rito religioso…" (62)

Si se analiza el vocablo "halibut" morfológicamente, se ve que está compuesto de dos partes: "hali" y "but". Si se busca el significado de sus semas con las lenguas latinas, "hal" o "halí" es, en español, un prefijo o sufijo que significa sal o mar. Y *but* es lexema francés que significa: punto final o meta. De donde *halibut* facilitó a Reyes la alusión a esa salina *"orillita del mar flordelicado"* que se repite en estribillo, colocado siempre como primer verso de la cadena de cuatro dísticos que contiene cada una de las siete partes del mitote, de las cuales la primera es:

> (Llegan)
> *En la orillita del mar flordelicado,*
> llegan los negros tañendo el halibut.
>
> *En la orillita del mar flordelicado,*
> copiosos negros en pos del halibut.
>
> *En la orillita del mar flordelicado,*
> jeta de negros lechal de halibut
>
> *En la orillita del mar flordelicado,*
> hedor de negros asfixia el halibut. (305)

Sin embargo, Reyes juega aquí con una plurisignificación del vocablo, como jitanjáfora, ya que si se relacionan sus semas con las lenguas sajonas: "haly", o "holy" remite a su significación original medieval de "fiesta sagrada" y "but", a la contracción de "butte", el pez semejante al bacalao de la familia de los hipoglosos que es costumbre comerlo en las Pascuas. Y no se olvide que el dato de supuesta localización del poema es la "Bibliotheca Hipoglossia" por lo que la alusión escapa a la relación referencial directa, abriendo el espacio simbólico para establecer la relación con otro pez, representación sagrada, vinculado al cristianismo y a una enorme cantidad de mitos primitivos que le otorgan atributos milagrosos o sobrenaturales, tal como el que la Biblia le da a la ballena de Jonás. La doble significación de fiesta y de ritual sagrado opera a lo largo de todo el poema. Pero si "halibut" se presenta morfológicamente como diferentes sustantivos, además de *pez, atabal, presa,* o *animal mamífero,* etc., en cambio el neologismo: "flordelicado", es otra jitanjáfora que funciona sintácticamente como adjetivo calificativo del mar. Y el mar es el medio por antonomasia del pez, tal como el pez es por antonomasia de una naturaleza múltiple: por su forma de huso y sus aletas, se le ha considerado en varias religiones como un pájaro de las zonas inferiores; y por su fecundidad, símbolo de espiritualismo. En ciertas tribus orientales, como lo hace notar Jung, les estaba prohibido a los sacerdotes comer pescado, precisamente por esa asociación del pez con el espíritu de la zona inferior, esto es, con el inconsciente. Ambos vocablos "halibut" y "flordelicado" van configurando así un espacio metafórico del mundo cósmico y del espiritual.

Sin embargo, si como lexema, el "halibut" mantiene su mismo significante, en cambio su polisemia se va abriendo en abanico, ya que en cada dístico se le atribuye un uso diferente o una sustancia distinta. A veces material, a veces inmaterial. En ocasiones es la causa de algo, en otras, la consecuencia; unas veces es instrumento, otras producto; también puede interpretarse como algo comestible, o como símbolo de poder, etc. En el "Comentario" que constituye la segunda parte del texto, el propio Reyes realiza el análisis tanto de las jitanjáforas como de la totalidad formal y temática del poema con un tono humorista y doctoral, erudito y juguetón, metodológico e imaginativo, todo a la vez.

El poema intercala dos "Notas del editor". La primera, de tono irónicamente académico, es la relativa al primer verso del poema y a la prosodia del lexema "halibut":

> El lector puede dispensarse de leer este estribillo monótono, pero la probidad filológica nos obliga a reproducirlo. "Halibut" debe pronunciarse siempre como palabra aguda, para distinguirlo de otros monstruos. *Nota del editor.* (305)

¿No se anticipa aquí, entre otros, a Cortázar? ¿Quién no recordará que en 1963, Cortázar invita al lector a no leer algunos capítulos de su *Rayuela?*

> A su manera este libro es muchos libros, pero sobre todo es dos libros.
> El primero se deja leer en la forma corriente, y termina en el capítulo 56, al pie del cual hay tres vistosas estrellitas que equivalen a la palabra *Fin.* Por consiguiente el lector prescindirá sin remordimientos de lo que sigue. (5)

La segunda nota del editor ficcional de Reyes aparece entre dos líneas de puntos para indicar que falta uno de los dísticos del canto sexto, que se describe como el del "crimen": "Lamentable laguna en todos los Mss. colacionados. [*N. del E.]*" (307)

Hay que subrayar que con estas notas de un editor ficcional, Reyes se anticipa a numerosos textos narrativos posteriores, no sólo de Borges, también de Arreola, García Márquez y de tantos otros que sería prolífico citar y que dan cuenta erudita de textos imaginarios o que narran supuestos hechos leídos en supuestos manuscritos que se han descubierto incompletos o revueltos. En cuanto a la estructura del "Comentario", éste sigue irónicamente los lineamientos de la metodología que la crítica literaria exigiría y que tiene relación directa con las categorías que el propio Reyes propone en sus "Apuntes para la teoría literaria" cuando explica las tres etapas del rito en los "Orígenes de la obra literaria"

> *a)* La fase ritual o ceremonial es figura del sacramento: *1º* ya propiamente *religioso,* 2º ya supersticioso o *folklórico, 3º* ya *político,* que secundariamente se enlaza con el religioso. *1º* Religioso: la forma literaria establece una relación entre el hombre y la divinidad. [...] *2º* Folklórico-supersticioso (un solo aspecto, limitadísimo, del folklore general): germen o descomposición del sentido religioso. [...] *3º* Político: la forma literaria establece una liga o pacto de servicios entre los hombres y las tribus. (XV: 481)

Si se analizan los postulados del manifiesto por un "Teatro pánico",[4] lanzado en 1965, por Fernando Arrabal, Alexandro Jodorowsky y Topor, así como sus características de ritual ceremonial de la confusión para llegar a la liberación orgiástica de los instintos que termina en la "fiesta pánica", se verá cuánto le deben esos postulados al *Canto del Halibut* escrito por Reyes treinta y siete años antes. A la fase ceremonial, según Reyes, le sigue la fase b) de "celebración o fiesta" antes de llegar a la c) de "Diversión o esparcimiento. Intención estética pura. La literatura como placer, según hoy se entiende; como un fin en sí misma" (XV: 482) .

Curiosamente el número de once divisiones analíticas en que Reyes fracciona su "Comenario" coincide con el de las perspectivas metodológicas de la crítica literaria. Y si no, véase cómo, en 1984, Enrique Anderson Imbert señala los once acercamientos analíticos en *La crítica literaria: sus métodos y problemas*: 1) y 2) los métodos histórico y sociológico (42); 3) el lingüístico (52); 4) el psicológico (54); 5) el temático (62); 6) el formalista (71); 7) el estilístico (80); 8) el de la teoría de la recepción, al que titula de la re-creación del lector (87); 9) el dogmático (90); 10) el impresionista (92); y 11) el revisionista (94).

¿Coincidencia? Más bien intención precisa de establecer un vínculo entre origen ceremonial, poesía, espectáculo, narración y ensayo crítico. Así pues, cada inciso del "Comentario" lleva un enunciado en letra cursiva que revela la naturaleza crítica de lo que va a analizar del *Canto*... Vale la pena citar textualmente el primer inciso del "Comentario" que constituye el análisis del poema, para comprender el mecanismo organizador de las ideas, que aunque describe al poema ya creado, parece, en realidad, representar el proceso previo a la escritura del propio poema. El "Comentario" descubre una voluntad en Reyes de ofrecer un texto anfibio que fuera ritual religioso tal como el que debió dar origen al arte antes de que se dividiera en especialidades genéricas, durante las primeras épocas del desarrollo cultural tribal:

> I. *El género confuso*. Narración poética de un suceso heroico, alguna emancipación nacional, costumbres rituales y orgiásticas de una raza vetusta y desaparecida, moradores de playas después sumergidas por cualquier catástrofe terrestre. Epopeya que se ha dado en llamar "atávica" por ser resultado, más que de un propósito consciente, de una perpetuación inconsciente, precipitación de tradiciones, visiones étnicas, emociones folklóricas fijadas en los nervios de un pueblo, acaso por amontonamiento hereditario, y reveladas de repente por un poético estallido de salto atrás. (307)

Se aprecia en ese inciso, que su primera preocupación analítica es establecer un género sin fronteras genéricas. Y esto es exactamente lo que se pone de manifiesto a través del análisis de todos sus textos de ficción: una preocupación por modelizar el origen de la literatura, burlando así los límites genéricos carcelarios. De ahí su ensamble anfibio de géneros literarios, y de subgéneros dramáticos, narrativos y ensayísticos.

Las otras subdivisiones analizan humorísticamente cada uno de los aspectos del *Canto*...:

> II. *Lugar y época*. ¿Cuándo, dónde aconteció el episodio? La escuela histórica se empeñó en situarlo en una Batavia inmemorial, isla

de Holanda, o fantástica, como la Pancaya de Evhemero, alegando que, por corrupción oral, se llegó a decir "atávica" donde debió decirse "batávica", o canción heroica de los bátavos. (307-08)

El inciso plantea así una hipótesis sobre el lugar y la época del episodio que "narra" el *Canto…*, sin embargo, añade enseguida la controversia "académica" para poner en duda la hipótesis propuesta sobre el lugar y la fecha del episodio:

Pero esta hipótesis está ya mandada retirar. El pueblo que preservó este poema ignora sus orígenes y, prácticamente, su significado. Se supone que fue revelado por "aura", inspiración o regüeldo de la subconsciencia colectiva. Tal vez el episodio carezca de realidad histórica o sea un resumen de hechos dispersos. No es dable atribuirle escenario determinado. (308)

Lo que Reyes está "inventando" aquí es un tipo de "narrador" que los cuentistas y novelistas latinoamericanos posteriores, desde el sobrerrealismo hasta la posmodernidad, han puesto en circulación profusamente: el "narrador engañoso".

El "Comentario" continúa metódicamente, esta vez estudiando en su inciso tercero la "Naturaleza del episodio". Por supuesto, afirma que el asunto es incierto y se pregunta de qué se trata el asunto y de quiénes cuentan lo que cuentan, a lo largo de esos "singulares versículos". En la sola mención de la palabra "versículo" hay todo un trasfondo referencial, por su evocación directa de la Biblia, de la que, como del *"Canto del Halibut"* poco se sabe de su origen "atávico".

III. …Sólo sabemos que es un canto épico, aunque el género atávico ha dejado también ilustres manifestaciones, harto conocidas hoy día, en los órdenes líricos, idílicos, elegíacos, pastorales, etc. Pero el género atávico descubre sus rasgos con mayor relieve en la épica, por lo mismo que aquí parece presentar hechos vividos, previvdos, postvividos o subvividos.

Esta referencia hexegética lo lleva a relacionar el canto con la épica, y la sistematización metodológica lo obliga enseguida a definir la naturaleza del héroe épico del episodio representado en el *Canto…*, y es ahí donde la jitanjáfora cobra una dimensión simbólica, al tratar de explicar la imposibilidad de aprehender su naturaleza:

IV. *El héroe desconocido.* El héroe, el halibut, es también un tanto enigmático. En verdad, hay dos héroes, o un héroe y un coro con dignidad de personaje activo y colectivo: el halibut y un pueblo de negros que comulga con sus despojos, se emancipa y redime tras de someterlo al *sparagmós* o despedazamiento dionisíaco.

Véase así cómo va tomando forma la visión nietzscheana del nacimiento de la tragedia, como fruto del sueño del sátiro que desea convertirse en figura apolínea, combinada con la estrategia poética esquiliana de entresacar del coro dionisíaco al protagonista que habría de dialogar con él, para convertir el ritual en el género poético de la *tragoedia.* Y así como se muestran en su forma inicial los géneros literarios confundiéndose unos con otros, así Reyes describe al "halibut", con una forma que siempre parece otra o que es susceptible de ser de distintas sustancias o que posee diferentes funciones:

> El coro no ofrece problema. Pero ¿y el halibut? Por veces parece un aparato de música, un bigarro transformado en trompa marina, una lámpara, un astro, un utensilio de uso más o menos lúbrico, un instrumento de tortura, una flor venenosa, un manjar, un licor sin duda aguardentoso y embriagador, una hostia sacra, un tótem, una parte del cuerpo consagrada por el ritual erótico, un elemento del paisaje, una atmósfera, un estado de ánimo. Hacia el final del poema, el héroe se ha personalizado en un ser.

Puede verse en ese "análisis" del canto, una interpretación libre, libérrima, de la tesis de Nietzsche sobre cómo nace el héroe trágico, por extracción y transformación del coro de sátiros, planteada por el filósofo alemán en *El origen de la tragedia,* donde explica las nociones de carne y espíritu, instinto y razón, a través del coro: Dionisos, y el héroe trágico Apolo, que da a la tragedia sus dos entidades: coro dionisíaco (carne-orgía) de cuyo ensueño nace el personaje trágico (espíritu-purificación). Así, en el *Canto del Halibut,* el coro de negros es representación del coro de sátiros del teatro griego, con todas sus nociones orgiásticas: la del atávico ritual del banquete totémico practicado por diferentes pueblos cuya religión los obliga a sacrificar al Dios, para introyectarlo. Ejemplos: el corazón extraído en la piedra azteca de los sacrificios que era alimento sagrado; el pan y el vino, en la misa católica, que es cuerpo y sangre de Cristo y que redime los pecados cometidos por quien los ingiere, etc. Si Reyes estudió este tema tan eruditamente, además de en sus "Apuntes…" en varios de sus ensayos más notables, como el de "Las tres *Electras* del teatro ateniense" o su "Breve noticia" y su "Comentario" sobre *Ifigenia cruel*, en este estudio de "ficción crítica" desecha toda solemnidad, pero no la erudición, ya que constantemente, a lo largo del "Comentario", va intertextualizando sus fuentes, siempre en un juego malabar en el que el humor y la ironía alternan con el dato erudito disfrazado de ficción, y la ficción disfrazada de dato erudito.

Todo el inciso cuarto literariamente es un "género confuso" entre ensayo teórico sobre la visión nietzscheana del origen de la tragedia y la ficción creativa humorística de un Reyes malabarista que manipula las ideas más solemnes y respetables para crear un divertimento.

El inciso quinto que correspondería al "método temático", trata sobre el asunto del *Canto…*, y en él hay no sólo huellas de sus trabajos "serios" sobre la tragedia clásica, sino referencias irónicas contextuales sobre la vida nacional mexicana:

> V. *El vago asunto.* Hasta donde puede colegirse, se cuenta la historia de una tribu primitiva o bien decadente, sensual, sangrienta, voluptuosa, refinada y cruel que suele embriagarse junto al mar en alguna celebración mágica o fiesta mística, y luego da muerte a un dios para incorporárselo por manducación o bebida, y bajo cuyo poder se retuerce en éxtasis y espasmos, para acabar en alaridos de libertad. (308-09)

Hasta ahí las alusiones al ritual del sacrificio azteca, pero enseguida, se advierte que la alusión no es tan lejana en el tiempo como parecía, esto es, vuelve a engañar al lector, con una evocación que parece prehispánica, pero que es más contemporánea, cuando da fin el poema, con la didascalia de la "Libertad":

> *En la orillita del mar flordelicado*
> negros altivos matando a Halibut.

> *En la orillita del mar flordelicado,*
> ¡La Independencia del Negro Halibut! (307)

Dísticos que son analizados por Reyes en el "Comentario" de *El vago asunto*, con un referente preciso, de carácter político.

> El final viene a ser un balandro de independencia, un 16 de Septiembre irreal y crepuscular. La gemebunda raza marítima afirma su autonomía devorando al Antiguo Régimen. Las

mesnadas iracundas parecen clamar: "¡Sufragio efectivo: no reelección!" Y se oyen los tumbos del mar, o se adivinan. (309)

Así, el ritual de los devorantes totémicos se convierte en un ritual de los devorantes políticos: derrocamiento de la colonia española, primero; derrocamiento del régiman "antiguo" de Porfirio Díaz para arribar después al rito sexenal que confirma el lema revolucionario "¡Sufragio efectivo!" con retumbos de ironía.

El siguiente inciso juguetea con las nociones de la raza y podría decirse, utilizando la terminología lingüística de Greimas, del *sociolecto* del habla popular mexicana:

> VI. *Consideraciones antropológicas*. Se dice "negros". Es dudoso que esta denominación corresponda a un tipo étnico definido. Parece una traducción sonambúlica de la barbarie, del primitivismo tal vez, o de la crueldad voluptuosa. O se dijo "negros" por "morenos", como hacen los argentinos. El lenguaje sintético de la poesía lleva a los extremos. O es una denominación cariñosa, así como quien exclama: "¡Mi negra!" por "¡Oh dama de mis pensamientos!" Hasta aquí las actuales investigaciones. (309)

En un tono siempre de "ensayo en broma", lo que se destaca de esta supuesta consideración antropológica, es el comentario sobre la diferencia de perspectiva que puede plantearse con respecto al color de la piel. Esto es, si en el inciso quinto Reyes apunta hacia un tema político, en el sexto su ojo crítico apunta hacia un tema racial que se relaciona con una realidad mágica que está anticipando a un Carpentier y a su concepto de lo "real maravilloso".[5] Sin embargo, conociendo la relación que hay siempre entre la escritura de Reyes y sus lecturas del momento, y siguiendo la idea que anota en su ensayo Manuel Ulacia, es probable que Reyes conociera el *Manifiesto Antropófago* brasileño que acababa de publicar Oswald de Andrade en el primer número de la *Revista de Antropofagia*, cuyo origen atribuye Ulacia al *Manifeste Canníbal* de Francis Picabia y toda la vanguardia francesa que tomó el nombre del "negrismo". Esto da al inciso un carácter de ironía sobre las vanguardias de la época, y esto se demuestra también en esa transformación que por artes mágicas del "crítico" el héroe supuestamente "épico" de la "epopeya atávica" va a transformarse en un héroe marginal vanguardista.

En el siguiente inciso comenta otro aspecto: el de la "literariedad", al describir irónicamente la estructura del *Canto...*:

VII. *Reflexiones estilísticas.* Siete estrofas o *laisses* de cuatro dísticos cada una, caracterizados éstos por la rígida simetría del fraseo. Métrica no registrada en los reglamentos aduaneros. Recurrencia léxica, reiteración encaminada a provocar sonambulismo. El primer verso de cada dístico se repite hasta el aturdimiento. Estética del Rimbaud Ebrio y del Suprarrealismo Soluble. El verso reiterado crea un marco para el movimiento del poema, un fondo marino sobre el cual resalta el cordón de negros, con lejanas circunflexiones de olas. El verso reiterado es un friso. Si la repetición recayera sobre el segundo verso del dístico, lo llamaríamos letanía. "En la orillita del mar flordelicado" de aquí fluye todo el poema, como de una fresca banda azul que escurre y destiñe sobre una pared inmensa. (309)

Puede apreciarse cómo el juego estilístico se desliza siempre por el cauce de la ironía, al evocar la estética suprarrealista precisamente a través de una serie de metáforas suprarrealistas ensartadas como los hilos de ese estribillo que fluye "como una banda azul que escurre y destiñe sobre una pared inmensa." También demuestra erudición al confesar su voluntaria negativa de seguir la fórmula tradicional de la letanía, haciendo que ese estribillo fuera el primer verso del dístico y no el segundo.

Dedica el siguiente inciso a detallar los elementos lingüísticos del estribillo y su primer vocablo en diminutivo con un tono que borra la frontera entre lo doctoral y lo jocoso:

VIII. *Elementos del friso:* a) "Orillita" es diminutivo perverso, putrefacción oriental, cosquilla y tortura chinesca, puñal en miniatura, juguete de la Nao de China, flor japonesa, opio, cocó y qué sé yo. "Orillita" punza y taladra, hace un rechinido de sierra. A la vez, purifica los contornos nítidamente, como un buen dibujo lineal, y crea un contraste paradójico y cristalino con la emanación sofocante y embriagadora del episodio. (309-10)

En la segunda parte del inciso, pasa a analizar la jitanjáfora "flordelicado" con comentarios metaliterarios, como la referencia al modernismo:

b) "Flordelicado". Hemos hablado de olas circunflejas. ¿Olas en figura de flor de lis? ¿Flordelisado como el "camarín" de Efrén Rebolledo ¿Modernismo ya? ¿Delicada flor de lis? ¿Motivo de un muro cretense, lo que nos llevaría muy lejos? Todo puede ser. "Delicado" es adjetivo exhausto, gastado al uso. "Flordelicado" vale mil veces más. (310)

En su descripción de la jitanjáfora crea imágenes tan lúdicas como aquella donde dice que la palabra "estaba en la mente de Dios esperando que la nombraran." De hecho lo que parece estar describiendo es precisamente la naturaleza de sus textos de ficción, a los que he llamado "anfibios" por ese "equívoco", "contagio", "cruce", "secreteo entre varias ideas" que él menciona al describir su invención:

> Equívoco, calambre mental, contagio entre dos o tres palabras, cruce léxico, secreteo entre varias ideas. Completa ecuación verbal, ella estaba en la mente de Dios esperando que la nombraran. O cayó de la Divina Corona, como en la Cábala los signos hebreos de la escritura. (310)

¿No habrá de nacer de esa definición de jitanjáfora, todo un capítulo de Julio Cortázar, en una *Rayuela* que aparecerá hasta 1963 ¡treinta y cinco años después! (cap. 68, 346).

El siguiente inciso se dirige a otro aspecto que la crítica literaria ha empleado por mucho tiempo, la investigación psicológica de los autores, a través de su literatura. Este inciso tiene relación con la información bibliográfica que aparece bajo el título del *Canto...* y de su definición genérica, al señalar que se trata del "Cuaderno primero de la Bibliotheca Hipoglossia". Hay que recordar aquí que "gloso" es el nervio que está bajo la lengua, de donde se derivan los lexemas "glosar" del nervio, y "lingüística" de "lengua". Así, el dato de la localización es una propuesta para llevar al lector a realizar una exégesis sublingüística. Y en este inciso, la hipótesis interpretativa del *Canto...* parodia las interpretaciones exegético-psicoanalíticas que la crítica literaria psicologista suele llegar a realizar cuando busca y rebusca, bajo el texto lingüístico, un subtexto psicológico que, en ocasiones conduce a hipótesis descabelladas sobre el proceso de la creación literaria de un autor:

> IX.- *Hipótesis psicoanalítica.* Hay un punto de vista audaz, y no podemos disimularlo. El poema, según esto, no sería un poema antiguo, sino un vuelco de atavismo, un hundirse hacia el pasado profundo, un tragarse a sí mismo acontecido en la mente de algún falsificador moderno. X –que así conviene llamarlo– viajaba entre Nueva York e Inglaterra en un barco de la Lamport & Holt.

Le servían a bordo, con desesperante frecuencia, ese pescado norteamericano, pegajoso e insípido, que es el hipogloso *(el halibut)...* (310)

Aquí Reyes confiesa cómo el nombre de ese pez se "introyectó" en la mente de un supuesto personaje "X" (que puede deducirse que es él mismo) hasta volver a la superficie transformado en jitanjáfora y en héroe protagónico del *Poema atávico* que se supone se halla en el "Cuaderno Primero" de la *Bibliotheca Hipoglossia* bajo el nombre de *Canto del Halibut:*

> X entraba en un raro trance a la hora de las comidas. Nada recuerda. Sus compañeros de viaje lo han revelado a los investigadores, entre muchas reticencias y no escasos melindres. La palabra de la minuta, leída al descuido, se le encaminó a X por los estratos del alma hasta el yo profundo y hasta el "ello", a modo de virus filtrable. Y un día salió a flor de labios en un poema que admiramos, convertida en el propio nombre de nuestro Héroe Desconocido. Y es evidente que el halibut del poema tiene, en efecto, un no sé qué de pescado, un aroma entre repugnante y atractivo de fauna marítima, ambivalencia característica de todas las emociones sagradas, que incitan y rechazan, seducen y aterrorizan. (310)

El análisis "psicoanalítico" continúa en ese tono hasta desembocar en la referencia de ese plagio "al revés" de un poeta moderno que toma el nombre de uno antiguo, a modo también de "cruce" de identidades:

> Ahora bien, aún admitiendo esta hipótesis tan desconcertante en apariencia (y que parece corroborada por el hemistiquio de la estrofa IV: "¡métele al halibut!", forma dialectal sólo conocida hasta hoy en un pueblo contemporáneo), queda la posibilidad de que el falsificador moderno haya recogido en sus inspiraciones, de modo más o menos consciente –pues no es de desecharse del todo el caso de la iluminación y del salto atrás– algunos elementos de una tradición vetusta y casi perdida. No sería la primera vez que MacPherson sorprende al mundo con los cantos de Ossian. (311)

La alusión de Reyes al controvertido James MacPherson por sus supuestamente traducidos cantos de un poeta de la antigüedad galesa, Ossian, tiene la función de enfatizar el carácter engañoso de la creación y de la crítica, al relativizar todo tipo de originalidad. Él mismo, como escritor de ficción, y como ensayista, partió muchas veces de textos ajenos creando palimsestos –como el de su drama- *nouvelle* (en el sentido que los franceses dan al término *nouvelle*, para designar a la novela corta), *Los tres tesoros*–, que son elaboraciones originales de la tradición, como lo ha señalado Carlos Fuentes: "no hay creación sin tradición, lo 'nuevo' es una inflexión de la forma precedente, la novedad es siempre un trabajo sobre la tradición".

Reyes no podía dejar de comentar lo que para él siempre fueron motivos de preocupación: los *problemas de edición*. El décimo inciso lo dedica a ellos, pero no desde el punto de vista del autor que va a ver editada su obra, sino del editor que se enfrenta a un manuscrito "confuso" que mucho se asemeja al problema del poeta en trance de escribir un poema que merodea en su mente, como él mismo sugiere al mencionar el *Cantar de los cantares*. El poeta manipula mentalmente un caudal de ideas confusas que buscan las palabras exactas que lo concreticen. Si se leen las palabras de Reyes sobre los problemas de edición como los problemas del poeta, el texto cobra un nuevo sentido:

> X. *Problemas de edición.* El poema no se presentó de una vez en su orden lógico, sino en estado fragmentario y disperso. Los eruditos han tenido que recomponerlo y organizarlo, cambiar los versos de lugar como lo hacía Renan para el *Cantar de los Cantares,* y defenderse contra la tentación de las supresiones o interpolaciones, tentación que ya padecieron los *diaskevastas* homéricos en la Atenas de los Pisistrátidas. Poco a poco, el rompecabezas llegó a su arquitectura probable. Singularmente, los dísticos de los versos 7 a 10, 13, 15, 20 y 34 cambiaron varias veces de sitio, como lo apreciará quien consulte los Mss. fundamentales del poema.

Puede apreciarse cómo la descripción del acto organizativo del editor, podría ser el relato de los pasos que el propio Reyes fue siguiendo al elaborar la escritura misma del poema, al que dividió en siete, como los siete días de la Creación:

> En su forma actual, que los gramáticos futuros sin duda rectificarán todavía, el poema resulta bastante legible, dividido en sus siete estrofas, a las que los editores han puesto títulos o indicaciones entre paréntesis para facilitar la comprensión del texto. Es innegable que hubo algunos parpadeos o eclipses, y es

lamentable la omisión o pérdida de un dístico en la estrofa VI,
que rompe la ley de la simetría, y por cierto interrumpe el sentido
en un momento bastante escabroso, dando lugar a feas sospechas.
(311-12)

¿Cuáles podían ser esas "feas sospechas"? Al leer el *Canto del
Halibut* parece evidente, por la referencia que hay a la cruz, en el
verso anterior, que los dísticos faltantes se refieren a la Crucifixión
de Jesucristo:

> *En la orillita del mar flordelicado,*
> sangre de negros, puñal de halibut.

> *En la orillita del mar flordelicado,*
> aspas de negros en cruz de halibut.

> *En la orillita del mar flordelicado.*
> cierran los negros la rosca en halibut.

> ....*
> .... (307)

Sobre el asterisco ya se señaló que contiene la segunda nota del
editor donde se lamenta del faltante de los dos versos en "todos los
manuscritos colacionados" –adviértase la alusión al atavismo, por
cuanto uno de los sentidos de "colacionado" es el de la manifestación
que hace un heredero legítimo de los bienes que recibió; y la
referencialidad religiosa por cuanto "colación" es el alimento ligero
que permite la iglesia católica en días de ayuno ritual. Otro término
que conlleva referencia sígnica cristiana es el de "rosca" del dístico
donde se interrumpe la estrofa. Este vocablo podría aludir a dos
referencias sígnicas pertinentes: "rosca de reyes" se le llama al pan
que se come para celebrar cada 6 de enero la llegada de los reyes
magos ante el niño Jesús, para obsequiarle sus dones. Esto incide en
el tema ritual al recalcar el aspecto del banquete totémico. La otra
alusión simbólica es por la forma de "corona" de la rosca de reyes,
que puede asociarse con la corona de espinas con la que los fariseos
coronan a Jesucristo para burlarse de su realiza divina, antes de su
crucifixión.

En el último inciso, el "Comentario" de Reyes aborda el futuro
que le espera al poema del *Canto del Halibut*. En él, Reyes ironiza

sobre la ambición de trascendencia del poeta que sueña con que su poema no sólo le dé renombre y fama sino que siga su propio camino:

> XI. *Consideraciones finales*. Con ser un residuo del pasado, el poema parece destinado a un gran porvenir. Nada diremos del presente porque, como todo el mundo lo sabe, el presente no es un tiempo de la conjugación poética. El fenómeno poético corresponde siempre a un pasado o a un porvenir, reales o imaginarios. El presente nunca es poesía, sólo acción.
> El porvenir reservado al poema que aquí estudiamos es realmente incalculable. El *Canto del Halibut* es un poema todavía vivo y en constante transformación. Prende en el lector como un contagio, lo arrastra en su ritmo y en su fluencia verbal, y ofrece a la vez un molde fijo, tan fácil de aprovechar que todos nos sentimos bardos, todos inclinados a seguir añadiendo estrofas por nuestra cuenta; cristal donde todavía pueden tallarse nuevas facetas, fórmula abierta de la celulosa que puede acrecerse incesantemente en perspectiva indefinida. (312)

Reyes ofrece aquí una anticipación de teorías críticas tales como las de la recepción y la representación *(performance)* que involucran al lector como co-autor que cierra el círculo de la creación artística. Y sigue exponiendo cómo la obra de arte va a trascender la obra y al individuo mismo que la recibe para instalarse en la sociedad.

> El elemento ya coagulado del poema, el verso fijo, el friso, deja el hueco para nuevos elementos líquidos y cambiantes. Y así, el *Canto del Halibut* apenas parece un punto de arranque para muchos desarrollos posibles. Todos guardamos algunas especies halibutianas en el fondo del alma, que se desatarían en versos a la más leve provocación, como una improvisada selva de ritmos.

Continúa así la descripción de todas la consecuencias que derivarán del poema, el cual provocará la creación de instituciones, asociaciones, clubes, academias y ¿por qué no? hasta partidos políticos:

> Pronto, para entregarse a este saludable ejercicio *(kátharsis* del filósofo griego: lo que se expresa ha dejado de padecerse), se ha creado una sociedad poética, el Club del Halibut, cuyos miembros trabajan en colaboración; aunque no faltan las disidencias, los bandos, como siempre acontece. Unos reclaman la mayor libertad para seguir pescando nuevos versos en los lodaceros del

subconsciente, pues el Halibut es un pez que desova siempre en el fango, y los adeptos de esta escuela representan algo como la extrema izquierda del Club. En cambio, otros –la extrema derecha, a la cual pertenece la edición aquí presentada–, buscan precisamente la aproximación al arquetipo, al poema escrito y creado ya de toda eternidad en el seno de las Normas. (313)

Por supuesto, dentro de ese magma de "ráfagas eléctricas, o cósmicas," no faltarán los que pretendan explotar y apropiarse del halibut ajeno: "No conviene que en torno al canto se consienta una flora parasitaria y caprichosa", dice Reyes, que hace pensar en esos pescadores que nunca han pescado nada, pero siguen llamándose pescadores.

Pero los derechistas, en la aplicación social de sus principios, han llegado a la exageración. El Club ha sido, en el origen, algo como un club deportivo y juvenil, un club de regatas instalado en alguna playa, y ahora pretende estúpidamente transformarse en una ponderosa Academia del Halibut, lo que pronto conducirá a la anquilosis. Nosotros, como editores, hemos tenido que adoptar provisionalmente el punto de vista de las derechas, a fin de ofrecer un texto preciso. Pero nuestras íntimas simpatías se inclinan a un izquierdismo mesurado, lo que se ha llamado de tiempo a esta parte el Frente Popular del Halibutismo.

Reyes no sólo está criticando con esta parodia a las instituciones académicas que quieren prefijar normas e ideologías sobre la poesía, también está expresando que la poesía nace, como la tragedia, de un coro dionisíaco que vincula al ser actual con el más legendario pasado primitivo. Esto es, el comentario responde a la tesis que Nietzsche proponía: el sueño (el poema es un sueño) del coro de sátiros dionisíacos (los "negros del Halibut") que engendra al ser apolíneo (Adán).

Si Reyes está situando al poema en el lodo, es porque este representa el paso intermedio (el sueño apolíneo) entre lo dionisíaco y el Ser creado. Y esto lo expresa a través de los sinónimos aparentes con que designa a la tierra mojada: fango, lodo y barro. Emplea este distingo lingüístico para marcar la diferencia de interpretación semántica. El "fango" representa lo dionisíaco, la carne, la orgía; el "lodo" en cambio, el sueño, el subconsciente, la sustancia imponderable que brinda sus materiales al poeta; y el "barro", lo apolíneo, la materia del poema mismo, ya cumplido: el Ser poético que ha nacido, de ahí su paralelo adánico, como producto acabado de la Creación.

> Presentimos, en efecto, que, cuando hayamos logrado sacar de los mantos profundos –pozos petrolíferos insondables– millones y millones de versos, la sustancia infinita del Halibut expresará todos los anhelos humanos de todas las humanidades posibles de ayer, de hoy y de mañana. El ser del hombre está todo contenido, construido, en la sustancia del Halibut. Cada uno de nosotros es tan sólo una pequeña cristalización, un diminuto y pasajero equilibrio del Halibut, de Panhalibut de la Creación. El *Canto del Halibut*, leído atentamente despide ese tufillo inconfundible, ese olor de barro original, de légamo bíblico, en que el padre Adán fue modelado.

Esta solución final, que identifica al "Halibut" con el poema y al poema con el poeta mismo, tiene una relación intertextual, si no por la tesis, si por la preocupación metapoética, con *Muerte sin fin* que José Gorostiza habrá de escribir poco más de una década después (1939). En ambos textos hay un regreso al origen de lo primitivo, a la génesis de la especie humana, que se vincula con la génesis del poema. En ambos, se manifiesta la preocupación por "la tragedia griega". En *Muerte sin fin*, a través de su estructura eslabonaria, en Reyes, a través de su propuesta teórica. En ambos, la simbiosis entre poeta y poema se expresa simbólicamente. En Reyes se ha visto cómo a través de la transformación de la materia, el "Halibut" convertido en barro, crea al poeta; en Gorostiza, igualmente, el agua se representa como manifestación del espíritu y la tierra, como manifestación de la carne o cuerpo, que se conjugan para erguirse como un ser que habrá de ser el poeta mismo:

> agua fofa, mordiente, que se tira,
> ay, incapaz de cohesión al suelo!
> en donde el bruso andar de la criatura
> amortigua su enojo
> se redondea
> como una cifra generosa,
> se pone en pie, veraz, como una estatua. (110)

En resumen, en el *Canto del Halibut* bajo la apariencia de un texto de divertimento, lúdico e irónico, Reyes ofrece una visión crítica seria de muy variados aspectos, ya que señala problemas de orden religioso-ritual, político, lingüístico, de arte poética, de raza, de estilística, de filosofía, etc. Su "Comentario" crítico sobre el poema es como una versión irónico-paródica de sus estudios sobre la tragedia griega, hechos tanto en sus *Cuestiones estéticas* que dan principio al primer volumen de sus *Obras completas* como en sus "Comentarios a *Ifigenia cruel*" o sobre cuestiones ético-sociales, tales como las que categoriza en su "Teoría de la sanción" que da fin al último volumen de esas obras completas. Aunque en ciertos casos pudiera haber habido una alimentación recíproca entre Reyes y ciertas corrientes literarias que se producían simultáneamente a su escritura, tales como el creacionismo de Huidobro, y el surrealismo de Breton, los recursos novedosos del *Canto del Halibut* hacen que Reyes marque caminos a numerosos movimientos, corrientes y escuelas literarias que habrán de proliferar después en América y en la propia Europa, bajo diferentes etiquetas, tales como el teatro de la crueldad que Artaud delineará en *El teatro y su doble,* en 1938; el estilo que Carpentier denominará "real maravilloso" en 1949; el "boom" entre el que destaca la *Rayuela* de Cortázar, en 1963; un *Teatro pánico* que habría de ser propuesto por Arrabal y Jodorowsky, en 1965, y el realismo mágico de un García Márquez que estaba apenas naciendo ese mismo año de 1928 y que en el 67 sorprendería al mundo con sus *Cien años de soledad,* sin omitir a los autores de la posmodernidad, que buscan, entre otras cosas, revalorar lo primitivo, lo primigenio, lo masivo. Las anticipaciones de teorías críticas, de vanguardias estilísticas, así como de muchos textos de cuentistas, novelistas, poetas y dramaturgos posteriores a él, se producen así merced a un encuentro entre el poeta-dramaturgo-cuentista Reyes, y el ensayista-erudito-humanista Reyes. Es de ese encuentro consigo mismo que nació este texto revelador que prueba que se puede hacer arte y crítica con erudición y sin solemnidad, con profundidad y con humor. Y éste es un ejemplo más de Reyes, no fácil de seguir.

NOTAS

[1] Las *Obras completas de Alfonso Reyes* fueron publicadas por el Fondo de Cultura Económica a partir de 1955, en que aparece el primer volumen que incluyó: "Cuestiones estéticas, Capítulos de literatura mexicana y Varia". El último volumen, número XXVI, fue publicado en 1993 y dedicado a sus estudios sobre Goethe. Cierra este volumen un interesante ensayo: "La teoría de la sanción" en donde Reyes categoriza las "Figuras de la sanción" y las "Ficciones de la confianza."

[2] En adelante, indicamos la procedencia de las citas de Alfonso Reyes con número de volumen de sus obras completas y números de páginas; excepto en las citas provenientes del *Canto del Halibut*, en que solo indicamos números de páginas (Nota de los editores).

[3] En mi libro *Perfil y muestra del teatro de la Revolución Mexicana* doy la definición completa de lo que considero "textos anfibios." Sintéticamente, pueden definirse como "textos anfibios" la mayoría de los textos de ficción (drama-cuentos, drama-ensayos, cuento-ensayos, etc.) de Alfonso Reyes.

[4] En mi artículo "Presencia de Alexandro Jodorowsky en el teatro mexicano de los sesentas…" analicé lo que el "teatro pánico" le debía a Artaud, pero no mencioné todo lo que Artaud le debía a Alfonso Reyes.

[5] Alejo Carpentier, "Prólogo" a su novela *El reino de este mundo* en 1949.

Bibliografía

Anderson Imbert, Enrique. *La crítica literaria: sus métodos y problemas*. Madrid: Alianza Editorial, 1984.

Artaud, Antonin. *El teatro y su doble*. Buenos Aires: Sudamericana, 1964.

Carpentier, Alejo. *El reino de este mundo*. 2ª ed. Barcelona: Seix Barral, 1967.

Cortázar, Julio. *Rayuela*. México: Origen/Planeta, 1985.

Fuentes, Carlos. "Recuerdo de Alfonso Reyes". *La Gaceta del Fondo de Cultura Económica* 220 (1989): 35.

Gorostiza, José. *Muerte sin fin*. México: FCE, 1964.

Jodorowsky, Alexandro. *Teatro pánico*. México: Alacena Era, 1965.

Jung, Carl Gustav. *Transformaciones y símbolos de la libido*. Buenos Aires: Espasa-Calpe, 1952.

Nietzsche. *El origen de la tragedia*. Buenos Aires: Espasa-Calpe, 1945.

Reyes, Alfonso. *Obras completas*. 26 v. México: FCE, 1955-1993.

_____ *Apuntes para la teoría literaria. Obras completas* XV: 423-93.

_____ *Canto del Halibut. Obras completas* XXIII: 305-13.

_____ "La cena". *El plano oblicuo*. Madrid: Tipográfica Europa, 1920. 7-17.

_____ *Cortesía (1909-1947)*. México: Cultura, 1948.

_____ *El deslinde. Obras completas* XV: 25-422.

_____ *Ifigenia cruel. Obras completas* X: 311-59.

_____ "Las tres *Electras* del teatro ateniense". *Obras completas* I: 15-48.

_____ *Los tres tesoros*. México: Tezontle, 1955.

Río Reyes, Marcela del. *Perfil y muestra del teatro de la Revolución Mexicana*. México: FCE, 1997.

_____ "Presencia de Alexandro Jodorowsky en el teatro mexicano de los sesentas, sus conceptos dramáticos y la evolución de su teatro". *Latin American Theatre Review* 33/1 (1999): 55-72.

Robb, James Willis. *Repertorio bibliográfico de Alfonso Reyes*. México: UNAM, 1974.

Ulacia, Manuel. "Alfonso Reyes: ficción, parodia y antropofagia". *Vuelta* XIII/1554 (September1989): 21-23.

Verani, Hugo J. *Las vanguardias literarias en Hispanoamérica (Manifiestos, proclamas y otros escritos)*. México: FCE, 1995.

Alfonso Reyes en *Libra*

Adolfo Castañón

Libra es el nombre del número único de la revista dirigida por los poetas argentinos Francisco Luis Bernárdez y Leopoldo Marechal y publicada en Buenos Aires en el invierno de 1929. La revista tras bambalinas fue animada por Alfonso Reyes y debe ser considerada al menos parcialmente dentro de su bibliografía

Aunque *Libra* pertenece a ese género efímero de la revista única, flor de un día, su historia se remonta hacia atrás y hacia delante. A su alrededor, impregnándola, flota la presencia de Alfonso Reyes quien llega a fines de 1927 designado como embajador de nuestro país, luego de una fulgurante carrera diplomática por Madrid, París, de nuevo Madrid y, vía México, Buenos Aires: va por todos lados Alfonso Reyes abriendo puertas, afirmando amistades, conciliando en lo político las buenas voluntades que lo acogen: y si en Madrid su banquete de despedida incluye a más de doscientas personas, en Buenos Aires no será excepción. Es la época –no lo olvidemos– de la institucionalización de la Revolución Mexicana, y Reyes va dando la buena nueva de que México es un país que despierta y se incorpora al concierto mundial. Más allá, habrá que hablar de un "fenómeno Reyes", una cierta imantación literaria y editorial que a su paso va abriendo colecciones y ediciones, sembrando aquí y allá colaboraciones y contribuciones, suscitando vocaciones. La fundación de *Libra* ha de leerse como una de las espuelas de plata de esa acción.

Libra: la voz simboliza equilibrio y remite a una imposible (o difícil) conciliación entre lo nuevo y lo antiguo, lo universal y lo regional, lo masculino y lo femenino, lo mexicano y lo argentino...

Porque *Libra*, siendo una revista argentina, tiene algo de mexicana y mucho de hispanoamericana. La revista abre con un ensayo literalmente memorable de Alfonso Reyes: el dedicado a "Las jitanjáforas", esas formas o modos de expresión que colindan con el *non-sense* de los ingleses o la poesía reseñada por el expresionista alemán Rudolf Blümmer o las voces de Dadá y del surrealismo que Alfonso Reyes sabe poner holgada en perspectiva juguetona. El ensayo de Reyes es una fiesta de la imaginación, una pieza memorable y que haría el banquete de cualquier revista. El ensayo sobre "Las jitanjáforas" toca un haz de cuestiones relevantes para el ejercicio de la literatura en la época: la exploración de Dadá y algunos surrealistas (Robert Desnos). Sin embargo, cabe recalcar una pregunta: ¿las "jitanjáforas" es un texto a favor de la literatura de vanguardia o es más bien todo lo contrario?

Los poemas de Leopoldo Marechal, escritos cuando el autor tenía veintiocho años, ya son indicativos de la manera feliz en que combinaría prosa y verso, religión y poesía. Cabe apuntar que este poema recuerda el texto de Selma Lagerlöf en *Leyendas de Cristo* donde se recuerda la imagen de la infancia de Nuestro Señor.

Del niño y un pájaro

1

El niño junto al agua
    pidió ser Alfarero
Cerca del río joven lo buscaba su madre:
Lo encontrará su madre con los dedos mojados

2

El niño amasa el barro, cerca del río joven
Y entre sus dedos brota,
    como de Dios, un pájaro de tierra.

3

La mano de la tierra
    gravita sobre el pájaro naciente:
Su pico está soldado
    con un silencio mineral.
El puño de la tierra lo cautiva,
    cerca del río joven,
Pero el niño le sopla su viento en las narices,
    y el pájaro se alza...
Cerca del río joven quedó el niño
    Con los dedos mojados. (25-26)

"Novela de la 'Eterna' y la niña de dolor, la 'dulce-persona' de un amor que no fue sabido" de Macedonio Fernández es un ejercicio donde la crítica y la ficción se funden en una "colección de sucesos" donde la utopía de la literatura se afirma más allá "de la injuriosa necesidad de que haya lectores", en un espacio donde aparecerán

> tres o cuatro Cervantes, Quijote puramente sin cuentos, Quevedo humorista y poeta de la poesía sin la oratoria moralista, varios Gómez de la Serna. Libros del horror de un Calderón, príncipe del falsete que es el no sentir, y este todo es el mal gusto de un Góngora, de estos Fabios, y dolor, tendríamos tres Heins del sarcasmo y las tristezas o D'Annunzios de la poetización sin límites de la pasión. (37)

El ir y venir de Macedonio Fernández entre la crítica y la creación, el contrapunto entre experiencia vivida y reflexión hacen de su instrumentación un texto fundador, y al igual que el de Alfonso Reyes, genésico.

Sigue la "Silva trágica a que dio motivo un discurso a este propósito hallado en un poema griego de San Gregorio Nazianceno". Fue publicada originalmente en el libro *Declamaciones castellanas* (Madrid, 1639), dedicada a la muerte del conde de Ricla. La segunda edición es de 1749 y de ella ha tomado Ricardo E. Molinari el texto que aquí se reproduce. Este texto hace juego con el que más adelante se publica de Alfonso Reyes titulado "Góngora en América" pues ambos se mueven a la sombra del cordobés.

La "Philographia" de Francisco Luis Bernárdez viaja por el viaje de la prosa "entre el papel atento y los dedos errabundos", "recostado en el ocio de pluma de la pluma sin término"; traza así un itinerario zigzagueante entre los sueños de la prosa y las vigilias del verso, haciendo una evocación rememorativa del nacimiento:

> Cuando nací (¡qué alivio somos para el tiempo y qué caricia para el tiempo un niño!), cuando nací todos cantaban el romance del caballero que tú eres: un buen español que sabía escribir con su espada sin incurrir jamás en errores de geografía. Reclamé tu amistad, años después, y no te sorprendió mi aficionada codicia de chiquilín. Me miraste (¿verdad, espejo de la música?), me miraste (¿verdad honor del arquitecto?), me miraste (¿verdad, verdad de la verdad?) y me diste a besar tu luna libre con un gesto a que nadie borrará de mi poesía. (57)

De José Martí, "el dulce y fiel libertador cubano", se reproduce una carta a su amigo de juventud el uruguayo Enrique Estrázules: la misiva es un signo de gratitud por el envío de los *Souvenirs* de Daudet. Ese signo le sirve a José Martí para saludar a su vez al pintor Llanesi

> que ha de ser persona de mérito para que Ud. que conoce hombres lo distinga de la masa fea, y lo quiera tan bien que me hace a mí quererlo [...] Pero lo que de su Llavesi me gusta más no es el arte sino el candor y la honradez. Ni sé que sin eso se deje huella honda en carrera alguna. No sé por qué veo delante de mí ahora un cuadro de fondo amarillo como el color de oro de las naranjas de Valencia. Cuando las violetas estén para pobres, compre en mi nombre un ramo, y préndalo en la esquina del lienzo donde está pintando su amigo la dama a los Luis XIV. (62)

Hasta aquí José Martí a quien dejamos en *Libra* prendido con su acento a la vez veloz y entrecortado, castizo y con un sedimento de nostalgia que se espesa conforme avanza la pluma y que va tan bien, se acuerda, de la prosa sin pausa de Alfonso Reyes.

Concluye esta parte de la revista con dos traducciones anónimas de James Joyce: "Dos peniques de James Joyce". La primera es un poema titulado "Tilly"; la segunda "Llora sobre Rahoon":

Llora sobre Rahoon

Lluvia sobre Rahoon cae suave, cayendo suavemente,
Donde mi amante oscuro yace.
Triste su voz me llama, tristemente llamando,
En gris alba de luna.

Amor, escucha
Cuán blanda, cuán triste siempre su voz me llama,
Siempre no contestada, - y la lluvia cayendo
Entonces como ahora.

También oscuros nuestros corazones. Amor, han de yacer y fríos
Como yace su corazón triste
Bajo los cardos grises de luna, el fango negro
Y la lluvia que secretea. (70)

Luego del banquete literario que ha representado el ensayo de Alfonso Reyes sobre las jitanjáforas, los tres poemas de Leopoldo

Marechal, "La novela de la Eterna y la niña de dolor" de Macedonio Fernández, la "Silva trágica" de Gabriel Bucángel, la "Philographia" de Francisco Luis Bernárdez, la carta de José Martí y los "peniques" de James Joyce, viene la sección "Correo Literario" (anuncio o prefiguración de su correo literario titulado *Monterrey*).

Si la primera parte contaba siete colaboraciones, esta contará, catorce:

1) Abre una nota anónima sobre "Keyserling en Buenos Aires" que tiene algo de burlesco y de comedido, de amable e incisivo: "Desde la frontera de los Estados Unidos, sintió llegar en el viento –como Heredia en su conocido soneto 'La fleur jadis éclóse au jardín d'Amèrique'– "el aroma de la primavera mexicana. Esto le basta para entender a México, y predice ya "la mejicanización futura de toda la América del Norte". El texto es obviamente de Alfonso Reyes y se encuentra recogido en sus obras completas.

2) La carta de Menéndez Pelayo a Carlos Octavio Bunge, anotada por Francisco Luis Bernárdez es una pieza de hilarante erudición con dos ejes: la quema y la purga de libros de Don Enrique de Villena realizada por el canónigo F. López Barrientos, hombre muy superior al que la historia no ha tratado con la consideración debida. En esta *anotación* por Francisco Luis Bernárdez se deja ver la trama de la elaboración del conocimiento literario en que es explicable y justificable en Borges.

3) Dos consideraciones poéticas sobre el arte de Elena Cid. La evocación de la pintora permite a Leopoldo Marechal decir:

> ...con su arte acaba de reivindicar el derecho que la pintura tiene desde su origen sobre el terreno de la poesía. Su camino es el del poeta: intuye que los colores del mundo son extranjeros, y se remonta entonces a la patria del color. Elena Cid ha descubierto la patria donde el color sonríe para siempre. Elena Cid me dijo en París, frente a uno de sus magníficos retratos: –Esa mujer no podría mover un solo dedo sin que el cuadro se derrumbase. (81)

4) Francisco Luis Bernárdez evoca en una breve nota la silueta "atentísima" de San Luis Gonzaga: "...me gusta recordar al inmóvil, al puro, al que no se distrajo ni en el éxtasis, al razonable soñador, al intelectual. Me gusta y me da pena" (82).

5) Macedonio Fernández asienta un "Fragmento sobre la metáfora" (carta a Francisco Luis Bernárdez): "...Para mí la metáfora

es la única interjección literaria: las interjecciones comunes son música, sonidos de la exaltación, no hallazgos conceptivos, ideas de la exaltación (ideas de semejanzas)"(83) y con estas ideas continúa especulando sobre el ser y el quehacer de la novela.

6) Se debe sin duda a Alfonso Reyes la reproducción de un poema inédito de Amado Nervo: "Bienvenida: de improviso / Dios, contigo, me convida / a gustar del paraíso... / Bendigamos, pues lo quiso, sus bondades. ¡Bienvenida!"

7) También a Alfonso Reyes se debe la inclusión del poema inédito de Mariano Brull ("Hay que desconfiar de él: es inteligente"):

El epitafio de la rosa

Rompo una rosa y no te encuentro.
Al viento, así, columnas deshojadas,
palacio de la rosa en ruinas.
Ahora –rosa imposible– empiezas,
por agujas de aire entretejida,
al mar de la delicia intacta:
donde todas las rosas
–antes que rosa–
belleza son sin cárcel de belleza.

8) Xenius sobre Martín Fierro reproduce el prólogo de Eugenio D'Ors en *Los consejos del viejo Vizcacha y de Martín Fierro a sus hijos* a partir de una consideración mítica, D'Ors concluye:

Perder el nombre... ¿Puede haber mayor fracaso para el héroe? Mejor, mil veces perder la vida. Martín Fierro pierde el nombre al final de su poema. Y Ulises, en un momento del suyo, también lo pierde o cambia. Pero esto, para el griego astuto, es una astucia nueva, un arma del éxito. Para el gaucho sin ventura, esto es el epílogo.
Es la ruina, en la cual su propia significación heroica se consumará. No sublimado por la victoria, sino por la ruina. Como Sigfrido, como don Quijote –como los "perdedores" diría Gabriela Mistral– no como Ulises...
Y a la ruina corre ágilmente Martín Fierro, hombre flaco y cetrino. Corre –*ligerito, ligerito,*– en el fino flete de sus enjutas estrofas de seis versos. (87)

9) Un juicio sintético sobre *Don Segundo Sombra*. Dice Francisco Romero:

Los estudios de Weltanschanung, conducidos sobre el material propio, nos aclararán sobre nosotros mismos, nos darán la clave para entender mejor los aspectos de la vida nacional en su conjunto. Yo creo, dicho sea de paso, que la más rara cualidad del *Don Segundo Sombra* es el hermetismo con que encierra el libro a los personajes en una peculiar comprensión del mundo y de la vida, sin dejarles resquicio libre hacia fuera, por medio tan exclusivo y enérgico que el mismo lector queda como envuelto en esa atmósfera, y pasajeramente se le imponen las concepciones y, más aún, las valoraciones dominantes en este recinto cerrada. (87)

10) Proust en América. Recuento de la presencia de Marcel Proust en América, incluyendo por supuesto los textos de Alfonso Reyes.

11) Góngora y América. Es una pormenorizada reseña de las resonancias del autor del *Polifemo* y las *Soledades* en la poesía americana.

12) Arte y curiosidad: los soldados de plomo. Traen noticias sobre los que encargan ediciones de soldados de plomo.

13) La muerte de Foulché-Delbosc. Breve noticia de la muerte de Foulché-Delbosc.

14) La muerte de Paul Groussac. El homenaje a Paul Groussac dice memorablemente:

Una prosa fácil, abierta sobre paisajes angulosos y entonada con ácidas tintas. Una prosa derecha y lúcida en cada una de sus palabras, habilísima en su composición y útil en su perspectiva. Un par de libros verdaderos: *Santiago de Liniers* (1907) y *Mendoza y Garay* (1916). Un historiador atento y responsable. Un crítico necesario. Un escritor. Un crédulo de la disciplina, en una generación de incrédulos y en una época de indisciplinas. Eso fue Paul Groussac hasta el día de su muerte. *Libra* lo recuerda con respeto. (97)

A esta dimensión estrictamente literaria y editorial, habrá que añadir dos horizontes más: 1) la política y 2) la asociada con las jitanjáforas. La política: en diversas cartas (principalmente dirigidas a Genaro Estrada y José Ortega y Gasset), Alfonso Reyes expresa cómo "adora a la juventud" y deja ver que el proyecto *Libra* fue parte de esa adoración. Pero, mirando las cosas de más cerca, queda claro que tras la adoración existen en Buenos Aires bandos y rencillas insuperables, una polarización absoluta entre quienes producen o participan de la literatura o de su anuncio. Reyes, embajador de México, no es seguramente bien visto por quienes quisieran mantenerlo en su oficio diplomático (es como una tía que anda cuidando a sus pupilas, llega a decir alguno). Además, resulta que va descubriendo cierto sentimiento o resentimiento contra México:

> En el mundo de la nueva literatura hay una actitud defensiva contra México. A la vez que, en lo político, aplauden a México, a la vez que se dan cuenta de que en nuestro país hay un gran movimiento de opinión general hacia la Argentina, tienen muchas cargas contra la nueva literatura mexicana. Están muy resentidos. (Alfonso Reyes a Genaro Estrada, 21 de enero de 1919)

O lo que le expresa en la extensa carta a José Ortega: "Siempre consideran como suficiente el hecho literario el anuncio solo. ¡Siempre sustituir la realidad por una anticipación simbólica de ella! (¿No viene esto a comprobar las admisibles apreciaciones de Ud. sobre el carácter argentino y la nunca cumplida promesa de la pampa?)". Más que un desahogo, la carta a Ortega y Gasset anuncia la ruptura de Alfonso Reyes ya no con *Libra* y el pequeño grupo asociado, representa un *adiós* en toda forma a la literatura argentina. Por fortuna Alfonso Reyes sería muy pronto trasladado a Río de Janeiro. Sin embargo allá no podría continuar el sueño que fue *Libra*. El sueño que ahora gracias a Rose Corral se recobra.

El texto "Alcance a las jitanjáforas" publicado por Alfonso Reyes en la revista *Avance* (La Habana, 15 de mayo de 1930) es rigurosamente inédito y no consta hasta donde sabemos en las *Obras completas*.

Cabría añadir que la aventura de *Libra* es indisociable en Alfonso Reyes de la de *Cuadernos del Plata* y que entre uno y otro proyecto hubo afinidades. Estas fueron en última instancia insuperables. Citamos del *Diario* inédito de Reyes las siguientes entradas:

> *8 enero 1930. Buenos Aires.* Peores cada vez mis impresiones del ambiente literario argentino, donde a nadie le importa la literatura sino la politiquilla literaria de los grupos o *palotas,* y donde los individuos de los grupos se traicionan entre sí constantemente. A la realidad sustituyen un fantasma de murmuraciones. Muy raro todo. Quédense solos y arréglense sólos. Yo, para mí he

decidido alejarme prácticamente y vivir con la mente en otra parte. Y no es queja contra "personas": sería ingrato.

10 enero 1930. Larga carta a José Ortega y Gasset contándole la historia de mis peripecias con el mundo literario argentino. A él le debo explicaciones para que no me crea ligado con miserables campañas. A Evar Méndez, carta entregándole los *Cuadernos del Plata* que ya no quiero dirigir. A Bernárdez, carta enviándolo lo que tengo de *Libra*, que ya no quiero guardar. Y pidiéndole me devuelva Elena Cid, aun sin sus dibujos, mi ms. de *Otra voz*. Ya no quiero ni publicar aquí. Me quiero desligar de todos. La conversación con Glusberg la otra tarde acabó de abrirme los ojos.

A Rose Corral –a su tacto, a su amplitud y generosidad– se le debe aquí no sólo la reedición facsímil de *Libra* sino la armadura de ese dossier literario, editorial, político que la trasciende. También se le debe la restitución de los diversos textos sobre las jitanjáforas con que ha hecho acompañar la edición de esta importante revista.

Bibliografía

Revista Libra (1929). Edición facsimilar preparada por Rose Corral. México: El Colegio de México, 2003.
Reyes, Alfonso. *Diario.* Manuscrito inédito.
Zaitzeff, Serge I. *Con la franqueza. Correspondencia entre Alfonso Reyes y Genaro Estrada.* México: El Colegio Nacional, 1994.

Tesis sobre Alfonso Reyes: Fósforo y la fama parcial

Arturo Dávila
Mills College

> La obra de Reyes, en efecto, no necesita
> defensa. Necesita y requiere lectura. Puede
> parecer inverosímil, pero no se lee a Reyes
> como debía leérselo. Es un grandísimo
> escritor, pero nuestra frecuente desmemoria
> conduce, tristemente, a una suerte de
> presencia ausente. Todos saben que Reyes
> es importante. Pocos lo practican.
>
> Ramón Xirau (64)

La "extraña fama parcial" de Alfonso Reyes continúa siendo hoy, en los albores del siglo XXI, un enigma sin resolver. Su obra todavía no se atiende con la frecuencia que se debería. Algo extraño ocurre con ella. Acaso, como sucede con ese fruto típicamente mexicano, el chayote, no se sabe nunca por donde agarrrarlo. Eso, a causa de las espinas. Sin embargo, la obra de Reyes dista mucho de ser espinosa. No hay prosa más clara, más solar que la suya. Es fresca y transparente como el agua. Pero por eso mismo, también, abarca todos los rincones, se extiende en varias direcciones, es inasible y ubicua, no la podemos apretar con el puño.

De manera similar, los escritos cinematográficos de Reyes, marginales y de tono *menor*, si se quiere, son poco citados al referirse a su obra en España.[1] En este ensayo, intentaré acercarme a Reyes de dos formas: primero, de manera microscópica, analizar los textos sobre cine de *Fósforo* (su seudónimo cinematográfico), publicados en la tercera serie de *Simpatías y diferencias* (una treintena de páginas), y que constituyen pequeñas obras maestras en prosa, lúcidos ejemplos de cómo escribir, por su economía verbal, sabiduría y buen humor. Después, me gustaría referirme al *enigma* Reyes, a la controversia que ha levantado como personaje literario y cuya obra abarca veintiséis volúmenes. Finalmente, esbozaré algunas sugerencias sobre cómo recuperar su obra y devolverla al lector común y a los estudiantes, a quienes siempre se dirigió y con los que tuvo, en vida, un continuo y lúcido diálogo.

I

1. En 1915, en el semanario *España* que dirigía José Ortega y Gasset, Federico de Onís inició una sección cultural llamada "El Espectador", en la que inauguró la crítica cinematográfica en lengua castellana. De Onís calificaba su columna como "notas de un espectador a quien interesan las cosas no por lo que son, sino por lo que pueden ser" (65). Debido a un viaje al extranjero, dejó la sección, por lo que Ortega y Gasset pidió a Alfonso Reyes –exiliado en ese momento en España– que se ocupara de las reseñas. Éste, a su vez, invitó a un coterráneo suyo –también exiliado–, Martín Luis Guzmán, a colaborar *al alimón* en la columna que comenzaron a firmar como *Fósforo*. La sección tuvo éxito y, aunque Guzmán abandonó España tras corto tiempo, con sólo ocho colaboraciones, Reyes continuó el trabajo de análisis de un "arte" que en aquel tiempo se tildaba de "pasatiempo propio de niños, criados y soldados" (citado en Reyes y Guzmán 9). Durante casi un año escribe para la revista *España,* labor que prosiguió en *El Imparcial* y la *Revista General* de la editorial Calleja.[2]

Reyes es figura central en los inicios de la crítica cinematográfica de principios del siglo XX. En esos momentos, sólo unos cuantos escritores se ocupaban de semejante actividad. De acuerdo con Guido Aristarco, correspondió a Ricciotto Canudo, en 1911, iniciar la teoría cinematográfica. Con dos libros seminales, *Manifeste des sept arts* y *Esthétique du septième art*, "Canudo, de hecho, busca las leyes generales y las orientaciones espirituales del nuevo medio de expresión reconociendo, por otro lado, que se trata de un arte todavía inmaduro para la teoría del arte cuya fecha de nacimiento es demasiado reciente" (115-16). En América, Phillipe H. Welche escribe para el *Minneapolis Morning Tribune,* y Louis Delluc inicia sus críticas en la revista francesa *Film* y en el periódico *Paris-Midi* hasta 1918. Esto revela el carácter vanguardista de los textos de Reyes, quien celebra el nacimiento del nuevo espectáculo que, por su *sencilla complejidad,* se distinguirá como el arte del siglo XX: "Ensayamos una nueva interpretación del cine. Algunos pensarán que estamos perdiendo el tiempo en niñerías. Con el 'espíritu de pesadez' no queremos trato. Día llegará en que se aprecie la seriedad de nuestro empeño" (200-01).[3]

Se trataba de cine mudo, en blanco y negro, cuando el teatro y la ópera constituían los artes representativas por excelencia. La fotografía todavía estaba en sus comienzos y el cine irrumpe como un entretenimiento proletario, de masas, ante el que las élites intelectuales muestran gran renuencia. Aurelio de los Reyes registró opiniones de intelectuales desde la llegada del cine a México, en 1896, hasta la época de los Contemporáneos. Con respecto a los modernistas, ateneístas y la generación de 1915, apunta que, tras la sorpresa inicial de las figuras en movimiento, que emocionaron a José Juan Tablada, a Enrique Chavarrí y a Amado Nervo, se pasó a un período de desencanto:

> De tales grupos se puede decir que, en términos generales, menosprecian y subestiman las posibilidades expresivas del cine y su estética, al menos mientras estuvieron en posición de influir sobre la sociedad. Lo vieron como un arribista que tomó prestados elementos de la literatura y el teatro; lo consideraron un hijo bastardo mal hecho de la literatura. (Aurelio de los Reyes, "Los Contemporáneos..." 167)

Había, también, un problema *de clase*. Para 1907, Luis G. Urbina, en un texto citado por De los Reyes, considera el cine como una forma de entretenimiento para las "masas incultas e infantiles" (169), y con franca actitud de desprecio escribe:

> no puedo concebir cómo, noche por noche, un grupo de personas que tienen la obligación de ser civilizadas, se embobe en el *Salón Rojo*, o el *Pathé*, o el *Montecarlo*, con la incesante reproducción de vistas en las cuales las aberraciones, los anacronismos, las inverosimilitudes, están hechas *ad hoc* para un público de ínfima calidad mental, desconocedor de las más elementales nociones educativas. Este espectáculo, que eleva a las clases inferiores, envilece y degenera a las superiores, si a él sólo se entregan y consagran.

Esta crítica es prototípica y elocuente. Comparte la opinión de muchos intelectuales de la época. El cine es un espectáculo que transmite "aberraciones", "anacronismos", "inverosimilitudes", que se dirige a un público "de ínfima calidad mental" y sin nociones de educación. Es decir, al populacho que, paradójicamente, en 1910, se habrá de levantar en armas contra "los civilizados", las clases superiores, la burguesía porfiriana, a la que esta frecuentación de la pantalla enbobece, "envilece" y "degenera". El cine, pues, pertenece al discurso de la *barbarie*. Y, no sin humor, podemos decir que algo había de ello. Aurelio de los Reyes recuerda esa escena de *El águila y la serpiente*, de Martín Luis Guzmán, "cuando soldados convencionalistas, hastiados de la imagen de Venustiano Carranza en la pantalla, la balearon" (Fonseca 35).

Las opiniones de los intelectuales en Europa también variaban. Guido Aristarco refiere algunas. Por un lado, Maiakowski expresó: "El triunfo del cine está garantizado, ya que no es más que la conclusión lógica de todo el arte moderno" (65). En contraposición a esta visión optimista del poeta ruso, Aristarco también recuerda la famosa condena de Georges Duhamel, quien consideró al cine como una "diversión de esclavos" (13). Asimismo, cita las objeciones que Kafka le transmitió a su discípulo Gustav Jannuch:

> Yo vivo con los ojos, y el cine impide mirar. La velocidad de los movimientos y el rápido cambio de las imágenes, fuerzan continuamente a seguir adelante. La mirada no se apropia las imágenes, sino que éstas se apropian de la mirada e inundan la conciencia. El cine viste de uniforme a los ojos que siempre habían permanecido desnudos. (14)

Aristarco también refiere que Chesterton lo miraba con ironía y Proust no lo comprendió, a pesar de la gran influencia que *À la recherche...* tuvo en el desarrollo del lenguaje cinematográfico (105-07). La velocidad en la percpción, una nueva manera de ver, y la rapidez de los movimientos, simplemente no eran del agrado de muchos intelectuales de la época.

La crítica de Reyes, sin embargo, estaba del lado de Canudo y Maiakowski; era una innovación y una apuesta estética. No obstante, el cine poseía el carácter indeciso de una premonición. Se tambaleaba ante las doradas puertas de las "Bellas Artes". Reyes lo sabe y así lo señala: "Porque, hay que decirlo de una vez, tenemos más fe en el porvenir que en el presente. El cine tiene, a nuestros ojos, todos los defectos y las excelencias de una promesa" (201). A la vez, profetiza lo que hoy en día es una realidad: "Cada gesto humano, cada perfil de la civilización moderna, está destinado a vibrar en la pantalla" (202). Difícil establecer parangones, pero el equivalente a la labor ejercida por Reyes en aquellos primeros años del siglo XX, equivaldría a esbozar, hoy en día, una crítica seria al arte del video, del *performance* o de las instalaciones, géneros "artísticos" recientes que apenas empiezan a recibir el trato que el cine o la televisión adquirieron desde hace ya mucho tiempo.[4]

2.   La prosa de Reyes tiene diversos niveles que aquí intentaremos esbozar. De entrada, habría que ubicarse (imaginarse) en aquellas salas llenas de humo azul, en medio de aullidos de niños crispados, en los brazos de sus madres, entre trabajadores y oficinistas excitados por las imágenes de la pantalla, y de novios que buscaban la oscuridad para besarse, en una especie de carpa de *vaudeville* mecánico o un circo con pantalla. A la vez, hay que situar a un intelectual joven, Alfonso Reyes, tratando de observar la película en forma crítica y estética, tomando notas, ejercitando las dotes de su memoria, además de divertirse con el público, en medio de este "espectáculo de feria" (Panabière 2). A pesar de las distracciones, el ojo avizor de Reyes establece un puente entre dos niveles de percepción: el popular o callejero y el crítico o intelectual. El regiomontano eleva el elemento grotesco, carnavalesco, de las oscuras salas, y lo utiliza para elaborar sus textos. Así, por ejemplo, se cartea con sus lectores y responde a sus comentarios. En "Las quejas del público" anota:

> Los lectores suelen atendernos. Las empresas cinematográficas, todavía no. Hemos recibido cartas. A sus puntos nos referimos. Verdaderamente, son insoportables esos maniáticos que, en todos los salones públicos, entornan los ojos y resoplan para hacer entender a las señoras que están poseídos del delirio amoroso, y subrayan con un ósculo al aire todas las escenas de amor.
> ¿Y qué decir de los que comentan, en voz alta, con toda clase de chistes, los episodios de la cinta?
> ¿Y –oh, dioses– de los que leen en voz alta los letreros de la película, porque de otra suerte corren riesgo de no enterarse?
> Pues, ¿y esos espectadores vergonzantes, que no hallan medio de dar a entender a todos que, aunque ellos han ido al cine, están muy por encima del cine, y lo toman con gran desdén? (203)

Reyes describe, con humor, los diversos tipos sociales que asisten al cinematógrafo, y recrea con su pluma esas eclécticas salas donde todavía no había pautas de comportamiento definidas y, en las cuales, los representantes de distintas clases, trataban de marcar su jerarquía con gestos y actitudes diferenciadas. Reyes intuye que, lo que en ese momento es un abigarrado grupo de espectadores estruendosos, terminará por educarse en las mismas salas cinematográficas. Y, lo que el humanista mexicano exigía para las masas en 1915, es todavía hoy una necesidad: "Acaben de irse de una vez. Y piensen que el perfecto espectador del cine pide silencio, aislamiento y oscuridad; está trabajando, está colaborando en el acto, como el coro de la tragedia griega" (203).

Silencio, aislamiento y oscuridad. Reyes palpita ante la magia del cine en sus principios inciertos y participa en la representación. Al igualar a los espectadores con el coro griego, lleva una intuición al nivel filosófico. Es decir, su prosa nos traslada –en el tiempo y en el espacio– de las populares salas atiborradas de Madrid hasta los antiguos anfiteatros griegos. Carlos Fuentes cuenta que Reyes le decía, en los últimos años de su vida, en Cuernavaca: 'No hay cine malo, no existe una película mala. Date cuenta de que el cine es la épica contemporánea. Ir a ver una película de vaqueros es como si un griego pudiera ir a oír a Homero'. Y nos íbamos a ver películas de John Wayne" ("Carlos Fuentes recuerda ..." 35).

Y esta facilidad para insertar a los clásicos en textos sobre una de las prácticas culturales más cotidianas y callejeras, constituye uno de los elementos más rescatables de la prosa de Reyes. Cardoza y Aragón definió, también, esta capacidad de transformación. Al evocarlo en sus años de embajador en Francia, recuerda su método de escritura:

> Alfonso Reyes trabajaba con el fervor de siempre, y sus cuartillas fermentaban en olorosas cajas de puros. Vivía en varios libros al mismo tiempo; en un solo libro que es su vida. Y guiaba su sinfonía con una varita como la de Moisés, que hasta de los más áridos podía extraer luces y savias. (13)

Luces y savias de lo más árido. Y la pantalla, con sus figuras luminosas, fue *tabula rasa* de donde Reyes extrajo meditaciones, reflexiones y sonrisas.

3.   Hay que destacar, asimismo, el carácter interdisciplinario de la prosa de Reyes, las *intertextualidades* o, como mejor lo expresó Hugo Hiriart, "la constelación de referencias" (55); es decir, la inclusión de nombres como Baudelaire, Azorín, Poe, Wells, Nervo, D'Anunzio, Mark Twain, Bernard Shaw, Darwin, Stevenson, Ruskin, entre otros muchos, que establecen de inmediato una conexión entre el drama

cinematográfico y el discurso literario.[5] Valga mencionar su alusión al jefe del futurismo italiano cuando, al comparar los elementos de producción requeridos por el cine cómico yanqui con los de los exagerados melodramas italianos del momento, Reyes escribe:

> Lo primero, menos ostentoso en apariencia, admite un escenario pobre y un vestuario de harapos; lo segundo exige trajes perfectísimos, y paisajes de tan concentrada dulzura que, al verlos, ocurre gritar con Marinetti: "¡Matemos al Claro de Luna!" Donde el yanqui pone una pintoresca sala redonda con un tragaluz o una tronera, el italiano pone un castillo con terrazas sobre el jardín y el mar. (216)

Al citar el reclamo del futurista, Reyes declara su predilección por el cine de aventuras sobre los melodramas, que todavía hacían difícil distinguir la representación teatral y operística del discurso cinematográfico. Había interferencias. Se trata de cine mudo y su desarrollo fue lento y paulatino. Reyes está reportando los albores de un espectáculo cuya validez se tambaleaba –como vimos– entre los intelectuales, pero también entre los mismos asistentes. En "Somnolencia", narra la carencia de estrenos en las salas de Madrid, lamenta los escenarios rebuscados, y señala el hartazgo del público ante los claros de luna y "la inútil gesticulación italiana" (225). Los espectadores aprenden, comienzan a exigir cierta calidad, y se cansan: "En tanto, hasta los más aficionados se desalientan, y no es raro oír entre el público palabras como éstas: 'Si ese hombre atado, maniatado y amordazado logra aún salvarse a fuerza de tirones, yo me marcho y no vuelvo más al cine'" (225).

La ironía y el buen humor constituyen una de las virtudes de estos textos, y la sonrisa de *Fósforo* no falta en los ensayos. La encontramos incluso cuando Reyes, en "El robo del millón de dólares", nos previene contra los intereses económicos del cine y las aberraciones en que se puede caer:

> ¡Lástima que a veces, el operador, en su deseo de ir de prisa para acabar a la hora reglamentaria o para dar lugar a una nueva venta de billetes, haga andar las cintas con una rapidez excesiva, destruyendo del todo la expresión humana, ahogando los detalles delicados y, positivamente, amenazando la salud visual de los espectadores! La desdichada Condesa Olga parecía un juguete de resorte. Sus pasos no eran pasos; sus ademanes no eran ademanes, sino una epilepsia constante… Hay que prevenirse a

tiempo contra estos abusos, antes de que se transformen en plagas. (204)

La terrible manía de los operadores del proyector y los intereses monetarios de los dueños del cine no paraliza a Reyes, quien enriquece su escritura y saca partido de situaciones grotescas como la de la pobre Condesa Olga, en pleno ataque de epilepsia, provocada por "el cácaro". Cardoza y Aragón admiraba esta soltura, esta suavidad en la prosa de Reyes, y lo expresó así: "Cómo sabe catar y descubrir las obras del genio y del ingenio del hombre. Cómo sabe su voz del gozo de las criaturas y las cosas. Sorpresa y azoro, inéditos sentidos y siempre una sonrisa sobre la gravedad de las bibliotecas" (14). Y siempre, también, una sonrisa frente a la seriedad de la pantalla. Atento al detalle, al humorismo callejero, recupera al tipo anónimo, al héroe –¿antihéroe?– popular que siempre tiene el ademán justo, la frase graciosa en el momento adecuado. Queda clara una cosa: Reyes se divierte cuando escribe, y eso se nota en estos textos en que describe a la Condesa Olga o al disgustado espectador que se marcha fastidiado y que, todavía hoy, como en 1916, nos hacen sonreír.

Reyes intercala su conocimiento literario tanto en las referencias a autores de importancia como en la misma definición poética del nuevo decir visual. En una afortunada línea, define al cine como "simbolización luminosa del movimiento" (210). Igualmente, al hablar del fenómeno Chaplin –o Charlot– escribe: "Pero es que Charlot es siempre Charlot: un nuevo tipo cómico que ya hemos comparado a Pierrot: una nueva creación que queda fijada para siempre *en el cielo estético de la pantalla* y aparece siempre semejante a sí mismo, en los varios episodios de la vida grotesca" (212, énfasis nuestro). Y ese "cielo estético de la pantalla" es digno del mayor poeta, y recuerda el gusto de Reyes por Mallarmé –uno de los personajes recurrentes en su obra– quien quería escribir el poema perfecto, en "el papel azul del cielo".[6]

Y detengámonos ante el texto que dedica a Chaplin, a quien define como un "nuevo ente mitológico", "héroe impertinente de la risa" (226), para ilustrar la destreza de su pluma, la economía verbal, y la atinada metáfora de que se vale para, en unas cuantas líneas, después de rastrear a Charlot por Madrid, relacionar el conocido juicio de Victor Hugo ante la aparición de *Las Flores del Mal* de Baudelaire, con la emergencia del cómico inglés. En "La creación de un mito", apunta:

Habíamos anunciado que Charlot, rebasando el campo del cinematógrafo, saldría a la vida tocado en nuevo tipo cómico tan consistente como Pierrot. Y ¿quién no recuerda el Charlot del Carnaval? ¿Quién no ha visto los Charlots que se vendían en la fiesta de San Juan? ¿Y en el teatro de variedades del Retiro, el Charlot del restaurante acrobático? ¿Y en el circo de Atocha, el excelente Charlot de los trapecios? ¿Y, en los toros, el Charlot torero? Y véase cómo, en distintas aplicaciones, se saca partido de cada uno de los atributos del nuevo ente mitológico, del sombrero y del bastoncillo, del traje y aun las botas. Por las calles, en las paredes, vemos Charlots toscamente pintados. Héroe impertinente de la risa, su recuerdo se asocia al de dos o tres gestos fundamentales; un saludo, un golpe y un salto. Chaplin ha logrado una de las invenciones más sutiles: ha inventado el *frisson nouveau*. Y ya para siempre, como emblema de la sensibilidad popular de nuestro tiempo, Charlot piruetea, piruetea "más serio que un enterrador". Señálese la hora para el día en que se reduzcan todos los espectáculos públicos (el circo, las "variedades") a evoluciones de temas, como se ha hecho ya con el teatro; señálese la hora en que Charlot aparece, primera influencia palmaria del cinematógrafo en la vida, imprimiendo de nuevo, diminuto temblor en el desarrollo de las cosas humanas.

Al igual que muchos, Reyes reconoció en Chaplin al primer clásico del cine y lo dejó claro. Vio en él a Pierrot y también lo siguió en sus emulaciones por todo Madrid, irrumpiendo en las diversas manifestaciones de cultura popular: en el carnaval, en la feria de San Juan, en el teatro de variedades del Retiro, en el circo de Atocha, en los toros… Charlot inunda las calles de Madrid, invade la cultura cotidiana, imponiendo su sello en la "sensibilidad popular", y Reyes lo persigue con fascinación.

Sin embargo y a pesar de sus grandes elogios para el saltimbanqui inglés, en otro ensayo, "Madrid y Barcelona", critica el mito que emergía y que desplazaba los tipos nacionales por los extranjeros: "Pero lamentamos que se siga tan de cerca a Charlot, cuando por la calle de Toledo se pueden hallar quince o veinte tipos nacionales tan aprovechables como aquél" (217). Es decir, la lucha por la colonización del imaginario de las masas ya estaba presente. Chaplin es uno de los primeros casos del "sistema de superestrellas", aunque Reyes sólo registra el fenómeno sin analizarlo más allá. Por otro lado, no podemos dejar de pensar en otro "ente mitológico" que apareció más tarde en las pantallas sonoras mexicanas: Mario

Moreno, "Cantinflas", quien no llegará a ocupar el sitio de Chaplin, pero que sí marcó a las audiencias hispanas.

La crítica cinematográfica de Reyes está salpicada de sabrosos guiños literarios así como de referencias mitológicas, lo que otorga a su prosa un refinamiento insólito. Las películas a las que se refiere yacen hoy en el pasado lejano o en los museos; los actores y las actrices que anuncia –a excepción de Chaplin– han sido en su mayoría olvidados y, sin embargo, la prosa sobre cine del regiomontano, es todavía legible, y posee la elegancia y encanto que caracteriza a sus mejores ensayos.

4.   Otro nivel de la crítica de Reyes es el análisis del elemento mecánico, técnico, que distingue al cine de otros géneros paralelos. Desde un principio, se refiere a una de las diferencias fundamentales entre el cine y el teatro, una de las aportaciones de la cámara: el primer plano o *close-up*:

> el cine nos es más cercano que el teatro; el espectáculo, prácticamente hablando, queda a la misma distancia de nuestros ojos que del objetivo de la cámara, y ésta puede llegar a una proximidad del objeto que, en el teatro, nunca se da. Aun en la vida diaria –poco ejercitados en la visión analítica de las cosas— escasas ocasiones tenemos de seguir, tan de cerca como en el cine, el movimiento de una llave en la cerradura o el de una mano que escribe. (211)

Por aquellos días, en América, el gran genio del cine mudo, David Wark Griffith, maravillaba a su auditorio con los *close-ups* de Mary Pickford y de Lilian Gish, amplificando la hermosura de sus rostros y descubriendo nuevas emociones artísticas que antes no se habían vivido. Reyes toma conciencia de que una nueva forma de *ver* se despliega en la pantalla. Al comentar la película "El féretro de cristal", apunta que existen diversos caminos para narrar:

> Hay dos formas de cinematógrafo, opuestas en apariencia, complementarias en el fondo: consiste la primera en el desarrollo rápido de un argumento rico en incidentes de todo género […]; se procura, por la segunda, el desenvolvimiento gradual y pausado de una acción relativamente sobria. (208)

¿Y acaso Reyes no está distinguiendo, desde un principio, el hoy llamado "cine de aventuras" –que caracteriza a la industria norteamericana–, en contraposición al "cine de arte" –vena que ha tomado gran parte del cine europeo? Y no solamente intuye estas dos escuelas cinematográficas, que más tarde serán claramente distintas, sino que se pasma ante la *morosidad* del cine contemplativo, "de arte", que permite vistas inusitadas al ojo humano:

> Casi puede decirse que, en estas cintas, el cine crea los moldes puros del movimiento o, por lo menos, nos enseña a percibirlos: el proceso de una mano que desarticula cuidadosamente las piezas de algún mecanismo primoroso, o que sigue con cautela, acariciándolo, el contorno de un mueble; la trayectoria misteriosa apenas trazada por los fanales, de dos autos que se persiguen en las tinieblas; todas cosas nuevas, que nuestros ojos descubren plácidamente.

Esta cercanía y amplificación, esta "visión analítica" que permiten las lentes cinematográficas distinguió al nuevo arte y fue fundamental en la contienda final en la que el cine –*malgré tout*– desplazó al teatro y se transformó en la práctica cultural colectiva más destacada del siglo xx. En uno de los postreros artículos publicados por *Fósforo*, "La última evolución del cine", vuelve a insistir en esa proximidad visual del discurso cinematográfico:

> La cercanía del cine –imposible en un escenario– permite sacar recursos mímicos inconcebibles hasta del más leve pestañeo; y la alucinación objetiva del cine, que tampoco puede igualar el teatro, logra producir relaciones sutilísimas de sensibilidad entre una fisonomía y un carácter. La fotografía cinematográfica –no según cuadros a la manera *pompier*, sino caprichosos y hasta inarmónicos: un cerrojo, dos manos lazadas que esconden un objeto, un brazo que sale de una cortina — ahorra una cantidad de explicaciones que la mímica teatral necesita como suplemento, en el mismo grado en el que las necesita la llamada música descriptiva. (232-33)

Reyes definía, así, uno de los elementos clave del lenguaje cinematográfico: esa calidad microscópica que lo distingue de todas las artes anteriores. Por lo tanto, su crítica no sólo se restringe al elemento literario, al *qué* de las películas que observa, sino que también incluye el formato técnico, mecánico, el *cómo*, irguiéndose como uno de los primeros en definir la lingüística visual que conforma la sintaxis cinematográfica.

5.   Y para ahondar en esta idea de sintaxis cinematográfica, del *cómo* narrar, de las formas discursivas del incipiente lenguaje que Reyes empieza a definir, hay que detenerse ante su análisis de los efectos especiales. Se realizó en la última reseña de *Fósforo*, titulada "La parábola de la flor". Reyes advierte que, como bien señala el crítico norteamericano Rob Wagner del *Saturday Evening Post*, el "subterfugio cinematográfico", es decir, los trucos ópticos, son más comunes de lo que se cree. Y en estas peripecias visuales se centra la magia del cine:

> Todos, en efecto, comprenden que una aparición o una desparición fantásticas, un gato que vuela, una estrella que se descuelga y rompe el telescopio de un sabio, o el derrumbamiento de la Torre Eiffel bajo el peso de una señora muy gorda, son engaños ópticos producidos por superposición de fotografías, empleo de espejos, interrupciones que permiten la sustitución de objetos, y demás maniobras análogas que alguna vez explicaremos. (233)

En 1917, Reyes se aleja de la crítica cinematográfica y deja sin explicar muchos de estos efectos que menciona. Otros asuntos lo urgían. El escritor mexicano prosigue su labor como diplomático.[7] Sin embargo, en este ensayo se detiene ante algunos trucos visuales que caracterizan al lenguaje del cine. El más conocido es, acaso, el de la rotación de inmensas multitudes que Cecil de Mille llevará, más tarde, al extremo, en lujosas superproducciones hollywoodenses. Reyes lo esclarece con brevedad: "En cuanto al procedimiento del 'Tío vivo', para hacer que treinta pobres diablos representen un ejército de varios centenares de hombres, no necesita explicación: los que salen por aquí vuelven a entrar por allá" (235). Otros efectos son más elaborados. Tras apuntar que los directores necesitan para sus películas, a veces, de la lluvia, y que ésta no acude al tiempo que se la evoca, explica: "El milagro se obtiene con los ventarrones producidos por abanicos eléctricos, con regaderas, mangas y otros instrumentos semejantes. La regla consiste en hacer bajo especie diminuta lo que después se presentará amplificado" (234).

Y estos secretos de los estudios cinematográficos, que hoy son del conocimiento común, deslumbraban entonces al público. Reyes también se refiere al arte del *camouflage*, de relevancia en aquellos días. "El *camouflage* que tal importancia ha adquirido durante la

Guerra, comenzó en el cine". Y señala que los directores son expertos en esas suertes: "Dar gato por liebre es su oficio. Estos señores son capaces de transformar una casita de madera, perdida en la horrible Omaha, en un poético castillo normando, con ayuda de dos o tres cucuruchos de papel".

Amante de la pequeña anécdota, Reyes ameniza la lectura con un par de entretenidas historias. Con respecto a la lluvia, anota: "Un día se trataba de presentar una lluvia y hubo que desistir y dejarlo para mayor ocasión. ¿Adivina el lector por qué? Porque empezó efectivamente a llover". Los llamados al lector por parte de Reyes son singulares. Le dan a su prosa un carácter conversacional que suaviza la lectura. Le otorgan *oralidad* a su discurso. Semejan sabrosas pláticas de sobremesa que invitan a relajarse y sonreír. Constituyen una de las finezas de su obra. El segundo relato es más elaborado, pero también lleno de simpatía:

> Otro día se trataba de presentar un banquete en una sala enorme.
> Pero el fracaso fue espantoso y hubo que rehacer la película. ¿La
> causa? Las habitaciones y salas del cine son, positivamente, lo
> que era el teatro para el gran dramaturgo: una habitación sin
> una pared –que es el hueco del telón. Más aún, porque a veces
> no tienen más que dos muros para formar un diedro, y
> frecuentemente sólo medio techo les basta. De otro modo, no se
> obtendría la iluminación necesaria. Para presentar, pues, el
> enorme festín, casi hubo que hacerlo al aire libre. Al director, por
> una debilidad de realista nato, se le ocurrió servir a sus artistas
> un verdadero banquete, sin subterfugio. Resultado: de todos los
> puntos de la tierra acudieron, movilizadas, las moscas. La mesa
> se llenó de moscas, y también las manos y las caras de los artistas.
> Desde ese día el director ordenó que en casos semejantes, se
> sirvieran manjares envenenados y, a ser posible, mortales desde
> lejos para las moscas. (234-35)

El cine no imita la realidad sino que la recrea. Y cuando quiere parecerse demasiado a ella, le juega bromas pesadas, como en esta historia. A Reyes le divierte esta capacidad de los estudios cinematográficos para proyectar tremendas tormentas en un vaso de agua. Nos cuenta:

> Otra vez había que presentar un ciclón que, arrasando una
> hacienda de Kansas, daba al traste con un campanario, arrancaba
> árboles de raíz, y arrastraba a las vacas hasta el Estado vecino. Y

todo se hizo dentro del estudio, sin alarmar a nadie ni dar parte a la policía. Los transeúntes no se percataron siquiera. La zona devastada no era mayor que el tapiz de la biblioteca. Las casas y vacas se compraron en la próxima juguetería; y el ciclón se produjo mediante dos ventiladores dispuestos en los ángulos, cuyas corrientes confluían en un punto. (235)

Este tipo de anécdotas fascinaba a Reyes y demuestra que, además de la erudición que poseía de humanista renacentista, también había en él un viejo cuentista medieval, que saboreaba el sentido oral de la literatura. Y hoy, que los debates de oralidad y literalidad abundan, la prosa de Reyes constituye un ejemplo en que ambas artes se confunden y se dan la mano. En su pequeña contribución al libro-homenaje que Bellas Artes publicó en 1981, Fuentes escribió: "A mí me enseñó que la cultura tenía una sonrisa…" (35). Y Fuentes, quien también escribió crítica cinematográfica bajo el seudónimo de *Fósforo*, no se equivocó. A casi un siglo de distancia, los ojos vivos y la cara regordeta de Reyes, sonríen con pícara luminosidad.

6. Reyes refiere uno de los primeros intentos de cine surrealista –*avant Dalí et Buñuel*– en que ya está contenido el *humeur*, la broma y el aparente caos del montaje. Se trata de un caso de "surrealismo involuntario", pero vale la pena consignarlo. En el mismo artículo, "Somnolencia", donde Reyes se refirió a la falta de nuevas películas y al espectador fastidiado que se marcha de la sala, termina con esta entretenida nota:

Porque hace falta una revolución. Alguna, en verdad, ha intentado cierto "cine" al aire libre, pero tomando la cosa por el lado humorístico. Cuentan que el director ha comprado y ha ajustado de cualquier modo varios pedazos de películas, de suerte que cuando un hombre levanta sobre el otro el puñal y el público espera un cruel desenlace, súbitamente aparece una pareja de amantes, destacado su perfil de palomas sobre un plateado fondo marino; cuando un potro desbocado va a arrojarse a un precipicio llevando consigo al raptor y la raptada, y esperáis ver rodar los cuerpos por los barrancos, aparece, improviso, un león recorriendo a grandes pasos su jaula, o un señor con el entrecejo fruncido meditando un crimen por telegrafía inalámbrica.
Y el público grita y patea. Y el director, que va y viene por entre sus víctimas con una envidiable serenidad, enfrenta a todos y dice: "¿Os parece poco por un real?" (225-26)

Y probablemente Buñuel, Dalí y el mismo André Breton, hubieran incluido en las filas surrealistas a este disparatado director.[8]

7. Estos ensayos sobre el séptimo arte poseen, además, un carácter visionario y profético. Al reseñar la aparición de ciertos documentales de "revistas científicas", Reyes lamenta que después de la guerra no se continuaran más, y apunta:

> ¿Cuándo veremos otra vez en el cine el cultivo de los crisantemos, la vida de la langosta y los perjuicios de las moscas? ¿A nadie se le ha ocurrido (¡oh, Fabre, gran poeta de Aviñón!) montar un laboratorio especial para presentar en el cine los amores de los alacranes y de las arañas, o la perseverancia del escarabajo sagrado? (227)

Al revisar y publicar estos escritos en 1955, apuntó en nota al pie de página: "Walt Disney realizó más tarde nuestro sueño, dando la vida del desierto". Y acaso hoy, ¿no es ésta la labor principal de *Animal Planet* o *Discovery Channel*, dos de los canales más populares de la televisión cultural?

La amplitud intelectual de Reyes le permitió ver en el cine la promesa de grandes logros que, en la actualidad, están a nuestro alcance en el hogar, con sólo apretar un botón. Por otro lado, dio libre vuelo a su imaginación creadora y soñó con la realización de una de sus novelas predilectas:

> Y, a propósito, ¡quién viera en el cine al hombre invisible de Wells, tal como éste lo concibió! Imagine el lector las escenas de robos y de combates; las plantas de los pies que se hacen ligeramente perceptibles con el polvo y el lodo de la calle; los días de lluvia, una forma humana transparente y brillante, como una fantástica pompa de jabón; el efecto de las escenas en que el hombre invisible se va despojando de sus vestiduras y disfraces, para escapar, desnudo, de sus perseguidores; el mendigo de quien logra apoderarse, y que resopla por esos caminos con su invisible fardo a cuestas; el gato desvanecido, cuyos ojos brillan en el espacio. Y, en fin, la lenta respiración del hombre invisible, a medida que la muerte va endureciendo las células de su organismo. (207)

Y de nuevo, en otra nota agregada al texto, anotó en 1950: "Mi anhelo se realizó años después".[9] Por otro lado, en su descripción de las diferentes escenas que imagina de la adaptación de la novela, notamos que Reyes ya ha captado la importancia de dos elementos fundamentales de la sintaxis visual: el *montaje* o *tempo* cinematográfico y el *suspense*.... Más tarde, cuando Sergei Eisenstein pase por México, Reyes escribirá sobre *Viva México*, la lamentablemente inconclusa película del soviético (véase "México en el cine: la obra de Eisenstein, perdida"). Siempre preocupado por las posibilidades del cine y sus adelantos, Reyes se ocupó, años más tarde, del *ralenti* o cámara lenta e incluso del "cine microscópico" o científico (véase "La estética de lo fluido").

Pero así como esos dos sueños cinematográficos de Reyes se cumplieron casi al pie de la letra, no sucedió lo mismo con otra célebre historia. Al reseñar una cinta sobre el Don Juan, acuden a su memoria las extensas lecturas del Siglo de Oro que lo acompañaban, y elabora lo que hoy se llama un "guion literario"; es decir, la descripción en prosa del relato que se va a narrar en la pantalla, un primer borrador, que después se desarrolla en tomas, planos y secuencias. Constituye, en verdad, un fascinante guion perfecto, la biografía en una nuez de un personaje que todavía hoy está en busca de director. Reyes señala, con prontitud, que la Comedia Española contiene innumerables dramas que podrían ser llevados a la pantalla. Y agrega:

> Y no sólo la literatura: la misma historia de la época pudiera dar asunto a más de una cinta brillantísima: pongamos que sea la vida y muerte del Conde de Villamediana, Correo Mayor de Su Majestad, caballero opulento, gallardo poeta gongorino lleno de epigramas contra los vicios de la corte, aunque en todos solía incurrir. Veámosle cuando la cabalgata en que –cuenta Góngora—, por no deslucir parándose a buscar un valioso brazalete que se le había caído al correr del caballo, prefiere perderlo y seguir galopando. Veámosle en la justa donde se presenta con un vestido bordado de reales de plata y la intencionada divisa que dice: "Mis amores son reales"; o en aquella corrida de toros en que, viéndole lancear, decía la Reina: "¡Qué bien pica el Conde!", y le contestaba el Rey: "Pica bien, pero muy alto". Imaginemos al Rey dudando entre la afición de Villamediana, a que le incita la Reina, y los celosos consejos del Conde-Duque de Olivares. Imaginémosle cuando, hallándose la Reina al balcón, viene por detrás a cubrirle los ojos con las manos, y ella, descuidada, exclama: "¡Estaos quieto, Conde!". Otra vez, hay función real en Aranjuez: se representa una Comedia de Villamediana y una de Lope de Vega. Villamediana,

a media función, incendia el teatro para salvar a la Reina en brazos y hurtarle el favor de tocar sus pies. Denúncialo un pajecillo que lo ha visto huir por el jardín, llevando el precioso fardo a cuestas. Y tres meses después, el Conde de Villamediana es herido por mano desconocida, al pasar en coche por la calle Mayor. "¡Jesús!" ¡Esto es hecho!", grita, y desenvaina todavía la espada al caer. (223-24)

¡Qué excelente historia y qué gracia tiene Reyes para narrarla! Lástima que él mismo no escribiera un cuento, una novela o hasta una pieza de teatro con el asunto que relata, y que todavía ningún cineasta la haya adaptado al cine. Y Reyes insiste en los verbos *ver* e *imaginar* que son claves para el discurso cinematográfico. Este ejemplo intertextual muestra, asimismo, la actualidad de su prosa: oralidad, don interdisciplinario, facilidad para conjugar elementos literarios y teatrales, un tono conversacional y de amena charla, recursos utilizados para la interpretación de una película. Y estos recursos constituyen, hoy en día, herramientas fundamentales para los estudios culturales.

En 1932, al referirse al cine sonoro, Reyes escribió: "La prueba de que el cine es un arte (todo se demuestra por referencia a la idea platónica) está en que no es posible tratar de cine sin filosofar sobre estética" ("Nota ..." 379). Y en esa lucha de hace casi un siglo, en la que se debatía la ambigüedad artística del cinematógrafo, si en verdad era arte o no, y si merecía llevar tal nombre, las tempranas prosas de *Fósforo* contribuyeron a ganar la batalla.

II

Parte de su obra aún está en la sombra. La revelación durará años. Su agudeza y precisión, como io hacen ya diferente para cada uno de nosotros, de manera semejante lo harán para las próximas generaciones. No sufre de un asentamiento general sobre su obra: es decir, está vivo en ella, y se le discute esto, se le celebra aquello. Y se le niega, se le regatea como a pocos. Tal falta de unanimidad en el juicio (la unanimidad es una forma de muerte) comprueba lo singular de su creación.

Luis Cardoza y Aragón (15)

Hasta aquí hemos indicado algunos de los rasgos que, a nuestro juicio, justifican la lectura contemporánea de la prosa de Reyes -en este caso, acerca del cine, pequeña parte de su obra-, y de su magia para entretenernos, aun desde la marginalidad de esos escasos textos. Ya Panabière sostuvo la tesis de que los artículos de *Fósforo* no son de corte "menor", y que más bien Reyes fue "precursor" y "abridor de caminos" (8) en el género de la teoría y la crítica cinematográfica. Tesis que compartimos y a la que tratamos de contribuir. Sin embargo, surge de nuevo la *otra* pregunta: ¿por qué esa fama parcial, a pesar de la "sencilla complejidad" de su prosa? ¿Por qué esa calidad de escritor para escritores, de ensayos para iniciados? ¿Por qué, en pocas palabras, no se le lee más y se le incluye poco en el *curriculum* universitario?

Quisiera incluir, en esta discusión, la opinión de varios autores que han tratado de desentrañar el misterio. Carlos Monsiváis, en "Las utopías de Alfonso Reyes", aporta una distinción útil en la que coincide con Cardoza y Aragón. Las opiniones acerca de Reyes se inclinan en dos direcciones: una "idolátrica" (Monsiváis 71) que es entusiasta y lo define así: "Sin don Alfonso, la literatura mexicana sería media literatura", frase que Cardoza y Aragón atribuye a Octavio Paz (16); la otra, "funeraria', igualmente lacónica, y que Julio Cortázar resumió de manera rotunda, al señalar que para "nosotros, los hijos del Che Guevara" (Cardoza 23), la época de Reyes y las figuras totales, ha terminado o está a punto de morir: "Erasmo mexicano, hermano viejo, Alfonso Reyes, muerto de veras, oh señor de las letras, en tu tan muerto tiempo" (Monsiváis 71). Lo cierto es que los dos extremos son discutibles; hay que internarse en la controversia y analizarla.

1. El más célebre elogio proviene, quizás, de una entrevista hecha a Jorge Luis Borges por la revista *Life (en español)*, el 11 de marzo de 1968. Es elocuente y en boca de Borges, adquiere doble peso:

> Decía que para mí el mejor prosista de la lengua española de este y del otro lado del Atlántico sigue siendo el mexicano Alfonso Reyes. Tengo recuerdos muy gratos de su amistad, de su bondad, y no sé si se le recuerda como debería recordársele. Para mí fue un escritor ejemplar, y su obra, una gran obra. Suponiendo lo más triste, que no perdurara nada de ella, cosa que no creo, siempre perdurará el ejercicio de la prosa. Si tuviera que decir quién ha manejado mejor la prosa española, sin excluir a los clásicos, yo diría inmediatamente: Alfonso Reyes. La obra de

Reyes es importante, no sólo para México sino para América, y debería serlo para España también. Su prosa es elegante, económica, y al mismo tiempo llena de matices, de ironía y de sentimiento. Hay como una especie de *understatement* en la prosa de Reyes. Es decir, al leer una página que parece fría, se nota de pronto que debajo hay algo muy sensible, que el autor siente, y quizás sufre, pero que no quiere mostrarlo. No sé qué se piensa de él. Creo que se le ha echado en cara el hecho de que no se ocupara exclusivamente o continuamente de temas mexicanos, aunque escribió mucho sobre México; y no se le ha perdonado que haya sido traductor de *La Iliada* y de *La Odisea*. Lo cierto es que después de Reyes uno tiene que escribir el español de un modo distinto. Reyes era un escritor muy cosmopolita que había profundizado en varias culturas (citado en Morales XI-XII).

"El ejercicio de la prosa" o la prosa en su más alta expresión. Elegante, concisa, matizada. Reyes colaboró para que el ensayo se constituyera como género literario en sí, cualidad que comparte con Montaigne, con Chesterton, con Calvino, para nombrar ejemplos de otras literaturas. Y por qué no decirlo, con el mismo Borges. Aunque muy diferentes, son dos de los autores más deleitables de la prosa en castellano del siglo xx. La misma evolución de la escritura del argentino es prueba de sus palabras. José Emilio Pacheco ha mencionado la influencia:

> los cuentos de *El plano oblicuo* –excepto el primero, "La cena"– son relatos-ensayo que, sin alcanzar su maestría, se acercan a los que Borges hará a partir de 1939. Es decir, diez años más tarde de que su amistad en Buenos Aires con Reyes y Henríquez Ureña lo lleva a explorar las nuevas posibilidades de la ficción, y a simplificar y refinar la prosa de sus años juveniles. ("Alfonso Reyes..." 24).

Y Borges mismo confirma esta intuición de Pacheco, cuando le refiere a Emir Rodríguez Monegal: "Pienso en Reyes como el más fino estilista de la prosa española de nuestro siglo. En materia de escritura, aprendí mucho de él en cuanto a sinceridad y simplicidad" ("Alfonso Reyes..." 343).

Afortunadamente, ya se ha empezado a explorar esta amistad con más atención (véase Barili). Lo notable es el cambio que se nota entre los desplantes juveniles de Borges –su poesía maximalista, su ultraísmo urbano, su vocabulario de "compadrito"– en comparación con "el álgebra y el fuego" de sus escritos a partir de los años treinta.[10] Reyes, Henríquez Ureña y Groussac, tres grandes maestros, tres grandes prosistas, habían calado en él.

Y los elogios de Borges a Reyes no son circunstanciales. En otra entrevista que concedió en 1973, al recibir precisamente el premio "Alfonso Reyes", elaboró más sus ideas sobre las aportaciones de la prosa de Reyes al castellano:

> Reyes ha sido uno de los mayores escritores de las diversas literaturas, cuyo instrumento es la lengua española. Porque si el modernismo –y aquí podemos pensar en Darío, el Lugones, en Jaimes Freyre, en otros– renovó el lenguaje de la poesía, la prosa no fue del todo renovada por el modernismo. Si bien hubo un admirable precursor, Paul Groussac. Paul Groussac escribía una prosa a la manera de Flaubert, cuando en España la gente trataba de remedar a los clásicos o buscaba lo más deleznable de la tradición, es decir los refranes. De modo que o trataban de ser pomposos, o acudían al refranero de Sancho Panza. Groussac escribió una prosa elegante, económica, severa, pero la prosa de Groussac adolece todavía de ciertos adornos que ahora nos parecen superfluos. En cambio creo que Reyes ha escrito la prosa más admirable de la lengua castellana. ("Cómo ..." 49)

Reyes renueva la prosa como Darío lo hizo con la poesía. Ese es el parangón que Borges establece, y en el que meditó e insistió en varias ocasiones. Y el lector se puede referir al primer libro de Reyes, *Cuestiones estéticas*, publicado en 1911, a los veintidós años, y compararlo con los efluvios verbales de los modernistas de la época. Asimismo, señalemos que contaba con veintiséis años cuando escribió las prosas de *Fósforo* que analizamos. Es decir, su prosa nace madura, cualidad de la que pocos escritores se pueden jactar.

Por otro lado, es posible que Reyes influyera, también, en los ensayos sobre cine de Borges, ya que ambos compartieron esa afición por la pantalla, y *Fósforo* bien pudo haber aconsejado al joven ultraísta que practicara la crítica cinematográfica, de la que éste dejó excelentes muestras (véase Cozarinsky). El escritor argentino relata esa amistad cinéfila:

> Todos los recuerdos que tengo de Alfonso Reyes son gratos. Recuerdo que le gustaba mucho el cinematógrafo: una vez discutimos una película con él y él compartía mi devoción por aquellas películas dirigidas por Josef von Sternberg en que trabajaba Fred Kellar y George von Kraft y él dijo que no había

películas malas, que en toda película siempre había algo que interesaba: un rostro que se entrevé, una puerta que se abre, una sombra... A él le bastaba con eso y esto era debido a su imaginación. Él enriquecía la conversación. Uno le decía algo y ese algo que uno le decía iba ramificándose en la imaginación de Reyes.

Y la prosa de Reyes también posee las cualidades de su conversación: infinita curiosidad, regodeo por el detalle y, como añade Borges, esa cualidad filosófica para ramificar cualquier asunto mediante la imaginación y transportarlo hacia lugares más elevados.

2. En cuanto a las acusaciones que tildan a Reyes de "apátrida", "descastado", "extranjerizante", se esgrimieron contra el regiomontano principalmente a partir de los años treinta, época marcada por el fervor posrevolucionario y un nacionalismo efervescente. Cardoza y Aragón lo defendió, en el homenaje de 1981, con pasión:

> A mí me parece majadería, rupestre charlatanería, imperdonable hace mucho tiempo, la discusión sobre lo mexicano de su obra. Sus cimientos son de pirámide y su vuelo es solar. No puedo permitirme la debilidad de detenerme en este punto ¡Qué idea de lo mexicano, del hombre, es preciso tener para salpicar con tal pretexto sus tezontles, sus granitos y sus mármoles! ¿Quién se le compara en la historia de la literatura mexicana por la amplitud de su vuelo? (13)

Difícil defender la tesis de que no escribió más sobre México. Cómo evadir los capítulos sobre literatura del siglo XIX, los estudios sobre letras de la Nueva España, su *Visión de Anáhuac*, los ensayos sobre Juan Ruiz de Alarcón, sobre fray Servando Teresa de Mier –otro regiomontano–, el libro sobre Amado Nervo, su "México en una nuez", entre tantas otras páginas. Reyes, como muchos en el exilio, llevaba la x en la frente. Nos incluyó en "el banquete de la civilización", para usar de sus propias palabras, y demostró que para ser universal no se necesita dejar de ser mexicano. Hoy, los escritores-nietos de Reyes vivimos esa realidad, aunque sea como hermosa metáfora o justificación consoladora.

Su "amplitud de vuelo" fue continental y transcontinental. Fue global y cosmopolita, y México fue su punto de partida. Cardoza y

Aragón lo dice mejor: "Ninguna cultura le fue extraña. Por todas partes se sintió en casa, porque estaba enraizado en la suya" (15).

Con respecto a su posición "apolítica", bastaría recordar la fundación de *La Casa de España* –hoy *Colegio de México*– y la calidad de intelectuales que llegaron al país: León Felipe, José Bergamín, Luis Cernuda, José Gaos, Concha Méndez, Manuel Altolaguirre, José Moreno Villa, por sólo mencionar unos cuantos. Reyes puso la carne en el asador, como se dice cotidianamente, por sus amigos, por quienes le habían abierto las puertas en España veinte años antes. Y por otros a quienes no conocía. Se dirigió al entonces presidente de la república, el general Lázaro Cárdenas, para que México los recibiera. Y eso también es *política*. Y habla de su generosidad, su gratitud, y su cultivo de la inteligencia y la amistad.

Su actitud coincidió con lo que ocurría en el país, que pasó de la época de los generales a la de los licenciados; es decir, de ser una sociedad dirigida por la hegemonía militar (como su propio padre, acribillado durante la Decena Trágica de 1913), a la de ser gobernados por la hegemonía político-legal. Reyes *sí* actuó políticamente, pero prefirió el ejercicio de la cultura al de la metralla, el de las bibliotecas al de la calle. No enarboló la bandera socialista, pero defendió, de manera personal, a escritores y artistas que lo necesitaban. ¿Cómo olvidar su apoyo a los Contemporáneos, en una época de nacionalismo tan recalcitrante y chauvinista? ¿Cómo no recordar la polémica con Héctor Pérez Martínez sobre nacionalismo, en el ensayo "A vuelta de correo", donde defendió admirablemente su postura?

De acuerdo con Monsiváis, el proyecto de Reyes incluía "a la conciencia civilizadora y a la presencia de la moral" (78). Acaso, en aquellos años se requería más, pero Reyes ofreció la concordia. "Ese fue su alegato. O la función unificadora de la cultura o... y él aquí se calla" (78). Y entonces se aisló. Y regresó a los libros. Cardoza y Aragón parece encontrar la causa de esta actitud mediadora, siempre conciliadora:

> Conjeturo que Reyes, como su maestro Goethe, prefirió la injusticia al desorden. Amó la libertad y la verdad, pero no conoció esa gran virtud: la indignación. Escribió con tinta, casi nunca con sangre. En su concha de caracol, su biblioteca, vivió plácidamente. Lo persiguieron sólo las erratas. (17)

Con menos poesía, Monsiváis también propone que Reyes cifró su actividad política en esta posición clasicista –¿clasista?–, esa función civilizadora del intelectual. Rastrea lo que llama "el sueño civil" de Reyes (75), y señala que "se propuso ser un estadista de la educación del espíritu, quien establece pactos perdurables con la difusión de la cultura, y confía en el perfeccionamiento de la minoría ilustrada, cuyo desarrollo moral garantizará el de la colectividad entera" (74). Es decir, los escritores como "antenas de la raza" dirigen la cultura y educan al espíritu de la colectividad. Posición conservadora, si se quiere, pero Reyes nunca fingió tener otra que la de su escritura, sin más arma que la inteligencia y la pluma. En este sentido, Carlos Fuentes lo defiende:

> El compromiso del escritor, para hablar en términos sartrianos, es con el lenguaje y la imaginación. Lo demás es ciudadanía, acción ciudadana, que está muy bien. Hay quienes la ejercen, hay quienes no la ejercen y yo no critico a nadie que la ejerza o deje de ejercerla. Y Reyes no ejerció una acción ciudadana, pero ejerció una acción política y social profunda en el sentido de su extraordinaria aportación al lenguaje y a la imaginación que, después de todo, es lo privativo del escritor. ("Carlos Fuentes recuerda ..." 39)

Y Fuentes se está refiriendo a una cosa esencial: el escritor, al escribir bien, también colabora *políticamente* con el espíritu de la lengua. En palabras de Mallarmé, se trata de "purifier les mots de la tribu". O con una lacónica recomendación del mismo Reyes: "Aconseja menos y haz libros buenos" ("A vuelta ..." 58).

Cuando a Sartre, el gran filósofo político, el Voltaire de la posguerra –como lo definió de Gaulle–, le preguntaron quién era, en su opinión, el escritor más comprometido –*engagé*– se refirió (para sorpresa de todos) a Mallarmé. Contaba que el poeta simbolista se dirigía, en sus momentos de depresión, a uno de los puentes del Sena –"río de cerezas"– y se asomaba hacia sus tristes aguas. Pensaba que nada valía la pena y lo rondaba la idea del suicidio. Pero lo que lo salvó, cada vez que el espíritu de la muerte se le acercó, fue la conciencia de su obra, "el poema" que tenía que escribir. Y entonces volvía a su casa. Y se ponía a escribir. Y Sartre admiraba ese compromiso más que las posturas ideológicas de sus contemporáneos. Coincidencias azarosas, Mallarmé, tan distante del estilo de Reyes, fue uno de los poetas que más estudió a lo largo de su vida.

Y para ver hasta qué extremo encarnó Reyes su compromiso con la escritura, citemos otra anécdota que Fuentes refiere en esa entrevista que concedió en Buenos Aires. Por razones cardíacas, Reyes vivía en Cuernavaca –"dulce retiro"– en una pequeña casita rodeado de "un prodigioso jardín tropical" (34). Fuentes lo visitaba para acompañarlo:

> Le habían rentado esa casita, o se la habían dado a Reyes. Claro, yo me iba a veces de parranda, tenía diecisiete o dieciocho años, y llegaba a las cinco de la mañana y había una lucecita prendida en la biblioteca y era Reyes escribiendo. De modo que yo llegaba de las parrandas y Reyes ya estaba escribiendo, como un gnomo de cuentos de hadas ahí estaba. Y yo le decía: "Don Alfonso, ¿cómo está usted escribiendo a las cinco de la mañana?" Y me contestaba: "Sí, porque yo sigo la lección de Goethe". "¿Y cuál es la lección de Goethe?" "Levantarse temprano y quitarle la crema al día, escribir entre cinco y siete, y luego tener tiempo para otros intereses: política, diplomacia, la intriga de la corte de Weimar, mineralogía, teoría de los colores y seducir camareras".
> Y la *economía política del espíritu* –que también la hay– tiene sus reglas de intercambio, y la moneda es el sacrificio. Y los que saben dicen que los dioses sólo se ocupan de los hombres que se levantan con ellos: al alba. Después ya no tienen tiempo. Empieza la burocracia celeste de oraciones, prebendas e indulgencias. Y entre las leyendas que existen alrededor de Alfonso Reyes (q.e.p.d.) está la que cuenta que el día de su muerte, el 27 de diciembre de 1959, se levantó a las cinco de la mañana…a escribir. Y eso fue parte de su política ante Dios. Amén. ("Carlos Fuentes recuerda ..." 34)

Hasta aquí, se podría justificar a Reyes y ver el lado positivo de su vida, de su política cultural, de su escritura comprometida, y referirse a la circunferencia total que Borges le adscribe, en comparación al perímetro parcial, al arco otorgado a otros escritores y, con la prosa mágica de Cardoza y Aragón, concluir: "Es un cosmos, esférico y blanco, lleno de vida y consecuencias como un huevo" (14).

3. Pero acerca de la esfera de Reyes existen discrepancias. Hay que acercarse a algunas. En el mencionado artículo, Monsiváis marca ya ciertas objeciones a ese juicio orondo, a su redondez:

Reyes quiso asirse de lo nacional no como orientación intelectual sino como principio de entendimiento de la realidad, y se le opuso el autoritarismo. Él quiso hacer las veces de puente entre Occidente y México y algo consiguió pese a la desmesura del intento, pero Occidente (lo que él creía que era) apenas lo percibió. Él quiso ser un ejemplo y se convirtió en un tótem. Él quiso ser leído y se convirtió en la publicación de sus obras completas en un mausoleo arduo de transitar para el lector común que somos todos. (79)

Aunque deja abierta esta crítica –que se encargará de profundizar José Joaquín Blanco y a la que nos vamos a referir–, Monsiváis salva a Reyes por la lucidez de su escritura: "En su caso, la prosa es proposición civilizadora en sí misma. La idea de Valéry que cita Cardoza: 'La sintaxis es un don del alma' en Reyes se vuelve una incorporación del lector, donde la claridad expresiva es función ciudadana" (79). Finalmente, Monsiváis coincide con Borges, y la prosa de Reyes se convierte en "proposición civilizadora", "función ciudadana", trasciende cualquier crítica política, y vuelve a caer de pie.[11]

José Joaquín Blanco, por su parte, va más allá en el análisis. Le debemos, quizás, el artículo más virulento que se haya escrito contra Reyes. En "Alfonso Reyes: el desquite de la vida", revisó el tomo veintidós de sus *Obras completas*. Desde un principio, critica al "tótem" en que se le ha convertido y al mamotreto universal que fue su legado: "El Fondo de Cultura Económica se está tardando en editar las *Obras completas* de Alfonso Reyes más tiempo del que a éste le llevó escribirlas" (141). Blanco despotrica contra la editorial encargada de tamaña publicación, y establece con sarcasmo:

Es curiosa esa lentitud: la mayor parte de los más de ciento cincuenta libros de Reyes son pura invención editorial; recopilaciones indiscriminadas de todo tipo de papeles–uno extraña que se les haya escapado alguna nota de consumo de restaurante, alguna nota de tintorería–: volúmenes cuyo verdadero autor es el encuadernador y cuyo real destino es permanecer sin ser leídas, en desiertos anaqueles oficiales o académicos. Pocas veces se ha hecho una empresa tan majestuosa para un público tan inexistente, y no porque todo el material sea ilegible o haya perdido interés, sino por la extravagancia en sí de tal empresa (142).[12]

Indudablemente, la ironía de Blanco, tan necesaria en la literatura mexicana de los últimos veinticinco años, desenmascara una realidad: el mismo Reyes, al oficializar su obra, trabajó en contra de su lectura. Él impulsó la edición de los primeros tomos y organizó la desaforada tarea de publicar su archivo completo. Blanco afirma con acidez:

> La culpa de semejante barbaridad literaria y editorial es del propio Reyes, que diseñó en el único acto de su tan detestada *hybris* - aunque, en su caso, una *hybris* senil- el plan suicida de su monumento a la ilegibilidad. Planeó no una *Obras completas* sino un faraónico expediente completo. (142)

Reyes vivió sus últimos años rodeado de libros, erigiendo su Capilla Alfonsina y dirigiendo su testamento cultural. Sobre la biblioteca y la manía archivista de Reyes, contamos con dos anécdotas que Elena Poniatowska refiere: la primera, *literaria*, cuenta que,

> Jules Romains está convencido de que la casa de Alfonso Reyes es precisamente esta enorme bibilioteca "de la que cuelgan tímidamente pequeñas recámaras" y Mariano Picón Salas pretende que la arquitectura de esa misma biblioteca es comparable "a una piscina de varios y riesgosos trampolines, porque Alfonso Reyes es un continuo Odiseo". (58)

La segunda, más *patética*, constituye el colmo del desmesurado proyecto alfonsino, y expone las consecuencias de esa manía por los "sistemas archivológicos" que pasmaron a Poniatowska cuando lo entrevistó:

> A tal punto impresionan los sistemas archivológicos de don Alfonso, que su fiel criada, según averiguó un día Manuelita, guardaba en su cuarto uno de esos cajones de jabón y lo tenía lleno de papeles. En la parte de afuera del cajón había escrito un letrero: "Papeles rotos del escritor Alfonso Reyes". Resulta que al hacer la limpieza, junto al escritorio, la criada recogía con devoción las cuartillas desechadas que había en el cesto, y ella las desarrugaba con todo cuidado y después las ordenaba (59).[13]

Por eso, el artículo de Blanco es saludable. Expresa la opinión de quien no cree en las "vacas sagradas" de la literatura y lo expone con inteligencia, gracia y sin ambajes. En esta crítica, Blanco toca fibras nerviosas que pocos autores se han atrevido a rozar:

> Al recopilar todo su papelerío, Reyes se hizo a sí mismo una injusticia: la de aguadar sus obras sólidas con la mezcla de muchos apuntes, conferencias, discursos, salutaciones, adulaciones, banalidades, venalidades, cartas y resúmenes para provecho propio o de sus alumnos. Un sesenta por ciento de las *Obras completas* son puro lastre… (142)

Esta innecesaria publicación de *toda* su obra ya había sido señalada, desde 1956, por Jorge Mañach. Al celebrarse el cincuentenario del trabajo literario de Reyes, Mañach, con muchos tientos, al mencionar los más de cien libros de la obra de Reyes escribió: "Los más son recolecciones de esfuerzo menor […] Junto a la enorme fecundidad de Reyes, advertimos cierta prodigalidad editorial. Todo mundo sabe que es un diligentísimo *salvador* de sus propios textos" (224). Pero Mañach lo considera acierto y lo justifica: "La chispa es tan fuego como la llama" (225). Acaso porque Reyes todavía vivía. Blanco, por su parte, ve en esa "fecundidad" y en esa "prodigalidad" un lastre literario, los cimientos de una "estatuota" oficial.

El texto de Blanco presenta la mejor caricatura literaria que se ha escrito de Reyes, y bien podría encontrarse entre las *Crónicas de Bustos Domecq* o traer la firma de César Paladión. En cierto momento, compara las "interminables *Obras completas*" de Reyes con las "aplastantes *Obras completas* –¿sobras completas?– de Ortega y Gasset" (145), y encuentra en ambas, "un abuso hemerográfico, un aluvión de recortes periodísticos envejecidos" (145), y otros defectos semejantes. Asimismo, en una estupenda parodia de la cortesía literaria del "maestro universal", vuelve a arremeter contra don Alfonso:

> Sus comentarios de lectura, siempre atenidos al prejuicio del justo medio, la prudencia, la buena conducta, el pórtese-usted-bien, el váyase-a-lavar-las-manos, el salude-a-las-visitas-primero, y demás zarandejas de repartidor de bombones en una fiesta de fin de cursos, que convierte a cada autor en un alumno que don Ponchito bendice o coscorronea, no siempre son desatendibles; tarde, muy tarde, y a disgusto, muy a disgusto, tuvo que reconocer que ahí estaba Ramón López Velarde, en "Croquis en papel de fumar". (147)

Blanco le asesta otro golpe a Reyes cuando advierte que, a regañadientes, admitió que el mejor poeta de su generación, ubicada entre el modernismo y el vanguardismo, fue el jerezano Ramón López Velarde, quien murió muchos años antes que él, pero que –¡ironías de la literatura!– consiguió su entrada a la fama con tres pequeños libros de poesía, una *Suave Patria*, y unas cuantas prosas memorables. "Non multa sed multum", que diría el proverbio de Plinio. No quisiéramos dejar la crítica contra Reyes en una suerte de malabarismo verbal, irónico y sarcástico, del que Blanco es maestro. Así, para ejemplificar sus argumentos, el crítico –¿cítrico?– mexicano lo tilda de "El-Sabelotodo-Universal-en-Cuartilla-y-Media" y tras afirmar: "No desconoce la adulación del jilguerillo, oficial o privado, desde la jaula de oro de la academia" (145), cita un desliz del regiomontano:

> Para eso [para el triunfo del Espíritu] se nos dio la iniciativa y, como dicen los teólogos, el albedrío. Señores de la Compañía Fundidora de Hierro y Acero de Monterrey: vuestras fraguas están cantando el himno de las libertades humanas.

Y si este discurso empresarial está bien construido retóricamente, hubiera sido mejor no publicarlo, como pide a gritos el lector. En verdad, la voz de Reyes no le agrada a José Joaquín Blanco y él mismo declara que prefiere a Guzmán y a Vasconcelos (146). Por otro lado, la iconoclasta crítica contra Reyes del *enfant terrible* de la crítica mexicana, ya la había esbozado Cardoza y Aragón, aunque de otra manera:

> Las estatuotas gubernamentales no son el camino. Devienen miniaturas. Cuanto más grandes. Los escritores disecados resisten como Atlas el peso de ese mundo distinto y distante. Lo pésimo que cabe sufrir a un escritor, a un artista resignado, es tornarse académico y ser absorbido, como huevo crudo, por el tartufismo del establecimiento.
> ¿Hay idiotez mayor que ser el poeta o el pintor oficial de un país? (25)

Asimismo, Cardoza y Aragón también señala que es ardua tarea corregir una página de Reyes, no así una de Vasconcelos, "pero la de éste suele tener, aún con sus imperfecciones, más agonía" (29). En el fondo, late una idea esencial: hay *escritores-protagonistas* y *escritores-agonistas*, aunque todo escritor puede pasar por ambas facetas a lo largo de una vida. A Blanco, podríamos sugerir, lo atraen los "agonistas", los que escriben "con sangre", y las medias tintas de Alfonso Reyes, por más bellas y pulidas que sean, no llegan a complacerlo.

4. De manera tangencial, José Emilio Pacheco también colabora en esta discusión. En su poema "Lives of the poets" escribe:

> En la poesía no hay final feliz
> Los poetas acaban
> viviendo su locura
> Luego descuartizados como reses
> (sucedió con Darío)
> O bien los apedrean y terminan
> arrojándose al mar
> o con cristales de cianuro en la boca
> O muertos de alcoholismo
> drogadicción miseria
> O lo que es peor
> poetas oficiales
> amargos pobladores de un sarcófago
> llamado Obras completas (*Tarde o temprano* 142)

5. Desde otro ángulo, Hugo Hiriart en "Alfonso Reyes. El centro y el borde", se ocupó del tema de la fama parcial de Reyes, con intenciones de mediar el problema. Propone que la causa del misterio se halla en la disparidad entre forma y contenido, entre estilo y tema. Así, enuncia la siguiente premisa:

> Creo que todos estamos de acuerdo en que Reyes es un maestro de la cuartilla acerca de nada o acerca de lo que sea, que asombran la elegancia, discresión, ingenio, muchas lecturas, cortesía y civilización de sus delicadas obras maestras en el terreno de lo que podríamos llamar la nadería gloriosa o los éxtasis de la divagación. (55)

Hiriart acierta al hablar de esa perfección para combatir la página en blanco y llenarla con luminosas palabras y referencias, pero que tratan de nada –o de todo. Es decir, que son divagaciones, excusas para desplegar la escritura y elevarla a alturas insospechadas. Esto equivale al "ejercicio de la prosa" del que Borges hablaba o al arte de "lo mínimo-intenso", según lo definió Mañach (226). Nadie, asevera Hiriart, puede negar esa excelencia. No obstante, la facilidad para la esgrima literaria puede ser nociva. Hiriart subraya el otro lado de la moneda:

> Pero a la vez no estamos todos de acuerdo en la percepción de que esa facilidad para la prestidigitación literaria pudo, a fin de cuentas, serle gravosa o prejudicial o dañina al maestro; que su situación acabó siendo la de un artista cazado y guardado en una jaula por su propio genio literario. (55)

Es decir, el virtuosismo literario de Reyes fue, de acuerdo con Hiriart, una desventaja. En consecuencia, apunta, se lee al regiomontano con avidez, con placer, con sorpresa y, sin embargo, al tener que recomendárselo a alguien, al proponerle que título debe leer, al intentar transmitir el entusiasmo que despide su prosa, no se encuentra, entre las miles de páginas publicadas, un libro que lo contenga todo, que lo cifre. De allí, quizás, la obsesión de Reyes por publicar toda la obra, reunir el conjunto total, porque no existe "el libro" donde se encuentre sintetizado lo maravilloso que él fue. Y acaso Hiriart tenga razón. Con dificultad, hasta con cierta pena, aclara lo que hay detrás de su hipótesis:

> Lo que estamos diciendo es que la puerta de la fama es estrecha y nadie puede pasar por ella con sus obras completas. Insobornables son los vistas aduanales y no es posible abrir un boquete en el muro de "no perdurarán". Los guardas, de este lado, exigen: "no pasa todo, así que vaya dejando".
> Y este es el problema: no hay ningún trabajo que recoja entero a Reyes, que sea una indiscutible obra maestra personal e intransferible. (56)

Y si José Joaquín Blanco se queja del "faraónico" intento alfonsino por sacar a luz la obra completa, Hiriart afina la crítica y esclarece que, el problema no está en publicar todo, sino que en ninguno de los ciento cincuenta –¿o más?– libros se le encuentra total, en forma entera e indiscutible.

Hiriart insiste en que Reyes fue cautivo de su propio estilo. Y cita dos ejemplos. En la *Oración del 9 de febrero*, en que Reyes refiere el día más trágico de su vida, la muerte de su padre, el general Bernardo Reyes, no llega a decirlo todo. "El estilo estorba", señala Hiriart (58), y Reyes pierde la oportunidad de vertirse sobre su propia tragedia, de entregarnos lo más profundo de su ser. No logra volverse único e inconfundible, como Vasconcelos –un escritor mucho más disparejo que Reyes– en el *Ulises criollo* que, para Hiriart "si recoge enteramente al autor". El otro texto con el que ejemplifica su tesis es *El deslinde*, libro en el que Reyes tampoco logra consumar la unidad.

> Creo que don Alfonso, pese a todo, no era un buen profesor. Por un lado, sirve a dos amos: el alumno y la genialidad verbal. No sabe sacrificarlo todo a la humildad didáctica. Por otro lado, está el frenesí clasificatorio donde se trasluce el hijo de la Preparatoria positivista. Procede como un botánico, la lupa en la mano, y esas llaves interminables, inciso A, subinciso C que, bajo su apariencia pedagógica, hacen pesada la lectura. (59-60)

Al final, escribe Hiriart, *El deslinde* se convierte, y sobrevive, por ser lo que no quería ser: "un conjunto de divagaciones dispersas que se leen con mucho gusto" (60). Y Reyes se queda sin la obra que lo defina, a pesar de su "nadería maravillosa" (58). Hiriart lo expresa con lucidez:

> Reyes no logró ese libro, ese acto de magia sintética que concentra el universo entero en el pulso de un individuo único e irrepetible. Qué angustia, él que era el más dotado. El genio de Reyes, digamos de una vez la palabra, está desperdigado. *Disjecta membra* de un talento incomparable. "...la Providencia que administra lo pródigo y lo parco nos dio a algunos el sector o el arco, pero a ti la total circunferencia..." Sí, en efecto, es cierto lo que dice Borges. Una circunferencia, la total circunferencia, pero sin centro, una imposible construcción geométrica: la circunferencia acéntrica. (57)

Y quizás Hugo Hiriart toca el fondo del asunto. Parece que le cuesta escribirlo, que hay dolor en este texto. Y sus palabras, como una flecha que apunta al mero corazón del enigma, qudan vibrando en el aire…

Y esta visión "funeraria" de Reyes, ya la había señalado Cardoza y Aragón con maestría:

> Hoy poco se lee a Reyes, repentinamente remoto para la generación más joven [...] La indiferencia llega al punto de no discutirlo. ¿Qué no envejece? Envejece hasta el tiempo. No existen cosas eternas, obras inmortales. Con el tiempo se nos van muriendo los muertos. (16)

III

Hemos contrastado dos posiciones sobre la obra a Reyes, una positiva y sumamente elogiosa y la otra crítica y negativa. Creemos que son representativas. Se han escrito más volúmenes sobre Reyes que los que él mismo escribió. Víctor Díaz Arciniega ennumeró los múltiples homenajes y ediciones que se le han dedicado (*Voces* 8-9). Sin embargo, elegimos algunos de los ensayos que más interesan, por referirse a fibras nerviosas díficiles de tratar cuando nos acercamos a su prosa. ¿Cómo recuperar, entonces, a Reyes? ¿Qué salvar de su obra? ¿Qué perdura de ella? Se pueden establecer algunas conclusiones.

1. Para hacer justicia a su combativo ensayo, hay que señalar que José Joaquín Blanco, en medio de duros golpes al maestro Reyes y a su mamotreto llamado *Obras completas*, propone algunas certeras soluciones:

> Su obra es mucho, mucho menos valiosa e importante de lo que se dice, pero merece más atención de la que se le ha prestado; tiene derecho a más y mejores lectores, a más y mejores ediciones individuales de sus libros –de los más de ciento cincuenta títulos hechizos, hay unos veinte o treinta libros verdaderos, y unos diez (lo que en cualquier país y en cualquier época es un récord) de indiscutibles valor y vigencia: habrá que buscar sus mejores páginas en *Visión de Anáhuac, Las vísperas de España, Calendario, El plano oblicuo, El Cazador, Retratos reales e imaginarios, Simpatías y diferencias, Cuestiones estéticas, Cuestiones gongorinas, Constancia poética, Grata compañía, Pasado inmediato, Letras de Nueva España, La experiencia literaria, Los héroes, Junta de sombras, La afición de Grecia, Oración del 9 de febrero, Memoria a la facultad, Cuando creí morir*...Hay que independizar a estos libros valiosos de la piedra de molino de los tomotes de las *Obras completas;* cada uno viviría mejor por sí mismo, que aplastado por tan tremebunda colección. (142)

La lista de Blanco es, en sí, bastante generosa. Sucede que la espesura del bosque no deja ver la corteza de los árboles, y cada vez va siendo más díficil escoger qué hojas conservar, cada vez más abrumador y más complicado recoger la savia de Reyes. Es decir, separar lo perdurable entre veintiséis volúmenes de obra, constituye una empresa pantagruélica y hay que empezar. Individualizar, de nuevo, sus mejores libros sería una forma; la otra, establecer antologías por tema, revisar y volver a publicar las ya existentes (Perea, Patout, Rangel Guerra). Se pudiera pensar en una especie de Alfonso Reyes de bolsillo, *The Portable Alfonso Reyes*, a la manera de los sajones y americanos; es decir, lo indispensable de su obra, lo imprescindible, lo que no se puede evitar.[14] Los *readers* universitarios que ya se usan en la academia podrían ser una solución. Un *reader* de Reyes, con sus ensayos, poemas, algún cuento de calidad, sus retratos de personajes literarios, memorias, etc. En verdad, su obra da para muchas y variadas lecturas, y debe volver a las aulas universitarias.

Por otro lado, una de las cualidades de las *Obras completas* –que no todo puede ser malo– son sus "índices de autores", muy útiles en los trabajos de investigación universitaria o de posgrado. Búsquese a Sor Juana, a Voltaire, a Bismark, a Cortés, a Gracián, y a cientos más, a través de los índices en los veintiséis tomos, y se hallarán espléndidos comentarios, anécdotas, impresiones, e incluso artículos o tratados completos sobre múltiples temas y autores. La academia también tiene sus trucos y cuánto no le debe, por ejemplo, la obra de Borges a la Enciclopedia Británica. Es decir, las *Obras completas* de Reyes funcionan como una verdadera enciclopedia, como libros de referencia y de consulta en los anaqueles de cualquier biblioteca pública o privada. Pero, al fin, libros de referencia y no de lectura completa, o al menos no para todos.[15]

2. Con respecto a la crítica de Hiriart sobre la falta de un libro imprescindible, que cifre la presencia de Reyes, acaso haya acertado. No lo logró. Borges lo defiende comparándolo con un clásico:

> Quizás Alfonso Reyes no haya logrado la fama que merece porque a un escritor le conviene que se le vincule con un libro, aunque ese libro no sea el mejor de los suyos. El nombre de Goethe, por ejemplo, está unido al de Fausto, el de Cervantes al Quijote; Reyes está, como Quevedo, diseminado a través de toda su obra. Yo pienso ahora en *El deslinde* o en *Ifigenia cruel*, dos textos suyos admirables, pero creo que ninguno de esos libros es la cifra de Alfonso Reyes. ("Alfonso Reyes..." 343)

Si para Hiriart Reyes está *desperdigado*, para Borges está *diseminado*, y la comparación con Quevedo es más un elogio que una crítica ¿Diseminado o desperdigado? Y en la elección del vocablo justo se centra la polémica. Se puede argumentar, también, que la cifra de Quevedo *sí* está en algunos de sus memorables sonetos, algo que ciertamente no sucede en Reyes. Pero si bien don Alfonso no alcanzó "el libro", el texto perfecto –si es que se puede hablar de *perfección*–, *sí* logró "la página", total e inconfundible. Su obra se puede visitar por muchos lados y siempre saltará una página magistral. En ella se le identifica como Alfonso Reyes, irrepetible y único. Y el salón de la fama también recibe fragmentos perfectos. José Joaquín Blanco admite esta cualidad alfonsina para la síntesis, su precisión absoluta y la capacidad para abordar, en una nuez, un tema:

> Lo que sí tiene este tomo veintidós [...] es el útil espectáculo de quien, como nadie en el siglo xx mexicano, dominó el género literario-periodístico del artículo.
> Los tomos misceláneos de Alfonso Reyes debieran ser la lectura obligatoria para todo periodista; habría que aprender en él, aunque arriesgándose a su retórica de oficiosa bonachonería, cómo redactar con claridad y precisión poco menos que absolutas, brevísimos artículos que difunden organizadamente los trazos esenciales de cualquier tema, por complejo que parezca (con la física cuántica, la física nuclear, las polémicas matemáticas o astronómicas de su tiempo). La organización mental de Reyes (superficialona y todo) siempre me ha impresionado más que la de su prosa, por otra parte sumamente eficaz y limpia; carece de las caídas de Ortega y Gasset, también carece de sus subidas. (146)

Y más allá de las diferencias de Blanco con Reyes, fijémonos en los consejos: la obra de Reyes tiene que ser "lectura obligatoria" para los jóvenes escritores y periodistas. Los estudiantes de literatura y de comunicación pueden revisar esos artículos breves, donde surge la voz transparente de Reyes. Enseña a escribir y ahí se aprende su lección. De repente, uno se descubre corrigiendo las comas, sintetizando, cortando frases, dando respiración a la prosa, agregando una anécdota de sobremesa, algún comentario agudo que se escuchó en la calle, pensando en el lector: ahí está Alfonso Reyes y su magisterio.

No estamos de acuerdo con Hiriart cuando afirma que Reyes "no era muy buen profesor" (59). No lo fue cuando se propuso serlo, como en *El deslinde*, pero *sí* fue un excelente maestro cuando no lo quiso ser, y simplemente escribió. Hemos indicado, en la primera parte de este ensayo, varios espléndidos artículos esparcidos entre su crítica cinematográfica: la caricatura de Chaplin, la historia del conde de Villamediana –un perfecto guion literario en una cuartilla– su recolección de un espectador madrileño fastidiado, un guion surrealista *avant la lettre*, la explicación de efectos especiales, etc. El estudiante de cine y el crítico cinematográfico ganarán visitando los textos de *Fósforo*.

En pocos escritores se siente esa precisión absoluta, esa brevedad eficaz y limpia ¡Qué mente tan clara! Sólo se me ocurre compararla, en la literatura mexicana, con la claridad de Sor Juana Inés de la Cruz. Armonía y contención, incluso ante el tema más abstruso o más apasionante. Cardoza y Aragón captó esta cualidad alfonsina: "Su aptitud para ver, para ver mejor, constituye una sorpresa permanente. Penetra con la agilidad de un tacto único. Qué finas balanzas. Qué clara pasión gobernada. Qué acordados su corazón y su cerebro (15).

Otra idea también proviene de Hugo Hiriart. ¿Por qué no escribir su biografía? (57-58) Reyes lo tiene todo: el personaje, la obra, las cartas, las amistades, los chismes, las polémicas. Está incluso el archivo, perfectamente ordenado por él, en la Capilla Alfonsina. Vivió años decisivos para México y Latinoamérica y sus letras. El momento de la autonomía y la identidad. En el siglo xx las aguas de la literatura peninsular y la latinoamericana ya no estuvieron separadas, en (o)posición jerárquica, dependiente, de imitación. Martí y Darío abrieron el camino, iniciaron el diálogo. Reyes es heredero y continuador de este logro. Se puede pensar en las inolvidables biografías de Richard Ellman sobre Yeats y sobre Joyce, o la de Noel Stock sobre Ezra Pound, o en las de Chesterton –a quien tanto admiró Reyes– sobre Santo Tomás de Aquino, San Francisco de Asís, Robert Browning, o en la biografía literaria de Borges, escrita por Emir Rodríguez Monegal, por citar sólo algunas. En Reyes hay mucha madera de donde cortar.

Uno de los libros más agradables sobre el regiomontano, por ejemplo, es *Alfonso Reyes. Iconografía* –¿biografía fotográfica?– que Xavier Guzmán Urbiola, Héctor Perea y Alba C. de Rojo conjuntaron en 1989. Más allá de las críticas de "álbum de familia burguesa" que se puedan esgrimir contra esta colección, admira la cantidad –y la calidad– de amigos que reunió, las caricaturas que le hicieron, la sonrisa siempre fresca, su *bonhomie*, su continua afabilidad, su *savoir vivre*. Una vida plena, envidiable.

No obstante, surge una objeción. Difícil es, en Latinoamérica, escribir –"vivir"– la biografía propia, como para preocuparse por la de los demás. ¿Quién tiene el tiempo, los recursos económicos, el acceso a las bibliotecas, como para emprender semejante labor? Pero Hiriart lanza la idea y queda ahí brillando como una interesante propuesta, en espera de algún estudiante de doctorado, algún becario, escritor, ensayista, alguien que se anime a tan necesario trabajo.

3.

Ver claro en luz tan ardida…
Jorge Guillén

Existen múltiples ángulos para el estudio de la obra de Reyes. Podríamos referirnos, también, al "grado cero de la escritura"; es decir, al placer puro de perderse entre sus páginas y siempre salir con ganancia. Hemos utilizado las palabras de Cardoza y Aragón para apoyar nuestras ideas en este artículo, porque el guatemalteco le escribió un ensayo ejemplar. Hay que señalar algo al respecto. Y es que Cardoza escribe *totalmente* distinto a Alfonso Reyes. La imagen surrealista, el encuentro fortuito de los vocablos, la frase abierta, sin ese "mínimo de realidad" que Reyes exigía, y sin embargo, qué bien funcionan sus elogios y sus críticas. ¡Qué ensayo tan justo! Sobre el punto de acercarse a la prosa de Reyes por donde sea, aplicando "el azar objetivo" de los surrealistas, anota:

> Se le puede leer como a Montaigne, abriendo sus obras por cualquier parte: nunca estará ausente su temblor fervoroso. Reyes está en cada una de sus palabras, inquieto y sereno, rebosante de gracia nutricia, de esencias novísimas y ya como sin tiempo […] Se le puede visitar al azar y discutir con él, íntimo y amigo, abriendo sus páginas por dondequiera, que su presencia surge completa y con una brizna nos permite reconstruir su tempestad. (13-14)

En el fondo, yace una idea: Reyes es ensayista por antonomasia. Al igual que lo fue Montaigne. Y ahí se queda. Con esa jerarquía le basta.

Me gustaría agregar que Reyes fue, además poeta de la prosa.[16] Caso singular, ya que es más poeta en su prosa que en su poesía.

Obsesionado, quizás, más por la forma que por el asunto, como ha indicado Hiriart. Pero, ¿cuánta poesía del siglo XX está basada en *no decir nada*, o casi nada, pero decirlo con música celeste? El mismo Alfonso Reyes cuenta, en *La experiencia literaria:*

> Cierto poeta que yo conozco [Gerardo Diego] se entretenía en "no entender" a Góngora para mejor recrearse en las imágenes. Y donde éste hace decir a Polifemo "me vi en el mar, me asomé y me reflejé en esa playa azul que es el mar",
>
> >…Espejo de zafiro fue luciente,
> >la playa azul de la persona mía…
>
> se conformaba aquél con repetirse a sí mismo como si hiciera sentido, el verso desatado: "la playa azul de la persona mía". (97)

De igual manera, la poesía que hay en esa "nadería maravillosa" (Hiriart 58) de Reyes logra, a veces, alcanzar el momento mágico donde la nada y el todo se juntan en un relámpago poético.

Posee Reyes, además, una visión priviliegiada; esa capacidad poética de *ver* algo, donde los demás no vemos nada, de sorprenderse ante el menor aspecto de la vida y transportarlo a regiones filosóficas. Esto lo indicamos al comentar las prosas de *Fósforo.* Cardoza y Aragón también lo señala:

> Poeta ante todo; lo que toca lo transfigura. La erudición le aligera el vuelo. Son tan refinados sus alambiques que parece olvidarse de lo que sabe. Precisión y matiz. Una arenilla le recuerda la Vía Láctea. Con un cabello reconstruye el mundo. Su riqueza y su agilidad, su agua pesada y su rocío, han sacado de quicio a muchos. No comprenden sus metamorfosis de colibrí en aerolito o de aerolito en colibrí. (15)

Y de esa ambigua imagen surrealista de Cardoza –movimiento, por cierto, que nunca fue del gusto del regiomontano– pende el genio y figura de Alfonso Reyes, afirmado, negado y regateado, pero inevitable, necesariamente leído.

4. Al fin, la lectura de Reyes es un problema de "afinidades electivas". A unos les gusta, a otros no. Hay que escoger. La vida es larga, pero se acorta con los años. Yo me apego a Reyes y lo incluyo en el "ideograma de lo bueno", según diría Ezra Pound. ¡Que otros se jacten de haber escrito libros totales, definitivos, para la literatura

mexicana o latinoamericana, a mí me enorgullecen las páginas que he leído de Alfonso Reyes! En este trabajo, nos acercamos con lupa, de manera microscópica, a los textos cinematográficos de *Fósforo*, y tratamos de justificar su actualidad; asimismo, recorrimos de manera general, macroscópica, la discusión sobre Reyes como figura literaria. La discrepancia de opiniones es indicativa de su actualidad, de la necesidad de su lectura o relectura, de su presencia viva.

Gabriel Zaid afirma que leer la poesía de Reyes deja una sensación de alegría, de bienestar: "Después andamos en la calle, libres, sueltos, a la medida de las cosas, sin saber a qué agradecerle ese andar en el día como en nuestro elemento, y nos acordamos de haber leído largamente a Reyes" (9). Algo mágico sucede, igualmente, después de visitar la poesía que hay en su prosa. Yo lo convoco a la junta de sombras que me acompaña, de escritores que han pasado a mejor vida, pero cuya lectura todavía irradia luz. Cuando me canso de escalar las cumbres borrascosas de _____ (aquí el lector puede anotar el nombre de su crítico más "crítico"), me acerco al árbol frondoso-Alfonso Reyes y siento el viento sosegado que corre entre sus hojas; descanso junto a las aguas tranquilas que manan de su fuente ¡Qué fresca, qué transparente, qué grata compañía es su obra!

NOTAS

[1] Los trabajos de Panabière y Perea, *La caricia de las formas* sobresalen por ese intento de rescate de Reyes y su relación con la pantalla.
[2] Reyes aclara el motivo monetario (además del artístico) de su labor: "Mi larga permanencia en la Villa y Corte puede dividirse en dos etapas: la primera, de fines de 1914 a fines de 1919, en que me sostengo exclusivamente de la pluma, en pobreza y libertad". En 1924, se reintegra al servicio diplomático (Guzmán Urbiola 54).
[3] Al publicarlos en 1950, Reyes escribió: "Creo que nuestra pequeña sección cinematográfica ('Frente a la pantalla') inauguró prácticamante la crítica del género en lengua española, y acaso fue uno de los primero ensayos en el camino que hoy está abierto a todos" (199).
[4] Existen estudios importantes sobre video, *performance* e instalaciones, pero esta crítica sigue siendo bastante marginal.
[5] Philip Smith se refiere a intertextualidad, "cuando un film o libro se refiere o toma prestado de otro" (218, traducción nuestra).
[6] Reyes escribió acerca de Mallarmé desde su primer libro, *Cuestiones estéticas* (1911), en el artículo "Sobre la estética de Góngora", y estableció las *simpatías* entre los dos poetas antes de que Rémy de Gourmont, en 1912, hiciera alusión a ellas. Igualmente, se anticipa en muchos años al homenaje que la

Generación del 27 le brinda al "cisne cordobés", y al que será invitado. Esto nos habla de la madurez de su prosa y lo certero de sus juicios, desde sus inicios en la crítica literaria (cf. Perea, *España* 10-11).

[7] Señalamos que Héctor Perea rastreó, en detalle, el trabajo sobre el cine que Reyes realizó a través de toda su obra. Pero no volvió a retomar en sí la crítica cinematográfica, de manera sistemática como en estos textos de *Fósforo*.

[8] Héctor Perea coincide en ver una promesa del surrealismo en este director (*La caricia* 29).

[9] Véase también "Un drama para el cine", donde años después Reyes comenta la adaptación de *El extraño caso del Doctor Jekyll y Mr. Hyde*, "el cuento trascendental de Stevenson" (383).

[10] Cardoza y Aragón la llama "su agua regia de ángel cruel, su tierno demonio vertiginoso y preciso" (25).

[11] Por otro lado, cabe preguntar, ¿quién en México, después de la insurrección de Chiapas en 1994, puede jactarse de ser un escritor "comprometido', *engagé*, y estar del lado político correcto? Porque, como dice Juan Pueblo (Segundo): "El que sepa lo que está pasando en México…está equivocado".

[12] En 1970, Ernesto Mejía Sánchez, heredero directo de la empresa alfonsina, hablaba con orgullo editorial de "la veintena de macizos volúmenes […] y no se exageraría al pensar en diez volúmenes más" (citado en "Prólogo", *Vida y ficción* 7). Promesa optimista que todavía no se ha cumplido [2004].

[13] Transmito con verdadero temor esta anécdota. ¡No vaya a ser que al FCE se le ocurra publicar un volumen con los papeles desechados –o desarrugados– de Alfonso Reyes!

[14] La editorial Cal y Arena ha iniciado una serie de "Los Imprescindibles" donde acaso Reyes pueda caber.

[15] Ernesto Mejía Sánchez tenía en mente este tomo, desde 1970, cuando al prometer los treinta "macizos volúmenes" que abarcarían la obra completa de Reyes, se refirió a "un índice de nombres, temas y materias, indispensable para manejar tamaña enciclopedia" (Reyes, *Vida y ficción* 7). Véase nota 12.

[16] Anderson Imbert en "La prosa poemática de Alfonso Reyes" analiza el pequeño texto titulado "En el ventanillo de Toledo" desde esta perspectiva.

Bibliografía

Anderson Imbert, Enrique. "La prosa poemática de Alfonso Reyes". *Homenaje a Alfonso Reyes 1889-1959*. 25-32.

Aristarco, Guido. *Historia de las teorías cinematográficas*. André Boglár, trad. Barcelona: Editorial Lumen, 1968.

Barili, Amelia. *Jorge Luis Borges y Alfonso Reyes: la cuestión de la identidad del escritor latinoamericano*. México: FCE, 1999.

Blanco, José Joaquín. "Alfonso Reyes: el desquite de la vida". *Crónica literaria: un siglo de escritores mexicanos*. México: Cal y Arena, 1996. 141-48.

Borges, Jorge Luis. "Alfonso Reyes en la memoria". Robledo Rincón, 343-44.

_____ "Cómo conocí a Alfonso Reyes". Robledo Rincón, 47-50.

Cardoza y Aragón, Luis. "Homenaje". *Alfonso Reyes. Homenaje Nacional* 13-33.

Cozarinsky, Edgardo. *Borges en / y / sobre cine*. Madrid: Editorial Fundamentos, 1981.

Díaz Arciniega, Víctor, comp. *Voces para un retrato: ensayos sobre Alfonso Reyes*. México: FCE, 1990.

Fonseca, Maricela, coord. *A cien años del cine en México*. México: Museo Nacional de la Historia-Porrúa, 1996.

Fuentes, Carlos. "Carlos Fuentes recuerda a don Alfonso. Muchachas, libros y obligaciones diplomáticas". Robledo Rincón, 33-41.

_____ "Recuerdo de Alfonso Reyes". *Alfonso Reyes. Homenaje Nacional* 35.

Guillén, Jorge. "A manera de brindis". *Libro Jubilar* 187.

Guzmán Urbiola, Xavier, Héctor Perea y Alba C. de Rojo, eds. *Alfonso Reyes. Iconografía*. México: FCE – El Colegio Nacional – El Colegio de México, 1989.

Hiriart, Hugo. "Alfonso Reyes. El centro y el borde". Rangel Guerra, *Alfonso Reyes*, 55-61.

Homenaje a Alfonso Reyes 1889-1959. Buenos Aires: Academia Argentina de Letras, 1995.

Libro Jubilar de Alfonso Reyes. México: UNAM, 1956.

Mañach, Jorge. "Universalidad de Alfonso Reyes". *Libro Jubilar*, 217-34.

Monsiváis, Carlos. "Las utopías de Alfonso Reyes". Rangel Guerra, *Alfonso Reyes*, 71-80.

Morales, Jorge Luis. *España en Alfonso Reyes*. Río Piedras: Universidad de Puerto Rico. Editorial Universitaria, 1976.

Onís, Federico de, Alfonso Reyes y Martín Luis Guzmán. "El cinematógrafo". *Frente a la pantalla*.

Pacheco, José Emilio. "Alfonso Reyes en Madrid (1914-1924)". Rangel Guerra, *Alfonso Reyes*, 19-25.

_____ *Tarde o temprano*. México: FCE, 1980.

Panabière, Louis. "Alfonso Reyes y el cine". Trad. Alicia Reyes. *Revista de la Universidad de México* XXXI, 4-5 (dic. 1976 - ene.1977): 1-8.

Patout, Paulette. *Francia en Alfonso Reyes.* Monterrey: Universidad Autónoma de Nuevo León-Capilla Alfonsina Biblioteca Universitaria, 1985.

Perea, Héctor. *La caricia de las formas. Alfonso Reyes y el cine.* México: UAM, 1988.

_____ comp. *España en la obra de Alfonso Reyes.* México: FCE, 1990.

Poniatowska, Elena. "Tenía mucho de sátiro, juguetón y rechonchito". *Alfonso Reyes.Homenaje Nacional* 57-60.

Rangel Guerra, Alfonso, ed. *Recoge el día: antología temática / Alfonso Reyes.* 2 vols. México: El Colegio Nacional, 1997.

_____ *Alfonso Reyes en Madrid: testimonios y homenaje.* Monterrey: Fondo Editorial de Nuevo León, 1991.

Reyes, Alfonso. "A vuelta de correo". *La x en la frente; algunas páginas sobre México.* México: Porrúa y Obregón, 1952. 41-69.

_____ *El cine. OC* IV: 197-236.

_____ "Un drama para el cine". *OC* VIII: 383-7.

_____ "La escultura de lo fluido". *OC* VIII: 388-90.

_____ *La experiencia literaria. OC* XIV: 17-273.

_____ "México en el cine: la obra de Eisenstein, perdida". *OC* VIII: 266-8.

_____ "Nota sobre el cine". *OC* VIII: 379-82.

_____ *Obras completas.* 26 v. México: FCE, 1955-1993.

_____ y Martín Luis Guzmán. *Fósforo, crónicas cinematográficas.* Prólogo de Héctor Perea. México: Conaculta-Imcine, 2000.

_____ Martín Luis Guzmán y Federico de Onís. *Frente a la pantalla.* México: UNAM, 1963.

Reyes, Aurelio de los. "Los Contemporáneos y el cine". Anales del Insitituto de Investigaciones Estéticas. XIII/52 (México, 1983): 167-86.

_____ *Los orígenes del cine en México, 1896-1900.* México: FCE-SEP, 1984.

Robledo Rincón, Eduardo, coord. *Alfonso Reyes en Argentina.* Buenos Aires: Eudeba-Embajada de México, 1998.

Smith, Philip. *Cultural Theory: An Introduction.* Malden: Blackwell Publishers, 2001.

Xirau, Ramón. "Recuerdos y presencia". *Alfonso Reyes: Homenaje Nacional* 63-64.

Zaid, Gabriel. "Dudas sobre el poeta Alfonso Reyes". *Leer poesía*. México: Joaquín Mortiz, 1972. 9-10.

El helenismo de Alfonso Reyes

Carlos Montemayor

I

En 1986, Antonio Gómez Robledo lamentaba que "nuestro humanismo ha sido siempre... de tercera o de cuarta mano", y que

> pasarán muchos años, cuando no siglos, antes de que podamos tener entre nosotros un Mommsen, un Wilamowitz o siquiera un Jaeger... mientras no haya –continuó diciendo–, y con renovación incesante, una élite poseedora de las lenguas clásicas y, por este único medio, del conocimiento histórico y filosófico de la antigüedad: *totius antiquitatis historica et philosophica cognitio*, según la definición que de la filología daba Ottfried Muller. (17)

En esta disertación, que llamó casi una oración fúnebre o "epitafio global del humanismo en nuestra patria", se quejaba, con docta razón, del ocaso en que desfallece el estudio de las lenguas clásicas en el mundo contemporáneo, y no solamente en nuestro país. Aunque comparto muchas de sus afirmaciones sobre el futuro de estos estudios, me sorprende que en su opinión fulminante sobre nuestro humanismo haya señalado en tan pocas líneas sólo a helenistas, alemanes, y no, para hacer más universal su señalamiento, a otros de Inglaterra, Francia, Italia o España, como a un Berard, un Gutrhrie, un Edmonds, un Page, un Cataudella o un Alsina o Rodríguez Adrados.

Pero intento no sólo esbozar una sonrisa de complicidad con Antonio Gómez Robledo, sino subrayar con él que las letras griegas (y por supuesto, también las latinas) son la raíz vital de la cultura de occidente. Y si esto es así, entonces, como los otros países, tenemos también nosotros la tradición que nos une a esa raíz, a ese sustrato, que podemos repasar, entender. Es decir, tenemos un helenismo en

México, hay que decirlo, y lo tenemos como es, como se ha dado. Y a ese helenismo debemos volver los ojos del mismo modo que los volvemos hacia la política, la historia y el arte que ha configurado a México.

No planteo si las ediciones de Bergk, Edmonds, Wilamowitz, Reinach, Bowra o Rodríguez Adrados representan para nosotros un paralelismo más de nuestra dependencia económica, industrial y política. Digo que entre nosotros se ha dado una labor ininterrumpida sobre las letras griegas desde varios ángulos, que forma parte de nuestra literatura mexicana y de nuestra historia de cultura y de educación.

En el siglo XVIII, por ejemplo, cuando México se llamaba todavía Nueva España, Francisco Javier Alegre tradujo la *Iliada* en versos latinos. En el siglo XIX, Ipandro Acaico tradujo a los bucólicos griegos y, por vez primera en español, las *Odas* completas de Píndaro. En el siglo XX, el propio Antonio Gómez Robledo y Eduardo García Máynez han traducido y estudiado a Platón y a Aristóteles; Rafael Ramírez Torres tradujo a Hesíodo, a Píndaro y a líricos y bucólicos griegos; también, los helenistas del Centro de Estudios Clásicos de la Universidad Nacional Autónoma de México siguen publicando estudios y traducciones de Gorgias, Lisias, Hesíodo, Platón y Menandro. Hace pocos años Rubén Bonifaz Nuño publicó la traducción en versos hexámetros de *La Iliada* y está por concluir la traducción de toda la obra de Píndaro. Yo mismo, en forma modesta, he participado también en esta vocación de México por el helenismo, como lo indica, entre otras publicaciones, mi edición bilingüe y anotada de la poesía de Safo, la primera que en lengua española contiene la totalidad de ese *corpus*. Aunque se trata de un listado rápido y por ello quizás injusto, nos ayuda a imaginar el contexto donde podemos referirnos al helenismo de Alfonso Reyes tanto como parte integral de las letras mexicanas como del helenismo propiamente dicho en México. No es la obra de Reyes, en efecto, en este aspecto, un milagro ni un elemento suelto, insular. Es parte de una pasión mexicana por las letras clásicas, por el humanismo que proviene desde nuestros primeros días del siglo XVI.

II

Quizás sea temerario tratar tan brevemente la extensa obra que Alfonso Reyes dedicó a los estudios helénicos. Sobre todo si recordamos, con Gómez Robledo, que con la excepción de Mariano

Silva y Aceves ningún miembro de la generación del Ateneo sabía lenguas clásicas y que, agrega Gómez Robledo, "el mayor humanista del grupo, Alfonso Reyes, nos dejó la preciosa confesión, que tanto le honra, de que al traducir a Homero ignoraba el dialecto homérico y lo descifraba apenas."

Y así fue. Debemos reconocer que Alfonso Reyes no sabía griego. O al menos, que no sabía el griego suficiente para traducir, ya no digamos para leer con gusto, la literatura griega. Y sin embargo, los estudios sobre Grecia son una parte considerable, en extensión y en profundidad, de su obra total. ¿Cuál es, entonces, el helenismo en Reyes? ¿Cómo analizarlo, cómo reconocer su valor? ¿Qué deslinde es necesario para demarcar el helenismo de Reyes que contribuye a nuestras letras y el terreno en que no incursionó o no debíamos esperar de él que incursionara? He aquí lo que me propongo analizar en las siguientes páginas.

Empezaré por lo aspectos negativos. Por ejemplo, salta a la vista que en sus dilatados escritos nunca refiere su contacto con las palabras de los escritores; no habla de la dulzura, concisión o desbordamiento de los textos que comenta. Falta que en ocasiones suspenda el enorme cúmulo de información histórica, filosófica, filológica, política, social, acerca de poetas, historiadores o filósofos, para que hable de su impresión personal ante los textos mismos, de su relación natural, espontánea, directa, con las palabras que han provocado la avalancha de erudición occidental. Esto explica otra falla: a menudo sus citas de autores son defectuosas, ya porque son simplemente malas traducciones, ya porque a veces no tienen nada que ver con los textos que supone estar refiriendo. El contacto con las traducciones numerosas que pudo haber compulsado en otras lenguas y cierto recargamiento en que han incurrido las de lengua española, pueden haber agravado este defecto.

Pero debemos recordar que Reyes participaba de un mundo en que el concepto de traducción no era igual al que ahora tenemos, o al menos, en el que yo me formé en mis estudios de hebreo y de griego: la literalidad. Sabemos que Ipandro Acaico leía con fluidez a Teócrito, por ejemplo; pero algunas de sus traducciones se alejan del texto griego al punto de que no sabemos de pronto de dónde seguía traduciendo, a menos que nos situemos en el esquema histórico donde la poesía y sus conceptos mismos de traducción se desenvolvían. Más peligrosas fueron, sin embargo, las traducciones que de los trágicos griegos publicó Ángel María Garibay en los mismos años de Reyes: ignoro, por ejemplo, en el caso de Esquilo y

Sófocles, de qué tragedias y de qué lengua tradujo el padre Garibay, porque ciertamente no lo hizo del texto griego que contienen las ediciones de la Loeb o de Les Belles Lettres. Empero, aunque de alguna manera las citas textuales de Reyes forman parte de una época literaria, sentimos que, por el conocimiento de que disponía, debió haber usado textos mejores para precisar y expresarse más profundamente.

No justifico esta carencia de Alfonso Reyes, por supuesto. Si en algunos ensayos y artículos se echa de menos un conocimiento directo de la lengua porque hubieran sido mejores de ese modo, en otros casos afectan vertebralmente sus propósitos de análisis crítico. Ilustraré esto, por la importancia de la falla, en uno de sus libros capitales: *La crítica de la edad ateniense*.

Se trata, por supuesto, de una obra portentosa por su sabiduría y por su erudición, pero también por las alturas a que logró llevar la excelencia de nuestro idioma; lectura obligada, pues, para aprender sobre Grecia y para aprender sobre el arte de escribir en lengua española. Pero debo comentar brevemente aquellos capítulos donde se propuso enfrentar, desde la perspectiva de los escritores mismos, el nacimiento de la crítica literaria directa en el mundo griego y la realidad crítica de ese enfoque.

En el parágrafo 180 Alfonso Reyes afirma: "Pero no hemos visto que el escritor se enfrente con la obra por razones directamente literarias, para decir si la obra le agrada o no le agrada. Y esto es lo que va a darnos el teatro, y sólo el teatro... Y para volver a encontrar la crítica directa, no supeditada a generalidades filosóficas o científicas, habrá que saltar varios siglos: desde Aristófanes hasta Dionisio de Halicarnaso." (108).

En efecto, sólo en el teatro, especialmente en la comedia de Aristófanes, podemos por vez primera encontrar una crítica literaria no supeditada a la filosofía, sino sólo a la actitud y al juicio del escritor mismo en cuanto hacedor de obras verbales. Alfonso Reyes divide este planteamiento en numerosos temas, acciones y anécdotas, que conforman una imagen viva de los poetas, de los trágicos, sí, pero que no rebasan –o no trataron de rebasar– el marco restringido de corillos literarios y que en el parágrafo 180 lo llevan a hablar incluso de Blasco Ibáñez. Pero después de haber expuesto magníficamente lo que puede *deducirse, concluirse* de Sócrates, por ejemplo (y no digamos lo que hará en sus amplias exposiciones sobre Platón o Aristóteles), echamos de menos que no proceda igual con los escritores mismos.

En el capítulo quinto el breve apartado sobre Sófocles revela un grave desconocimiento. No hay manera de eludir, cuando un lector se acerca a los versos griegos de Sófocles, la luz, el equilibrio perfecto de las palabras, lo nítido de una expresión que con entusiasmo llamamos clásico. Alfonso Reyes no supo de qué Sófocles hablaba.

El comienzo del amplio capítulo VI, "Aristófanes o la polémica del teatro", es una de las mejores páginas de la prosa de Reyes. Ahí encontramos una información completa sobre Aristófanes, con una compenetración profunda de su desarrollo, su vida e implicaciones literarias, anecdóticas, históricas, de su obra. Afirma en el parágrafo 230 que "Aristófanes es el primer escritor griego en quien encontramos el juicio literario directo sobre las obras determinadas. Después de él, caemos por tres siglos en las consideraciones teóricas y preceptivas, en los cánones y en las definiciones abstractas" (139).

Pero desconcierta que después de decir esto y sin entrar en materia, escriba en el parágrafo 244 a propósito de la polémica que entre Esquilo y Eurípides presenta la comedia *Las Ranas*, lo siguiente:

> En el curso de este debate, ambos trágicos se critican mutuamente a propósito de su estilo, sus prólogos, los fragmentos líricos de los coros y hasta algunos versos destacados. Llega un momento en que Dionysios no sabe qué pensar: no bastan a fundar su juicio las solas consideraciones literarias. Entonces, como toda la crítica de su tiempo, acude a la prueba de la política. (144)

Fue una lástima que no se detuviera en esas "solas consideraciones literarias", porque al excederse con la erudición sobre el jocoso Aristófanes, perdió el enfoque estrictamente literario de Aristófanes, que era el objetivo que Reyes mismo se había propuesto en ese capítulo.

Por ejemplo, la afirmación por parte de Esquilo de que su poesía no muere con él, sino que lo sobrevive (Aristophanes 868-69), muestra que la polémica partía del deseo de deslindar lo que hacía perdurable a una obra poética. Reyes lo pasó por alto.

En segundo lugar, la afirmación del coro sobre el lenguaje magnificiente y poderoso de Esquilo y sobre la perfección y exactitud de los versos de Eurípides (819-20), indican un enfrentamiento de actitudes diversas ante el lenguaje poético: son poetas de estilos distintos. Olvidar esto equivaldría a pensar que hay la misma idea del lenguaje en Vicente Huidobro y en los poetas del modernismo mexicano. Reyes lo pasó por alto.

En tercer lugar, cuando el coro dice de Esquilo que fue el primero en elevar el lenguaje del drama a estructuras poderosas como una arquitectura (1004-005), indica Aristófanes que un tipo de lenguaje poético nació de Esquilo; esto es: Aristófanes habla aquí de una realidad poética y del lenguaje que la sostiene, más que de simples burlas.

En cuarto lugar, la discusión (1030-045) sobre los temas de los poetas griegos (Orfeo, Museo, Homero, Hesíodo) es en realidad un planteamiento de actitud literaria, de compromiso literario, desde el momento que Esquilo tiende a lo mítico, a lo que constituye la fuente mítica y espiritual de lo griego, y Eurípides a los motivos cotidianos, al realismo, al medio que lo rodea cada día.

Pero estas cuatro observaciones, para no mencionar más (algo similar ocurre en el parágrafo 202, sobre Antístenes) destacan algunos puntos de la crítica literaria que ejerció Aristófanes; sus gustos, sus ideas. Alfonso Reyes no los vio y los dejó pasar. Descuidó lo que para mí y según sus propios objetivos era más importante en Aristófanes: la crítica literaria a partir del escritor mismo. ¿Por qué no lo trató? Quizás porque pesaba más en él la lectura crítica de los helenistas de su tiempo que la lectura directa, natural, del texto griego mismo.

III

Pero veamos ahora el helenismo profundo y positivo de Alfonso Reyes. Su dilatada obra de *Junta de Sombras, Estudios Helénicos, La crítica en la edad ateniense* y *Afición de Grecia*, se apoya en su constante pasión por estar al día en los estudios griegos de su tiempo y en su generosa voluntad por divulgar entre nosotros tales conocimientos. Lector asiduo del *Journal of Helenic Studies*, así como lector cuidadoso de Berard, Guthrie, Jaeger, Egger, Edmonds, etc. nos persuade de que gozó de la lectura del especialista como si se hubiera propuesto trabajar para que tuviéramos en México acceso a toda la información necesaria para penetrar en el mundo griego. Porque el siglo XX fue una época especialmente importante en la investigación filológica, arqueológica e histórica de ese mundo. Desde el Renacimiento no se había dado una floración de estudiosos de la literatura griega como en los años en que vivió Alfonso Reyes. Los estudios sobre Homero y sobre los líricos arcaicos son notablemente señeros en ese siglo. Schliemann y Evans, desde finales del siglo XIX, abrieron caminos en la arqueología que condujeron a una comprensión no imaginada antes (y que no imaginaron, como apuntó Reyes, los mismos griegos de la época de Homero y mucho menos los del siglo de Pericles) de los períodos llamados ahora *minoicos* y *micénicos*, ni de la expansión que los jonios desplegaron en los albores de lo que ya se podría llamar Grecia. Zonas arqueológicas, hallazgos de papiros, ediciones críticas de textos, descubrimiento de tablillas con escritura silábica de la edad minoica conocidas como lineal beta y lineal alfa, perfeccionamiento de métodos comparativos de la filología clásica, creación de nuevos métodos para comprender la tradición oral a partir de procedimientos de composición formularia, investigación histórica, constituyen a lo largo del siglo xx un inmenso universo de conocimiento en sí mismo, un apasionante, complejo y asombroso redescubrimiento del mundo antiguo. En esta gran aventura del pensamiento, incomparable y hermosa como todas las proezas colectivas, se sumergió, apasionadamente, Alfonso Reyes. Podemos conceder que no supo leer la lengua del mundo griego que amaba, pero debemos aclarar que fue el introductor y divulgador en México y acaso en América de la inmensa Grecia que el siglo xx elaboró y destacó de toda otra visión anterior. Reyes fue, así, un notable momento en la historia del helenismo en México, un educador. Antes de él, nadie había desplegado una energía como la suya en la comprensión de Grecia. Su obra sigue siendo, en este respecto, única e insuperable en nuestras letras. Y seguirá así, acaso siempre, como nuestro propio compendio enciclopédico del helenismo del siglo xx. A través de su obra, el lector podrá saber todo lo que el tiempo de Reyes supo acerca de Grecia.

Pero debo notar otro punto. He señalado una distancia entre la labor de divulgación en Reyes y su relación creadora con los textos clásicos mismos. Pues la crítica literaria hecha por un poeta tiende a una comprensión mayor del idioma poético y a una realización plena del poema. Hölderlin explicó esto con claridad: "La visión de los antiguos fue una impresión para mí que no sólo me hizo comprensibles los griegos, sino en general la suma del arte." Hölderlin se quejaba de la ignorancia de su país, de la infancia en que se hallaba la cultura de su lengua. Traduce a Sófocles, se sumerge en él, se compenetra de sus versos griegos, de ese mundo y los transforma, los traduce en su obra personal. No podía hacer exactamente lo mismo Alfonso Reyes. Pero hizo algo parecido en su creación profunda. Su más grande contribución poética como transformación interior del helenismo fue *Ifigenia cruel*, uno de los poemas clásicos de nuestras letras en el sentido en que lo son *Simbad el varado* o *Muerte sin fin*, y no sólo por su referencia griega.

El tema de este poema dramático es el sacerdocio de Ifigenia en Táuride. En Eurípides, Ifigenia se vengaba de lo padecido en Áulide; aquí lo hace sin venganza y sin memoria. En Eurípides, su hermano la cree inmolada; aquí viene en su busca, pues sabe que la encontrará en Táuride. En Eurípides, el monarca es sanguinario; aquí, sabio, inteligente y compasivo. En Eurípides, Ifigenia regresa como sacerdotisa de la diosa; aquí, de haber regresado, lo hubiera hecho para desposarse con otro y asegurar descendencia, no como virgen sagrada.

Además de estas diferencias hay una dualidad permanente en el poema de Reyes que lo destaca como un poema fundamentalmente moderno. Su pasado no acosa a Ifigenia, sino su conciencia; la acosa una oscura sensación de no ser sólo ella, sino también la otra, la que recuerda subterráneamente, sin compartirse. En hechos sangrientos vive, creyendo que nace; por la sangre recuerda que en sangrientos festines ha nacido: su nuevo nacimiento es como su linaje antiguo. Ella olvida, pero después recuerda lo que Orestes, pequeño entonces, ignora; el olvido tiene más recuerdos que nosotros. Ella debió morir, pero vive; debió ser sacrificada, y es sacrificadora; es el castigo para los que a esas playas llegan y, sin embargo, es la castigada. Se divide ella misma entre la imaginación, poblada de fantasmas, y la lealtad del cuerpo (división difícil de plantear en una Ifigenia de la antigua Grecia). Su cuerpo fue leal con ese pueblo bárbaro; su deseo, con su linaje. Ella, la *sacerdotisa*, fue conminada por su hermano a descender de ese desdoblamiento y ser mujer, ser madre, ser cuidadora de su telar familiar. Se le pidió que fuera lo opuesto, no la que mata, sino la dadora de vida. Ifigenia se negó a hacerlo. Más parece con esto una versión suavizada de una diosa mexicana, dadora de muerte, que la sacerdotisa griega que en Eurípides retorna amorosa a la patria.

Ahora bien, el punto central del poema es cómo llega Ifigenia a ser libre. "Ya abriste pausa en los destinos", dice el coro cuando lo ha logrado. Pero tal libertad no lo fue de lo sangriento; tampoco de su linaje; tampoco de la diosa, del país o de Orestes: su libertad consistió no en haber detenido los sangrientos hechos de los hijos de Tántalo, sino en aceptarlos, en continuarlos aún, resistiéndose a convertirse en madre de muchos hijos. En sí misma unió los sacrificios antiguos con los suyos, elevados ya a rituales; su libertad fue haber elevado a un altar, a una sacralidad, la muerte de su linaje. Reyes creyó haber expresado otra cosa: la superación de hechos políticos y familiares que llevaron a su padre a la muerte. Pero lo que pudo lograr fue que esos hechos permanecieran en las manos sangrientas de Ifigenia sacralizados, voluntarios. En Eurípides, Ifigenia logró el deseo de Alfonso Reyes; en este gran poema, lo rechazó. Y el acto de libertad no provino de una emancipación de su familia: no fue la salvación de *su* familia o estirpe, sino de *ella* misma respecto a la *otra*, a la oscura que por fin llegó a mostrarse ante las palabras de Orestes: a la que apartó, a la que expulsó de sí misma para quedar libre y al mismo tiempo vencida por el peso propio de la sangre de los sacrificados, defendida y oculta en el templo, cual virgen cruel, sola, amando un bárbaro país donde los sacrificios humanos continúan.

IV

Comentario aparte merece su traslado de las nueve primeras rapsodias de *La Iliada*. No encubre ahí su desconocimiento de la lengua, pero tampoco encubre la importancia de su conocimiento sobre Grecia. Tampoco, por supuesto, su opinión como poeta para precisar su versificación y para señalar diferencias con otras corrientes de traducción que se iniciaban en México.

Entre nosotros, había dicho, la traducción latina de Francisco Javier Alegre fue la primera traducción de *La Iliada*; la segunda, ya en lengua española, y en prosa, fue la de Alberto Pulido Silva, de 1986. En el año 1997 apareció la de Rubén Bonifaz Nuño, sabia y fidelísima en conceptos, giros y voces. De las realizadas en España, Alfonso Reyes prologó para Editorial Porrúa la magnífica de Segalá y Estalella, en prosa, y conoció la de Gómez Hermosilla, hecha en endecasílabos blancos, dúctiles y amables. No conoció la de Fernando Gutiérrez, publicada en 1968, en Barcelona, con una muy afortunada versificación en hexámetros y una muy lograda naturalidad en la expresión española. A un lector del texto griego le parecerá magnífica la traducción en prosa de Segalá y Estalella, ceñida al original paso a paso. Pero en verso, le parecerá más cercana la de Fernando Gutiérrez. O así le parecerá, al menos, mientras no se entere, por los círculos de los helenistas españoles, de que Fernando Gutiérrez "no lee la lengua de Homero, sino que la descifra apenas". Caso aparte es, claro, la traducción de Rubén Bonifaz Nuño.

Porque la traducción tiene dos secretos: uno, el conocimiento de la lengua traducida; otro, el conocimiento de la lengua en que se traduce. No basta, es claro, el conocimiento del griego homérico para hacer una traducción con valor poético en lengua española (lo que a menudo hay que lamentar en otros autores clásicos: más les hubiera valido no ser traducidos por especialistas, pues mejor impresión hubieran dejado en la vida de sus lectores si hubieran caído en manos de poetas naturales e indoctos). Reyes supo que si bien entendía poco griego, un poco más entendía de Grecia, según apuntó en el prólogo a su traslado. Por eso afirmó ahí sin dudas que "si no para fines lingüísticos, mi Homero podrá ser citado sin peligro para todo objeto literario, filosófico e histórico." Y luego aclaró que se propuso lograr una traducción "informada en el presente estado de los estudios homéricos", explicando que su "empeño nació ante la necesidad de contar con un texto apropiado para un curso sobre la unidad artística de *La Iliada*." Y a esto, confesó, se reducían sus pretensiones. Pretensiones, por supuesto, cumplidas ampliamente.

Pero hay dos interesantes observaciones en ese prólogo a su traslado, en las que entreveo dos críticas a la naciente escuela de traductores clásicos que se iniciaba con las *XL odas selectas de Horacio*, traducidas por Alfonso Méndez Plancarte en 1946. Mis opiniones sobre esta corriente, a la que aprecio más de lo que difiero de ella, las he expresado en mi estudio sobre la Cuarta Égloga de Virgilio, *Historia de un poema*, de 1984. En 1987 apuntó las suyas, en su nueva traducción de las *Heroidas*, Antonio Alatorre. Las de Alfonso Reyes, en el despuntar de esa escuela, fueron éstas: creer que nadie podría soportar el hexámetro, "aparte de que sería una traducción chapucera, bárbara, de la antigua calidad silábica al acento rítmico moderno", y considerar

> malo, muy malo, si se cae en la manía etimológica, que ya está dando resultados funestos y falsea la representación que los mismos griegos tenían de sus vocablos; pues nadie, en los pueblos civilizados, habla ni piensa según las etimologías; nadie se pone a la sombra de una semilla, sino de un árbol.

En este contexto, *La Iliada* que nos dejó Reyes puede leerse con gusto como una obra notable dentro de su trabajo como helenista y como poeta. Se ciñe más al original homérico que la traducción de Gómez Hermosilla, y con más fuerza que ésta como traducción en verso. Y en este aspecto, poéticamente es superior a la de Fernando Gutiérrez. En su conjunto, y excusándome por la digresión, es de una rotunda seriedad al lado de las que Ángel María Garibay publicó de los trágicos griegos.

Aciertos hay, incluso, de filólogo, como el distinguir que el canto que se pide a la diosa empiece

> Desde que la disputa enemistó al Atrida,
> príncipe de los hombres, y a Aquiles el divino

que así deben corresponderse estos versos con la exhortación inicial del "Canta, Diosa, la ira...", en griego μῆνιν ἄειδε θεὰ, que se enlaza con los hermosos hexámetros:

> ὑξ οὗ δὴ τὰ πρῶτα διαστήτην ὑρίσαντε'
> Ἀτρεΐδης τε ἄναξ, ἀνδρῶν καὶ δῖος Ἀχιλλεύς.ὗ

> (desde el primer momento en que se desunieron contendiendo el hijo de Atreo, príncipe de hombres, y el divino Aquiles) (*Iliada* 5-6)

que todas las otras traducciones en español pasan por alto.

V

Bien, he de terminar mi larga exposición. Lo haré reconociendo que para ser helenista se necesita saber griego, sí. Incluso varios: el homérico, los dialectos en que la lírica arcaica construyó su dúctil y dulce armonía, el ático del siglo v a.c. y iv a.c., la lengua franca o común del mundo helenizado y cristiano. Sí. Pero para ser humanista se necesita mucho más. Se necesita, en nuestro caso, saber mucho español. Escribir español por creación, por talento. No todos los que saben griego son humanistas. Se necesita además el gusto por el saber del mundo, del universo, de la cultura. Un helenista que sólo sepa griego es incapaz de dar, de ofrecer lo que necesitamos. Digámoslo de otra manera: no todo aquel que sepa griego es mayor que Alfonso Reyes. No basta saber más griego que él para creer que se comprende más a Grecia en el contexto de la cultura actual del mundo. No podemos cancelar, por otro lado, el gusto ni el conocimiento de lectores por la literatura griega traducida. Detrás de cada poeta griego hay una historia de literaturas europeas que son también literatura nuestra. De Ezra Pound se mofaron alguna vez al recriminarle su escaso conocimiento del griego y del latín.

Pero su poesía *es* gran poesía inglesa, como señaló T.S. Eliot acerca de sus poemas de *Cathay*. Así, Reyes. Su gran contribución última como amante de los estudios sobre Grecia, además de los que he enunciado, está contenida en la grandeza que la lengua española alcanzó en sus páginas magníficas.

Como apunté en mi introducción a la poesía de Safo, no sólo asombran los poemas por las altas palabras de la poesía griega, sino también porque han sido descifradas por muchos estudiosos. En pocas ocasiones, como aquí, las palabras de un poema pertenecen a muchos hombres. Su lectura no es un hecho individual, solitario; es un eco más en una lectura colectiva.

Pues, ¿para qué trabajamos por la literatura griega? Para leer, para gozar, para hacer posible conocer el milagro de la literatura. Reyes trabajó también por eso. Reyes escribió grandes páginas de nuestra lengua contemplando la Grecia que nos ha creado, que es nuestro origen. Fue el Odiseo perdido en los mares, en el amor, en los vientos, en las costas donde no pudo controlar un idioma que era, también, como en la trayectoria del otro Odiseo, un destino. Al final de esa larga Odisea por el mundo griego, al final de su vida, lleno de días, siguió mirando ese mundo como una verdad suya. Su Ítaca fue sus obras, su helenismo, sus señeras palabras españolas.

Bibliografía

Aristophanes. *Volume IV. Frogs. Assemblywomen. Wealth.* Jeffrey Henderson, ed. Loeb Classical Library. Cambridge: Harvard University Press, 2002.

Gómez Robledo, Antonio. "México y el humanismo clásico". *El humanismo en México en las vísperas del siglo xxi, Actas del congreso celebrado del 22 al 25 de abril de 1986.* México: UNAM, 1987.

Homero. *La Iliada.* Luis Segalá y Estalella, trad. México: Porrúa, 1999.

_____ *La Iliada.* 2 v. Rubén Bonifaz Nuño, trad. México: Universidad Nacional Autónoma de México, 1997.

Reyes, Alfonso. *Obras completas XIII. La crítica en la edad ateniense La antigua retórica.* México: Fondo de Cultura Económica, 1997.

Sobre la importancia de Alfonso Reyes para Nuestra
América

Roberto Fernández Retamar

Cuando la dirección de la *Nueva Revista Cubana*, en su número
2 (julio-septiembre de 1959), pasó de las manos de mi fraterno Cintio
Vitier, quien asumió otras responsabilidades en el país, a las mías,
escribí en la sección que en dicha revista se llamaba «Avisos»:

> 1959 trae setenta años para Alfonso Reyes y sesenta para Jorge
> Luis Borges. Es posible que sean los mayores hombres de letras
> en la Hispanoamérica actual, y ello hace que no pasen
> inadvertidas estas cifras redondas que acercan a dos escritores,
> por lo demás, tan similares. Ambos están ya desde hace algunos
> años en trance de obras completas, y no les ha escaseado la
> atención del continente ni la extranjera. Entre 1955 y 1957, la
> Universidad de Nuevo León pudo recoger dos copiosos tomos
> de Páginas sobre Alfonso Reyes: más de mil doscientas, escritas
> en varios idiomas desde 1911 hasta 1957.

Van a cumplirse treinta y cuatro años de esas líneas, y creo que
volvería a escribirlas de encontrarme en aquel 1959, tan fértil por
tantas razones. A Reyes y Borges ya les había dedicado trabajos y
les dedicaría otros. Pero como en este caso se trata sólo de Reyes,
recordaré que, después de haberlo conocido en 1952, cuando lo visité
en la Capilla Alfonsina, en el número 34 de la revista *Orígenes* (1953)
publiqué "En torno a la obra poética de Alfonso Reyes", que él me
solicitó luego para incluir en las mencionadas *Páginas escogidas*; en
1954, le envié mi poema "Visitaciones cubanas", algo
pedantescamente dedicado *Magistro silvaeve* Alfonso Regibus; a su
muerte, le consagré una página fervorosa en la *Nueva Revista Cubana*;
compilé y presenté la primera edición cubana de textos suyos, que
fueron ensayos, en 1968; osé bracear con él (como un discípulo con
su maestro) en algunos momentos de mi *Para una teoría de la literatura
hispanoamericana* (1975); al cumplirse un siglo de su nacimiento,

evoqué en dos publicaciones periódicas mi relación con él, y en El Colegio de México participé en una mesa redonda donde me detuve en el undécimo tomo de sus *Obras completas*. Menciono lo anterior para hacer ver cuánto ha significado y significa para mí Alfonso Reyes, cuyo retrato barbado, que él me enviara, me acompaña siempre en mi cuarto de trabajo. Después de José Martí, puedo decir que a ningún escritor debo más que a él.

Ahora bien: Reyes murió a finales de 1959. A partir de 1960, motivada por la atención mundial que iba a volcarse sobre nuestra América a raíz de la revolución iniciada en Cuba el año anterior y sus repercusiones, no pocas obras latinoamericanas y caribeñas se beneficiaron de esa atención, al margen de la simpatías o las diferencias (Reyes *dixit*) por aquel acontecimiento. Señaladamente obras literarias, en particular narrativas. Hasta se acuñó el deplorable término *boom* para nombrar a un conjunto de autores suyos que alcanzaron vasto reconocimiento. Tal reconocimiento desbordó a ese conjunto, más bien exiguo, e incluyó a escritores mayores, como Borges, que bien lo merecía y que por cierto, paradójicamente, era hostil a la experiencia cubana. Como nueva muestra de la estimación planetaria recibida por nuestras letras, si hasta 1959 el Premio Nobel de Literatura sólo había distinguido entre los ciudadanos de nuestra América, con entera justicia, a Gabriela Mistral, desde aquel año auroral hasta hoy lo han recibido, con no menor justicia, Miguel Ángel Asturias, Pablo Neruda, Gabriel García Márquez, Octavio Paz y Derek Walcott; y al parecer inaceptables razones extraliterarias, políticas, de sesgo contrario, impidieron que también les fuera otorgado a Borges y a Alejo Carpentier. Añadamos que tampoco lo obtuvo, mereciéndolo sobradamente, Alfonso Reyes. Pero él, como he recordado, desapareció en el linde de la fecha que iba a inaugurar la acogida mundial de nuestras letras. Es tiempo sobrado para abandonar la superficialidad de ciertos juicios y que se le reconozca al maestro mexicano el lugar que le corresponde como figura de primer orden en nuestra cultura. Se ha llegado al extremo de que en las casi cinco páginas dedicadas a "Latin American Theory and Criticism", debidas a Mónica Lebron, de la importante *The Johns Hopkins Guide to Literary Theory & Criticism* (editada por Michael Groden y Martín Kreiswirth. Baltimore y Londres: The Johns Hopkins University Press, 1993), Reyes no aparece mencionado ni siquiera en la pintoresca bibliografía, no obstante ser sus contribuciones a esa área absolutamente capitales.

Reyes inició su carrera literaria cuando el 28 de noviembre de 1905 le fueron publicados tres sonetos en un diario regiomontano. Pero su primer libro, *Cuestiones estéticas*, fue de ensayos, apareció en París en 1911 y trató muchos de los temas que se le harían habituales. Desde entonces hasta su muerte, sus libros y cuadernos fueron incesantes, aunque a menudo de tiradas restringidas, y abarcaron sobre todo el ensayo, pero también la poesía, la ficción, el teatro, los estudios, las traducciones y una vivaz miscelánea. Escribía como respiraba. Y sus temas fueron variadísimos: consagró muchas páginas a las herencias griegas y españolas, sin olvidar las de su tierra, a figuras como Goethe (dato curioso: de su *Trayectoria de Goethe* escribió el joven Ernesto Guevara: "Uno de los más altos espíritus americanos se acerca aquí a la obra de uno de los más grandes talentos de la humanidad. Pero el acercamiento, sin ser irreverente, no es de rodillas"), a los estudios literarios en general (su *El deslinde* sigue siendo una piedra miliar injustamente marginada), al libre y constante vuelo de la poesía, a ficciones, a sus memorias, al ejercicio de una curiosidad enciclopédica en que América y la utopía tuvieron sitios relevantes. Hace tiempo que se cuenta con lo esencial de sus *Obras Completas*, las cuales comenzaron a aparecer en 1955 y llegaron a su tomo (por el momento) último, el XXVI, en 1993. Fuera han quedado su «copioso Diario» (del que algo se adelantó en *Diario 1911-1930*, prólogo de Alicia Reyes, nota del Dr. Alfonso Reyes Mota. Guanajuato: Universidad de Guanajuato, 1969), los informes diplomáticos, un índice acumulativo de sus *Obras* y el no menos copioso epistolario, que con las correspondientes respuestas ha ido apareciendo parcialmente: recuerdo la publicación de las cartas cruzadas con Pedro Henríquez Ureña, amigo entrañable y verdadero mentor, José Vasconcelos, José María Chacón y Calvo, Octavio Paz. Hasta yo me atreví, cuando cumplí setenta años, a dar a conocer casi toda nuestra correspondencia: mera brizna de su bosque, pues yo tenía entre veintiún y veintinueve años cuando me carteé con él, ya al final de su vida.

Para Borges, apreciador riguroso si los ha habido (aunque tuvo también un ancho costado arbitrario), Reyes era en 1955 "el primer escritor y el primer lector de nuestra América". Y a Borges voy a acogerme para recordar su observación a propósito de por qué su admiradísimo y riquísimo Quevedo no ostentaba la alta jerarquía mundial que merecía. Borges lo atribuía a que, a pesar de no ser inferior a nadie, "no ha dado con un símbolo que se apodere de la imaginación de la gente", como sí lo hicieron Homero, Sófocles,

Lucrecio, Dante, Shakespeare, Cervantes, Swift, Melville, Kafka; incluso, no siendo el símbolo objetivo y externo, Góngora y Mallarmé, o, tratándose de un protagonista semidivino, Whitman. ¿No es éste, en cierta forma, el caso de Alfonso Reyes? En su magna obra (magna por la dimensión y por la calidad), en vano buscaríamos un *Cantos de vida y esperanza*, un *Trilce*, un *Canto general*, un *El siglo de las luces*, un *Cien años de soledad* –o un "Tlön, Uqbar, Orbis Tertius". Pero sí debe decirse que, volviendo a palabras de Borges sobre Quevedo, Reyes también "es menos un hombre que una dilatada y compleja literatura". (Del propio Reyes dijo Borges: "Menos que un individuo, es ya un arquetipo.") Aunque no añadiría que es "el primer artífice de las letras hispánicas", porque creo que este rango le corresponde más bien a José Martí, tristemente ignorado por el argentino. Si Guillermo Díaz-Plaja dijo que el autor de *La Edad de Oro* es "el primer 'creador' de prosa que ha tenido el mundo hispánico", Reyes fue aun más lejos, llamándolo "supremo varón literario" (nada menos que en *El deslinde*), "la más pasmosa organización literaria", "hombre el más dotado para las letras en nuestra América, y uno de los mejor dotados en la lengua española".

Sólo el fuego conoce al fuego, reza el proverbio griego. El hecho de que Reyes haya sido capaz de tales juicios sobre Martí revela la naturaleza de su propio talento (iba a escribir: de su propio genio). Sucumbir a la frivolidad de criterios volanderos, y perderse el comercio con una obra de la intensidad y la envergadura de la de Alfonso Reyes, es señal de la mediocridad de estos tiempos que nos ha tocado vivir, y contribuir a empobrecernos todavía más. Que en Reyes alcanzó alturas extraordinarias la cultura de nuestra América, me parece indigno discutirlo. Y al traerlo de nuevo a nuestro lado, para aprendizaje y deleite, quiero citar unas palabras suyas que releí mientras preparaba estos apuntes. Ya sabemos cuánto volcó Reyes de la cultura mundial en nuestras alforjas. Pero me sorprendió, en la carta a Eduardo Mallea sobre (contra) Ortega y Gasset que había permanecido ignorada hasta que se recogió en el tomo último de sus *Obras completas*, encontrarme con estas palabras suyas: "Tengo gotas de sangre india" (443). Volvamos a la sonriente y voraz sabiduría de Reyes a la luz de esas singulares gotas. Y también, desde luego, de las advertencias que dejó en "A vuelta de correo":

> [...]todos los elogios literarios, fruiciosa y largamente bebidos, no podrían compensarme de que me quieran arrebatar la única virtud que aquí defiendo, y es la de ser un mexicano. Cuiden de

otra cosa los hijos de las naciones que ya están de vuelta en la historia. Para nosotros, la nación es todavía un hecho patético, y por eso nos debemos todos a ella. En el vasto deber humano, nos ha incumbido una porción que todavía va a darnos mucho quehacer. Yo diría, trocando la frase de Martí, que Hidalgo todavía no se quita las botas de campaña.

La Habana, mayo de 2003

Amelia Barili. Periodista de la *BBC* de Londres y directora de la sección de libros del diario argentino *La Prensa*, Amelia Barili tuvo el privilegio de colaborar con Jorge Luis Borges durante los últimos años de vida del escritor. Sus conversaciones con él han sido publicadas en diarios argentinos y en el *New York Times*. Es autora de *Jorge Luis Borges y Alfonso Reyes: La cuestión de la identidad del escritor latinoamericano* (con prólogo de Elena Poniatowska) y coautora con Donald Yates, Ronald Christ y otros destacados críticos estadounidenses, de *Jorge Luis Borges; Conversations*, y con María Kodama, Bioy Casares y otros, de *Borges*. Doctora en Lenguas y Literaturas Romances, Barili enseña en la Universidad de California Berkeley. Sus investigaciones más recientes han sido sobre identidad y cultura, bilingualismo y escritura autobiográfica, y sobre la nueva sociedad civil global y el rol de las organizaciones no gubernamentales en Latinoamérica hoy.

Adolfo Castañón practica diversos géneros literarios, como la poesía, el ensayo, el cuento y la crítica literaria. Asimismo destaca su labor como traductor siendo la última de ellas la del *Lamento de María la Parda* de Gil Vicente. A la fecha tiene publicados alrededor de treinta títulos, tanto en México como en el extranjero; los más recientes son: *Alfonso Reyes, caballero de la voz errante* (3 ed., México, 1997) *América sintaxis* (México, 2000), *Lectura y catarsis. Tres papeles sobre George Steiner* (México, 2000), *Había una voz* (México, 2000), *Sobre la inutilidad y perjuicios de los fines de siglo, milenio y mundo* (México, 2001), *Fulgor de María Zambrano* (México, 2002), *América sintaxis* (Costa Rica, 2002), *La campana y el tiempo* (Lima, 2003) y *A veces prosa* (México, 2003). Ha publicado cuentos, poemas, reseñas y ensayos en numerosas revistas del país y del extranjero destacando entre estas últimas la *Nouvelle Revue Française*. Trabaja en el Fondo de Cultura Económica desde hace más de cinco lustros, donde ha ocupado diversos cargos. En octubre de 2003 fue elegido miembro de número de la Academia Mexicana de la Lengua. A partir de febrero de 2004 es Oficial de la Orden de las Artes y de las Letras otorgado por el gobierno de Francia. Actualmente, está coordinando para la Colección Archivos una antología de los escritos mexicanos de Alfonso Reyes, cuyo título será: *En busca de México*. El primer volumen se publicará en el invierno 2004-2005

Santiago Castro Gómez es licenciado en filosofía por la universidad Santo Tomás de Bogotá, Magister en filosofía y sociología por la universidad de Tübingen (Alemania) y doctor en Lenguas y literaturas romances por la Johannes Wolfgang Goethe-Universität de Frankfurt (Alemania). Actualmente se desempeña como profesor de la facultad de ciencias sociales de la Universidad Javeriana en Bogotá, donde dirige también el posgrado en estudios culturales. Entre sus libros se cuentan *Crítica de la razón latinoamericana* (Barcelona 1996), *Teorías sin disciplina* (ed., México 1998), *Pensar (en) los intersticios* (ed., Bogotá 1999), *La reestructuración de las ciencias sociales en América Latina* (ed., Bogotá 2000), *Pensar el siglo xix* (ed., Pittsburgh/Bogotá 2003), *La hybris del punto cero. Ciencia, biopolítica y colonialidad del poder en Colombia, 1750-1816* (Bogotá, en prensa).

Robert Conn es Profesor Asociado en Wesleyan University en Middletown, Connecticut. Su libro, *The Politics of Philology; Alfonso Reyes and the Invention of the Latin American Literary Tradition*, fue publicado en 2002 en The Bucknell Studies in Latin American Literature and Theory Series de Bucknell University Press. Ahora está escribiendo un libro sobre la recepción de Bolívar en distintos contextos en Latinoamérica y Estados Unidos.

Rose Corral obtuvo su doctorado en Literatura Hispánica en El Colegio de México y es actualmente profesora-investigadora en el Centro de Estudios Lingüísticos y Literarios de dicha institución. Ha publicado varios ensayos sobre escritores rioplatenses (Girondo, Silvina Ocampo, Onetti, Piglia) y, en particular, sobre la obra de Roberto Arlt. Ha trabajado también la literatura del exilio español en México. Actualmente lleva a cabo un proyecto de investigación sobre los vínculos literarios entre México y el Río de la Plata a partir de las vanguardias hasta los años sesenta. Es autora del libro *El obsesivo circular de la ficción. Asedios a "Los siete locos" y "Los lanzallamas"*

(1992) y co-editora de *Poesía y exilio. Los poetas del exilio español en México* (1995). Ha editado *Norte y sur: la narrativa rioplatense desde México* (2000) y preparado la edición facsimilar de la revista *Libra* [1929] (2003). Acaba de publicar la edición de las crónicas de Roberto Arlt halladas en la prensa mexicana de los años treinta: *Al margen del cable. Crónicas publicadas en 'El Nacional', México, 1937-1941* (2003).

Arturo Dávila obtuvo su doctorado de la Universidad de California en Berkeley. Es autor del manuscrito *En busca de la ciudad perdida. México en el siglo XVI (1519-1575),* trabajo que revisa la visión Aztekatl de la conquista de México. Actualmente investiga el discurso iconográfico de los códices prehispánicos y las nociones espirituales de la religión mesoamericana. Sus artículos y notas han aparecido en *Revista de Crítica Literaria Latinoamericana, Explicación de Textos Literarios,* y en las revistas *Nexos, Siempre* y *Diva.* Por su trabajo creativo ha recibido tres premios de poesía: *La ciudad dormida* (Premio Nacional de Poesía Sor Juana Inés de la Cruz, México, 1995); *Catulinarias* (Premio Antonio Machado, España, 1998); *Poemas para ser leídos en el metro* (Premio Juan Ramón Jiménez, España, 2003).

Evodio Escalante es profesor e investigador de tiempo completo en el Departamento de Filosofía de la Universidad Autónoma Metropolitana-Iztapalapa, donde imparte cursos de Estética y de Literatura Mexicana del siglo XX. Entre sus publicaciones se encuentran, *José Revueltas. Una literatura del "lado moridor"* (Era, México, 1979), *Las metáforas de la crítica* (Joaquín Mortiz, México, 1998), *José Gorostiza. Entre la redención y la catástrofe* (Juan Pablos, México, 2001), *Elevación y caída del estridentismo* (CONACULTA, México, 2002) y *La vanguardia extraviada. El poeticismo en los textos de Enrique González Rojo, Eduardo Lizalde y Marco Antonio Montes de Oca* (UNAM, México, 2003). Coordinó la edición crítica de *Los días terrenales* de José Revueltas (Archivos, Madrid, 1991) y ensayos suyos sobre Ramón López Velarde, Juan Rulfo y Jorge Ibargüengoitia han aparecido en otros volúmenes de esa colección.

Sebastiaan Faber es Profesor Asociado de Estudios Hispánicos en Oberlin College. Es autor de *Exile and Cultural Hegemony: Spanish Intellectuals in Mexico, 1939-1975* (Vanderbilt, 2002) y ha publicado una veintena de artículos en revistas académicas sobre diferentes aspectos de las literaturas española y latinoamericana, el panhispanismo y el panamericanismo, la teoría de la ideología, y el exilio español de 1939. Sus artículos han aparecido en *Hispania, Journal of Latin American Cultural Studies, Journal of Spanish Cultural Studies, Bulletin of Spanish Studies,* y *Revista de Estudios Hispánicos,* entre otras revistas. Actualmente trabaja en un libro sobre el impacto de la Guerra Civil Española sobre el hispanismo en Estados Unidos, Inglaterra y Holanda.

Roberto Fernández Retamar, cubano, poeta, ensayista, profesor universitario, editor, es Doctor en Ciencias Filológicas de su país. Profesor Emérito de la Universidad de La Habana. Profesor Honorario de la Universidad Mayor de San Marcos (Lima) y Doctor Honoris Causa de las Universidades de Sofía y Buenos Aires. Fue Profesor Visitante de la Universidad de Yale. Preside la Casa de las Américas y dirige la revista homónima. Ha publicado docenas de volúmenes de verso y prosa: entre los primeros, *Historia antigua* (1964) y *Aquí* (1995); entre los segundos, *Calibán* (1971) y *Para una teoría de la literatura hispanoamericana* (1975).

Margo Glantz es escritora, profesora emérita de la Facultad de Filosofía y Letras de la UNAM, periodista, miembro de número de la Academia Mexicana de la Lengua e investigadora Nacional Nivel III. Ha recibido las becas Rockefeller y Guggenheim, y los premios Magda Donato, Xavier Villaurrutia y Sor Juana Inés de la Cruz por su obra de ficción. Ha sido profesora visitante en las universidades de Yale, Princeton, Rice, Berkeley, La Jolla, Harvard y Cambridge. Entre sus obras de creación destacan *Doscientas ballenas azules* (1979), *No pronunciarás* (1982), *Las genealogías* (1982), *Síndrome de naufragios* (1984), *De la amorosa inclinación a enredarse en cabellos* (1984), *Apariciones* (1996 y 2002), *Zona de derrumbe* (2001) y *El rastro* (2002). Entre sus libros de crítica destacan *Onda y escritura, jóvenes de 20 a 33* (1971), *Repeticiones* (1979), *Intervención y pretexto* (1981), *La lengua y la mano* (1984), *Sor Juana Inés de la Cruz, ¿hagiografía o biografía?* (1995); *Esguince de cintura* (1995), *Sor Juana Inés de la Cruz, placeres y saberes* (1996) y *Sor Juana: la comparación y la hipérbole* (2000).

Rafael Gutiérrez Girardot, colombiano, es profesor de la Universidad de Bonn. Es autor de varios libros centrales de crítica, entre los que destacan *Modernismo, La imagen de América de Alfonso Reyes, Aproximaciones, Cuestiones, César Vallejo y la muerte de dios* y *El intelectual y la historia.* Ha sido profesor en diversas universidades de Europa y Estados Unidos. Además, ha traducido del alemán diversas obras filosóficas y literarias. Sus traducciones incluyen autores como Heidegger, Nietzsche y Hölderlin. Fue además responsable de la edición de los ensayos de Alfonso Reyes de Biblioteca Ayacucho. En el 2001, le fue concedido el Premio Internacional Alfonso Reyes.

Joshua Lund es Assistant Professor of Spanish en la Universidad de Pittsburgh. Obtuvo su doctorado en la Universidad de Minnesota. Ha sido conferencista invitado en el Seminario del Instituto de Antropología Social de la Universidad de Estocolmo, Suecia. Sus artículos han aparecido en publicaciones como *Race and Class, Journal of Latin American Cultural Studies* y *Cultural Critique*. Sus investigaciones actuales giran alrededor de la literatura mexicana y la teoría cultural.

Elizabeth Monasterios, boliviana, es profesora asociada de estudios andinos, literaturas indígenas y poesía latinoamericana en el departamento de Hispanic Languages and Literatures de la Universidad de Pittsburgh. Fue *chair* del comité de raza y etnicidad para LASA-Dallas 2003, coordinó y escribió la introducción de la sección de literaturas indígenas para la *Latin American Comparative Literary History* (Oxford, 2003), y organizó, junto con Jerome Branche, la IV International Conference in Latin American Cultural Studies, "Race Coloniality and Social Transformation in Latin America and the Caribbean". Entre sus publicaciones recientes figuran: *Dilemas de fin de siglo. José Emilio Pacheco y Jaime Sáenz* (2001), "La provocación de Sáenz" (ensayo incluido en *Hacia una historia crítica de la literatura en Bolivia*, 2002), "Rethinking transculturation and hybridity: An Andean perspective" (2003), más una serie de libros editados, artículos y reseñas publicados en Bolivia, Canadá y Estados Unidos.

Carlos Montemayor cuenta con una reconocida obra narrativa, poética y ensayística. Como traductor literario ha prestado atención a una amplia gama de la poesía del siglo XX en varias lenguas europeas y de manera particular a la poesía clásica griega y latina, donde destacan sus traducciones de Safo (por vez primera traducida en su totalidad al español) y *Carmina Burana*. Ha recibido numerosos reconocimientos nacionales e internacionales. Desde 1985 es Miembro de Número de la Academia Mexicana de la Lengua y Correspondiente de la Real Academia Española. Ha recibido el premio Juan Rulfo Internacional y la medalla Roque Dalton. Fue artista residente en Bellagio Study and Conference Center y ha sido becario de The Rockefeller Foundation. Entre los premios nacionales que ha obtenido se encuentran el Xavier Villaurrutia, el Alfonso Décimo de traducción literaria; el José Fuentes Mares y el premio de Narrativa Colima. La Universidad Autónoma Metropolitana le confirió el grado de Doctor Honoris Causa y la Universidad Autónoma de Ciudad Juárez lo nombró Profesor Emérito. Además de sus tareas de investigación sobre los movimientos guerrilleros, Montemayor ha dedicado gran tiempo de su trabajo crítico a la tradición oral y a la literatura escrita actualmente en varias lenguas indígenas de México. Coordinó las colecciones de 50 volúmenes bilingües de *Letras Mayas Contemporáneas* de la península de Yucatán y del estado de Chiapas de 1994 a 1998. En 1997 la Asociación de Escritores en Lenguas Indígenas en México lo distinguió con el nombramiento de Miembro Honorario. Desde 1993 colabora con artículos de análisis político en el periódico *La Jornada*, y en la revista *Proceso*. En los años recientes ha inaugurado cátedras de Literatura y Humanidades en la Universidad Hebrea de Jerusalén y en el Institut des Hautes Études de l'Amerique Latine de la Nouvelle Sorbonne de París y ha sido conferencista en varias universidades de Italia (Roma, Milán, Torino, Bologna, Padova y Údine), Francia (Nanterre, Amiens, Paris III) y Estados Unidos (Berkeley, Davis, Stanford, Duke University, Chapel Hill of North Carolina). Entre sus obras destacan las novelas *Guerra en el Paraíso* y *Las armas del alba*, el poemario *Abril y otras estaciones*, y los ensayos *Chiapas: la rebelión indígena de México*, *Los pueblos indios de México hoy*, así como una cantidad importante de traducciones de lenguas europeas, clásicas e indígenas.

Adela Pineda Franco es Profesora Asistente de Literatura Hispanoamericana en Boston University. Fue profesora de literatura en la Universidad de las Américas y miembro del Sistema Nacional de Investigadores en México. Es co-editora de *Hacia el paisaje del mezcal*, una antología de viajeros norteamericanos en México (Aldus, 2001), financiada por el Fondo para la Cultura entre México y Estados Unidos. Ha colaborado en dos volúmenes sobre el Porfiriato editados por el Instituto de Investigaciones Históricas de la UNAM. Ha publicado numerosos artículos sobre literatura latinoamericana, siglos XIX y XX, modernismo y cultura popular, en revistas académicas, tales como *Revista de Crítica Literaria Latinoamericana, La Palabra y El Hombre, Chasqui, Morphé, Studies in Latin American Popular Culture.*

Sus próximos artículos aparecerán en *Revista Iberoamericana* y *Revista Canadiense de Estudios Hispánicos*. Actualmente finaliza un libro sobre revistas literarias modernistas y su relación con la esfera pública.

Marcela del Río Reyes, poeta, dramaturga, novelista, cuentista y ensayista, es profesora emérita de University of Central Florida. Realizó sus estudios de licenciatura en la Universidad Nacional Autónoma de México y de doctorado en University of California Irvine. Ha obtenido diversos honores y premios, entre los que destacan: Investigadora Distinguida de la Facultad de Artes y Ciencias, 1998, UCF; los premios de poesía Letra de Oro (1992) en Miami y el "Olímpico", en las Olimpíadas Culturales de 1968. En teatro ha recibido el Premio "César" (1989), en Los Angeles; el Premio "Juan Ruiz de Alarcón" (1970), en México. En cuento ha sido reconocida con el premio "León Felipe" (1969). Entre sus obras se cuentan las novelas *Proceso a Faubritten* (Aguilar 1976); *La cripta del espejo* (Mortiz, 1988); *La utopía de María* (FCE, 2003); las obras de teatro: *Tlacaélel, Año nuevo, vida nueva, De camino al Concierto; El pulpo –Tragedia de los hermanos Kennedy, Sol nostrum, Entre hermanos, La telaraña, En las manos de Uno, La tercera cara de la luna, Fraude a la tierra, Miralina, El hijo de trapo, Claudia y Arnot, Carrillo Puerto, una flor para tu sueño, ¿Homo sapiens?* y *El sueño de la Malinche*; los volúmenes de poesía *Homenaje a Remedios Varo, Trece cielos* y en edición bilingüe, francés-español: *Temps en paroles* (París, 1984) y los libros de crítica: *Perfil y muestra del teatro de la Revolución mexicana* (FCE, 1997 y Nueva York, 1993); *Tres conceptos de la crítica teatral* (UNAM, 1962). Asimismo, ha publicado en las siguientes revistas: *Gestos, Latin American Theatre Review, Mystery and Matter, Studi Hispanici, Cuaderni Ibero-Americani, South Eastern Latin Americanist, Le Spantole, Marginales, Aleph, Cuadernos de poesía nueva, Confluencia, Plural, Cuadernos de Bellas Artes, Revista de Bellas Artes, Alba de América, Las carátulas, Studies and Linguistics, Melquíades, La Casa del Poeta,* entre otras.

Ignacio M. Sánchez Prado es licenciado en literatura por la Universidad de las Américas-Puebla y se encuentra concluyendo sus estudios de doctorado en literatura hispanoamericana en la Universidad de Pittsburgh. Es autor del libro *El canon y sus formas. La reinvención de Harold Bloom y sus lecturas hispanoamericanas* (2002). También es editor de la colección *Nuevos enfoques desde los estudios literarios y culturales latinoamericanos,* de próxima aparición en México. Sus artículos y notas han aparecido en publicaciones como *Hispanic*

Issues, Revista de Literatura Mexicana Contemporánea, Kipus, Morphé, Chasqui y *Revista Iberoamericana*. Actualmente investiga los diálogos de la literatura mexicana con la cultura occidental.